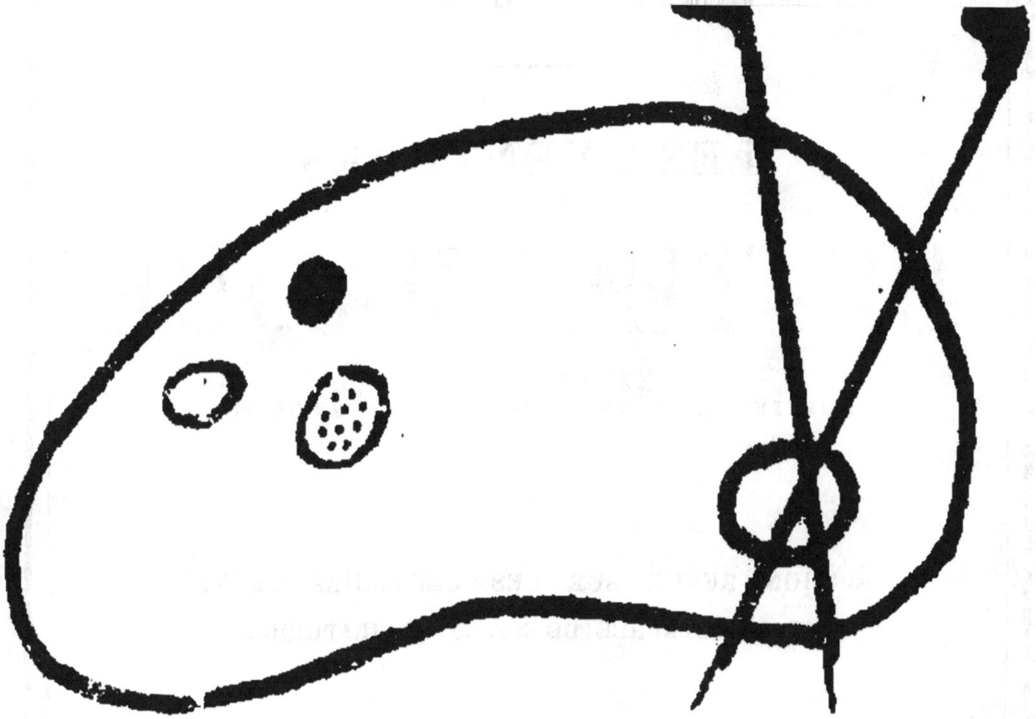

Couvertures supérieure et inférieure en couleur

FÉNELON

LES AVENTURES
DE TÉLÉMAQUE

SUIVIES DES AVENTURES D'ARISTONOÜS

ÉDITION REVUE SUR LES MEILLEURS TEXTES
ET ACCOMPAGNÉE DE NOTES GÉOGRAPHIQUES

PRIX 1.25

PARIS
LIBRAIRIE HACHETTE ET Cie
79, BOULEVARD SAINT-GERMAIN, 79

Librairie HACHETTE et Cie.

PETITE ENCYCLOPÉDIE DES CONNAISSANCES ENFANTINES

GEORGES LEBRETON

LE PREMIER LIVRE DE LECTURE COURANTE
DES ENFANTS

1 vol. grand in-16, en caractères gradués, illustré de 102 gravures en couleur et de 51 gravures en noir, cartonné . . . . 1 fr. 50

H. MALOT

CAPI ET SA TROUPE

Épisode extrait de *Sans Famille*. Livre de lecture courante à l'usage des écoles primaires, contenant des notes et des devoirs, par C. Mulley, directeur d'école communale à Paris. 1 vol. in-16, cartonné . . . . 1 fr. 20

É. PÉCAUT

PETIT LIVRE DE LECTURES EN PROSE ET EN VERS
ET DE LEÇONS ORALES

A l'usage des classes élémentaires.

NOUVELLE ÉDITION, REVUE ET CORRIGÉE

1 vol. in-16, avec 102 vignettes, cartonné . . . . 90 c.

A. F. CUIR, Inspecteur primaire.

LES PETITS ÉCOLIERS

LECTURES MORALES SUR LES DÉFAUTS ET LES QUALITÉS DES ENFANTS

NOUVELLE ÉDITION

1 vol. in-18, avec gravures, cartonné . . . . . 60 c.

G. JOST
Inspecteur général de l'enseignement primaire.

V. HUMBERT | **F. BRAEUNIG**
Professeur à l'École alsacienne. | Sous-Directeur à l'École alsacienne.

LECTURES PRATIQUES

2 vol. in-16, illustrés de nombreuses gravures en noir et en couleur, cartonnés :
Cours élémentaire : **Éducation et Instruction.** Leçons sur les choses usuelles.
1 vol. grand in-16, avec 55 gravures en noir et 18 gravures en couleurs. . . 1 fr.
Cours moyen et supérieur : **Éducation et Enseignement.** Instruction morale et civique. 1 vol. in-16, avec 72 gravures ou cartes en noir. . . . 1 fr. 50

G. JOST ET LEFORT

RÉCITS PATRIOTIQUES

A L'USAGE DES ÉCOLIERS QUI VEULENT DEVENIR DE BONS FRANÇAIS

1 vol. in-16 avec gravures, cartonné . . . . 1 fr. 50

Coulommiers. — Imp. PAUL BRODARD.

8° Y²
17044

LES AVENTURES
DE TÉLÉMAQUE

Les astérisques (*) qu'on rencontrera dans cette édition indiquent les passages des auteurs grecs, latins et français traduits ou imités par Fénelon.

FÉNELON

LES AVENTURES
DE TÉLÉMAQUE

SUIVIES DES AVENTURES D'ARISTONOÜS

ÉDITION REVUE SUR LES MEILLEURS TEXTES
ET ACCOMPAGNÉE DE NOTES GÉOGRAPHIQUES

PARIS
LIBRAIRIE HACHETTE ET Cie
79, BOULEVARD SAINT-GERMAIN, 79

1893

NOTICE SUR FÉNELON

ET LE TÉLÉMAQUE.

François de Salignac de la Mothe Fénelon naquit le 6 août 1651 au château de Fénelon, dans le Périgord. Après avoir fait ses premières études au milieu de sa famille, il alla terminer ses humanités à l'université de Cahors, et étudier la philosophie à Paris, au collége Du Plessis. On rapporte que, comme Bossuet, il fit éclater un jour dans les exercices de l'école l'éloquence qui devait plus tard l'illustrer.

Au sortir du séminaire de Saint-Sulpice, à peine âgé de vingt-quatre ans, il songe à se consacrer aux missions du Canada : on l'en détourne ; son imagination le porte aussitôt vers la Grèce et le Levant ; mais la faiblesse de sa santé et les conseils de ses supérieurs le retiennent en France. Il est chargé de la direction des *Nouvelles-Catholiques*, couvent de jeunes protestantes récemment converties, et demeure pendant dix ans à la tête de cette institution. C'est là qu'il conçut et composa son premier ouvrage, le traité *de l'Éducation des filles*. Mais il ne le publia que quelques années plus tard (1687).

Lors de la révocation de l'édit de Nantes (1685), une mission lui fut confiée dans la Saintonge et l'Aunis ; on offrait de prêter à son zèle apostolique le secours des dragons du roi ; Fénelon refusa de s'appuyer sur la terreur des armes, et il eut la joie d'opérer sans leurs concours de nombreuses conversions.

Fénelon était arrivé à l'âge de trente-huit ans; l'éclat de son éloquence, qui s'était déployée dans sa mission en Saintonge et dans son célèbre *Sermon pour la fête de l'Épiphanie*, ses vertus, et l'estime qu'il avait inspirée aux plus hauts personnages de la cour et de l'Église, tout le désignait pour l'épiscopat ou pour une autre fonction éminente. Le lendemain du jour où le duc de Beauvillier fut nommé gouverneur du duc de Bourgogne (1689), Fénelon se vit appelé auprès du jeune prince en qualité de précepteur, comme Bossuet l'avait été auprès du dauphin. Le duc de Bourgogne annonçait les plus mauvaises dispositions : c'était un caractère dur, emporté, opiniâtre, hautain, incapable de souffrir la moindre résistance à ses caprices; mais son esprit était juste et son intelligence très-vive. C'était peu pour Fénelon de développer les qualités de son élève : il entreprit de dompter l'humeur farouche du jeune prince, et il en vint à bout; mais ce ne fut pas sans efforts et sans luttes : il annonça même un instant à son élève l'intention de renoncer à une éducation si pénible. Enfin, tel fut l'ascendant qu'il sut exercer sur le duc de Bourgogne, en s'adressant à la fois à son esprit et à son cœur, qu'il devint maître de cette nature rebelle et la transforma au gré de ses désirs. Cette impétuosité se changea en douceur, cette fierté en modestie, cette opiniâtreté en soumission, et presque en faiblesse.

Nous devons à l'éducation du dauphin par Bossuet quelques-uns des ouvrages les plus remarquables de l'évêque de Meaux, par exemple, le *Discours sur l'histoire universelle* et le traité *de la Connaissance de Dieu et de soi-même :* comme Bossuet dont il était déjà l'émule, Fénelon composa pour son élève plusieurs écrits qui sont des modèles, et qui restent comme consacrés à l'éducation de l'enfance et de la jeunesse : les *Fables*, les *Dialogues des morts*, le *Télémaque*. Aucun de ces livres, ce dernier moins que tout autre, n'était destiné à la publication.

Les heureux résultats obtenus par Fénelon dans l'éducation du duc de Bourgogne, joints à sa réputation d'éloquence, lui valurent, en 1693, une place à l'Académie française, et en 1695, l'archevêché de Cambrai. A peine venait-il d'être sacré par Bossuet, son protecteur et son ami, qu'une fâcheuse querelle théologique désunit et irrita l'un contre l'autre deux hommes que la postérité confond dans une égale admiration. L'âme tendre de Fénelon s'était laissé séduire par certaines rêveries mystiques, et lui avait inspiré un livre dont l'orthodoxie parut suspecte, les *Maximes des saints* (1697). Bossuet déféra ce livre à la cour de Rome; mais les rigueurs du roi précédèrent l'arrêt qui devait le condamner. Fénelon fut éloigné de la cour ainsi que du prince son élève, et relégué à Cambrai. Il s'éloigna sans se plaindre, et montra dans sa retraite la plus grande dignité. Soumis et résigné, il s'inclina devant la censure qui ne tarda pas à frapper les *Maximes des saints*, et abjura ses erreurs dans un mandement plein d'une humilité touchante.

Bientôt un nouveau coup vint accabler Fénelon et rendre sa disgrâce irrévocable. Il avait composé une espèce de roman ou de poëme épique en prose, *les Aventures de Télémaque*. Dans sa pensée, ce livre était destiné au duc de Bourgogne, et son intention était sans doute de l'offrir au prince vers l'époque de son mariage, comme complément et comme souvenir de l'éducation qu'il lui avait donnée. Un domestique infidèle, chargé de recopier le *Télémaque*, en prit à la dérobée une autre copie, qu'il vendit à un libraire (1700). Aussitôt, grand scandale; la malignité s'empare de ce livre, l'interprète, le commente et le torture de façon à y trouver à chaque page la satire de Louis XIV. Le roi, déjà prévenu contre Fénelon, prête l'oreille aux dénonciateurs, auxquels semble donner raison le succès du *Télémaque* en Hollande, en Angleterre, chez tous les ennemis de Louis XIV et de la France. C'en fut assez pour faire écarter à jamais Fénelon de la cour.

Sans doute Louis XIV n'avait pas tort de voir dans le *Télémaque* la condamnation de sa politique; mais il ne faudrait pas croire que Fénelon ait eu pour but de faire des portraits satiriques du roi et de tel ou tel de ses ministres. C'est une imputation qu'il a toujours, jusqu'à son lit de mort, désavouée comme une calomnie; et il mérite d'être cru, lorsqu'il dit dans un mémoire manuscrit daté de 1710, et adressé au P. Letellier, confesseur du roi : « Il aurait fallu que j'eusse été non-seulement l'homme le plus ingrat, mais encore le plus insensé, pour vouloir faire dans le *Télémaque* des portraits satiriques et insolents. J'ai horreur de la seule pensée d'un tel dessein. C'est une narration faite à la hâte, à morceaux détachés.... Je n'ai jamais songé qu'à amuser le duc de Bourgogne par ces aventures, et à l'instruire en l'amusant, sans jamais vouloir donner cet ouvrage au public. Tout le monde sait qu'il ne m'a échappé que par l'infidélité d'un copiste. J'ai mis dans ces aventures toutes les vérités nécessaires pour le gouvernement, et tous les défauts qu'on peut avoir dans la puissance souveraine ; mais je n'en ai marqué aucun avec une affectation qui tende à aucun portrait ni caractère ; plus on lira cet ouvrage, plus on verra que j'ai voulu dire tout, sans vouloir peindre personne de suite. » Le véritable dessein de Fénelon, en composant le *Télémaque*, c'était de donner à un jeune prince, qui pouvait être appelé au trône, des conseils sur l'art de régner : or Fénelon n'avait pas tout à fait sur cet art les mêmes idées que Louis XIV et Bossuet.

Ces idées, Fénelon les avait déjà exposées dans une Lettre adressée à Louis XIV en 1693, qui contenait plus d'une remontrance sur la politique suivie par le roi et par ses ministres ; et c'est même la ressemblance entre quelques passages de cette lettre et divers passages du *Télémaque* qui donnait à ce dernier livre l'apparence d'une irrespectueuse témérité. Pour perdre l'archevêque de Cambrai dans l'esprit de Louis XIV, il suffit de lui montrer ce qui est dit dans la lettre de 1693 sur « les ministres qui ont accoutumé le roi à recevoir sans cesse des louanges outrées qui vont jusqu'à l'idolâtrie », et dans le *Télémaque* le portrait d'Idoménée, « que la flatterie avait empoisonné, et qui n'avait pu, même dans ses malheurs, trouver des hommes assez généreux pour lui dire la vérité » ; d'un côté, la censure de l'amour du roi pour la guerre, tandis que « les peuples meurent de faim » ; de l'autre, ce même Idoménée, qui, « entièrement tourné à la guerre, voudrait toujours la faire pour étendre sa domination et sa propre gloire, et ruinerait ses peuples » ; là, le roi, qui, dans ses conquêtes « a préféré son avantage à la justice et à la bonne foi » ; ici, la peinture d'Adraste, « prince violent, qui ne connaît que son intérêt, et qui ne perd aucune occasion d'envahir les terres des autres États, qui se fait rendre les honneurs divins, » etc., etc., enfin, dans la Lettre ce passage : « Je sais bien que, quand on parle avec cette liberté chrétienne, on court risque de perdre la faveur des rois ; mais cette faveur est-elle plus chère que votre salut ? » et, dans le *Télémaque*, ce propos de Mentor à Idoménée : « J'aimerais mieux vous déplaire que de blesser la vérité. »

Retiré dans son diocèse, Fénelon s'y fit admirer et chérir ; son ardente charité le consola des déceptions d'une ambition qui n'avait rien que de légitime. Il y eut cependant un moment où il put se croire appelé à devenir premier ministre : c'est lorsque la mort du dauphin (1711) sembla réserver le prochain héritage de Louis XIV au duc de Bourgogne, qui avait toujours gardé à son ancien maître disgracié le plus vif attachement, et qui ne cessait de réclamer ses conseils. Ce rêve s'évanouit bientôt : la mort du duc de Bourgogne suivit celle du dauphin à un an d'intervalle. Il restait à Fénelon l'amitié et la faveur du duc d'Orléans, qui le consultait aussi fréquemment, et qui devait être régent sous la minorité du futur roi ; mais l'archevêque de Cambrai précéda de quelques jours dans la tombe le grand roi, qui ne lui avait pas pardonné les illusions volontaires ou involontaires du *Télémaque* (1715).

Tout le temps que Fénelon n'avait pas consacré dans sa vieillesse aux devoirs de l'épiscopat, à la bienfaisance et à l'amitié, il l'avait donné aux lettres. Si, comme on le croit, il avait écrit avant ce temps ses *Dialogues sur l'éloquence*, c'est dans la dernière partie de sa vie qu'il composa d'autres œuvres non moins importantes, notamment le *Traité sur l'existence de Dieu* (1711), et la *Lettre sur les occupations de l'Académie française* (1714).

JUGEMENTS SUR LE TÉLÉMAQUE.

« .... Il y a de l'agrément dans ce livre, et une imitation de l'*Odyssée* que j'approuve fort. L'avidité avec laquelle on le lit fait bien voir que, si on traduisait Homère en beaux mots, il ferait l'effet qu'il doit faire. Je souhaiterais que M. de Cambrai eût fait son Mentor un peu moins prédicateur, et que la morale fût répandue dans son ouvrage un peu plus imperceptiblement et avec plus d'art. Homère est plus instructif que lui, mais ses instructions ne sont pas des préceptes; elles résultent de l'action du roman plutôt que des discours qu'on y étale. La vérité est pourtant que Mentor dit de fort bonnes choses, quoique un peu hardies, et qu'enfin M. de Cambrai me paraît beaucoup meilleur poëte que théologien. De sorte que si, par son livre des *Maximes*, il me semble très-peu comparable à saint Augustin, je le trouve, par son roman, digne d'être mis en parallèle avec Héliodore[1]. »

(Lettre de BOILEAU à Brossette, 10 novembre 1699.)

« Le *Télémaque* est un livre singulier qui tient tout à la fois du roman et du poëme. Il semble que l'auteur ait voulu traiter le roman comme Bossuet traitait l'histoire, en lui donnant une dignité et des charmes inconnus, et surtout en tirant de ces fictions une morale utile au genre humain, morale entièrement négligée dans presque toutes les inventions fabuleuses.... Les juges d'un goût sévère y ont blâmé les longueurs, les détails, les

---

1. Évêque du IVe siècle, auteur de *Théagène et Chariclée*, roman moral assez médiocre, qu'on s'étonne de voir mis en parallèle avec le *Télémaque*.

aventures trop peu liées, les descriptions trop répétées et trop uniformes de la vie champêtre. »

(VOLTAIRE, *Siècle de Louis XIV*, ch. XXXII.)

« Fénelon, épris des beautés de Virgile et d'Homère, y cherche ces traits d'une vérité naïve et passionnée, qu'il trouvait surtout dans Homère, et qu'il appelle lui-même [1] *cette aimable simplicité du monde naissant*....Mais on se tromperait de croire que Fénelon n'est redevable à la Grèce que du charme des fictions d'Homère : l'idée du beau moral dans l'éducation d'un jeune prince, ces entretiens philosophiques, ces épreuves de courage, de patience, l'humanité dans la guerre, le respect des serments, toutes ces idées bienfaisantes sont empruntées à la *Cyropédie* de Xénophon. Dans les théories sur le bonheur du peuple, dans le plan d'un État réglé comme une famille, on reconnaît l'imagination et la philosophie de Platon. Mais il est permis de croire que Fénelon, corrigeant les fables d'Homère par la sagesse de Socrate, et formant cet heureux mélange des plus riantes fictions, de la philosophie la plus pure et de la politique la plus humaine, peut balancer, par le charme de cette réunion, la gloire de l'invention qu'il cède à chacun de ses modèles. Sans doute Fénelon a partagé les défauts de ceux qu'il imitait ; et, si les combats du *Télémaque* ont la grandeur et le feu des combats de l'*Iliade*, Mentor parle quelquefois aussi longuement qu'un héros d'Homère ; et quelquefois les détails d'une morale un peu commune rappellent les longs entretiens de la *Cyropédie*.

« En considérant le *Télémaque* comme une inspiration des muses grecques, il semble que le génie de Fénelon reçoive une force qui ne lui était pas naturelle. La véhémence de Sophocle s'est conservée tout entière dans les sauvages imprécations de Philoctète.

« Quoique la belle antiquité paraisse avoir été mois-

---

[1] Dans la *Lettre à l'Académie française*.

sonnée tout entière pour composer le *Télémaque*, il reste à l'auteur quelque gloire d'invention, sans compter ce qu'il y a de créateur dans l'imitation de beautés étrangères inimitables avant et après Fénelon. Rien n'est plus beau que l'ordonnance du *Télémaque*, et l'on ne trouve pas moins de grandeur dans l'idée générale que de goût et de dextérité dans la réunion et le contraste des épisodes. Comme le *Télémaque* est surtout un livre de morale politique, ce que l'auteur peint avec le plus de force, c'est l'ambition, cette maladie des rois, qui fait mourir les peuples; l'ambition grande et généreuse dans Sésostris, l'ambition imprudente dans Idoménée, l'ambition tyrannique et misérable dans Pygmalion, l'ambition barbare, hypocrite, impie, dans Adraste. Ce dernier caractère, supérieur au Mézence de Virgile, est traité avec une vigueur d'imagination qu'aucune vérité historique ne saurait surpasser. Cette invention des personnages n'est pas moins rare que l'invention générale d'un plan. Le caractère le plus heureux, dans cette variété de portraits, c'est celui du jeune Télémaque. Plus développé, plus agissant que le Télémaque de l'*Odyssée*, il réunit tout ce qui peut surprendre, attacher, instruire : dans l'âge des passions, il est sous la garde de la sagesse, qui le laisse souvent faillir, parce que les fautes sont l'éducation des hommes : il a l'orgueil du trône, l'emportement de l'héroïsme, et la candeur de la première jeunesse....

« Pour achever de saisir, dans le *Télémaque*, trésor des richesses antiques, la part d'invention qui appartient à l'auteur moderne, il faudrait comparer l'Enfer et l'Élysée de Fénelon avec les mêmes peintures tracées par Homère et par Virgile[1]. Quelle que soit la sublimité du silence d'Ajax[2], quelle que soit la grandeur et la perfection du

---

1. Fénelon, *Télémaque*, livre XIV. — Homère, *Odyssée*, livre XI. — Virgile, *Énéide*, livre VI.

2. Dans l'*Odyssée* (livre XI).

VI⁰ livre de *l'Enéide*, on sentirait tout ce que Fénelon a créé de nouveau, ou plutôt tout ce qu'il a puisé dans les mystères chrétiens, par un art admirable ou par un souvenir involontaire. La plus grande de ces beautés inconnues à l'antiquité, c'est l'invention de douleurs et de joies purement intellectuelles substitués à la peinture faible ou bizarre de maux et de félicités physiques. C'est là que Fénelon est sublime et saisit mieux que le Dante le secours si neuf et si grand du christianisme. Rien n'est plus philosophique et plus terrible que les tortures morales qu'il place dans le cœur des coupables et pour rendre ces inexprimables douleurs, son style acquiert un degré d'énergie qu'on n'attendait pas de lui, et qu'on ne trouve dans aucun autre. Mais, lorsque, délivré de ces affreuses peintures, il peut reposer sa douce imagination sur la demeure des justes, alors on entend des sons que la voix humaine n'a jamais égalés, et quelque chose de céleste s'échappe de son âme : c'est l'extase de la charité chrétienne enivrée de la joie qu'elle décrit.... L'Élysée de Fénelon est une des créations du génie moderne; nulle part la langue française ne paraît plus flexible et plus mélodieuse. »

(VILLEMAIN, *Mélanges*, Notice sur Fénelon.)

M. Désiré Nisard, dans sa remarquable *Histoire de la littérature française*, tome III, consacre au *Télémaque* une grande partie de son chapitre sur Fénelon. On y lit : « Cet idéal du simple, du naturel, de l'aimable, c'est là qu'il l'a réalisé. De tous les ouvrages écrits dans notre langue, celui-là est peut-être le plus aimable. »

Selon M. Nisard, « comme Idoménée est modelé sur Louis XIV, Télémaque est modelé sur le duc de Bourgogne... Enfin Mentor n'est autre que Fénelon lui-même. La politique qu'il enseigne à Salente rappelle la politique de la Lettre à Louis XIV. La morale de Mentor est copiée des *Directions pour la conscience d'un roi*, et le trop grand nombre de prescriptions fatigue dans le roman comme dans l'ouvrage de direction.

« Ce mélange du roman et de l'allusion dans le *Télémaque* est une des causes du froid qu'on y sent, quoique le plan en soit si heureux, les incidents si variés, et que l'ouvrage soit écrit de verve. La vérité manque souvent à ces caractères formés de traits qui appartiennent à des civilisations différentes. On s'habitue difficilement à ce petit roi grec, tantôt gourmandé et conseillé comme aurait pu l'être Louis XIV par un confesseur pénétré de ses devoirs, tantôt faisant des fautes que ne comportaient ni son temps ni son État, afin de donner matière à des critiques qui s'adressent à un autre temps et à un autre État. Mentor ne cache pas assez Fénelon. Nous sommes presque plus souvent à Versailles qu'à Salente, et tantôt il semble voir Télémaque recevant des conseils pour régner sur la France du xviiie siècle, tantôt le duc de Bourgogne instruit à gouverner quelque jour l'île d'Ithaque. Au moment même où l'imagination de l'auteur nous emporte dans le monde d'Homère, une allusion, un détail emprunté à un autre monde, un anachronisme de politique ou de morale nous ramène au temps de la guerre de la Succession et du quiétisme.... »

M. Genay, agrégé de l'Université, a fait, comme thèse française, une *Étude morale et littéraire sur le Télémaque* (1876, in-8°. Hachette).

LES AVENTURES DE TÉLÉMAQUE

LIVRE PREMIER.

SOMMAIRE.

Télémaque, conduit par Minerve, sous la figure de Mentor, aborde, après un naufrage, dans l'île de Calypso. — La déesse, inconsolable du départ d'Ulysse, fait au fils du héros l'accueil le plus favorable, conçoit une vive passion pour lui et lui offre l'immortalité, s'il veut demeurer avec elle. — Elle lui demande le récit de ses aventures. — Télémaque raconte son voyage à Pylos et à Lacédémone, son naufrage sur la côte de Sicile, le danger qu'il y courut d'être immolé aux mânes d'Anchise, le secours que Mentor et lui donnèrent à Aceste dans une incursion de Barbares, et le soin que ce prince eut de reconnaître ce service, en leur procurant un vaisseau tyrien pour retourner dans leur pays.

CALYPSO ne pouvait se consoler du départ d'Ulysse. Dans sa douleur, elle se trouvait malheureuse d'être immortelle*. Sa grotte ne résonnait plus de son chant : les nymphes qui la servaient n'osaient lui parler. Elle se promenait souvent seule sur les gazons fleuris dont un printemps éternel bordait son île¹ : mais ces beaux lieux, loin de modérer sa douleur, ne faisaient que lui rappeler le triste souvenir d'Ulysse, qu'elle y avait vu tant de fois auprès d'elle. Souvent elle demeurait immobile sur le rivage de la mer, qu'elle arrosait de ses larmes ; et elle était sans cesse tournée vers le côté où le vaisseau d'Ulysse, fendant les ondes, avait disparu à ses yeux. Tout à coup elle aperçut les débris d'un navire qui venait de faire naufrage, des bancs de rameurs mis en pièces, des rames écartées çà et là sur le sable, un gouvernail, un mât, des cordages flottants sur la côte, puis elle découvre de loin deux hommes, dont l'un paraissait âgé; l'autre, quoique jeune, ressemblait à Ulysse. Il avait sa douceur et sa fierté, avec sa taille et sa démarche majestueuse. La déesse comprit que c'était Télémaque, fils de ce héros. Mais, quoique les dieux surpassent de loin en connaissance tous les hommes, elle ne put découvrir qui était cet homme vénérable dont Télémaque était accompagné : c'est que les dieux supérieurs cachent aux inférieurs tout ce qu'il leur plaît; et Minerve, qui accompagnait Télémaque sous la figure de Mentor, ne voulait pas être connue de Calypso. Cependant Calypso se réjouissait d'un naufrage qui mettait dans son île le fils d'Ulysse, si semblable à son père. Elle s'avance vers lui; et sans faire semblant de savoir qui il est : D'où vous vient, lui dit-elle, cette témérité d'aborder en mon île? Sachez, jeune étranger, qu'on ne vient point impunément dans mon empire. Elle tâchait de couvrir sous ces paroles menaçantes la joie de son cœur, qui éclatait malgré elle sur son visage.

Télémaque lui répondit: O vous, qui que vous soyez, mortelle ou déesse (quoique à vous voir on ne puisse vous prendre que pour une divinité*), seriez-vous insensible au malheur d'un fils, qui, cherchant son père à la merci des vents et des flots, a vu briser son navire contre vos rochers? Quel est donc votre père que vous cherchez? reprit la déesse. Il se nomme Ulysse, dit Télémaque; c'est un des rois qui ont, après un siége de dix ans, renversé la fameuse Troie. Son nom fut célèbre dans toute la Grèce et dans toute l'Asie, par sa valeur dans les combats, et plus encore par sa sagesse dans les conseils. Maintenant, errant dans toute l'étendue des mers, il a parcouru tous les écueils les plus terribles. Sa patrie semble fuir devant lui. Pénélope sa femme, et moi qui suis son fils, nous avons perdu l'espérance de le revoir. Je cours, avec les mêmes dangers que lui, pour apprendre où il est. Mais que dis-je? peut-être qu'il est maintenant enseveli dans les profonds abîmes de la mer. Ayez pitié de nos malheurs; et si vous savez, ô déesse, ce que les destinées ont fait pour sauver ou pour perdre Ulysse, daignez en instruire son fils Télémaque.

Calypso, étonnée et attendrie de voir dans une si vive jeunesse tant de sagesse et d'éloquence, ne pouvait rassasier ses yeux en le regardant; et elle demeurait en silence. Enfin elle lui dit: Télémaque, nous vous apprendrons ce qui est arrivé à votre père. Mais l'histoire en est longue: il est temps de vous délasser de tous vos travaux. Venez dans ma demeure, où je vous recevrai comme mon fils : venez; vous serez ma consolation dans cette solitude, et je ferai votre bonheur, pourvu que vous sachiez en jouir.

Télémaque suivait la déesse accompagnée d'une foule de jeunes nymphes, au-dessus desquelles elle s'élevait de toute la tête*, comme un grand chêne, dans une forêt, élève ses branches épaisses au-dessus de tous les arbres qui l'environnent. Il admirait l'éclat de sa beauté, la riche pourpre de sa robe longue et flottante, ses cheveux noués par derrière négligemment, mais avec grâce, le feu qui sortait de ses yeux, et la douceur qui tempérait cette vivacité. Mentor, les yeux baissés, gardant un silence modeste, suivait Télémaque.

On arriva à la porte de la grotte de Calypso, où Télémaque fut surpris de voir, avec une apparence de simplicité rustique, des objets propres à charmer les yeux. Il est vrai qu'on n'y voyait ni or, ni argent, ni marbre, ni colonnes, ni tableaux, ni statues : mais cette grotte était taillée dans le roc, en voûte pleine de rocailles et de coquilles; elle était tapissée d'une jeune vigne qui étendait ses branches souples également de tous côtés*. Les doux zéphyrs conservaient en ce lieu, malgré les ardeurs du soleil, une délicieuse fraîcheur : des fontaines, coulant avec un doux murmure sur des prés semés d'amarantes et de violettes, formaient en divers lieux des bains aussi purs et aussi clairs que le cristal : mille fleurs naissantes émaillaient les tapis verts dont la grotte était environnée*. Là on trouvait un bois de ces arbres touffus qui portent des pommes d'or, et dont la fleur, qui se renouvelle dans toutes les saisons, répand le plus doux de tous les parfums ; ce bois semblait couronner ces belles prairies, et formait une nuit que les rayons du soleil ne pouvaient percer. Là on n'entendait jamais que le chant des oiseaux ou le bruit d'un ruisseau, qui, se précipitant du haut d'un rocher, tomba à gros bouillons pleins d'écume, et s'enfuyait au travers de la prairie*.

La grotte de la déesse était sur le penchant d'une colline. De là on découvrait la mer, quelquefois claire et unie comme une glace, quelquefois follement* irritée contre les rochers, où elle se brisait en gémissant, et élevant ses vagues comme des montagnes. D'un autre côté, on voyait une rivière où se formaient des îles bordées de tilleuls fleuris et de hauts peupliers qui portaient leurs têtes superbes jusque dans les nues. Les divers canaux qui formaient ces îles semblaient se jouer dans la campagne : les uns roulaient leurs eaux claires avec rapidité; d'autres avaient une eau paisible et dormante; d'autres, par de longs détours, revenaient sur leurs pas, comme pour remonter vers leur source, et semblaient ne pouvoir quitter ces bords enchantés*. On apercevait de loin des collines et des montagnes qui se perdaient dans les nues, et dont la figure bizarre formait un horizon à souhait pour le plaisir des yeux. Les montagnes voisines étaient couvertes de pampre vert qui pendait en festons : le raisin, plus éclatant que la pourpre, ne pouvait se cacher sous les feuilles, et la vigne était accablée sous son fruit. Le figuier, l'olivier, le grenadier, et tous les autres arbres couvraient la campagne, et en faisaient un grand jardin.

Calypso, ayant montré à Télémaque toutes ces beautés naturelles, lui dit : Reposez-vous; vos habits sont mouillés, il est temps que vous en changiez : ensuite nous nous reverrons; et je vous raconterai des histoires dont votre cœur sera touché. En même temps elle le fit entrer avec Mentor dans le lieu le plus secret et le plus reculé d'une grotte voisine de celle où la déesse demeurait. Les nymphes avaient eu soin d'allumer en ce lieu un grand feu de bois de cèdre, dont la bonne odeur se répandait de tous côtés; et elles y avaient laissé des habits pour les nouveaux hôtes.

Télémaque, voyant qu'on lui avait désigné une tunique d'une laine fine dont la blancheur effaçait celle de la neige, et une robe de pourpre avec une broderie d'or, prit le plaisir qui est naturel à un jeune homme, en considérant cette magnificence.

Mentor lui dit d'un ton grave : Est-ce donc là, ô Télémaque, les pensées qui doivent occuper le cœur du fils d'Ulysse? Songez plutôt à soutenir la réputation de votre père, et à vaincre la fortune qui vous persécute. Un jeune homme qui aime à se parer vainement, comme une femme, est indigne de la sagesse et de la gloire : la gloire n'est due qu'à un cœur qui sait souffrir la peine et fouler aux pieds les plaisirs.

Télémaque répondit en soupirant : Que les dieux me fassent périr plutôt que de souffrir que la mollesse et la volupté s'emparent de mon cœur! Non, non, le fils d'Ulysse ne sera jamais vaincu par les charmes d'une vie lâche et efféminée. Mais quelle faveur du ciel nous a fait trouver, après notre naufrage, cette déesse ou cette mortelle qui nous comble de biens?

Craignez, repartit Mentor, qu'elle ne vous accable de maux; craignez ses trompeuses douceurs plus que les écueils qui ont brisé votre navire : le naufrage et la mort sont moins funestes que les plaisirs qui attaquent la vertu. Gardez-vous bien de croire ce qu'elle vous racontera. La jeunesse est présomptueuse, elle se promet tout d'elle-même : quoique fragile, elle croit pouvoir tout, et n'avoir jamais rien à craindre; elle se confie légèrement et sans précaution. Gardez-vous d'écouter les paroles douces et flatteuses de Calypso, qui se glisseront comme un serpent sous les fleurs ; craignez le poison caché; défiez-vous de vous-même, et attendez toujours mes conseils.

Ensuite ils retournèrent auprès de Calypso, qui les attendait. Les nymphes, avec leurs cheveux tressés et des habits blancs, servirent d'abord un repas simple, mais exquis pour le goût et pour la propreté. On n'y voyait aucune autre viande que celle des oiseaux qu'elles avaient pris dans des filets, ou des bêtes qu'elles avaient percées de leurs flèches à la chasse : un vin plus doux que le nectar coulait des grands vases d'argent dans des tasses d'or couronnées de fleurs. On apporta dans des corbeilles tous les fruits que le printemps promet et que l'automne répand sur la terre. En même temps, quatre jeunes nymphes se mirent à chanter. D'abord elles chantèrent le combat des dieux contre les géants, puis les amours de Jupiter et de Sémélé, la naissance de Bacchus et son éducation conduite par le vieux Silène, la course d'Atalante et d'Hippomène, qui fut vainqueur par le moyen des pommes d'or venues du jardin des Hespérides; enfin la guerre de Troie fut aussi chantée; les combats d'Ulysse et sa sagesse furent élevés jusqu'aux cieux. La première des nymphes, qui s'appelait Leucothoé, joignit les accords de sa lyre aux douces voix de toutes les autres. Quand Télémaque entendit le nom de son père, les larmes qui coulèrent de ses joues donnèrent un nouveau lustre à sa beauté. Mais comme Calypso aperçut qu'il ne pouvait manger, et qu'il était saisi de douleur, elle fit signe aux nymphes. A l'instant on chanta le combat des Centaures avec les Lapithes, et la descente d'Orphée aux enfers pour en retirer Eurydice.

Quand le repas fut fini, la déesse prit Télémaque, et lui parla ainsi : Vous voyez, fils du grand Ulysse, avec quelle faveur je vous reçois. Je suis immortelle : nul mortel ne peut entrer dans cette île sans être puni de sa témérité; et votre naufrage même ne vous garantirait pas de mon indignation, si d'ailleurs je ne vous aimais. Votre père a eu le même bonheur que vous; mais, hélas! il n'a pas su en profiter. Je l'ai gardé longtemps dans cette île : il n'a tenu qu'à lui d'y vivre avec moi dans un état immortel; mais l'aveugle passion de retourner dans sa misérable patrie lui fit rejeter tous ces avantages. Vous voyez tout ce qu'il a perdu pour Ithaque [1], qu'il n'a pu revoir. Il voulut me quitter : il partit; et je fus vengée par la tempête : son vaisseau, après avoir été le jouet des vents, fut enseveli dans les ondes. Profitez d'un si triste exemple. Après son naufrage, vous n'avez plus rien à espérer, ni pour le revoir, ni pour régner jamais dans l'île d'Ithaque après lui : consolez-vous de l'avoir perdu, puisque vous trouvez ici une divinité prête à vous rendre heureux, et un royaume qu'elle vous offre.

La déesse ajouta à ces paroles de longs discours pour montrer combien Ulysse avait été heureux auprès d'elle : elle raconta ses aventures dans la caverne du cyclope Polyphème, et chez Antiphates, roi des Lestrygons [2]; elle n'oublia pas ce qui lui était arrivé dans l'île de Circé [3], fille du Soleil, ni les dangers qu'il avait courus entre Scylle et Charybde [4]. Elle représenta la dernière tempête que Neptune avait excitée contre lui quand il partit d'auprès d'elle. Elle voulut faire entendre qu'il était péri dans ce naufrage, et elle supprima son arrivée dans l'île des Phéaciens[1].

Télémaque, qui s'était d'abord abandonné trop promptement à la joie d'être si bien traité de Calypso, reconnut enfin son artifice et la sagesse des conseils que Mentor venait de lui donner. Il répondit en peu de mots : O déesse, pardonnez à ma douleur : maintenant je ne puis que m'affliger : peut-être que dans la suite j'aurai plus de force pour goûter la fortune que vous m'offrez : laissez-moi en ce moment pleurer mon père ; vous savez mieux que moi combien il mérite d'être pleuré.

Calypso n'osa d'abord le presser d'avantage : elle feignit même d'entrer dans sa douleur et de s'attendrir pour Ulysse. Mais, pour mieux connaître les moyens de toucher le cœur du jeune homme, elle lui demanda comment il avait fait naufrage, et par quelles aventures il était sur ces côtes. Le récit de mes malheurs, dit-il, serait trop long. Non, non, répondit-elle ; il me tarde de les savoir, hâtez-vous de me les raconter. Elle le pressa longtemps. Enfin il ne put lui résister, et il parla ainsi :

J'étais parti d'Ithaque pour aller demander aux autres rois revenus du siège de Troie des nouvelles de mon père. Les amants de ma mère Pénélope furent surpris de mon départ : j'avais pris soin de le leur cacher, connaissant leur perfidie. Nestor, que je vis à Pylos[2], ni Ménélas, qui me reçut avec amitié dans Lacédémone, ne purent m'apprendre si mon père était encore en vie. Lassé de vivre toujours en suspens et dans l'incertitude, je me résolus d'aller dans la Sicile, où j'avais ouï dire que mon père avait été jeté par les vents. Mais le sage Mentor, que vous voyez ici présent, s'opposait à ce téméraire dessein : il me représentait, d'un côté, les Cyclopes, géants monstrueux qui dévorent les hommes ; de l'autre, la flotte d'Enée et des Troyens, qui étaient sur ces côtes. Ces Troyens, disait-t-il, sont animés contre tous les Grecs ; mais surtout ils répandraient avec plaisir le sang du fils d'Ulysse. Retournez, continuait-il, en Ithaque : peut-être que votre père, aimé des dieux, y sera aussitôt que vous. Mais si les dieux ont résolu sa perte, s'il ne doit jamais revoir sa patrie, du moins il faut que vous alliez le venger, délivrer votre mère, montrer votre sagesse à tous les peuples, et faire voir en vous à toute la Grèce un roi aussi digne de régner que le fut jamais Ulysse lui-même.

Ces paroles étaient salutaires, mais je n'étais pas assez prudent pour les écouter ; je n'écoutais que ma passion. Le sage Mentor m'aima jusqu'à me suivre dans un voyage téméraire que j'entreprenais contre ses conseils, et les dieux permirent que je fisse une faute qui devait servir à me corriger de ma présomption.

Pendant qu'il parlait, Calypso regardait Mentor. Elle était étonnée ; elle croyait sentir en lui quelque chose de divin ; mais elle ne pouvait démêler ses pensées confuses ; ainsi, elle demeurait pleine de crainte et de défiance à la vue de cet inconnu. Alors elle appréhenda de laisser voir son trouble. Continuez, dit-elle à Télémaque, et satisfaites ma curiosité. Télémaque reprit ainsi :

Nous eûmes assez longtemps un vent favorable pour aller en Sicile : mais ensuite une noire tempête * déroba le ciel à nos yeux, et nous fûmes enveloppés dans une profonde nuit. A la lueur des éclairs, nous aperçûmes d'autres vaisseaux exposés au même péril, et nous reconnûmes bientôt que c'étaient les vaisseaux d'Énée ; ils n'étaient pas moins à craindre pour nous que les rochers. Alors, je compris, mais trop tard, ce que l'ardeur d'une jeunesse imprudente m'avait empêché de considérer attentivement. Mentor parut dans ce danger, non-seulement ferme et intrépide, mais encore plus gai qu'à l'ordinaire ; c'était lui qui m'encourageait ; je sentais qu'il m'inspirait une force invincible. Il donnait tranquillement tous les ordres, pendant que le pilote était troublé. Je lui disais : Mon cher Mentor, pourquoi ai-je refusé de suivre vos conseils ! Ne suis-je pas malheureux d'avoir voulu me croire moi-même, dans un âge où l'on n'a ni prévoyance de l'avenir, ni expérience du passé, ni modération pour ménager le présent ! Oh ! si jamais nous échappons de cette tempête, je me défierai de moi-même comme de mon plus dangereux ennemi : c'est vous Mentor, que je croirai toujours.

Mentor, en souriant, me répondait : Je n'ai garde de vous reprocher la faute que vous avez faite ; il suffit que vous la sentiez et qu'elle vous serve à être une autre fois plus modéré dans vos désirs. Mais quand le péril sera passé, la présomption reviendra peut-être. Maintenant il faut se soutenir par le courage. Avant que de se jeter dans le péril, il faut le prévoir et le craindre ; mais, quand on y est, il ne reste plus qu'à le mépriser. Soyez donc le digne fils d'Ulysse ; montrez un cœur plus grand que tous les maux qui vous menacent.

La douceur et le courage du sage Mentor me charmèrent, mais je fus encore bien plus surpris quand je vis avec quelle adresse il nous délivra des Troyens. Dans le moment où le ciel commençait à s'éclaircir et où les Troyens, nous voyant de près, n'auraient pas manqué de nous reconnaître, il remarqua un de leurs vaisseaux qui était presque semblable au nôtre et que la tempête avait écarté. La poupe en était couronnée de certaines fleurs ; il se hâta de mettre sur notre poupe des couronnes de fleurs semblables ; il les attacha lui-même avec des bandelettes de la même couleur que celles des Troyens ; il ordonna à tous nos rameurs de se baisser le plus qu'ils pourraient le long de leurs bancs, pour n'être point reconnus des ennemis. En cet état, nous passâmes au milieu de leur flotte ; ils poussèrent des cris de joie en nous voyant, comme en revoyant des compagnons qu'ils avaient crus perdus. Nous fûmes même contraints, par la violence de la mer, d'aller assez longtemps avec eux ; enfin, nous demeurâmes un peu derrière, et, pendant que les vents impétueux les poussaient vers l'Afrique, nous fîmes les derniers efforts pour aborder, à force de rames, sur la côte voisine de Sicile.

Nous y arrivâmes en effet. Mais ce que nous cherchions n'était guère moins funeste que la flotte qui nous faisait fuir. Nous trouvâmes sur cette côte de Sicile d'autres Troyens ennemis des Grecs. C'était là que régnait le vieux Aceste, sorti de Troie. A peine fûmes-nous arrivés sur ce rivage, que les habitants crurent que nous étions ou d'autres peuples de l'île, armés pour les surprendre, ou des étrangers qui venaient s'emparer de leurs terres. Ils brûlent notre vaisseau ; dans le premier emportement, ils égorgent tous nos compagnons, ils ne réservent que Mentor et moi pour nous présenter à Aceste, afin qu'il pût savoir de nous quels étaient nos desseins et d'où nous venions. Nous entrons dans la ville, les mains liées derrière le dos ; et notre mort n'était retardée que pour nous faire servir de spectacle à un peuple cruel, quand on saurait que nous étions Grecs.

On nous présenta d'abord à Aceste, qui, tenant son sceptre d'or en main, jugeait les peuples et se préparait à un grand sacrifice. Il nous demanda, d'un ton sévère, quel était notre pays et le sujet de notre voyage. Mentor se hâta de répondre, et lui dit : Nous venons de côtes de la grande Hespérie, et notre patrie n'est pas loin de là : ainsi il évita de dire que nous étions Grecs. Mais Aceste, sans l'écouter davantage, et nous prenant pour des étrangers qui cachaient leur dessein, ordonna qu'on nous envoyât dans une forêt voisine, où nous servirions en esclaves sous ceux qui gouvernaient ses troupeaux.

Cette condition me parut plus dure que la mort. Je m'écriai : O roi, faites-nous mourir plutôt que de nous traiter si indignement; sachez que je suis Télémaque, fils du sage Ulysse, roi des Ithaciens. Je cherche mon père dans toutes les mers; si je ne puis le trouver, ni retourner dans ma patrie, ni éviter la servitude, ôtez-moi la vie, que je ne saurais supporter.

A peine eus-je prononcé ces mots, que tout le peuple ému s'écria qu'il fallait faire périr le fils de ce cruel Ulysse, dont les artifices avaient renversé la ville de Troie. O fils d'Ulysse, me dit Aceste, je ne puis refuser votre sang aux mânes de tant de Troyens que votre père a précipités sur les rivages du noir Cocyte : vous, et celui qui vous mène, vous périrez. En même temps, un vieillard de la troupe proposa au roi de nous immoler sur le tombeau d'Anchise. Leur sang, disait-il, sera agréable à l'ombre de ce héros; Énée même, quand il saura un tel sacrifice, sera touché de voir combien vous aimez ce qu'il avait de plus cher au monde.

Tout le peuple applaudit à cette proposition, et ne songea plus qu'à nous immoler. Déjà on nous menait sur le tombeau d'Anchise; on y avait dressé deux autels, où le feu sacré était allumé; le glaive qui devait nous percer était devant nos yeux; on nous avait couronnés de fleurs, et nulle compassion ne pouvait garantir notre vie; c'était fait de nous, quand Mentor demanda tranquillement à parler au roi. Il lui dit :

O Aceste, si le malheur du jeune Télémaque, qui n'a jamais porté les armes contre les Troyens, ne peut vous toucher, du moins que votre propre intérêt vous touche. La science que j'ai acquise des présages et de la volonté des dieux me fait connaître qu'avant que trois jours soient écoulés vous serez attaqué par des peuples barbares, qui viennent comme un torrent du haut des montagnes, pour inonder votre ville et pour ravager tout votre pays. Hâtez-vous de les prévenir; mettez vos peuples sous les armes, et ne perdez pas un moment pour retirer au dedans de vos murailles les riches troupeaux que vous avez dans la campagne. Si ma prédiction est fausse, vous serez libre de nous immoler dans trois jours; si, au contraire, elle est véritable, souvenez-vous qu'on ne doit pas ôter la vie à ceux de qui on la tient.

Aceste fut étonné de ces paroles, que Mentor lui disait avec une assurance qu'il n'avait jamais trouvée en aucun homme. Je vois bien, répondit-il, ô étranger, que les dieux, qui vous ont si mal partagé pour tous les dons de la fortune, vous ont accordé une sagesse qui est plus estimable que toutes les prospérités. En même temps, il retarda le sacrifice, et donna avec diligence les ordres nécessaires pour prévenir l'attaque dont Mentor l'avait menacé. On ne voyait de tous côtés que des femmes tremblantes, des vieillards courbés, de petits enfants, les larmes aux yeux, qui se retiraient dans la ville. Les bœufs mugissants et les brebis bêlantes venaient en foule, quittant les gras pâturages, et ne pouvant trouver assez d'étables pour être mis à couvert. C'était, de toutes parts, des cris confus de gens qui se poussaient les uns les autres, qui ne pouvaient s'entendre, qui prenaient dans ce trouble un inconnu pour leur ami, et qui couraient sans savoir où tendaient leurs pas. Mais les principaux de la ville, se croyant plus sages que les autres, s'imaginaient que Mentor était un imposteur qui avait fait une fausse prédiction pour sauver sa vie.

Avant la fin du troisième jour, pendant qu'ils étaient pleins de ces pensées, on vit sur le penchant des montagnes voisines un tourbillon de poussière ; puis on aperçut une troupe innombrable de Barbares armés : c'étaient les Himériens¹, peuples féroces, avec les nations qui habitent sur les monts Nébrodes, et sur le sommet d'Acratas, où règne un hiver que les zéphyrs n'ont jamais adouci. Ceux qui avaient méprisé la prédiction de Mentor perdirent leurs esclaves et leurs troupeaux. Le roi dit à Mentor : J'oublie que vous êtes des Grecs ; nos ennemis deviennent nos amis fidèles. Les dieux vous ont envoyés pour nous sauver, je n'attends pas moins de votre valeur que de la sagesse de vos conseils ; hâtez-vous de nous secourir.

Mentor montre dans ses yeux une audace qui étonne les plus fiers combattants. Il prend un bouclier, un casque, une épée, une lance ; il range les soldats d'Aceste ; il marche à leur tête, et s'avance en bon ordre vers les ennemis. Aceste, quoique plein de courage, ne peut dans sa vieillesse le suivre que de loin. Je le suis de plus près, mais je ne puis égaler sa valeur. Sa cuirasse ressemblait, dans le combat, à l'immortelle égide. La mort courait de rang en rang partout sous ses coups. Semblable à un lion de Numidie que la cruelle faim dévore, et qui entre dans un troupeau de faibles brebis, il déchire, il égorge, il nage dans le sang ; et les bergers, loin de secourir le troupeau, fuient, tremblants, pour se dérober à sa fureur*.

Ces Barbares, qui espéraient de surprendre la ville, furent eux-mêmes surpris et déconcertés. Les sujets d'Aceste, animés par l'exemple et par les ordres de Mentor, eurent une vigueur dont ils ne se croyaient point capables. De ma lance je renversai le fils du roi de ce peuple ennemi. Il était de mon âge, mais il était plus grand que moi ; car ce peuple venait d'une race de géants qui étaient de la même origine que les Cyclopes. Il méprisait un ennemi aussi faible que moi : mais, sans m'étonner de sa force prodigieuse, ni de son air sauvage et brutal, je poussai ma lance contre sa poitrine, et je lui fis vomir, en expirant, des torrents d'un sang noir. Il pensa m'écraser. Dans sa chute, le bruit de ses armes retentit jusques aux montagnes. Je pris ses dépouilles, et je revins trouver Aceste. Mentor, ayant achevé de mettre les ennemis en désordre, les tailla en pièces, et poussa les fuyards jusque dans les forêts.

Un succès si inespéré fit regarder Mentor comme un homme chéri et inspiré des dieux. Aceste, touché de reconnaissance, nous avertit qu'il craignait tout pour nous, si les vaisseaux d'Énée revenaient en Sicile : il nous en donna un pour retourner sans retardement en notre pays, nous combla de présents, et nous pressa de partir pour prévenir tous les malheurs qu'il prévoyait ; mais il ne voulut nous donner ni un pilote ni des rameurs de sa nation, de peur qu'ils ne fussent trop exposés sur les côtes de la Grèce. Il nous donna des marchands phéniciens, qui, étant en commerce avec tous les peuples du monde, n'avaient rien à craindre, et qui devaient ramener le vaisseau à Aceste quand ils nous auraient laissés à Ithaque. Mais les dieux, qui se jouent des desseins des hommes, nous réservaient à d'autres dangers.

LIVRE DEUXIÈME.

SOMMAIRE.

Télémaque raconte que le vaisseau tyrien qu'il montait ayant été pris par Sésostris, il fut fait prisonnier ainsi que Mentor, et emmené captif en Egypte. — Merveilles de ce pays : sagesse de son gouvernement. — Mentor est envoyé esclave en Éthiopie, et Télémaque est réduit à conduire un troupeau dans le désert d'Oasis. Un prêtre d'Apollon, Termosiris, le console et lui apprend à imiter ce dieu qui avait été autrefois berger chez Admète, roi de Thessalie. — Bientôt Sésostris, informé de tout ce que fait de merveilleux Télémaque parmi les bergers, le rappelle, reconnaît son innocence et lui promet de le renvoyer à Ithaque. — La mort de Sésostris amène de nouveaux malheurs pour Télémaque. — Il est enfermé dans une tour au bord de la mer. — Du haut de cette tour il voit le nouveau roi d'Égypte, Bocchoris, périr dans un combat contre ses sujets révoltés et secourus par les Phéniciens.

Les Tyriens, par leur fierté, avaient irrité contre eux le grand roi Sésostris, qui régnait en Égypte, et qui avait conquis tant de royaumes. Les richesses qu'ils ont acquises par le commerce, et la force de l'imprenable ville de Tyr[2], située dans la mer, avaient enflé le cœur de ces peuples. Ils avaient refusé de payer à Sésostris le tribut qu'il leur avait imposé en revenant de ses conquêtes; et ils avaient fourni des troupes à son frère, qui avait voulu, à son retour, le massacrer au milieu des réjouissances d'un grand festin. Sésostris avait résolu, pour abattre leur orgueil, de troubler leur commerce dans toutes les mers. Ses vaisseaux allaient de tous côtés cherchant les Phéniciens. Une flotte égyptienne nous rencontra, comme nous commencions à perdre de vue les montagnes de la Sicile. Le port et la terre semblaient fuir derrière nous, et se perdre dans les nues*. En même temps nous voyions approcher les navires des Égyptiens, semblables à une ville flottante. Les Phéniciens les reconnurent, et voulurent s'en éloigner : mais il n'était plus temps; leurs voiles étaient meilleures que les nôtres; le vent les favorisait; leurs rameurs étaient en plus grand nombre : ils nous abordent, nous prennent, et nous emmènent prisonniers en Égypte.

En vain je leur représentai que nous n'étions pas Phéniciens; à peine daignèrent-ils m'écouter : ils nous regardèrent comme des esclaves dont les Phéniciens trafiquaient; et ils ne songèrent qu'au profit d'une telle prise. Déjà nous remarquons les eaux de la mer qui blanchissent par le mélange de celles du Nil, et nous voyons la côte d'Égypte presque aussi basse que la mer. Ensuite nous arrivons à l'île de Pharos[1], voisine de la ville de No : de là nous remontons le Nil jusques à Memphis[2].

Si la douleur de notre captivité ne nous eût rendus insensibles à tous les plaisirs, nos yeux auraient été charmés de voir cette fertile terre d'Égypte, semblable à un jardin délicieux arrosé d'un nombre infini de canaux. Nous ne pouvions jeter les yeux sur les deux rivages sans apercevoir des villes opulentes, des maisons de campagne agréablement situées, des terres qui se couvraient tous les ans d'une moisson dorée sans se reposer jamais, des prairies pleines de troupeaux, des laboureurs qui étaient accablés sous le poids des fruits que la terre épanchait de son sein; des bergers qui faisaient répéter les doux sons de leurs flûtes et de leurs chalumeaux à tous les échos d'alentour.

Heureux, disait Mentor, le peuple qui est conduit par un sage roi! il est dans l'abondance; il vit heureux, et aime celui à qui il doit tout son bonheur. C'est ainsi, ajoutait-il, ô Télémaque, que vous devez régner et faire la joie de vos peuples, si les dieux vous font posséder le royaume de votre père. Aimez vos peuples comme vos enfants; goûtez le plaisir d'être aimé d'eux; et faites qu'ils ne puissent jamais sentir la paix et la joie sans se ressouvenir que c'est un bon roi qui leur a fait ces riches présents. Les rois qui ne songent qu'à se faire craindre, et qu'à abattre leurs sujets pour les rendre plus soumis, sont les fléaux du genre humain. Ils sont craints comme ils le veulent être; mais ils sont haïs, détestés; et ils ont encore plus à craindre de leurs sujets, que leurs sujets n'ont à craindre d'eux.

Je répondais à Mentor : Hélas! il n'est pas question de songer aux maximes suivant lesquelles on doit régner; il n'y a plus d'Ithaque pour nous; nous ne reverrons jamais ni notre patrie, ni Pénélope : et quand même Ulysse retournerait plein de gloire dans son royaume, il n'aura jamais la joie de m'y voir; jamais je n'aurai celle de lui obéir pour apprendre à commander. Mourons, mon cher Mentor; nulle autre pensée ne nous est plus permise : mourons, puisque les dieux n'ont aucune pitié de nous.

En parlant ainsi, de profonds soupirs entrecoupaient toutes mes paroles. Mais Mentor, qui craignait les maux avant qu'ils arrivassent, ne savait plus ce que c'était que de les craindre dès qu'ils étaient arrivés. Indigne fils du sage Ulysse! s'écriait-il, quoi donc! vous vous laissez vaincre à votre malheur! Sachez que vous reverrez un jour l'île d'Ithaque et Pénélope. Vous verrez même dans sa première gloire celui que vous n'avez point connu, l'invincible Ulysse*, que la fortune ne peut abattre, et qui, dans ses malheurs, encore plus grands que les vôtres, vous apprend à ne vous décourager jamais. Oh! s'il pouvait apprendre, dans les terres éloignées où la tempête l'a jeté, que son fils ne sait imiter ni sa patience ni son courage, cette nouvelle l'accablerait de honte, et lui serait plus rude que tous les malheurs qu'il souffre depuis si longtemps.

Ensuite Mentor me faisait remarquer la joie et l'abon

dance répandue dans toute la campagne d'Égypte, où l'on comptait jusqu'à vingt-deux mille villes. Il admirait la bonne police de ces villes : la justice exercée en faveur du pauvre contre le riche ; la bonne éducation des enfants, qu'on accoutumait à l'obéissance, au travail, à la sobriété, à l'amour des arts ou des lettres ; l'exactitude pour toutes les cérémonies de religion ; le désintéressement, le désir de l'honneur, la fidélité pour les hommes, et la crainte pour les dieux, que chaque père inspirait à ses enfants. Il ne se lassait point d'admirer ce bel ordre. Heureux, me disait-il sans cesse, le peuple qu'un sage roi conduit ainsi ! mais encore plus heureux le roi qui fait le bonheur de tant de peuples, et qui trouve le sien dans sa vertu ! Il tient les hommes par un lien beaucoup plus fort que celui de la crainte, c'est celui de l'amour. Non-seulement on lui obéit, mais encore on aime à lui obéir. Il règne dans tous les cœurs : chacun, bien loin de vouloir s'en défaire, craint de le perdre, et donnerait sa vie pour lui.

Je remarquais ce que disait Mentor, et je sentais renaître mon courage au fond de mon cœur, à mesure que ce sage ami me parlait. Aussitôt que nous fûmes arrivés à Memphis, ville opulente et magnifique, le gouverneur ordonna que nous irions jusqu'à Thèbes[1] pour être présentés au roi Sésostris, qui voulait examiner les choses par lui-même, et qui était fort animé contre les Tyriens. Nous remontâmes donc encore le long du Nil, jusqu'à cette fameuse Thèbes à cent portes, où habitait ce grand roi. Cette ville nous parut d'une étendue immense, et plus peuplée que les plus florissantes de la Grèce. La police y est parfaite pour la propreté des rues, pour le cours des eaux, pour la commodité des bains, pour la culture des arts, et pour la sûreté publique. Les places sont ornées de fontaines et d'obélisques ; les temples sont de marbre, et d'une architecture simple, mais majestueuse. Le palais du prince est lui seul comme une grande ville, on n'y voit que colonnes de marbre, que pyramides et obélisques, que statues colossales, que meubles d'or et d'argent massif.

Ceux qui nous avaient pris dirent au roi que nous avions été trouvés dans un navire phénicien. Il écoutait chaque jour, à certaines heures réglées, tous ceux de ses sujets qui avaient, ou des plaintes à lui faire, ou des avis à lui donner. Il ne méprisait ni ne rebutait personne, et ne croyait être roi que pour faire du bien à tous ses sujets, qu'il aimait comme ses enfants. Pour les étrangers, il les recevait avec bonté, et voulait les voir, parce qu'il croyait qu'on apprenait toujours quelque chose d'utile en s'instruisant des mœurs et des maximes des peuples éloignés. Cette curiosité du roi fit qu'on nous présenta à lui. Il était sur un trône d'ivoire, tenant en main un sceptre d'or. Il était déjà vieux, mais agréable, plein de douceur et de majesté ; il jugeait tous les jours les peuples, avec une patience et une sagesse qu'on admirait sans flatterie. Après avoir travaillé toute la journée à régler les affaires et à rendre une exacte justice, il se délassait le soir à écouter des hommes savants, ou à converser avec les plus honnêtes gens, qu'il savait bien choisir pour les admettre dans sa familiarité. On ne pouvait lui reprocher en toute sa vie que d'avoir triomphé avec trop de faste des rois qu'il avait vaincus, et de s'être confié à un de ses sujets que je vous dépeindrai tout à l'heure.

Quand il me vit, il fut touché de ma jeunesse et de ma douleur; il me demanda ma patrie et mon nom. Nous fûmes étonnés de la sagesse qui parlait par sa bouche. Je répondis : O grand roi, vous n'ignorez pas le siége de Troie, qui a duré dix ans, et sa ruine, qui a coûté tant de sang à toute la Grèce. Ulysse, mon père, a été un des principaux rois qui ont ruiné cette ville : il erre sur toutes les mers, sans pouvoir retrouver l'île d'Ithaque, qui est son royaume. Je le cherche; et un malheur semblable au sien fait que j'ai été pris. Rendez-moi à mon père et à ma patrie. Ainsi puissent les dieux vous conserver à vos enfants, et leur faire sentir la joie de vivre sous un si bon père !

Sésostris continuait à me regarder d'un œil de compassion ; mais, voulant savoir si ce que je disais était vrai, il nous renvoya à un de ses officiers, qui fut chargé de savoir de ceux qui avaient pris notre vaisseau si nous étions effectivement ou Grecs ou Phéniciens. S'ils sont Phéniciens, dit le roi, il faut doublement les punir, pour être nos ennemis, et plus encore pour avoir voulu nous tromper par un lâche mensonge : si, au contraire, ils sont Grecs, je veux qu'on les traite favorablement, et qu'on les renvoie dans leur pays sur un de mes vaisseaux, car j'aime la Grèce; plusieurs Égyptiens y ont donné des lois. Je connais la vertu d'Hercule; la gloire d'Achille est parvenue jusqu'à nous; et j'admire ce qu'on m'a raconté de la sagesse du malheureux Ulysse : tout mon plaisir est de secourir la vertu malheureuse.

L'officier auquel le roi renvoya l'examen de notre affaire avait l'âme aussi corrompue et aussi artificieuse que Sésostris était sincère et généreux. Cet officier se nommait Méthophis; il nous interrogea pour tâcher de nous surprendre, et, comme il vit que Mentor répondait avec plus de sagesse que moi, il le regarda avec aversion et avec défiance; car les méchants s'irritent contre les bons. Il nous sépara; et, depuis ce moment, je ne sus point ce qu'était devenu Mentor. Cette séparation fut un coup de foudre pour moi. Méthophis espérait toujours qu'en nous questionnant séparément il pourrait nous faire dire des choses contraires; surtout il croyait m'éblouir par ses promesses flatteuses et me faire avouer ce que Mentor lui aurait caché. Enfin, il ne cherchait pas de bonne foi la vérité; mais il voulait trouver quelque prétexte de dire au roi que nous étions des Phéniciens, pour nous faire ses esclaves. En effet, malgré notre innocence et malgré la sagesse du roi, il trouva le moyen de le tromper.

Hélas! à quoi les rois sont-ils exposés! les plus sages même sont souvent surpris. Des hommes artificieux et intéressés les environnent; les bons se retirent, parce qu'ils ne sont ni empressés ni flatteurs; les bons attendent qu'on les cherche, et les princes ne savent guère les aller chercher; au contraire, les méchants sont hardis, trompeurs, empressés à s'insinuer et à plaire, adroits à dissimuler, prêts à tout faire contre l'honneur et la conscience pour contenter les passions de celui qui règne. O qu'un roi est malheureux d'être exposé aux artifices des méchants! Il est perdu, s'il ne repousse la flatterie et s'il n'aime ceux qui disent hardiment la vérité. Voilà les réflexions que je faisais dans mon malheur, et je rappelais tout ce que j'avais ouï dire à Mentor. Cependant Méthophis m'envoya vers les montagnes du désert d'Oasis, avec ses esclaves, afin que je servisse avec eux à conduire ses grands troupeaux.

En cet endroit, Calypso interrompit Télémaque, disant : Eh bien ! que fîtes-vous alors, vous qui aviez préféré en Sicile la mort à la servitude? Télémaque répondit : Mon malheur croissait toujours ; je n'avais plus la misérable consolation de choisir entre la servitude et la mort ; il fallut être esclave et épuiser, pour ainsi dire, toutes les rigueurs de la fortune. Il ne me restait plus aucune espérance, et je ne pouvais pas même dire un mot pour travailler à me délivrer. Mentor m'a dit depuis qu'on l'avait vendu à des Éthiopiens, et qu'il les avait suivis en Éthiopie.

Pour moi, j'arrivai dans des déserts affreux ; on y voit des sables brûlants au milieu des plaines. Des neiges qui ne se fondent jamais font un hiver perpétuel sur le sommet des montagnes ; et on trouve seulement, pour nourrir les troupeaux, des pâturages parmi des rochers, vers le milieu du penchant de ces montagnes escarpées ; les vallées y sont si profondes, qu'à peine le soleil y peut faire luire ses rayons.

Je ne trouvai d'autres hommes, en ce pays, que des bergers aussi sauvages que le pays même. Là, je passais les nuits à déplorer mon malheur, et les jours, à suivre un troupeau, pour éviter la fureur brutale d'un premier esclave, qui, espérant d'obtenir sa liberté, accusait sans cesse les autres pour faire valoir à son maître son zèle et son attachement à ses intérêts. Cet esclave se nommait Buthis. Je devais succomber en cette occasion : la douleur me pressant, j'oubliai un jour mon troupeau, et je m'étendis sur l'herbe auprès d'une caverne où j'attendais la mort, ne pouvant plus supporter mes peines.

En ce moment, je remarquai que toute la montagne tremblait ; les chênes et les pins semblaient descendre du sommet de la montagne ; les vents retenaient leurs haleines ; une voix mugissante sortit de la caverne et me fit entendre ces paroles : Fils du sage Ulysse, il faut que tu deviennes, comme lui, grand par la patience ; les princes qui ont toujours été heureux ne sont guère dignes de l'être ; la mollesse les corrompt, l'orgueil les enivre. Que tu seras heureux, si tu surmontes tes malheurs, et si tu ne les oublies jamais! Tu reverras Ithaque, et ta gloire montera jusqu'aux astres. Quand tu seras le maître des autres hommes, souviens-toi que tu as été faible, pauvre et souffrant comme eux*; prends plaisir à les soulager; aime ton peuple, déteste la flatterie, et sache que tu ne seras grand qu'autant que tu seras modéré et courageux pour vaincre tes passions.

Ces paroles divines entrèrent jusqu'au fond de mon cœur; elles y firent renaître la joie et le courage. Je ne sentis point cette horreur qui fait dresser les cheveux sur la tête et qui glace le sang dans les veines, quand les dieux se communiquent aux mortels; je me levai tranquille, j'adorai à genoux, les mains levées vers le ciel, Minerve, à qui je crus devoir cet oracle. En même temps, je me trouvai un nouvel homme; la sagesse éclairait mon esprit, je sentais une douce force pour modérer toutes mes passions, et pour arrêter l'impétuosité de ma jeunesse. Je me fis aimer de tous les bergers du désert; ma douceur, ma patience, mon exactitude, apaisèrent enfin le cruel Buthis, qui était en autorité sur les autres esclaves, et qui avait voulu d'abord me tourmenter.

Pour mieux supporter l'ennui de la captivité et de la solitude, je cherchai des livres, car j'étais accablé de tristesse, faute de quelque instruction qui pût nourrir mon esprit et le soutenir. Heureux, disais-je, ceux qui se dégoûtent des plaisirs violents, et qui savent se contenter des douceurs d'une vie innocente! Heureux ceux qui se divertissent en s'instruisant*, et qui se plaisent à cultiver leur esprit par les sciences! En quelque endroit que la fortune ennemie les jette, ils portent toujours avec eux de quoi s'entretenir et l'ennui, qui dévore les autres hommes au milieu même des délices, est inconnu à ceux qui savent s'occuper par quelque lecture. Heureux ceux qui aiment à lire et qui ne sont point, comme moi, privés de la lecture!

Pendant que ces pensées roulaient dans mon esprit, je m'enfonçai dans une sombre forêt, où j'aperçus tout à coup un vieillard qui tenait dans sa main un livre. Ce vieillard avait un grand front chauve et un peu ridé; une barbe blanche pendait jusqu'à sa ceinture; sa taille était haute et majestueuse; son teint était encore frais et vermeil, ses yeux vifs et perçants, sa voix douce, ses paroles simples et aimables. Jamais je n'ai vu un si vénérable vieillard : il s'appelait Termosiris, et il était prêtre d'Apollon, qu'il servait dans un temple de marbre que les rois d'Égypte avaient consacré à ce dieu dans cette forêt. Le livre qu'il tenait était un recueil d'hymnes en l'honneur des dieux. Il m'aborde avec amitié ; nous nous entretenons. Il racontait si bien les choses passées, qu'on croyait les voir ; mais il les racontait courtement, et jamais ses histoires ne m'ont lassé. Il prévoyait l'avenir par la profonde sagesse qui lui faisait connaître les hommes et les desseins dont ils sont capables. Avec tant de prudence, il était gai, complaisant ; et la jeunesse la plus enjouée n'a point autant de grâce qu'en avait cet homme dans une vieillesse si avancée: aussi aimait-il les jeunes gens, quand ils étaient dociles et qu'ils avaient le goût de la vertu.

Bientôt il m'aima tendrement, et me donna des livres pour me consoler : il m'appelait : Mon fils. Je lui disais souvent : Mon père, les dieux, qui m'ont ôté Mentor, ont eu pitié de moi ; ils m'ont donné en vous un autre soutien. Cet homme, semblable à Orphée ou à Linus, était sans doute inspiré des dieux : il me récitait les vers qu'il avait faits, et me donnait ceux de plusieurs excellents poètes favorisés des Muses. Lorsqu'il était revêtu de sa longue robe d'une éclatante blancheur, et qu'il prenait en main sa lyre d'ivoire, les tigres, les lions et les ours venaient le flatter et lécher ses pieds ; les Satyres sortaient des forêts pour danser autour de lui ; les arbres mêmes paraissaient émus ; et vous auriez cru que les rochers attendris allaient descendre du haut des montagnes au charme de ses doux accents. Il ne chantait que la grandeur des dieux, la vertu des héros, et la sagesse des hommes qui préfèrent la gloire aux plaisirs.

Il me disait souvent que je devais prendre courage, et que les dieux n'abandonneraient ni Ulysse, ni son fils. Enfin, il m'assura que je devais, à l'exemple d'Apollon, enseigner aux bergers à cultiver les Muses. Apollon, disait-il, indigné de ce que Jupiter par ses foudres troublait le ciel dans ses plus beaux jours, voulut s'en venger sur les Cyclopes qui forgeaient les foudres, et il les perça de ses flèches. Aussitôt le mont Etna cessa de vomir des tourbillons de flammes; on n'entendit plus les coups des terribles marteaux qui, frappant l'enclume, faisaient gémir les profondes cavernes de la terre et les abîmes de la mer : le fer et l'airain, n'étant plus polis par les Cyclopes, commençaient à se rouiller. Vulcain, furieux, sort de sa fournaise; quoique boiteux, il monte en diligence vers l'Olympe; il arrive, suant et couvert d'une noire poussière, dans l'assemblée des dieux; il fait des plaintes amères. Jupiter s'irrite contre Apollon, le chasse du ciel et le précipite sur la terre. Son char vide faisait de lui-même son cours ordinaire, pour donner aux hommes les jours et les nuits avec le changement régulier des saisons. Apollon, dépouillé de tous ses rayons, fut contraint de se faire berger, et de garder les troupeaux du roi Admète. Il jouait de la flûte; et tous les autres bergers venaient à l'ombre des ormeaux, sur le bord d'une claire fontaine, écouter ses chansons. Jusque-là ils avaient mené une vie sauvage et brutale; ils ne savaient que conduire leurs brebis, les tondre, traire leur lait et faire des fromages: toute la campagne était comme un désert affreux.

Bientôt Apollon montra à tous ces bergers les arts qui peuvent rendre leur vie agréable. Il chantait les fleurs dont le printemps se couronne, les parfums qu'il répand, et la verdure qui naît sous ses pas. Puis il chantait les délicieuses nuits de l'été, où les zéphyrs rafraîchissent les hommes, et où la rosée désaltère la terre. Il mêlait aussi dans ses chansons les fruits dorés dont l'automne récompense les travaux des laboureurs, et le repos de l'hiver, pendant lequel la jeunesse folâtre danse auprès du feu. Enfin il représentait les forêts sombres qui couvrent les montagnes, et les creux vallons où les rivières, par mille détours, semblent se jouer au milieu des riantes prairies. Il apprit ainsi aux bergers quels sont les charmes de la vie champêtre, quand on sait goûter ce que la simple nature a de merveilleux. Bientôt les bergers, avec leurs flûtes, se virent plus heureux que les rois; et leurs cabanes attiraient en foule les plaisirs purs qui fuient les palais dorés. Les jeux les ris, les grâces, suivaient partout les innocentes bergères. Tous les jours étaient des jours de fête : on n'entendait plus que le gazouillement des oiseaux, ou la douce haleine des zéphyrs qui se jouaient dans les rameaux des arbres, ou le murmure d'une onde claire qui tombait de quelque rocher*, ou les chansons que les Muses inspiraient aux bergers qui suivaient Apollon. Ce dieu leur enseignait à remporter le prix de la course, et à percer de flèches les daims et les cerfs. Les dieux mêmes devinrent jaloux des bergers : cette vie leur parut plus douce que toute leur gloire ; et ils rappelèrent Apollon dans l'Olympe.

Mon fils, cette histoire doit vous instruire. Puisque vous êtes dans l'état où fut Apollon, défrichez cette terre sauvage ; faites fleurir comme lui le désert ; apprenez à tous ces bergers quels sont les charmes de l'harmonie ; adoucissez les cœurs farouches ; montrez-leur l'aimable vertu ; faites-leur sentir combien il est doux de jouir, dans la solitude, des plaisirs innocents que rien ne peut ôter aux bergers. Un jour, mon fils, un jour les peines et les soucis cruels qui environnent les rois vous feront regretter sur le trône la vie pastorale.

Ayant ainsi parlé, Termosiris me donna une flûte si douce que les échos de ces montagnes qui la firent entendre de tous côtés, attirèrent bientôt autour de nous tous les bergers voisins. Ma voix avait une harmonie divine ; je me sentais ému et comme hors de moi-même, pour chanter les grâces dont la nature a orné la campagne. Nous passions les jours entiers et une partie des nuits à chanter ensemble. Tous les bergers, oubliant leurs cabanes et leurs troupeaux, étaient suspendus et immobiles autour de moi pendant que je leur donnais des leçons : il semblait que ces déserts n'eussent plus rien de sauvage ; tout y était devenu doux et riant ; la politesse des habitants semblait adoucir la terre.

Nous nous assemblions souvent pour offrir des sacrifices dans ce temple d'Apollon où Termosiris était prêtre. Les bergers y allaient couronnés de lauriers en l'honneur du dieu ; les bergères y allaient aussi en dansant, avec des couronnes de fleurs, et portant sur leurs têtes, dans des corbeilles, les dons sacrés. Après le sacrifice, nous faisions un festin champêtre ; nos plus doux mets étaient le lait de nos chèvres et de nos brebis, que nous avions soin de traire nous-mêmes, avec les fruits fraîchement cueillis de nos propres mains, tels que les dattes, les figues et les raisins : nos siéges étaient les gazons; les arbres touffus nous donnaient une ombre plus agréable que les lambris dorés des palais des rois.

Mais ce qui acheva de me rendre fameux parmi nos bergers, c'est qu'un jour un lion affamé vint se jeter sur mon troupeau : déjà il commençait un carnage affreux, je n'avais en main que ma houlette; je m'avance hardiment. Le lion hérisse sa crinière, me montre ses dents et ses griffes, ouvre une gueule sèche et enflammée; ses yeux paraissent pleins de sang et de feu; il bat ses flancs avec sa longue queue. Je le terrasse : la petite cotte de mailles dont j'étais revêtu, selon la coutume des bergers d'Égypte, l'empêcha de me déchirer. Trois fois je l'abattis; trois fois il se releva; il poussait des rugissements qui faisaient retentir toutes les forêts. Enfin, je l'étouffai entre mes bras; et les bergers, témoins de ma victoire, voulurent que je me revêtisse de la peau de ce terrible lion.

Le bruit de cette action et celui du beau changement de tous nos bergers se répandit dans toute l'Egypte; il parvint même jusqu'aux oreilles de Sésostris. Il sut qu'un de ces deux captifs qu'on avait pris pour des Phéniciens avait ramené l'âge d'or dans ces déserts presque inhabitables. Il voulut me voir : car il aimait les Muses; et tout ce qui peut instruire les hommes touchait son grand cœur. Il me vit; il m'écouta avec plaisir; il découvrit que Méthophis l'avait trompé par avarice; il le condamna à une prison perpétuelle, et lui ôta toutes les richesses qu'il possédait injustement. O qu'on est malheureux, disait-il, quand on est au-dessus du reste des hommes! souvent on ne peut voir la vérité par ses propres yeux : on est environné de gens qui l'empêchent d'arriver jusqu'à celui qui commande; chacun est intéressé à le tromper; chacun, sous une apparence de zèle, cache son ambition. On fait semblant d'aimer le roi, et on n'aime que les richesses qu'il donne : on l'aime si peu, que pour obtenir ses faveurs on le flatte et on le trahit.

Ensuite Sésostris me traita avec une tendre amitié, et résolut de me renvoyer en Ithaque avec des vaisseaux et des troupes, pour délivrer Pénélope de tous ses amants. La flotte était déjà prête; nous ne songions qu'à nous embarquer. J'admirais les coups de la fortune, qui relève tout à coup ceux qu'elle a le plus abaissés *. Cette expérience me faisait espérer qu'Ulysse pourrait bien revenir enfin dans son royaume après quelque longue souffrance. Je pensais aussi en moi-même que je pourrais encore revoir Mentor, quoiqu'il eût été emmené dans les pays les plus inconnus de l'Éthiopie. Pendant que je retardais un peu mon départ, pour tâcher d'en savoir des nouvelles, Sésostris, qui était fort âgé, mourut subitement, et sa mort me replongea dans de nouveaux malheurs.

Toute l'Égypte parut inconsolable de cette perte; chaque famille croyait avoir perdu son meilleur ami, son protecteur, son père. Les vieillards, levant les mains au ciel, s'écriaient: Jamais l'Égypte n'eut un aussi bon roi! jamais elle n'en aura de semblable! O dieux! il fallait ou ne le montrer point aux hommes, ou ne le leur ôter jamais; pourquoi faut-il que nous survivions au grand Sésostris! Les jeunes gens disaient : L'espérance de l'Égypte est détruite : nos pères ont été heureux de passer leur vie sous un si bon roi; pour nous, nous ne l'avons vu que pour sentir sa perte. Ses domestiques pleuraient nuit et jour. Quand on fit les funérailles du roi, pendant quarante jours tous les peuples les plus reculés y accoururent en foule : chacun voulait voir encore une fois le corps de Sésostris; chacun voulait en conserver l'image; plusieurs voulurent être mis avec lui dans le tombeau.

Ce qui augmenta encore la douleur de sa perte, c'est que son fils Bocchoris n'avait ni humanité pour les étrangers, ni curiosité pour les sciences, ni estime pour les hommes vertueux, ni amour de la gloire. La grandeur de son père avait contribué à le rendre si indigne de régner. Il avait été nourri dans la mollesse et dans une fierté brutale; il comptait pour rien les hommes, croyant qu'ils n'étaient faits que pour lui, et qu'il était d'une autre nature qu'eux : il ne songeait qu'à contenter ses passions, qu'à dissiper les trésors immenses que son père avait ménagés avec tant de soin, qu'à tourmenter les peuples, et qu'à sucer le sang des malheureux; enfin, qu'à suivre les conseils flatteurs des jeunes insensés qui l'environnaient, pendant qu'il écartait avec mépris tous les sages vieillards qui avaient eu la confiance de son père. C'était un monstre, et non pas un roi. Toute l'Égypte gémissait; et quoique le nom de Sésostris, si cher aux Égyptiens, leur fît supporter la conduite lâche et cruelle de son fils, le fils courait à sa perte : et un prince si indigne du trône ne pouvait longtemps régner.

Il ne me fut plus permis d'espérer mon retour en Ithaque. Je demeurai dans une tour sur le bord de la mer, auprès de Péluse[1], où notre embarquement devait se faire, si Sésostris ne fût pas mort. Méthophis avait eu l'adresse de sortir de prison, et de se rétablir auprès du nouveau roi : il m'avait fait renfermer dans cette tour, pour se venger de la disgrâce que je lui avais causée. Je passais les jours et les nuits dans une profonde tristesse : tout ce que Termosiris m'avait prédit, et tout ce que j'avais entendu dans la caverne, ne me paraissait plus qu'un songe; j'étais abîmé dans la plus amère douleur. Je voyais les vagues qui venaient battre le pied de la tour où j'étais prisonnier; souvent je m'occupais à considérer des vaisseaux agités par la tempête, qui étaient en danger de se briser contre les rochers sur lesquels la tour était bâtie. Loin de plaindre ces hommes menacés du naufrage, j'enviais leur sort. Bientôt, disais-je en moi-même, ils finiront les malheurs de leur vie, ou ils arriveront en leur pays. Hélas! je ne puis espérer ni l'un ni l'autre.

Pendant que je me consumais ainsi en regrets inutiles, j'aperçus comme une forêt de mâts de vaisseaux. La mer était couverte de voiles que les vents enflaient; l'onde était écumante sous les coups des rames innombrables. J'entendais de toutes parts des cris confus; j'apercevais sur le rivage une partie des Égyptiens effrayés qui couraient aux armes, et d'autres qui semblaient aller au-devant de cette flotte qu'on voyait arriver. Bientôt je reconnus que ces vaisseaux étrangers étaient, les uns, de Phénicie, et les autres, de l'île de Chypre; car mes malheurs commençaient à me rendre expérimenté sur ce qui regarde la navigation. Les Égyptiens me parurent divisés entre eux; je n'eus aucune peine à croire que l'insensé

Bocchoris avait, par ses violences, causé une révolte de ses sujets et allumé la guerre civile. Je fus, du haut de cette tour, spectateur d'un sanglant combat. Les Égyptiens qui avaient appelé à leur secours les étrangers, après avoir favorisé leur descente, attaquèrent les autres Égyptiens, qui avaient le roi à leur tête. Je voyais ce roi qui animait les siens par son exemple; il paraissait comme le dieu Mars* : des ruisseaux de sang coulaient autour de lui; les roues de son char étaient teintes d'un sang noir, épais et écumant : à peine pouvaient-elles passer sur des tas de corps morts écrasés. Ce jeune roi, bien fait, vigoureux, d'une mine haute et fière, avait dans ses yeux la fureur et le désespoir : il était comme un beau cheval qui n'a point de bouche ; son courage le poussait au hasard, et la sagesse ne modérait point sa valeur. Il ne savait ni réparer ses fautes, ni donner des ordres précis, ni prévoir les maux qui le menaçaient, ni ménager les gens dont il avait le plus grand besoin. Ce n'était pas qu'il manquât de génie; ses lumières égalaient son courage : mais il n'avait jamais été instruit par la mauvaise fortune; ses maîtres avaient empoisonné par la flatterie son beau naturel. Il était enivré de sa puissance et de son bonheur; il croyait que tout devait céder à ses désirs fougueux : la moindre résistance enflammait sa colère. Alors il ne raisonnait plus; il était comme hors de lui-même : son orgueil furieux en faisait une bête farouche; sa bonté naturelle et sa droite raison l'abandonnaient en un instant : ses plus fidèles serviteurs étaient réduits à s'enfuir; il n'aimait plus que ceux qui flattaient ses passions. Ainsi, il prenait toujours des partis extrêmes contre ses véritables intérêts, et il forçait tous les gens de bien à détester sa folle conduite.

Longtemps sa valeur le soutint contre la multitude de ses ennemis; mais enfin il fut accablé. Je le vis périr : le dard d'un Phénicien perça sa poitrine. Les rênes lui échappèrent des mains; il tomba de son char sous les pieds des chevaux. Un soldat de l'île de Chypre lui coupa la tête; et, la prenant par les cheveux, il la montra, comme en triomphe, à toute l'armée victorieuse.

Je me souviendrai toute ma vie d'avoir vu cette tête qui nageait dans le sang; ces yeux fermés et éteints; ce visage pâle et défiguré; cette bouche entr'ouverte, qui semblait vouloir encore achever des paroles commencées; cet air superbe et menaçant, que la mort même n'avait pu effacer. Toute ma vie il sera peint devant mes yeux; et, si jamais les dieux me faisaient régner, je n'oublierais point, après un si funeste exemple, qu'un roi n'est digne de commander, et n'est heureux dans sa puissance, qu'autant qu'il la soumet à la raison. Eh! quel malheur, pour un homme destiné à faire le bonheur public, de n'être le maître de tant d'hommes que pour les rendre malheureux!

LIVRE TROISIÈME.

SOMMAIRE.

Télémaque raconte que Termutis, successeur de Bocchoris, rendant tous les prisonniers phéniciens, il fut emmené à Tyr sur le vaisseau de Narbal, qui commandait la flotte tyrienne. — Pendant le trajet, Narbal entretient Télémaque de la puissance, de la prospérité des Phéniciens; des lois qui président à leur commerce; il lui dépeint Pygmalion, prince avare et cruel. — Après quelque séjour à Tyr, Télémaque est sur le point de s'embarquer pour l'île de Chypre; Pygmalion veut le faire prendre; mais Astarbé, la maîtresse du tyran, le sauve et fait mourir pour lui un jeune homme dont les mépris l'avaient irritée.

CALYPSO écoutait avec étonnement des paroles si sages. Ce qui la charmait le plus était de voir que Télémaque racontait ingénument les fautes qu'il avait faites par précipitation, et en manquant de docilité pour le sage Mentor: elle trouvait une noblesse et une grandeur étonnante dans ce jeune homme qui s'accusait lui-même, et qui paraissait avoir si bien profité de ses imprudences pour se rendre sage, prévoyant et modéré. Continuez, disait-elle, mon cher Télémaque; il me tarde de savoir comment vous sortîtes de l'Égypte, et où vous avez retrouvé le sage Mentor, dont vous aviez senti la perte avec tant de raison.

Télémaque reprit ainsi son discours: Les Égyptiens les

plus vertueux et les plus fidèles au roi, étant les plus faibles, et voyant le roi mort, furent contraints de céder aux autres : on établit un autre roi nommé Termutis. Les Phéniciens, avec les troupes de l'île de Chypre, se retirèrent après avoir fait alliance avec le nouveau roi. Celui-ci rendit tous les prisonniers phéniciens; je fus compté comme étant de ce nombre. On me fit sortir de la tour; je m'embarquai avec les autres, et l'espérance commença à reluire au fond de mon cœur. Un vent favorable remplissait déjà nos voiles*, les rameurs fendaient les ondes écumantes, la vaste mer était couverte de navires; les mariniers poussaient des cris de joie; les rivages d'Égypte s'enfuyaient loin de nous; les collines et les montagnes s'aplanissaient peu à peu. Nous commencions à ne voir plus que le ciel et l'eau*, pendant que le soleil, qui se levait, semblait faire sortir du sein de la mer ses feux étincelants : ses rayons doraient le sommet des montagnes* que nous découvrions encore un peu sur l'horizon; et tout le ciel, peint d'un sombre azur, nous promettait une heureuse navigation.

Quoiqu'on m'eût renvoyé comme étant Phénicien, aucun des Phéniciens avec qui j'étais ne me connaissait. Narbal, qui commandait dans le vaisseau où l'on me mit, me demanda mon nom et ma patrie. De quelle ville de Phénicie êtes-vous? me dit-il. Je ne suis point de Phénicie, lui dis-je; mais les Égyptiens m'avaient pris sur la mer dans un vaisseau de Phénicie : j'ai demeuré longtemps captif en Égypte comme un Phénicien; c'est sous ce nom que j'ai longtemps souffert; c'est sous ce nom qu'on m'a délivré. De quel pays êtes-vous donc? reprit Narbal. Alors je lui parlai ainsi : Je suis Télémaque, fils d'Ulysse, roi d'Ithaque en Grèce. Mon père s'est rendu fameux entre tous les rois qui ont assiégé la ville de Troie : mais les dieux ne lui ont pas accordé de revoir sa patrie. Je l'ai cherché en plusieurs pays; la fortune me persécute comme lui : vous voyez un malheureux qui ne soupire qu'après le bonheur de retourner parmi les siens, et de trouver son père.

Narbal me regardait avec étonnement, et il crut apercevoir en moi je ne sais quoi d'heureux qui vient des dons du ciel, et qui n'est point dans le commun des hommes. Il était naturellement sincère et généreux; il fut touché de mon malheur, et me parla avec une confiance que les dieux lui inspirèrent pour me sauver d'un grand péril.

Télémaque, je ne doute point, me dit-il, de ce que vous me dites, et je ne saurais en douter; la douleur et la vertu peintes sur votre visage ne me permettent pas de me défier de vous : je sens même que les dieux, que j'ai toujours servis, vous aiment, et qu'ils veulent que je vous aime aussi comme si vous étiez mon fils. Je vous donnerai un conseil salutaire; et, pour récompense, je ne vous demande que le secret. Ne craignez point, lui dis-je, que j'aie aucune peine à me taire sur les choses que vous voudrez me confier : quoique je sois si jeune, j'ai déjà vieilli dans l'habitude de ne dire jamais mon secret, et encore plus de ne trahir jamais, sous aucun prétexte, le secret d'autrui. Comment avez-vous pu, me dit-il, vous accoutumer au secret dans une si grande jeunesse? Je serai ravi d'apprendre par quel moyen vous avez acquis cette qualité, qui est le fondement de la plus sage conduite, et sans laquelle tous les talents sont inutiles.

Quand Ulysse, lui dis-je, partit pour aller au siége de Troie, il me prit sur ses genoux et entre ses bras (c'est ainsi qu'on me l'a raconté) : après m'avoir baisé tendrement, il me dit ces paroles, quoique je ne pusse les entendre : O mon fils! que les dieux me préservent de te revoir jamais; que plutôt le ciseau de la Parque tranche le fil de tes jours lorsqu'il est à peine formé, de même que le moissonneur tranche de sa faux une tendre fleur qui commence à éclore; que mes ennemis te puissent écraser aux yeux de ta mère et aux miens, si tu dois un jour te corrompre et abandonner la vertu! O mes amis! continua-t-il, je vous laisse ce fils qui m'est si cher; ayez soin de son enfance : si vous m'aimez, éloignez de lui la pernicieuse flatterie; enseignez-lui à se vaincre; qu'il soit comme un jeune arbrisseau encore tendre, qu'on plie pour le redresser. Surtout n'oubliez rien pour le rendre juste, bienfaisant, sincère, et fidèle à garder un secret. Quiconque est capable de mentir est indigne d'être compté au nombre des hommes; et quiconque ne sait pas se taire est indigne de gouverner.

Je vous rapporte ces paroles, parce qu'on a eu soin de me les répéter souvent, et qu'elles ont pénétré jusqu'au fond de mon cœur ; je me les redis souvent à moi-même. Les amis de mon père eurent soin de m'exercer de bonne heure au secret : j'étais encore dans la plus tendre enfance, et ils me confiaient déjà toutes les peines qu'ils ressentaient, voyant ma mère exposée à un grand nombre de téméraires qui voulaient l'épouser. Ainsi on me traitait dès lors comme un homme raisonnable et sûr : on m'entretenait secrètement des plus grandes affaires ; on m'instruisait de tout ce qu'on avait résolu pour écarter ces prétendants. J'étais ravi qu'on eût en moi cette confiance : par là je me croyais déjà un homme fait. Jamais je n'en ai abusé ; jamais il ne m'a échappé une seule parole qui pût découvrir le moindre secret. Souvent les prétendants tâchaient de me faire parler, espérant qu'un enfant, qui pourrait avoir vu ou entendu quelque chose d'important, ne saurait pas se retenir ; mais je savais bien leur répondre sans mentir, et sans leur apprendre ce que je ne devais pas dire.

Alors Narbal me dit : Vous voyez, Télémaque, la puissance des Phéniciens ; ils sont redoutables à toutes les nations voisines, par leurs innombrables vaisseaux : le commerce, qu'ils font jusques aux colonnes d'Hercule[1], leur donne des richesses qui surpassent celles des peuples les plus florissants. Le grand roi Sésostris, qui n'aurait jamais pu les vaincre par mer, eut bien de la peine à les vaincre par terre, avec ses armées qui avaient conquis tout l'Orient ; il nous imposa un tribut que nous n'avons pas longtemps payé : les Phéniciens se trouvaient trop riches et trop puissants pour porter patiemment le joug de la servitude ; nous reprîmes notre liberté. La mort ne laissa pas à Sésostris le temps de finir la guerre contre nous. Il est vrai que nous avions tout à craindre de sa sagesse encore plus que de sa puissance : mais, sa puissance passant dans les mains de son fils, dépourvu de toute sagesse, nous conclûmes que nous n'avions plus rien à craindre. En effet, les Égyptiens, bien loin de rentrer les armes à la main dans notre pays pour nous subjuguer encore une fois, ont été contraints de nous appeler à leur secours pour les délivrer de ce roi impie et furieux. Nous avons été leurs libérateurs. Quelle gloire ajoutée à la liberté et à l'opulence des Phéniciens!

Mais pendant que nous délivrons les autres, nous sommes esclaves nous-mêmes. O Télémaque, craignez de tomber dans les mains de Pygmalion, notre roi : il les a trempées, ces mains cruelles, dans le sang de Sichée, mari de Didon, sa sœur. Didon, pleine du désir de la vengeance, s'est sauvée de Tyr avec plusieurs vaisseaux. La plupart de ceux qui aiment la vertu et la liberté l'ont suivie : elle a fondé sur la côte d'Afrique une superbe ville qu'on nomme Carthage¹. Pygmalion, tourmenté par une soif insatiable des richesses, se rend de plus en plus misérable et odieux à ses sujets. C'est un crime à Tyr que d'avoir de grands biens; l'avarice le rend défiant, soupçonneux, cruel; il persécute les riches, et il craint les pauvres. C'est un crime encore plus grand à Tyr d'avoir de la vertu; car Pygmalion suppose que les bons ne peuvent souffrir ses injustices et ses infamies : la vertu le condamne; il s'aigrit et s'irrite contre elle. Tout l'agite, l'inquiète, le ronge; il a peur de son ombre; il ne dort ni jour ni nuit: les dieux, pour le confondre, l'accablent de trésors dont il n'ose jouir. Ce qu'il cherche pour être heureux est précisément ce qui l'empêche de l'être. Il regrette tout ce qu'il donne, et craint toujours de perdre; il se tourmente pour gagner. On ne le voit presque jamais; il est seul, triste, abattu au fond de son palais; ses amis même n'osent l'aborder, de peur de lui devenir suspects. Une garde terrible tient toujours des épées nues et des piques levées autour de sa maison. Trente chambres qui communiquent les unes aux autres, et dont chacune a une porte de fer avec six gros verrous, sont le lieu où il se renferme; on ne sait jamais dans laquelle de ces chambres il couche, et on assure qu'il ne couche jamais deux nuits de suite dans la même, de peur d'y être égorgé. Il ne connaît ni les doux plaisirs, ni l'amitié encore plus douce; si on lui parle de chercher la joie, il sent qu'elle fuit loin de lui, et qu'elle refuse d'entrer dans son cœur. Ses yeux creux sont pleins d'un feu âpre et farouche; ils sont sans cesse errants de tous côtés; il prête l'oreille au moindre bruit, et se sent tout ému; il est pâle, défait, et les noirs soucis sont peints sur son visage toujours ridé.

Il se tait, il soupire, il tire de son cœur de profonds gémissements, il ne peut cacher les remords qui déchirent ses entrailles. Les mets les plus exquis le dégoûtent. Ses enfants, loin d'être son espérance, sont le sujet de sa terreur : il en a fait ses plus dangereux ennemis. Il n'a eu toute sa vie aucun moment d'assuré ; il ne se conserve qu'à force de répandre le sang de tous ceux qu'il craint. Insensé, qui ne voit pas que sa cruauté, à laquelle il se confie, le fera périr ! Quelqu'un de ses domestiques, aussi défiant que lui, se hâtera de délivrer le monde de ce monstre.

Pour moi, je crains les dieux : quoi qu'il m'en coûte, je serai fidèle au roi qu'ils m'ont donné : j'aimerais mieux qu'il me fît mourir, que de lui ôter la vie, et même que de manquer à le défendre. Pour vous, ô Télémaque, gardez-vous bien de lui dire que vous êtes le fils d'Ulysse : il espérerait qu'Ulysse, retournant à Ithaque, lui payerait quelque grande somme pour vous racheter, et il vous tiendrait en prison.

Quand nous arrivâmes à Tyr, je suivis le conseil de Narbal, et je reconnus la vérité de tout ce qu'il m'avait raconté. Je ne pouvais comprendre qu'un homme pût se rendre aussi misérable que Pygmalion me le paraissait. Surpris d'un spectacle si affreux et si nouveau pour moi, je disais en moi-même : Voilà un homme qui n'a cherché qu'à se rendre heureux : il a cru y parvenir par les richesses, et par une autorité absolue : il possède tout ce qu'il peut désirer ; et cependant il est méprisable par ses richesses et par son autorité même. S'il était berger, comme je l'étais naguère, il serait aussi heureux que je l'ai été ; il jouirait des plaisirs innocents de la campagne, et en jouirait sans remords ; il ne craindrait ni le fer ni le poison, il aimerait les hommes, il en serait aimé : il n'aurait point ces grandes richesses, qui lui sont aussi inutiles que du sable, puisqu'il n'ose y toucher ; mais il jouirait librement des fruits de la terre, et ne souffrirait aucun véritable besoin. Cet homme paraît faire tout ce qu'il veut ; mais il s'en faut bien qu'il le fasse : il fait tout ce que veulent ses passions féroces ; il est toujours entraîné par son avarice, par sa crainte, par ses soupçons. Il paraît maître de tous les autres hommes ; mais il n'est pas maître de lui-même, car il a autant de maîtres et de bourreaux qu'il a de désirs violents.

Je raisonnais ainsi de Pygmalion sans le voir; car on ne le voyait point, et on regardait seulement avec crainte ces hautes tours, qui étaient nuit et jour entourées de gardes, où il s'était mis lui-même comme en prison, se renfermant avec ses trésors. Je comparais ce roi invisible avec Sésostris, si doux, si accessible, si affable, si curieux de voir les étrangers, si attentif à écouter tout le monde, et à tirer du cœur des hommes la vérité qu'on cache aux rois. Sésostris, disais-je, ne craignait rien, et n'avait rien à craindre; il se montrait à tous ses sujets comme à ses propres enfants : celui-ci craint tout, et a tout à craindre. Ce méchant roi est toujours exposé à une mort funeste, même dans son palais inaccessible, au milieu de ses gardes; au contraire, le bon roi Sésostris était en sûreté au milieu de la foule des peuples, comme un bon père dans sa maison, environné de sa famille.

Pygmalion donna ordre de renvoyer les troupes de l'île de Chypre qui étaient venues secourir les siennes à cause de l'alliance qui était entre les deux peuples. Narbal prit cette occasion de me mettre en liberté : il me fit passer en revue parmi les soldats chypriens : car le roi était ombrageux jusque dans les moindres choses. Le défaut des princes trop faciles et inappliqués est de se livrer avec une aveugle confiance à des favoris artificieux et corrompus. Le défaut de celui-ci était, au contraire, de se défier des plus honnêtes gens : il ne savait point discerner les hommes droits et simples qui agissent sans déguisement; aussi n'avait-il jamais vu de gens de bien, car de telles gens ne vont point chercher un roi si corrompu. D'ailleurs, il avait vu, depuis qu'il était sur le trône, dans les hommes dont il s'était servi, tant de dissimulation, de perfidie, et de vices affreux déguisés sous les apparences de la vertu, qu'il regardait tous les hommes, sans exception, comme s'ils eussent été masqués. Il supposait qu'il n'y a aucune sincère vertu sur la terre : ainsi il regardait tous les hommes comme étant à peu près égaux. Quand il trouvait un homme faux et corrompu, il ne se donnait point la peine d'en chercher un autre, comptant qu'un autre ne serait pas meilleur. Les bons lui paraissaient pires que les méchants les plus déclarés, parce qu'il les croyait aussi méchants et plus trompeurs.

Pour revenir à moi, je fus confondu avec les Chypriens, et j'échappai à la défiance pénétrante du roi. Narbal tremblait, dans la crainte que je ne fusse découvert : il lui en eût coûté la vie, et à moi aussi. Son impatience de nous voir partir était incroyable : mais les vents contraires nous retinrent assez longtemps à Tyr.

Je profitai de ce séjour pour connaître les mœurs des Phéniciens, si célèbres dans toutes les nations connues. J'admirais l'heureuse situation de cette grande ville, qui est au milieu de la mer, dans une île. La côte voisine est délicieuse par sa fertilité, par les fruits exquis qu'elle porte, par le nombre des villes et des villages qui se touchent presque, enfin par la douceur de son climat : car les montagnes mettent cette côte à l'abri des vents brûlants du midi; elle est rafraîchie par le vent du nord qui souffle du côté de la mer. Ce pays est au pied du Liban, dont le sommet fend les nues et va toucher les astres; une glace éternelle couvre son front; des fleuves pleins de neige tombent, comme des torrents, des pointes de rochers qui environnent sa tête. Au-dessous on voit une vaste forêt de cèdres antiques, qui paraissent aussi vieux que la terre où ils sont plantés, et qui portent leurs branches épaisses jusque vers les nues. Cette forêt a sous ses pieds de gras pâturages dans la pente de la montagne. C'est là qu'on voit errer les taureaux qui mugissent, les brebis qui bêlent, avec leurs tendres agneaux qui bondissent sur l'herbe fraîche : là coulent mille divers ruisseaux d'une eau claire, qui distribuent l'eau partout. Enfin on voit au-dessous des pâturages le pied de la montagne qui est comme un jardin : le printemps et l'automne y règnent ensemble pour y joindre les fleurs et les fruits. Jamais ni le souffle empesté du midi, qui sèche et qui brûle tout, ni le rigoureux aquilon, n'ont osé effacer les vives couleurs qui ornent ce jardin.

C'est auprès de cette belle côte que s'élève dans la mer l'île où est bâtie la ville de Tyr. Cette grande ville semble nager au-dessus des eaux et être la reine de toute la mer. Les marchands y abordent de toutes les parties du monde, et ses habitants sont eux-mêmes les plus fameux marchands qu'il y ait dans l'univers. Quand on entre dans cette ville, on croit d'abord que ce n'est point une ville qui appartienne à un peuple particulier, mais qu'elle est la ville commune de tous les peuples, et le centre de leur commerce. Elle a deux grands môles, semblables à deux bras, qui s'avancent dans la mer, et qui embrassent un vaste port où les vents ne peuvent entrer. Dans ce port on voit comme une forêt de mâts de navires ; et ces navires sont si nombreux, qu'à peine peut-on découvrir la mer qui les porte. Tous les citoyens s'appliquent au commerce, et leurs grandes richesses ne les dégoûtent jamais du travail nécessaire pour les augmenter. On y voit de tous côtés le fin lin d'Égypte et la pourpre tyrienne deux fois teinte, d'un éclat merveilleux ; cette double teinture est si vive, que le temps ne peut l'effacer : on s'en sert pour les laines fines, qu'on rehausse d'une broderie d'or et d'argent. Les Phéniciens font le commerce de tous les peuples jusqu'au détroit de Gadès[1], et ils ont même pénétré dans le vaste océan qui environne toute la terre. Ils ont fait aussi de longues navigations sur la mer Rouge ; et c'est par ce chemin qu'ils vont chercher, dans les îles inconnues, de l'or, des parfums, et divers animaux qu'on ne voit point ailleurs.

Je ne pouvais rassasier mes yeux du spectacle magnifique de cette grande ville où tout était en mouvement. Je n'y vois point, comme dans les villes de la Grèce, des hommes oisifs et curieux, qui vont chercher des nouvelles dans la place publique, ou regarder les étrangers qui arrivent sur le port. Les hommes y sont occupés à décharger leurs vaisseaux, à transporter leurs marchandises ou à les vendre ; à ranger leurs magasins, et à tenir un compte exact de ce qui leur est dû par les négociants étrangers. Les femmes ne cessent jamais ou de filer les laines, ou de faire des dessins de broderie, ou de plier les riches étoffes.

D'où vient, disais-je à Narbal, que les Phéniciens se sont rendus les maîtres du commerce de toute la terre, et qu'ils s'enrichissent ainsi aux dépens de tous les peuples ? Vous le voyez, me répondit-il, la situation de Tyr est heureuse pour le commerce. C'est notre patrie qui a la gloire d'avoir inventé la navigation : les Tyriens furent les premiers, s'il en faut croire ce qu'on raconte de la plus obscure antiquité, qui domptèrent les flots, longtemps avant l'âge de Tiphys et des Argonautes tant vantés dans la Grèce ; ils furent, dis-je, les premiers qui osèrent se mettre dans un frêle vaisseau* à la merci des vagues et des tempêtes, qui sondèrent les abîmes de la mer, qui observèrent les astres loin de la terre, suivant la science des Égyptiens et des Babyloniens, enfin qui réunirent tant de peuples que la mer avait séparés. Les Tyriens sont industrieux, patients, laborieux, propres, sobres et ménagers ; ils ont une exacte police ; ils sont parfaitement d'accord entre eux ; jamais peuple n'a été plus constant, plus sincère, plus fidèle, plus sûr, plus commode à tous les étrangers[1]. Voilà, sans aller chercher d'autres causes, ce qui leur donne l'empire de la mer, et qui fait fleurir dans leurs ports un si utile commerce. Si la division et la jalousie se mettaient entre eux ; s'ils commençaient à s'amollir dans les délices et dans l'oisiveté ; si les premiers de la nation méprisaient le travail et l'économie ; si les arts cessaient d'être en honneur dans leur ville ; s'ils manquaient de bonne foi envers les étrangers ; s'ils altéraient tant soit peu les règles d'un commerce libre ; s'ils négligeaient leurs manufactures, et s'ils cessaient de faire les grandes avances qui sont nécessaires pour rendre leurs marchandises parfaites, chacune dans son genre, vous verriez bientôt tomber cette puissance que vous admirez.

Mais expliquez-moi, lui disais-je, les vrais moyens d'établir un jour à Ithaque un pareil commerce. Faites, me répondit-il, comme on fait ici : recevez bien et facilement tous les étrangers ; faites-leur trouver dans vos ports la sûreté, la commodité, la liberté entière ; ne vous laissez jamais entraîner ni par l'avarice ni par l'orgueil. Le vrai moyen de gagner beaucoup est de ne vouloir jamais trop gagner, et de savoir perdre à propos. Faites-vous aimer par tous les étrangers ; souffrez même quelque chose d'eux ; craignez d'exciter leur jalousie par votre hauteur : soyez constant dans les règles du commerce ; qu'elles soient simples et faciles : accoutumez vos peuples à les suivre inviolablement : punissez sévèrement la fraude, et même la négligence ou le faste des marchands, qui ruinent le commerce en ruinant les hommes qui le font. Surtout n'entreprenez jamais de gêner le commerce pour le tourner selon vos vues. Il faut que le prince ne s'en mêle point, de peur de le gêner, et qu'il en laisse tout le profit à ses sujets qui en ont la peine : autrement il les découragera : il en tirera assez d'avantages par les grandes richesses qui entreront dans ses États. Le commerce est comme certaines sources : si vous voulez détourner leur cours, vous les faites tarir. Il n'y a que le profit et la commodité qui attirent les étrangers chez vous ; si vous leur rendez le commerce moins commode et moins utile, ils se retirent insensiblement, et ne reviennent plus, parce que d'autres peuples, profitant de votre imprudence, les attirent chez eux, et les accoutument à se passer de vous. Il faut même vous avouer que depuis quelque temps la gloire de Tyr est bien obscurcie. Oh! si vous l'aviez vue, mon cher Télémaque, avant le règne de Pygmalion, vous auriez été bien plus étonné ! Vous ne trouvez plus maintenant ici que les tristes restes d'une grandeur qui menace ruine. Ô malheureuse Tyr! en quelles mains es-tu tombée! autrefois la mer t'apportait le tribut de tous les peuples de la terre.

Pygmalion craint tout et des étrangers et de ses sujets. Au lieu d'ouvrir, suivant notre ancienne coutume, ses ports à toutes les nations les plus éloignées, dans une entière liberté, il veut savoir le nombre des vaisseaux qui arrivent, leur pays, les noms des hommes qui y sont, leur genre de commerce, la nature et le prix de leurs marchandises, et le temps qu'ils doivent demeurer ici. Il fait encore pis ; car il use de supercherie pour surprendre les marchands, et pour confisquer leurs marchandises. Il inquiète les marchands qu'il croit les plus opulents ; il établit, sous divers prétextes, de nouveaux impôts. Il veut entrer lui-même dans le commerce ; et tout le monde craint d'avoir quelque affaire avec lui. Aussi le commerce languit ; les étrangers oublient peu à peu le chemin de Tyr, qui leur était autrefois si doux ; et, si Pygmalion ne change de conduite, notre gloire et notre puissance seront bientôt transportées à quelque autre peuple mieux gouverné que nous.

Je demandai ensuite à Narbal comment les Tyriens s'étaient rendus si puissants sur la mer : car je voulais n'ignorer rien de tout ce qui sert au gouvernement d'un royaume. Nous avons, me répondit-il, les forêts du Liban qui fournissent le bois des vaisseaux; et nous les réservons avec soin pour cet usage : on n'en coupe jamais que pour les besoins publics. Pour la construction des vaisseaux, nous avons l'avantage d'avoir des ouvriers habiles. Comment, lui disais-je, avez-vous pu faire pour trouver ces ouvriers ?

Il me répondait : Ils se sont formés peu à peu dans le pays. Quand on récompense bien ceux qui excellent dans les arts, on est sûr d'avoir bientôt des hommes qui les mènent à leur dernière perfection ; car les hommes qui ont le plus de sagesse et de talent ne manquent point de s'adonner aux arts auxquels les grandes récompenses sont attachées. Ici on traite avec honneur tous ceux qui réussissent dans les arts et dans les sciences utiles à la navigation. On considère un bon géomètre ; on estime fort un habile astronome ; on comble de biens un pilote qui surpasse les autres dans sa fonction : on ne méprise point un bon charpentier; au contraire, il est bien payé et bien traité. Les bons rameurs mêmes ont des récompenses sûres, et proportionnées à leurs services ; on les nourrit bien ; on a soin d'eux quand ils sont malades ; en leur absence, on a soin de leurs femmes et de leurs enfants; s'ils périssent dans un naufrage, on dédommage leurs familles : on renvoie chez eux ceux qui ont servi un certain temps. Ainsi, on en a autant qu'on en veut : le père est ravi d'élever son fils dans un si bon métier; et, dès sa plus tendre jeunesse, il se hâte de lui enseigner à manier la rame, à tendre les cordages, à mépriser les tempêtes. C'est ainsi qu'on mène les hommes, sans contrainte, par la récompense et par le bon ordre. L'autorité seule ne fait jamais bien ; la soumission des inférieurs ne suffit pas : il faut gagner les cœurs, et faire trouver aux hommes leur avantage pour les choses où l'on veut se servir de leur industrie.

Après ce discours, Narbal me mena visiter tous les magasins, les arsenaux, et tous les métiers qui servent à la construction des navires. Je demandais le détail des moindres choses, et j'écrivais tout ce que j'avais appris, de peur d'oublier quelque circonstance utile.

Cependant Narbal, qui connaissait Pygmalion, et qui m'aimait, attendait avec impatience mon départ, craignant que je ne fusse découvert par les espions du roi, qui allaient nuit et jour par toute la ville ; mais les vents ne nous permettaient point encore de nous embarquer. Pendant que nous étions occupés à visiter curieusement le port et à interroger divers marchands, nous vîmes venir à nous un officier de Pygmalion, qui dit à Narbal : Le roi vient d'apprendre d'un des capitaines de vaisseau qui sont revenus d'Égypte avec vous, que vous avez mené d'Égypte un étranger qui passe pour Chyprien ; le roi veut qu'on l'arrête et qu'on sache certainement de quel pays il est ; vous en répondrez sur votre tête. Dans ce moment, je m'étais un peu éloigné pour regarder de plus près les proportions que les Tyriens avaient gardées dans la construction d'un vaisseau presque neuf, qui était, disait-on, par cette proportion si exacte de toutes ses parties, le meilleur voilier qu'on eût jamais vu dans le port ; et j'interrogeais l'ouvrier qui avait réglé ces proportions.

Narbal, surpris et effrayé, répondit : Je vais chercher cet étranger, qui est de l'île de Chypre. Quand il eut perdu de vue cet officier, il courut vers moi pour m'avertir du danger où j'étais. Je ne l'avais que trop prévu, me dit-il, mon cher Télémaque, nous sommes perdus ! Le roi, que sa défiance tourmente jour et nuit, soupçonne que vous n'êtes pas de l'île de Chypre ; il ordonne qu'on vous arrête ; il veut me faire périr, si je ne vous mets entre ses mains. Que ferons-nous ? O dieux, donnez-nous la sagesse pour nous tirer de ce péril. Il faudra, Télémaque, que je vous mène au palais du roi. Vous soutiendrez que vous êtes Chyprien, de la ville d'Amathonte, fils d'un statuaire de Vénus. Je déclarerai que j'ai connu autrefois votre père, et peut-être que le roi, sans approfondir davantage, vous laissera partir. Je ne vois plus d'autre moyen de sauver votre vie et la mienne.

Je répondis à Narbal : Laissez périr un malheureux que le destin veut perdre. Je sais mourir, Narbal, et je vous dois trop pour vouloir vous entraîner dans mon malheur. Je ne puis me résoudre à mentir ; je ne suis pas Chyprien, et je ne saurais dire que je le suis. Les dieux voient ma sincérité ; c'est à eux à conserver ma vie par leur puissance, s'ils le veulent, mais je ne veux point la sauver par un mensonge.

Narbal me répondait : Ce mensonge, Télémaque, n'a rien qui ne soit innocent; les dieux mêmes ne peuvent le condamner : il ne fait aucun mal à personne; il sauve la vie à deux innocents; il ne trompe le roi que pour l'empêcher de faire un grand crime. Vous poussez trop loin l'amour de la vertu et la crainte de blesser la religion.

Il suffit, lui disais-je, que le mensonge soit mensonge pour n'être pas digne d'un homme qui parle en présence des dieux et qui doit tout à la vérité. Celui qui blesse la vérité offense les dieux et se blesse soi-même, car il parle contre sa conscience. Cessez, Narbal, de me proposer ce qui est indigne de vous et de moi. Si les dieux ont pitié de nous, ils sauront bien nous délivrer; s'ils veulent nous laisser périr, nous serons, en mourant, les victimes de la vérité, et nous laisserons aux hommes l'exemple de préférer la vertu sans tache à une longue vie : la mienne n'est déjà que trop longue, étant si malheureuse. C'est vous seul, ô mon cher Narbal, pour qui mon cœur s'attendrit. Fallait-il que votre amitié pour un malheureux étranger vous fût si funeste?

Nous demeurâmes longtemps dans cette espèce de combat; mais enfin nous vîmes arriver un homme qui courait hors d'haleine; c'était un autre officier du roi, qui venait de la part d'Astarbé. Cette femme était belle comme une déesse; elle joignait aux charmes du corps tous ceux de l'esprit; elle était enjouée, flatteuse, insinuante. Avec tant de charmes trompeurs, elle avait, comme les Sirènes, un cœur cruel et plein de malignité; mais elle savait cacher ses sentiments corrompus par un profond artifice. Elle avait su gagner le cœur de Pygmalion par sa beauté, par son esprit, par sa douce voix et par l'harmonie de sa lyre*. Pygmalion, aveuglé par un violent amour pour elle, avait abandonné la reine Topha, son épouse. Il ne songeait qu'à contenter toutes les passions de l'ambitieuse Astarbé; l'amour de cette femme ne lui était guère moins funeste que son infâme avarice. Mais quoiqu'il eût tant de passion pour elle, elle n'avait pour lui que du mépris et du dégoût; elle cachait ses vrais sentiments; et elle faisait semblant de ne vouloir vivre que pour lui, dans le même temps où elle ne pouvait le souffrir.

Il y avait à Tyr un jeune Lydien nommé Malachon, d'une merveilleuse beauté, mais mou, efféminé, noyé dans les plaisirs. Il ne songeait qu'à conserver la délicatesse de son teint, qu'à peigner ses cheveux blonds flottants sur ses épaules, qu'à se parfumer, qu'à donner un tour gracieux aux plis de sa robe, enfin qu'à chanter ses amours sur sa lyre. Astarbé le vit; elle l'aima et devint furieuse. Il la méprisa, parce qu'il était passionné pour une autre femme; d'ailleurs, il craignit de s'exposer à la cruelle jalousie du roi. Astarbé se sentant méprisée, s'abandonna à son ressentiment. Dans son désespoir, elle s'imagina qu'elle pouvait faire passer Malachon pour l'étranger que le roi faisait chercher et qu'on disait qui était venu avec Narbal. En effet, elle le persuada à Pygmalion et corrompit tous ceux qui auraient pu le détromper. Comme il n'aimait point les hommes vertueux et qu'il ne savait point les discerner, il n'était environné que de gens intéressés, artificieux, prêts à exécuter ses ordres injustes et sanguinaires. De telles gens craignaient l'autorité d'Astarbé, et ils lui aidaient à tromper le roi, de peur de déplaire à cette femme hautaine qui avait toute sa confiance. Ainsi Malachon, quoique connu pour Lydien dans toute la ville, passa pour le jeune étranger que Narbal avait emmené d'Égypte : il fut mis en prison.

Astarbé, qui craignait que Narbal n'allât parler au roi, et ne découvrît son imposture, envoyait en diligence à Narbal cet officier, qui lui dit ces paroles : Astarbé vous défend de découvrir au roi quel est votre étranger : elle ne vous demande que le silence, et elle saura bien faire en sorte que le roi soit content de vous; cependant, hâtez-vous de faire embarquer avec les Chypriens le jeune étranger que vous avez emmené d'Égypte, afin qu'on ne le voie plus dans la ville. Narbal, ravi de pouvoir ainsi sauver sa vie et la mienne, promit de se taire, et l'officier, satisfait d'avoir obtenu ce qu'il demandait, s'en retourna rendre compte à Astarbé de sa commission.

Narbal et moi, nous admirâmes la bonté des dieux, qui récompensaient notre sincérité et qui ont un soin si touchant de ceux qui hasardent tout pour la vertu. Nous regardions avec horreur un roi livré à l'avarice et à la volupté. Celui qui craint avec tant d'excès d'être trompé, disions-nous, mérite de l'être, et l'est presque toujours grossièrement. Il se défie des gens de bien, et il s'abandonne à des scélérats ; il est le seul qui ignore ce qui se passe. Voyez Pygmalion ; il est le jouet d'une femme sans pudeur. Cependant les dieux se servent du mensonge des méchants pour sauver les bons, qui aiment mieux perdre la vie que de mentir.

En même temps, nous aperçûmes que les vents changeaient et qu'ils devenaient favorables aux vaisseaux de Chypre. Les dieux se déclarent, s'écria Narbal ; ils veulent, mon cher Télémaque, vous mettre en sûreté : fuyez cette terre cruelle et maudite ! Heureux qui pourrait vous suivre jusque dans les rivages les plus inconnus ! heureux qui pourrait vivre et mourir avec vous ! Mais un destin sévère m'attache à cette malheureuse patrie ; il faut souffrir avec elle ; peut-être faudra-t-il être enseveli dans ses ruines ; n'importe, pourvu que je dise toujours la vérité et que mon cœur n'aime que la justice. Pour vous, ô mon cher Télémaque, je prie les dieux, qui vous conduisent comme par la main, de vous accorder le plus précieux de tous leurs dons, qui est la vertu pure et sans tache, jusqu'à la mort. Vivez, retournez en Ithaque, consolez Pénélope, délivrez-la de ses téméraires amants. Que vos yeux puissent voir, que vos mains puissent embrasser le sage Ulysse, et qu'il trouve en vous un fils qui égale sa sagesse ! Mais, dans votre bonheur, souvenez-vous du malheureux Narbal, et ne cessez jamais de m'aimer.

Quand il eut achevé ces paroles, je l'arrosai de mes larmes sans lui répondre ; de profonds soupirs m'empêchaient de parler ; nous nous embrassions en silence. Il me mena jusqu'au vaisseau ; il demeura sur le rivage ; et, quand le vaisseau fut parti, nous ne cessions de nous regarder tandis que nous pûmes nous voir.

LIVRE QUATRIÈME.

SOMMAIRE.

Télémaque reprend le récit de ses aventures. — Il raconte que, dans sa traversée de Tyr à l'île de Chypre, il eut un songe qui lui montrait Vénus et Cupidon l'invitant au plaisir. — Minerve lui apparut aussi, le couvrant de son égide; enfin il vit Mentor qui l'exhortait à fuir de l'île de Chypre. A son réveil, les Chypriens, noyés dans le vin, sont surpris par une affreuse tempête. — Le vaisseau eût péri, si Télémaque n'eût pris en main le gouvernail. — Arrivée dans l'île de Chypre. — Peinture des mœurs voluptueuses des habitants, du culte rendu à Vénus et des impressions funestes qu'en reçoit Télémaque. — Il retrouve là Mentor dont les conseils le délivrent d'un si grand danger. — Le Syrien Hazaël, à qui Mentor avait été vendu, rend à Télémaque son sage conducteur. — Hazaël s'embarque avec eux pour l'île de Crète. — Ils voient dans ce trajet le beau spectacle d'Amphitrite traînée dans son char par des chevaux marins.

CALYPSO, qui avait été jusqu'à ce moment immobile et transportée de plaisir en écoutant les aventures de Télémaque, l'interrompit pour lui faire prendre quelque repos. Il est temps, lui dit-elle, que vous alliez goûter la douceur du sommeil après tant de travaux. Vous n'avez rien à craindre ici; tout vous est favorable. Abandonnez-vous donc à la joie; goûtez la paix et tous les autres dons des dieux, dont vous allez être comblé. Demain, quand l'Aurore avec ses doigts de roses entr'ouvrira les portes dorées de l'orient, et que les chevaux du Soleil, sortant de l'onde amère, répandront les flammes du jour pour chasser devant eux toutes les étoiles du ciel, nous reprendrons, mon cher Télémaque, l'histoire de vos malheurs. Jamais votre père n'a égalé votre sagesse et votre courage: ni Achille, vainqueur d'Hector, ni Thésée, revenu des enfers, ni même le grand Alcide, qui a purgé la terre de tant de monstres, n'ont fait voir autant de force et de vertu que vous. Je souhaite qu'un profond sommeil vous rende cette nuit courte. Mais, hélas! qu'elle sera longue pour moi! qu'il me tardera de vous revoir, de vous entendre, de vous faire redire ce que je sais déjà, et de vous demander ce que je ne sais pas encore! Allez, mon cher Télémaque, avec le sage

Mentor, que les dieux vous ont rendu ; allez dans cette grotte écartée, où tout est préparé pour votre repos. Je prie Morphée de répandre ses plus doux charmes sur vos paupières appesanties, de faire couler une vapeur divine dans tous vos membres fatigués, et de vous envoyer des songes légers, qui, voltigeant autour de vous, flattent vos sens par les images les plus riantes, et repoussent loin de vous tout ce qui pourrait vous réveiller trop promptement.

La déesse conduisit elle-même Télémaque dans cette grotte séparée de la sienne. Elle n'était ni moins rustique ni moins agréable. Une fontaine, qui coulait dans un coin, y faisait un doux murmure qui appelait le sommeil. Les nymphes y avaient préparé deux lits d'un molle verdure, sur lesquels elles avaient étendu deux grandes peaux, l'une de lion pour Télémaque, et l'autre d'ours pour Mentor.

Avant que de laisser fermer ses yeux au sommeil, Mentor parla ainsi à Télémaque : Le plaisir de raconter vos histoires vous a entraîné ; vous avez charmé la déesse en lui expliquant les dangers dont votre courage et votre industrie vous ont tiré : par là vous n'avez fait qu'enflammer davantage son cœur, et que vous préparer une plus dangereuse captivité. Comment espérez-vous qu'elle vous laisse maintenant sortir de son île, vous qui l'avez enchantée par le récit de vos aventures ? L'amour d'une vaine gloire vous a fait parler sans prudence. Elle s'était engagée à vous raconter des histoires, et à vous apprendre quelle a été la destinée d'Ulysse ; elle a trouvé moyen de parler longtemps sans rien dire ; et elle vous a engagé à lui expliquer tout ce qu'elle désire savoir : tel est l'art des femmes flatteuses et passionnées. Quand est-ce, ô Télémaque, que vous serez assez sage pour ne parler jamais par vanité, et que vous saurez taire tout ce qui vous est avantageux, quand il n'est pas utile à dire ? Les autres admirent votre sagesse dans un âge où il est pardonnable d'en manquer : pour moi, je ne puis vous pardonner rien : je suis le seul qui vous connais, et qui vous aime assez pour vous avertir de toutes vos fautes. Combien êtes-vous encore éloigné de la sagesse de votre père !

Quoi donc! répondit Télémaque, pouvais-je refuser à Calypso de lui raconter mes malheurs? Non, reprit Mentor, il fallait les lui raconter : mais vous deviez le faire en ne lui disant que ce qui pouvait lui donner de la compassion. Vous pouviez dire que vous aviez été, tantôt errant, tantôt captif en Sicile, et puis en Égypte. C'était lui dire assez : et tout le reste n'a servi qu'à augmenter le poison qui brûle déjà son cœur. Plaise aux dieux que le vôtre puisse s'en préserver! Mais que ferai-je donc? continua Télémaque, d'un ton modéré et docile. Il n'est plus temps, repartit Mentor, de lui cacher ce qui reste de vos aventures : elle en sait assez pour ne pouvoir être trompée sur ce qu'elle ne sait pas encore; votre réserve ne servirait qu'à l'irriter. Achevez donc demain de lui raconter tout ce que les dieux ont fait en votre faveur, et apprenez une autre fois à parler plus sobrement de tout ce qui peut vous attirer quelque louange. Télémaque reçut avec amitié un si bon conseil, et ils se couchèrent.

Aussitôt que Phébus eut répandu ses premiers rayons sur la terre, Mentor, entendant la voix de la déesse qui appelait ses nymphes dans le bois, éveilla Télémaque. Il est temps, lui dit-il, de vaincre le sommeil. Allons retrouver Calypso : mais défiez-vous de ses douces paroles; ne lui ouvrez jamais votre cœur; craignez le poison flatteur de ses louanges. Hier elle vous éleva au-dessus de votre sage père, de l'invincible Achille et du fameux Thésée, d'Hercule devenu immortel. Sentîtes-vous combien cette louange est excessive? Crûtes-vous ce qu'elle disait? Sachez qu'elle ne le croit pas elle-même : elle ne vous loue qu'à cause qu'elle vous croit faible, et assez vain pour vous laisser tromper par des louanges disproportionnées à vos actions.

Après ces paroles, ils allèrent au lieu où la déesse les attendait. Elle sourit en les voyant, et cacha, sous une apparence de joie, la crainte et l'inquiétude qui troublaient son cœur, car elle prévoyait que Télémaque, conduit par Mentor, lui échapperait de même qu'Ulysse. Hâtez-vous, dit-elle, mon cher Télémaque, de satisfaire ma curiosité : j'ai cru, pendant toute la nuit, vous voir partir de Phénicie et chercher une nouvelle destinée dans l'île de Chypre. Dites-nous donc quel fut ce voyage, et ne perdons pas un moment. Alors on s'assit sur l'herbe semée de violettes, à l'ombre d'un bocage épais.

Calypso ne pouvait s'empêcher de jeter sans cesse des regards tendres et passionnés sur Télémaque, et de voir avec indignation que Mentor observait jusqu'aux moindres mouvements de ses yeux. Cependant toutes les nymphes en silence se penchaient pour prêter l'oreille, et faisaient une espèce de demi-cercle pour mieux voir et pour mieux écouter : les yeux de toute l'assemblée étaient immobiles et attachés sur le jeune homme*. Télémaque, baissant les yeux, et rougissant avec beaucoup de grâce, reprit ainsi la suite de son histoire :

A peine le doux souffle d'un vent favorable avait rempli nos voiles*, que la terre de Phénicie disparut à nos yeux. Comme j'étais avec les Chypriens, dont j'ignorais les mœurs, je me résolus de me taire, de remarquer tout, et d'observer toutes les règles de la discrétion pour gagner leur estime. Mais, pendant mon silence, un sommeil doux et puissant vint me saisir : mes sens étaient liés et suspendus ; je goûtais une paix et une joie profonde qui enivrait mon cœur.

Tout à coup, je crus voir Vénus qui fendait les nues dans son char volant conduit par deux colombes. Elle avait cette éclatante beauté, cette vive jeunesse, ces grâces tendres, qui parurent en elle quand elle sortit de l'écume de l'Océan, et qu'elle éblouit les yeux de Jupiter même. Elle descendit tout à coup d'un vol rapide jusqu'auprès de moi, me mit en souriant la main sur l'épaule, et, me nommant par mon nom, prononça ces paroles : Jeune Grec, tu vas entrer dans mon empire ; tu arriveras bientôt dans cette île fortunée où les plaisirs, les ris et les jeux folâtres naissent sous mes pas. Là, tu brûleras des parfums sur mes autels ; là, je te plongerai dans un fleuve de délices. Ouvre ton cœur aux plus douces espérances, et garde-toi bien de résister à la plus puissante de toutes les déesses, qui veut te rendre heureux.

En même temps j'aperçus l'enfant Cupidon, dont les petites ailes s'agitant le faisaient voler autour de sa mère. Quoiqu'il eût sur son visage la tendresse, les grâces et l'enjouement de l'enfance, il avait je ne sais quoi dans ses yeux perçants qui me faisait peur. Il riait en me regardant; son ris était malin, moqueur et cruel. Il tira de son carquois d'or la plus aiguë de ses flèches, il banda son arc, et allait me percer, quand Minerve se montra soudainement pour me couvrir de son égide. Le visage de cette déesse n'avait point cette beauté molle et cette langueur passionnée que j'avais remarquée dans le visage et dans la posture de Vénus. C'était au contraire une beauté simple, négligée, modeste; tout était grave, vigoureux, noble, plein de force et de majesté. La flèche de Cupidon, ne pouvant percer l'égide, tomba par terre. Cupidon, indigné, en soupira amèrement; il eut honte de se voir vaincu. Loin d'ici, s'écria Minerve, loin d'ici, téméraire enfant! tu ne vaincras jamais que des âmes lâches, qui aiment mieux tes honteux plaisirs, que la sagesse, la vertu et la gloire. A ces mots, l'Amour irrité s'envola; et Vénus remontant vers l'Olympe, je vis longtemps son char avec ses deux colombes dans une nuée d'or et d'azur; puis elle disparut. En baissant mes yeux vers la terre, je ne retrouvai plus Minerve.

Il me sembla que j'étais transporté dans un jardin délicieux, tel qu'on dépeint les Champs-Élysées. En ce lieu je reconnus Mentor, qui me dit: Fuyez cette cruelle terre, cette île empestée, où l'on ne respire que la volupté. La vertu la plus courageuse y doit trembler, et ne se peut sauver qu'en fuyant. Dès que je le vis, je voulus me jeter à son cou pour l'embrasser; mais je sentais que mes pieds ne pouvaient se mouvoir, que mes genoux se dérobaient sous moi, et que mes mains, s'efforçant de saisir Mentor, cherchaient une ombre vaine qui m'échappait toujours*. Dans cet effort je m'éveillai, et je sentis que ce songe mystérieux était un avertissement divin. Je me sentis plein de courage contre les plaisirs, et de défiance contre moi-même pour détester la vie molle des Chypriens. Mais ce qui me perça le cœur fut que je crus que Mentor avait perdu la vie, et qu'ayant passé les ondes du Styx, il habitait l'heureux séjour des âmes justes.

Cette pensée me fit répandre un torrent de larmes. On me demanda pourquoi je pleurais. Les larmes, répondis-je, ne conviennent que trop à un malheureux étranger qui erre sans espérance de revoir sa patrie. Cependant tous les Chypriens qui étaient dans le vaisseau s'abandonnaient à une folle joie. Les rameurs, ennemis du travail, s'endormaient sur leurs rames ; le pilote, couronné de fleurs, laissait le gouvernail, et tenait en sa main une grande cruche de vin qu'il avait presque vidée : lui et tous les autres, troublés par la fureur de Bacchus, chantaient, en l'honneur de Vénus et de Cupidon, des vers qui devaient faire horreur à tous ceux qui aiment la vertu.

Pendant qu'ils oubliaient ainsi les dangers de la mer, une soudaine tempête troubla le ciel et la mer. Les vents déchaînés mugissaient avec fureur dans les voiles* ; les ondes noires battaient les flancs du navire, qui gémissait sous leurs coups. Tantôt nous montions sur le dos des vagues enflées ; tantôt la mer semblait se dérober sous le navire, et nous précipiter dans l'abîme. Nous apercevions auprès de nous des rochers contre lesquels les flots irrités se brisaient avec un bruit horrible. Alors je compris par expérience ce que j'avais ouï dire à Mentor, que les hommes mous et abandonnés aux plaisirs manquent de courage dans les dangers. Tous nos Chypriens abattus pleuraient comme des femmes ; je n'entendais que des cris pitoyables, que des regrets sur les délices de la vie, que de vaines promesses aux dieux pour leur faire des sacrifices, si on pouvait arriver au port. Personne ne conservait assez de présence d'esprit, ni pour ordonner les manœuvres, ni pour les faire. Il me parut que je devais, en sauvant ma vie, sauver celle des autres. Je pris le gouvernail en main, parce que le pilote, troublé par le vin, comme une bacchante, était hors d'état de connaître le danger du vaisseau. J'encourageai les matelots effrayés ; je leur fis abaisser les voiles : ils ramèrent vigoureusement ; nous passâmes au travers des écueils, et nous vîmes de près toutes les horreurs de la mort.

Cette aventure parut comme un songe à tous ceux qui me devaient la conservation de leur vie ; ils me regardaient avec étonnement. Nous arrivâmes dans l'île de Chypre[1] au mois du printemps qui est consacré à Vénus. Cette saison, disent les Chypriens, convient à cette déesse ; car elle semble ranimer toute la nature, et faire naître les plaisirs comme les fleurs.

En arrivant dans l'île, je sentis un air doux qui rendait les corps lâches et paresseux, mais qui inspirait une humeur enjouée et folâtre. Je remarquai que la campagne, naturellement fertile et agréable, était presque inculte, tant les habitants étaient ennemis du travail. Je vis de tous côtés des femmes et des jeunes filles, vainement parées, qui allaient, en chantant les louanges de Vénus, se dévouer à son temple. La beauté, les grâces, la joie, les plaisirs éclataient également sur leurs visages : mais les grâces y étaient affectées ; on n'y voyait point une noble simplicité et une pudeur aimable, qui fait le plus grand charme de la beauté. L'air de mollesse, l'art de composer leurs visages, leur parure vaine, leur démarche languissante, leurs regards qui semblaient chercher ceux des hommes, leur jalousie entre elles pour allumer de grandes passions ; en un mot, tout ce que je voyais dans ces femmes me semblait vil et méprisable : à force de vouloir plaire, elles me dégoûtaient.

On me conduisit au temple de la déesse : elle en a plusieurs dans cette île, car elle est particulièrement adorée à Cythère, à Idalie, et à Paphos. C'est à Cythère que je fus conduit. Le temple est tout de marbre : c'est un parfait péristyle ; les colonnes sont d'une grosseur et d'une hauteur qui rendent cet édifice très-majestueux ; au-dessus de l'architrave et de la frise sont à chaque face de grands frontons où l'on voit en bas-relief toutes les plus agréables aventures de la déesse. A la porte du temple est sans cesse une foule de peuples qui viennent faire leurs offrandes. On n'égorge jamais dans l'enceinte du lieu sacré aucune victime ; on n'y brûle point, comme ailleurs, la graisse des génisses et des taureaux ; on ne répand jamais leur sang : on présente seulement devant l'autel les bêtes qu'on offre, et on n'en peut offrir aucune qui ne soit jeune, blanche, sans défaut et sans tache. On les couvre de bandelettes de pourpre brodées d'or ; leurs cornes sont dorées, et ornées de bouquets des fleurs les plus odoriférantes. Après qu'elles ont été présentées devant l'autel, on les renvoie dans un lieu écarté, où elles sont égorgées pour les festins des prêtres de la déesse.

On offre aussi toute sorte de liqueurs parfumées, et du vin plus doux que le nectar Les prêtres sont revêtus de longues robes blanches, avec des ceintures d'or, et des franges de même au bas de leurs robes. On brûle nuit et jour, sur les autels, les parfums les plus exquis de l'Orient, et ils forment une espèce de nuage qui monte vers le ciel. Toutes les colonnes du temple sont ornées de festons pendants; tous les vases qui servent aux sacrifices sont d'or; un bois sacré de myrtes environne le bâtiment. Il n'y a que de jeunes garçons et de jeunes filles d'une rare beauté qui puissent présenter les victimes aux prêtres, et qui osent allumer le feu des autels. Mais l'impudence et la dissolution déshonorent un temple si magnifique.

D'abord, j'eus horreur de tout ce que je voyais; mais insensiblement je commençais à m'y accoutumer. Le vice ne m'effrayait plus; toutes les compagnies m'inspiraient je ne sais quelle inclination pour le désordre : on se moquait de mon innocence; ma retenue et ma pudeur servaient de jouet à ces peuples effrontés. On n'oubliait rien pour exciter toutes mes passions, pour me tendre des piéges, et pour réveiller en moi le goût des plaisirs. Je me sentais affaiblir tous les jours; la bonne éducation que j'avais reçue ne me soutenait presque plus; toutes mes bonnes résolutions s'évanouissaient. Je ne me sentais plus la force de résister au mal qui me pressait de tous côtés; j'avais même une mauvaise honte de la vertu. J'étais comme un homme qui nage dans une rivière profonde et rapide : d'abord il fend les eaux, et remonte contre le torrent; mais si les bords sont escarpés, et s'il ne peut se reposer sur le rivage, il se lasse enfin peu à peu; sa force l'abandonne, ses membres épuisés s'engourdissent, et le cours du fleuve l'entraîne*. Ainsi, mes yeux commençaient à s'obscurcir, mon cœur tombait en défaillance; je ne pouvais plus rappeler ni ma raison ni le souvenir des vertus de mon père. Le songe où je croyais avoir vu le sage Mentor descendu aux Champs-Elysées achevait de me décourager : une secrète et douce langueur s'emparait de moi; j'aimais déjà le poison flatteur qui se glissait de veine en veine, et qui pénétrait jusqu'à la moelle de mes os. Je poussais néanmoins encore de profonds soupirs; je versais des larmes amères; je rougissais comme un lion, dans ma fureur. O malheureuse jeunesse! disais-je : ô dieux, qui vous jouez cruellement des hommes, pourquoi les faites-vous passer

par cet âge, qui est un temps de folie et de fièvre ardente !
O que ne suis-je couvert de cheveux blancs, courbé et
proche du tombeau, comme Laërte mon aïeul ! La mort me
serait plus douce que la faiblesse honteuse où je me vois.

A peine avais-je ainsi parlé que ma douleur s'adoucissait, et que mon cœur, enivré d'une folle passion, secouait presque toute pudeur ; puis je me voyais replongé dans un abîme de remords. Pendant ce trouble, je courais errant çà et là dans le sacré bocage, semblable à une biche qu'un chasseur a blessée : elle court au travers des vastes forêts pour soulager sa douleur ; mais la flèche qui l'a percée dans le flanc la suit partout ; elle porte partout avec elle le trait meurtrier *. Ainsi je courais en vain pour m'oublier moi-même et rien n'adoucissait la plaie de mon cœur.

En ce moment, j'aperçus assez loin de moi, dans l'ombre épaisse de ce bois, la figure du sage Mentor ; mais son visage me parut si pâle, si triste, si austère, que je ne pus en ressentir aucune joie. Est-ce donc vous, m'écriai-je, ô mon cher ami, mon unique espérance ? est-ce vous ? quoi donc ! est-ce vous-même ? une image trompeuse ne vient-elle point abuser mes yeux ? est-ce vous, Mentor ? n'est-ce point votre ombre encore sensible à mes maux ? n'êtes-vous point au rang des âmes heureuses qui jouissent de leur vertu, et à qui les dieux donnent des plaisirs purs dans une éternelle paix aux Champs-Élysées ? Parlez, Mentor ; vivez-vous encore ? Suis-je assez heureux pour vous posséder ? ou bien n'est-ce qu'une ombre de mon ami ? En disant ces paroles, je courais vers lui, tout transporté jusqu'à perdre la respiration ; il m'attendait tranquillement sans faire un pas vers moi. O dieux, vous le savez, quelle fut ma joie quand je sentis que mes mains le touchaient ! Non, ce n'est pas une vaine ombre ! je le tiens ! je l'embrasse, mon cher Mentor ! C'est ainsi que je m'écriai. J'arrosai son visage d'un torrent de larmes ; je demeurais attaché à son cou sans pouvoir parler. Il me regardait tristement avec des yeux pleins d'une tendre compassion.

Enfin je lui dis : Hélas ! d'où venez-vous ? en quels dangers ne m'avez-vous point laissé pendant votre absence ! et que ferais-je maintenant sans vous ? Mais sans répondre à mes questions : Fuyez! me dit-il d'un ton terrible : fuyez, hâtez-vous de fuir! Ici la terre ne porte pour fruit que du poison; l'air qu'on y respire est empesté; les hommes contagieux ne se parlent que pour se communiquer un venin mortel. La volupté lâche et infâme, qui est le plus horrible des maux sortis de la boîte de Pandore, amollit tous les cœurs, et ne souffre ici aucune vertu. Fuyez! que tardez-vous? ne regardez pas même derrière vous en fuyant; effacez jusques au moindre souvenir de cette île exécrable.

Il dit, et aussitôt je sentis comme un nuage épais qui se dissipait sur mes yeux, et qui me laissait voir la pure lumière : une joie douce et pleine d'un ferme courage renaissait dans mon cœur. Cette joie était bien différente de cette autre joie molle et folâtre dont mes sens avaient été d'abord empoisonnés : l'une est une joie d'ivresse et de trouble, qui est entrecoupée de passions furieuses et de cuisants remords; l'autre est une joie de raison, qui a quelque chose de bienheureux et de céleste; elle est toujours pure et égale, rien ne peut l'épuiser; plus on s'y plonge, plus elle est douce; elle ravit l'âme sans la troubler. Alors je versai des larmes de joie, et je trouvais que rien n'était si doux que de pleurer ainsi. O heureux, disais-je, les hommes à qui la vertu se montre dans toute sa beauté! peut-on la voir sans l'aimer! peut-on l'aimer sans être heureux!

Mentor me dit : Il faut que je vous quitte; je pars dans ce moment; il ne m'est pas permis de m'arrêter. Où allez-vous donc? lui répondis-je : en quelle terre inhabitable ne vous suivrai-je point? Ne croyez pas pouvoir m'échapper, je mourrai plutôt sur vos pas. En disant ces paroles, je le tenais serré de toute ma force. C'est en vain, me dit-il, que vous espérez de me retenir. Le cruel Méthophis me vendit à des Éthiopiens ou Arabes. Ceux-ci, étant allés à Damas, en Syrie, pour leur commerce, voulurent se défaire de moi, croyant en tirer une grande somme d'un nommé Hazaël, qui cherchait un esclave grec pour connaître les mœurs de la Grèce, et pour s'instruire de nos sciences.

En effet, Hazaël m'acheta chèrement. Ce que je lui ai appris de nos mœurs lui a donné la curiosité de passer dans l'île de Crète pour étudier les sages lois de Minos. Pendant notre navigation, les vents nous ont contraints de relâcher dans l'île de Chypre. En attendant un vent favorable, il est venu faire ses offrandes au temple : le voilà qui en sort; les vents nous appellent; déjà nos voiles s'enflent. Adieu, cher Télémaque : un esclave qui craint les dieux doit suivre fidèlement son maître. Les dieux ne me permettent plus d'être à moi : si j'étais à moi, ils le savent, je ne serais qu'à vous seul. Adieu : souvenez-vous des travaux d'Ulysse et des larmes de Pénéope; souvenez-vous des justes dieux. O dieux, protecteurs de l'innocence, en quelle terre suis-je contraint de laisser Télémaque!

Non, non, lui dis-je, mon cher Mentor, il ne dépendra pas de vous de me laisser ici : plutôt mourir que de vous voir partir sans moi. Ce maître syrien est-il impitoyable? est-ce une tigresse dont il a sucé les mamelles dans son enfance? voudra-t-il vous arracher d'entre mes bras? Il faut qu'il me donne la mort ou qu'il souffre que je vous suive. Vous m'exhortez vous-même à fuir et vous ne voulez pas que je fuie en suivant vos pas! Je vais parler à Hazaël; il aura pitié de ma jeunesse et de mes larmes : puisqu'il aime la sagesse et qu'il va si loin la chercher, il ne peut avoir un cœur féroce et insensible. Je me jetterai à ses pieds, j'embrasserai ses genoux, je ne le laisserai point aller qu'il ne m'ait accordé de vous suivre. Mon cher Mentor, je me ferai esclave avec vous; je lui offrirai de me donner à lui : s'il me refuse, c'est fait de moi, je me délivrerai de la vie.

Dans ce moment Hazaël appela Mentor; je me prosternai devant lui. Il fut surpris de voir un inconnu en cette posture. Que voulez-vous? me dit-il. La vie, répondis-je; car je ne puis vivre, si vous ne souffrez que je suive Mentor, qui est à vous. Je suis le fils du grand Ulysse, le plus sage des rois de la Grèce qui ont renversé la superbe ville de Troie, fameuse dans toute l'Asie. Je ne vous dis point ma naissance pour me vanter, mais seulement pour vous inspirer quelque pitié de mes malheurs. J'ai cherché mon père par toutes les mers, ayant avec moi cet homme, qui était pour moi un autre père. La fortune, pour comble de maux, me l'a enlevé; elle l'a fait votre esclave :

souffrez que je le sois aussi. S'il est vrai que vous aimiez la justice, et que vous alliez en Crète pour apprendre les lois du bon roi Minos, n'endurcissez point votre cœur contre mes soupirs et contre mes larmes. Vous voyez le fils d'un roi, qui est réduit à demander la servitude comme son unique ressource. Autrefois j'ai voulu mourir en Sicile pour éviter l'esclavage; mais mes premiers malheurs n'étaient que de faibles essais des outrages de la fortune : maintenant je crains de ne pouvoir être reçu parmi vos esclaves. O dieux, voyez mes maux; ô Hazaël, souvenez-vous de Minos, dont vous admirez la sagesse, et qui nous jugera tous deux dans le royaume de Pluton.

Hazaël, me regardant avec un visage doux et humain, me tendit la main, et me releva. Je n'ignore pas, me dit-il, la sagesse et la vertu d'Ulysse; Mentor m'a raconté souvent quelle gloire il a acquise parmi les Grecs; et d'ailleurs la prompte renommée a fait entendre son nom à tous les peuples de l'Orient. Suivez-moi, fils d'Ulysse; je serai votre père, jusqu'à ce que vous ayez retrouvé celui qui vous a donné la vie. Quand même je ne serais pas touché de la gloire de votre père, de ses malheurs et des vôtres, l'amitié que j'ai pour Mentor m'engagerait à prendre soin de vous. Il est vrai que je l'ai acheté comme esclave, mais je le garde comme un ami fidèle; l'argent qu'il m'a coûté m'a acquis le plus cher et le plus précieux ami que j'aie sur la terre. J'ai trouvé en lui la sagesse; je lui dois tout ce que j'ai d'amour pour la vertu. Dès ce moment, il est libre; vous le serez aussi : je ne vous demande, à l'un et à l'autre, que votre cœur.

En un instant je passai de la plus amère douleur à la plus vive joie que les mortels puissent sentir. Je me voyais sauvé d'un horrible danger, je me rapprochais de mon pays, je trouvais un secours pour y retourner; je goûtais la consolation d'être auprès d'un homme qui m'aimait déjà par le pur amour de la vertu; enfin je retrouvais tout, en retrouvant Mentor pour ne plus le quitter.

Hazaël s'avance sur le sable du rivage, nous le suivons; on entre dans le vaisseau, les rameurs fendent les ondes paisibles; un zéphyr léger se joue de nos voiles, il anime tout le vaisseau, et lui donne un doux mouvement. L'île de Chypre disparaît bientôt. Hazaël, qui avait impatience de connaître mes sentiments, me demanda ce que je pensais des mœurs de cette île. Je lui dis ingénument en quel danger ma jeunesse avait été exposée, et le combat que j'avais souffert au dedans de moi. Il fut touché de mon horreur pour le vice, et dit ces paroles : O Vénus, je reconnais votre puissance et celle de votre fils ; j'ai brûlé de l'encens sur vos autels ; mais souffrez que je déteste l'infâme mollesse des habitants de votre île, et l'impudence brutale avec laquelle ils célèbrent vos fêtes.

Ensuite il s'entretenait avec Mentor de cette première puissance qui a formé le ciel et la terre ; de cette lumière simple, infinie, et immuable, qui se donne à tous sans se partager ; de cette vérité souveraine et universelle qui éclaire tous les esprits, comme le soleil éclaire tous les corps. Celui, ajoutait-il, qui n'a jamais vu cette lumière pure est aveugle comme un aveugle-né ; il passe sa vie dans une profonde nuit, comme les peuples que le soleil n'éclaire point pendant plusieurs mois de l'année ; il croit être sage, et il est insensé ; il croit tout voir, et il ne voit rien ; il meurt, n'ayant jamais rien vu ; tout au plus il aperçoit de sombres et fausses lueurs, de vaines ombres, des fantômes qui n'ont rien de réel. Ainsi sont tous les hommes, entraînés par le charme de l'imagination. Il n'y a point sur la terre de véritables hommes, excepté ceux qui consultent, qui aiment, qui suivent cette raison éternelle ; c'est elle qui nous inspire quand nous pensons bien ; c'est elle qui nous reprend quand nous pensons mal. Nous ne tenons pas moins d'elle la raison que la vie. Elle est comme un grand océan de lumière : nos esprits sont comme de petits ruisseaux qui en sortent, et qui y retournent pour s'y perdre.

Quoique je ne comprisse point encore parfaitement la profonde sagesse de ces discours, je ne laissais pas d'y goûter je ne sais quoi de pur et de sublime ; mon cœur en était échauffé, et la vérité me semblait reluire dans toutes ces paroles. Ils continuèrent à parler de l'origine des dieux, des héros, des poètes, de l'âge d'or, du déluge, des premières histoires du genre humain, du fleuve d'oubli où se plongent les âmes des morts, des peines éternelles préparées aux impies dans le gouffre noir du Tartare, et de cette heureuse paix dont jouissent les justes dans les Champs-Élysées, sans crainte de pouvoir la perdre.

Pendant qu'Hazaël et Mentor parlaient, nous aperçûmes des dauphins couverts d'une écaille qui paraissait d'or et d'azur. En se jouant, ils soulevaient les flots avec beaucoup d'écume. Après eux venaient les Tritons, qui sonnaient de la trompette avec leurs conques recourbées. Ils environnaient le char d'Amphitrite, traîné par des chevaux marins, plus blancs que la neige, et qui, fendant l'onde salée, laissaient loin derrière eux un vaste sillon dans la mer. Leurs yeux étaient enflammés et leurs bouches étaient fumantes. Le char de la déesse était une conque d'une merveilleuse figure ; elle était d'une blancheur plus éclatante que l'ivoire, et les roues étaient d'or. Ce char semblait voler sur la surface des eaux paisibles *. Une troupe de nymphes couronnées de fleurs nageaient en foule derrière le char; leurs beaux cheveux pendaient sur leurs épaules et flottaient au gré du vent. La déesse tenait d'une main un sceptre d'or pour commander aux vagues, de l'autre elle portait sur ses genoux le petit dieu Palémon, son fils, pendant à sa mamelle. Elle avait un visage serein et une douce majesté qui faisait fuir les vents séditieux et toutes les noires tempêtes. Les Tritons conduisaient les chevaux, et tenaient les rênes dorées ; une grande voile de pourpre flottait dans l'air au-dessus du char; elle était à demi enflée par le souffle d'une multitude de petits zéphyrs qui s'efforçaient de la pousser par leurs haleines. On voyait au milieu des airs Éole empressé, inquiet et ardent. Son visage ridé et chagrin, sa voix menaçante, ses sourcils épais et pendants, ses yeux pleins d'un feu sombre et austère, tenaient en silence les fiers aquilons et repoussaient tous les nuages. Les immenses baleines et tous les monstres marins, faisant avec leurs narines un flux et reflux de l'onde amère, sortaient à la hâte de leurs grottes profondes pour voir la déesse.

LIVRE CINQUIÈME.

SOMMAIRE.

Suite du récit de Télémaque. — Tableau de l'île de Crète. — Télémaque, à son arrivée dans l'île, apprend qu'Idoménée, qui en était le roi, vient de sacrifier son fils unique pour accomplir un vœu indiscret, et que les Crétois, voulant venger le fils immolé, ont forcé le père à quitter le pays; qu'après bien des incertitudes, ils se sont assemblés pour élire un roi nouveau. — Télémaque est admis dans cette assemblée; il y remporte le prix à divers jeux et résout avec une rare sagesse les questions proposées aux concurrents par les vieillards, juges de l'île. — La couronne de Crète est offerte à Télémaque qui la refuse. — On propose ensuite d'élire Mentor qui refuse aussi la royauté. — Enfin le choix du nouveau roi est laissé à Mentor qui propose Aristodème. — Celui-ci est proclamé roi. — Mentor et Télémaque s'embarquent pour Ithaque sur un vaisseau crétois. — Neptune suscite une horrible tempête qui brise leur vaisseau. — Télémaque et Mentor s'attachent aux débris du vaisseau et, poussés par les flots, abordent dans l'île de Calypso.

Après que nous eûmes admiré ce spectacle, nous commençâmes à découvrir les montagnes de Crète[1], que nous avions encore assez de peine à distinguer des nuées du ciel et des flots de la mer. Bientôt nous vîmes le sommet du mont Ida, qui s'élève au-dessus des autres montagnes de l'île, comme un vieux cerf dans une forêt porte son bois rameux au-dessus des têtes des jeunes faons dont il est suivi. Peu à peu nous vîmes plus distinctement les côtes de cette île, qui se présentaient à nos yeux comme un amphithéâtre. Autant que la terre de Chypre nous avait paru négligée et inculte, autant celle de Crète se montrait ornée de tous les fruits par le travail de ses habitants. De tous côtés, nous remarquions des villages bien bâtis, des bourgs qui égalaient des villes, et des villes superbes. Nous ne trouvions aucun champ où la main du diligent laboureur ne fût imprimée; partout la charrue avait laissé de creux sillons : les ronces, les épines, et toutes les plantes qui occupent inutilement la terre, sont inconnues en ce pays. Nous considérions avec plaisir les creux vallons où les troupeaux de bœufs mugissaient dans les gras herbages le long des ruisseaux; les moutons paissants sur le penchant d'une colline ; les vastes campagnes couvertes de jaunes épis, riches dons de la féconde Cérès ; enfin les montagnes ornées de pampre et de grappes d'un raisin déjà coloré qui promettait aux vendangeurs les doux présents de Bacchus, pour charmer les soucis des hommes.

Mentor nous dit qu'il avait été autrefois en Crète, et il nous expliqua ce qu'il en connaissait. Cette île, disait-il, admirée de tous les étrangers, et fameuse par ses cent villes, nourrit sans peine tous ses habitants, quoiqu'ils soient innombrables*. C'est que la terre ne se lasse jamais de répandre ses biens sur ceux qui la cultivent*; son sein fécond ne peut s'épuiser. Plus il y a d'hommes dans un pays, pourvu qu'ils soient laborieux, plus ils jouissent de l'abondance. Ils n'ont jamais besoin d'être jaloux les uns des autres : la terre, cette bonne mère, multiplie ses dons selon le nombre de ses enfants qui méritent ses fruits par leur travail. L'ambition et l'avarice des hommes sont les seules sources de leur malheur : les hommes veulent tout avoir, et ils se rendent malheureux par le désir du superflu ; s'ils voulaient vivre simplement, et se contenter de satisfaire aux vrais besoins, on verrait partout l'abondance, la joie, la paix et l'union.

C'est ce que Minos, le plus sage et le meilleur de tous les rois, avait compris. Tout ce que vous verrez de plus merveilleux dans cette île est le fruit de ses lois. L'éducation qu'il faisait donner aux enfants rend les corps sains et robustes : on les accoutume d'abord à une vie simple, frugale et laborieuse ; on suppose que toute volupté amollit le corps et l'esprit; on ne leur propose jamais d'autre plaisir que celui d'être invincibles par la vertu, et d'acquérir beaucoup de gloire. On ne met pas seulement ici le courage à mépriser la mort dans les dangers de la guerre, mais encore à fouler aux pieds les trop grandes richesses et les plaisirs honteux. Ici on punit trois vices qui sont impunis chez les autres peuples : l'ingratitude, la dissimulation et l'avarice.

Pour le faste et la mollesse, on n'a jamais besoin de les réprimer, car ils sont inconnus en Crète. Tout le monde y travaille, et personne ne songe à s'y enrichir; chacun se croit assez payé de son travail par une vie douce et réglée, où l'on jouit en paix et avec abondance de tout ce qui est véritablement nécessaire à la vie. On n'y souffre ni meubles précieux, ni habits magnifiques, ni festins délicieux, ni palais dorés. Les habits sont de laine fine et de belles couleurs, mais tout unis et sans broderie. Les repas y sont sobres; on y boit peu de vin : le bon pain en fait la principale partie, avec les fruits que les arbres offrent comme d'eux-mêmes, et le lait des troupeaux. Tout au plus on y mange un peu de grosse viande sans ragoût; encore même a-t-on soin de réserver ce qu'il y a de meilleur dans les grands troupeaux de bœufs pour faire fleurir l'agriculture. Les maisons y sont propres, commodes, riantes, mais sans ornements. La superbe architecture n'y est pas ignorée; mais elle est réservée pour les temples des dieux : et les hommes n'oseraient avoir des maisons semblables à celles des immortels. Les grands biens des Crétois sont la santé, la force, le courage, la paix et l'union des familles, la liberté de tous les citoyens, l'abondance des choses nécessaires, le mépris des superflues, l'habitude du travail et l'horreur de l'oisiveté, l'émulation pour la vertu la soumission aux lois, et la crainte des justes dieux.

Je lui demandai en quoi consistait l'autorité du roi; et il me répondit : Il peut tout sur les peuples; mais les lois peuvent tout sur lui. Il a une puissance absolue pour faire le bien, et les mains liées dès qu'il veut faire le mal. Les lois lui confient les peuples comme le plus précieux de tous les dépôts, à condition qu'il sera le père de ses sujets. Elles veulent qu'un seul homme serve, par sa sagesse et par sa modération, à la félicité de tant d'hommes ; et non pas que tant d'hommes servent, par leur misère et par leur servitude lâche, à flatter l'orgueil et la mollesse d'un seul homme. Le roi ne doit rien avoir au-dessus des autres, excepté ce qui est nécessaire, ou pour le soulager dans ses pénibles fonctions, ou pour imprimer aux peuples le respect de celui qui doit soutenir les lois D'ailleurs, le roi doit être plus sobre, plus ennemi de l mollesse, plus exempt de faste et de hauteur, qu'aucun autre. Il ne doit point avoir plus de richesses et de plaisirs, mais plus de sagesse, de vertu et de gloire, que le reste des hommes. Il doit être au dehors le défenseur de la patrie, en commandant les armées; et au dedans, le juge des peuples, pour les rendre bons, sages et heureux. Ce n'est point pour lui-même que les dieux l'ont fait roi; il ne l'est que pour être l'homme des peuples : c'est aux peuples qu'il doit tout son temps, tous ses soins, toute son affection; et il n'est digne de la royauté qu'autant qu'il s'oublie lui-même pour se sacrifier au bien public. Minos n'a voulu que ses enfants régnassent après lui, qu'à condition qu'ils régneraient suivant ses maximes : il aimait encore plus son peuple que sa famille. C'est par une telle sagesse qu'il a rendu la Crète si puissante et si heureuse; c'est par cette modération qu'il a effacé la gloire de tous les conquérants qui veulent faire servir les peuples à leur propre grandeur, c'est-à-dire à leur vanité; enfin, c'est par sa justice qu'il a mérité d'être aux enfers le souverain juge des morts.

Pendant que Mentor faisait ce discours, nous abordâmes dans l'île. Nous vîmes le fameux labyrinthe, ouvrage des mains de l'ingénieux Dédale, et qui était une imitation du grand labyrinthe que nous avions vu en Égypte. Pendant que nous considérions ce curieux édifice, nous vîmes le peuple qui couvrait le rivage, et qui accourait en foule dans un lieu assez voisin du bord de la mer. Nous demandâmes la cause de cet empressement; et voici ce qu'un Crétois, nommé Nausicrate, nous raconta :

Idoménée, fils de Deucalion et petit-fils de Minos, dit-il, était allé, comme les autres rois de la Grèce, au siége de Troie. Après la ruine de cette ville, il fit voile pour revenir en Crète; mais la tempête fut si violente, que le pilote de son vaisseau, et tous les autres qui étaient expérimentés dans la navigation, crurent que leur naufrage était inévitable. Chacun avait la mort devant les yeux; chacun voyait les abîmes ouverts pour l'engloutir; chacun déplorait son malheur, n'espérant pas même le triste repos des ombres qui traversent le Styx après avoir reçu la sépulture. Idoménée, levant les yeux et les mains vers le ciel, invoquait Neptune : O puissant dieu, s'écriait-il, toi qui tiens l'empire des ondes, daigne écouter un malheureux! Si tu me fais revoir l'île de Crète, malgré la fureur des vents, je t'immolerai la première tête qui se présentera à mes yeux.

Cependant son fils, impatient de revoir son père, se hâtait d'aller au devant de lui pour l'embrasser : malheureux, qui ne savait pas que c'était courir à sa perte ! Le père, échappé à la tempête, arrivait dans le port désiré, il remerciait Neptune d'avoir écouté ses vœux : mais bientôt il sentit combien ses vœux lui étaient funestes. Un pressentiment de son malheur lui donnait un cuisant repentir de son vœu indiscret ; il craignait d'arriver parmi les siens, et il appréhendait de revoir ce qu'il avait de plus cher au monde. Mais la cruelle Némésis, déesse impitoyable, qui veille pour punir les hommes, et surtout les orgueilleux, poussait d'une main fatale et invisible Idoménée. Il arrive ; à peine ose-t-il lever les yeux : il voit son fils ; il recule, saisi d'horreur. Ses yeux cherchent, mais en vain, quelque autre tête moins chère qui puisse lui servir de victime.

Cependant le fils se jette à son cou, et est tout étonné que son père réponde si mal à sa tendresse ; il le voit fondant en larmes. O mon père, dit-il, d'où vient cette tristesse ? Après une si longue absence, êtes-vous fâché de vous revoir dans votre royaume, et de faire la joie de votre fils ? Qu'ai-je fait ? vous détournez vos yeux de peur de me voir ! Le père, accablé de douleur, ne répondait rien. Enfin, après de profonds soupirs, il dit : O Neptune, que t'ai-je promis ! à quel prix m'as-tu garanti du naufrage ! rends-moi aux vagues et aux rochers, qui devaient, en me brisant, finir ma triste vie ; laisse vivre mon fils ! O dieu cruel ! tiens, voilà mon sang, épargne le sien. En parlant ainsi, il tira son épée pour se percer ; mais ceux qui étaient autour de lui arrêtèrent sa main.

Le vieillard Sophronyme, interprète des volontés des dieux, lui assura qu'il pouvait contenter Neptune sans donner la mort à son fils. Votre promesse, disait-il, a été imprudente : les dieux ne veulent point être honorés par la cruauté ; gardez-vous bien d'ajouter à la faute de votre promesse celle de l'accomplir contre les lois de la nature : offrez cent taureaux plus blancs que la neige à Neptune ; faites couler leur sang autour de son autel couronné de fleurs ; faites fumer un doux encens en l'honneur de ce dieu.

Idoménée écoutait ce discours, la tête baissée et sans

répondre : la fureur était allumée dans ses yeux ; son visage, pâle et défiguré, changeait à tout moment de couleur ; on voyait ses membres tremblants. Cependant son fils lui disait : Me voici, mon père ; votre fils est prêt à mourir pour apaiser le dieu ; n'attirez pas sur vous sa colère : je meurs content, puisque ma mort vous aura garanti de la vôtre. Frappez, mon père ; ne craignez point de trouver en moi un fils indigne de vous, qui craigne de mourir.

En ce moment Idoménée, tout hors de lui, et comme déchiré par les Furies infernales, surprend tous ceux qui l'observent de près ; il enfonce son épée dans le cœur de cet enfant ; il la retire toute fumante et pleine de sang, pour la plonger dans ses propres entrailles ; il est encore une fois retenu par ceux qui l'environnent. L'enfant tombe dans son sang ; ses yeux se couvrent des ombres de la mort ; il les entr'ouvre à la lumière ; mais à peine l'a-t-il trouvée, qu'il ne peut plus la supporter*. Tel qu'un beau lis au milieu des champs, coupé dans sa racine par le tranchant de la charrue, languit et ne se soutient plus*; il n'a point encore perdu cette vive blancheur, et cet éclat qui charme les yeux ; mais la terre ne le nourrit plus, et sa vie est éteinte : ainsi le fils d'Idoménée, comme une jeune et tendre fleur, est cruellement moissonné dès son premier âge. Le père, dans l'excès de sa douleur, devient insensible ; il ne sait où il est, ni ce qu'il a fait, ni ce qu'il doit faire ; il marche chancelant vers la ville, et demande son fils.

Cependant le peuple, touché de compassion pour l'enfant, et d'horreur pour l'action barbare du père, s'écrie que les dieux justes l'ont livré aux Furies. La fureur leur fournit des armes*; ils prennent des bâtons et des pierres ; la Discorde souffle dans tous les cœurs un venin mortel. Les Crétois, les sages Crétois, oublient la sagesse qu'ils ont tant aimée ; ils ne reconnaissent plus le petit-fils du sage Minos. Les amis d'Idoménée ne trouvent plus de salut pour lui, qu'en le ramenant vers ses vaisseaux : ils s'embarquent avec lui ; ils fuient à la merci des ondes. Idoménée, revenant à soi, les remercie de l'avoir arraché d'une terre qu'il a arrosée du sang de son fils, et qu'il ne saurait plus habiter. Les vents les conduisent vers l'Hespérie, et ils vont fonder un nouveau royaume dans le pays des Salentins¹.

Cependant les Crétois, n'ayant plus de roi pour les gouverner, ont résolu d'en choisir un qui conserve dans leur pureté les lois établies. Voici les mesures qu'ils ont prises pour faire ce choix. Tous les principaux citoyens des cent villes sont assemblés ici. On a déjà commencé par des sacrifices; on a assemblé tous les sages les plus fameux des pays voisins, pour examiner la sagesse de ceux qui paraîtront dignes de commander. On a préparé des jeux publics, où tous les prétendants combattront; car on veut donner pour prix la royauté à celui qu'on jugera vainqueur de tous les autres, et pour l'esprit et pour le corps. On veut un roi dont le corps soit fort et adroit, et dont l'âme soit ornée de la sagesse et de la vertu. On appelle ici tous les étrangers.

Après nous avoir raconté toute cette histoire étonnante, Nausicrate nous dit : Hâtez-vous donc, ô étrangers, de venir dans notre assemblée : vous combattrez avec les autres; et si les dieux destinent la victoire à l'un de vous, il régnera en ce pays. Nous le suivîmes, sans aucun désir de vaincre, mais par la seule curiosité de voir une chose si extraodinaire.

Nous arrivâmes à une espèce de cirque très-vaste, environné d'une épaisse forêt* : le milieu du cirque était une arène préparée pour les combattants; elle était bordée par un grand amphithéâtre d'un gazon frais sur lequel était assis et rangé un peuple innombrable. Quand nous arrivâmes, on nous reçut avec honneur; car les Crétois sont les peuples du monde qui exercent le plus noblement et avec le plus de religion l'hospitalité. On nous fit asseoir, et on nous invita à combattre. Mentor s'en excusa sur son âge, et Hazaël sur sa faible santé. Ma jeunesse et ma vigueur m'ôtaient toute excuse; je jetai néanmoins un coup d'œil sur Mentor pour découvrir sa pensée, et j'aperçus qu'il souhaitait que je combattisse. J'acceptai donc l'offre qu'on me faisait : je me dépouillai de mes habits : on fit couler des flots d'huile douce et luisante sur tous les membres de mon corps*; et je me mêlai parmi les combattants. On dit de tous côtés que c'était le fils d'Ulysse, qui était venu pour tâcher de remporter les prix :

et plusieurs Crétois, qui avaient été à Ithaque pendant mon enfance, me reconnurent.

Le premier combat fut celui de la lutte. Un Rhodien d'environ trente-cinq ans surmonta tous les autres qui osèrent se présenter à lui. Il était encore dans toute la vigueur de la jeunesse : ses bras étaient nerveux et bien nourris; au moindre mouvement qu'il faisait, on voyait tous ses muscles ; il était également souple et fort. Je ne lui parus pas digne d'être vaincu ; et, regardant avec pitié ma tendre jeunesse, il voulut se retirer : mais je me présentai à lui. Alors nous nous saisîmes l'un l'autre*; nous nous serrâmes à perdre la respiration. Nous étions épaule contre épaule, pied contre pied*, tous les nerfs tendus, et les bras entrelacés comme des serpents, chacun s'efforçant d'enlever de terre son ennemi. Tantôt il essayait de me surprendre en me poussant du côté droit; tantôt il s'efforçait de me pencher du côté gauche. Pendant qu'il me tâtait ainsi, je le poussai avec tant de violence, que ses reins plièrent : il tomba sur l'arène, et m'entraîna sur lui. En vain il tâcha de me mettre dessous ; je le tins immobile sous moi; tout le peuple cria : Victoire au fils d'Ulysse! Et j'aidai au Rhodien confus à se relever.

Le combat du ceste fut plus difficile. Le fils d'un riche citoyen de Samos avait acquis une haute réputation dans ce genre de combat. Tous les autres lui cédèrent; il n'y eut que moi qui espérai la victoire. D'abord il me donna dans la tête, et puis dans l'estomac, des coups qui me firent vomir le sang, et qui répandirent sur mes yeux un épais nuage. Je chancelai ; il me pressait, et je ne pouvais plus respirer : mais je fus ranimé par la voix de Mentor, qui me criait : O fils d'Ulysse, seriez-vous vaincu? La colère me donna de nouvelles forces* ; j'évitai plusieurs coups dont j'aurais été accablé. Aussitôt que le Samien m'avait porté un faux coup, et que son bras s'allongeait en vain, je le surprenais dans cette posture penchée : déjà il reculait, quand je haussai mon ceste pour tomber sur lui avec plus de force : il voulut s'esquiver, et perdant l'équilibre, il me donna le moyen de le renverser. A peine fut-il étendu par terre, que je lui tendis la main pour le relever. Il se redressa lui-même, couvert de poussière et de sang. sa honte fut extrême; mais il n'osa renouveler le combat:

Aussitôt on commença les courses des chariots, que l'on distribua au sort. Le mien se trouva le moindre pour la légèreté des roues et pour la vigueur des chevaux. Nous partons : un nuage de poussière vole, et couvre le ciel*. Au commencement, je laissai les autres passer devant moi. Un jeune Lacédémonien, nommé Crantor, laissait d'abord tous les autres derrière lui. Un Crétois, nommé Polyclète, le suivait de près. Hippomaque, parent d'Idoménée, qui aspirait à lui succéder, lâchant les rênes à ses chevaux fumants de sueur, était tout penché sur leurs crins flottants ; et le mouvement des roues de son chariot était si rapide, qu'elles paraissaient immobiles comme les ailes d'un aigle qui fend les airs. Mes chevaux s'animèrent, et se mirent peu à peu en haleine ; je laissai loin derrière moi presque tous ceux qui étaient partis avec tant d'ardeur. Hippomaque, parent d'Idoménée, poussant trop ses chevaux, le plus vigoureux s'abattit, et ôta, par sa chute, à son maître l'espérance de régner. Polyclète, se penchant trop sur ses chevaux, ne put se tenir ferme dans une secousse ; il tomba : les rênes lui échappèrent, et il fut trop heureux de pouvoir en tombant éviter la mort. Crantor voyant avec des yeux pleins d'indignation que j'étais tout auprès de lui*, redoubla son ardeur : tantôt il invoquait les dieux, et leur promettait de riches offrandes ; tantôt il parlait à ses chevaux pour les animer* : il craignait que je ne passasse entre la borne et lui ; car mes chevaux, mieux ménagés que les siens, étaient en état de le devancer : il ne lui restait plus d'autre ressource que celle de me fermer le passage. Pour y réussir, il hasarda de se briser contre la borne ; il y brisa effectivement sa roue. Je ne songeai qu'à faire promptement le tour, pour n'être pas engagé dans son désordre ; et il me vit un moment après au bout de la carrière. Le peuple s'écria encore une fois : Victoire au fils d'Ulysse ! c'est lui que les dieux destinent à régner sur nous.

Cependant les plus illustres et les plus sages d'entre les Crétois nous conduisirent dans un bois antique et sacré, reculé de la vue des hommes profanes, où les vieillards, que Minos avait établis juges du peuple et gardes des lois, nous assemblèrent. Nous étions les mêmes qui avions combattu dans les jeux ; nul autre ne fut admis. Les sages ouvrirent le livre où toutes les lois de Minos sont recueillies. Je me sentis saisi de respect et de honte, quand j'approchai de ces vieillards que l'âge rendait vénérables, sans leur ôter la vigueur de l'esprit. Ils étaient assis avec ordre, et immobiles dans leurs places : leurs cheveux étaient blancs; plusieurs n'en avaient presque plus. On voyait reluire sur leurs visages graves une sagesse douce et tranquille; ils ne se pressaient point de parler; ils ne disaient que ce qu'ils avaient résolu de dire. Quand ils étaient d'avis différents, ils étaient si modérés à soutenir ce qu'ils pensaient de part et d'autre, qu'on aurait cru qu'ils étaient tous d'une même opinion. La longue expérience des choses passées et l'habitude du travail leur donnait de grandes vues sur toutes choses : mais ce qui perfectionnait le plus leur raison, c'était le calme de leur esprit délivré des folles passions et des caprices de la jeunesse. La sagesse toute seule agissait en eux, et le fruit de leur longue vertu était d'avoir si bien dompté leurs humeurs, qu'ils goûtaient sans peine le doux et noble plaisir d'écouter la raison. En les admirant, je souhaitai que ma vie pût s'accourcir pour arriver tout à coup à une si estimable vieillesse. Je trouvai la jeunesse malheureuse d'être si impétueuse, et si éloignée de cette vertu si éclairée et si tranquille.

Le premier d'entre ces vieillards ouvrit le livre des lois de Minos. C'était un grand livre qu'on tenait d'ordinaire dans un cassette d'or avec des parfums. Tous ces vieillards le baisèrent avec respect; car ils disent qu'après les dieux, de qui les bonnes lois viennent, rien ne doit être si sacré aux hommes, que les lois destinées à les rendre bons, sages et heureux. Ceux qui ont dans leurs mains les lois pour gouverner les peuples doivent toujours se laisser gouverner eux-mêmes par les lois. C'est la loi, et non pas l'homme, qui doit régner. Tel est le discours de ces sages. Ensuite celui qui présidait proposa trois questions, qui devaient être décidées par les maximes de Minos.

La première question est de savoir quel est le plus libre de tous les hommes. Les uns répondirent que c'était un roi qui avait sur son peuple un empire absolu, et qui était victorieux de tous ses ennemis. D'autres soutinrent que c'était un homme si riche, qu'il pouvait contenter tous ses désirs. D'autres dirent que c'était un homme qui ne se mariait point, et qui voyageait pendant toute sa vie en divers pays, sans être jamais assujetti aux lois d'aucune nation. D'autres s'imaginèrent que c'était un Barbare, qui, vivant de sa chasse au milieu des bois, était indépendant de toute police et de tout besoin. D'autres crurent que c'était un homme nouvellement affranchi, parce qu'en sortant des rigueurs de la servitude il jouissait plus qu'aucun autre des douceurs de la liberté. D'autres enfin s'avisèrent de dire que c'était un homme mourant, parce que la mort le délivrait de tout, et que tous les hommes ensemble n'avaient plus aucun pouvoir sur lui. Quand mon rang fut venu, je n'eus pas de peine à répondre, parce que je n'avais pas oublié ce que Mentor m'avait dit souvent. Le plus libre de tous les hommes, répondis-je, est celui qui peut être libre dans l'esclavage même. En quelque pays et en quelque condition qu'on soit, on est très-libre, pourvu qu'on craigne les dieux, et qu'on ne craigne qu'eux. En un mot, l'homme véritablement libre est celui qui, dégagé de toute crainte et de tout désir, n'est soumis qu'aux dieux et à sa raison. Les vieillards s'entre-regardèrent en souriant, et furent surpris de voir que ma réponse fût précisément celle de Minos.

Ensuite on proposa la seconde question en ces termes : Quel est le plus malheureux de tous les hommes? Chacun disait ce qui lui venait dans l'esprit. L'un disait : C'est un homme qui n'a ni biens, ni santé, ni honneur. Un autre disait : C'est un homme qui n'a aucun ami. D'autres soutenaient que c'est un homme qui a des enfants ingrats et indignes de lui. Il vint un sage de l'île de Lesbos[1], qui dit : Le plus malheureux de tous les hommes est celui qui croit l'être; car le malheur dépend moins des choses qu'on souffre, que de l'impatience avec laquelle on augmente son malheur. A ces mots, toute l'assemblée se récria; on applaudit, et chacun crut que ce sage Lesbien remporterait le prix sur cette question. Mais on me demanda ma pensée, et je répondis, suivant les maximes de Mentor : Le plus malheureux de tous les hommes est un roi qui croit être heureux en rendant les autres hommes misérables : il est doublement malheureux par son aveuglement; ne connaissant pas son malheur, il ne peut s'en guérir; il craint même de le connaître. La vérité ne peut percer la foule des flatteurs pour aller jusqu'à lui. Il est tyrannisé par ses passions; il ne connaît point ses devoirs; il n'a jamais goûté le plaisir de faire le bien, ni senti les charmes de la pure vertu. Il est malheureux, et digne de l'être : son malheur augmente tous les jours; il court à sa perte, et les dieux se préparent à le confondre par une punition éternelle. Toute l'assemblée avoua que j'avais vaincu le sage Lesbien, et les vieillards déclarèrent que j'avais rencontré le vrai sens de Minos.

Pour la troisième question, on demanda lequel des deux est préférable : d'un côté, un roi conquérant et invincible dans la guerre; de l'autre, un roi sans expérience de la guerre, mais propre à policer sagement les peuples dans la paix. La plupart répondirent que le roi invincible dans la guerre était préférable. A quoi sert, disaient-ils, d'avoir un roi qui sache bien gouverner en paix, s'il ne sait pas défendre le pays quand la guerre vient? Les ennemis le vaincront, et réduiront son peuple en servitude. D'autres soutenaient, au contraire, que le roi pacifique serait meilleur, parce qu'il craindrait la guerre, et l'éviterait par ses soins. D'autres disaient qu'un roi conquérant travaillerait à la gloire de son peuple aussi bien qu'à la sienne, et qu'il rendrait ses sujets maîtres des autres nations; au lieu qu'un roi pacifique les tiendrait dans une honteuse lâcheté.

On voulut savoir mon sentiment. Je répondis ainsi : Un roi qui ne sait gouverner que dans la paix ou dans la guerre, et qui n'est pas capable de conduire son peuple dans ces deux états, n'est qu'à demi roi. Mais si vous comparez un roi qui ne sait que la guerre, à un roi sage, qui, sans savoir la guerre, est capable de la soutenir dans le besoin par ses généraux, je le trouve préférable à l'autre. Un roi entièrement tourné à la guerre voudrait toujours la faire : pour étendre sa domination et sa gloire propre, il ruinerait ses peuples. A quoi sert-il à un peuple que son roi subjugue d'autres nations, si on est malheureux sous son règne? D'ailleurs, les longues guerres entraînent toujours après elles beaucoup de désordres : les victorieux mêmes se dérèglent pendant ces temps de confusion. Voyez ce qu'il en coûte à la Grèce pour avoir triomphé de Troie; elle a été privée de ses rois pendant plus de dix ans. Lorsque tout est en feu par la guerre, les lois, l'agriculture, les arts languissent. Les meilleurs princes mêmes, pendant qu'ils ont une guerre à soutenir, sont contraints de faire le plus grand des maux, qui est de tolérer la licence, et de se servir des méchants. Combien y a-t-il de scélérats qu'on punirait pendant la paix, et dont on a besoin de récompenser l'audace dans les désordres de la guerre! Jamais aucun peuple n'a eu un roi conquérant, sans avoir beaucoup à souffrir de son ambition. Un conquérant, enivré de sa gloire, ruine presque autant sa nation victorieuse que les nations vaincues. Un prince qui n'a point les qualités nécessaires pour la paix, ne peut faire goûter à ses sujets les fruits d'une guerre heureusement finie : il est comme un homme qui défendrait son champ contre son voisin, et qui usurperait celui du voisin même, mais qui ne saurait ni labourer ni semer, pour recueillir aucune moisson. Un tel homme semble né pour détruire, pour ravager, pour renverser le monde, et non pour rendre un peuple heureux par un sage gouvernement.

Venons maintenant au roi pacifique. Il est vrai qu'il n'est pas propre à de grandes conquêtes ; c'est-à-dire qu'il n'est pas né pour troubler le bonheur de son peuple, en voulant vaincre les autres peuples que la justice ne lui a pas soumis : mais, s'il est véritablement propre à gouverner en paix, il a toutes les qualités nécessaires pour mettre son peuple en sûreté contre ses ennemis. Voici comment : il est juste, modéré et commode à l'égard de ses voisins ; il n'entreprend jamais contre eux rien qui puisse troubler sa paix ; il est fidèle dans ses alliances. Ses alliés l'aiment, ne le craignent point, et ont une entière confiance en lui. S'il a quelque voisin inquiet, hautain et ambitieux, tous les autres rois voisins, qui craignent ce voisin inquiet, et qui n'ont aucune jalousie du roi pacifique, se joignent à ce bon roi pour l'empêcher d'être opprimé. Sa probité, sa bonne foi, sa modération, le rendent l'arbitre de tous les États qui environnent le sien. Pendant que le roi entreprenant est odieux à tous les autres, et sans cesse exposé à leurs ligues, celui-ci a la gloire d'être comme le père et le tuteur de tous les autres rois. Voilà les avantages qu'il a au dehors. Ceux dont il jouit au dedans sont encore plus solides. Puisqu'il est propre à gouverner en paix, je dois supposer qu'il gouverne par les plus sages lois. Il retranche le faste, la mollesse, et tous les arts qui ne servent qu'à flatter les vices ; il fait fleurir les autres arts qui sont utiles aux véritables besoins de la vie : surtout il applique ses sujets à l'agriculture. Par là, il les met dans l'abondance des choses nécessaires. Ce peuple laborieux, simple dans ses mœurs, accoutumé à vivre de peu, gagnant facilement sa vie par la culture de ses terres, se multiplie à l'infini. Voilà dans ce royaume un peuple innombrable, mais un peuple sain, vigoureux, robuste, qui n'est point amolli par les voluptés, qui est exercé à la vertu, qui n'est point attaché aux douceurs d'une vie lâche et délicieuse, qui sait mépriser la mort, qui aimerait mieux mourir que perdre cette liberté qu'il goûte sous un sage roi appliqué à ne régner que pour faire régner sa raison. Qu'un conquérant voisin attaque ce peuple, il ne le trouvera peut-être pas assez accoutumé à camper, à se ranger en bataille, ou à dresser des machines pour assiéger une ville ; mais il le trouvera invincible par sa multitude, par son courage, par sa patience dans les fatigues, par son habitude de souffrir la pauvreté, par sa vigueur dans les combats, et par une vertu que les mauvais succès mêmes ne peuvent abattre. D'ailleurs, si le roi n'est point assez expérimenté pour commander lui-même ses armées, il les fera commander par des gens qui en seront capables ; et il saura s'en servir sans perdre son autorité. Cependant il tirera du secours de ses alliés ; ses sujets aimeront mieux mourir que de passer sous la domination d'un autre roi violent et injuste : les dieux mêmes combattront pour lui. Voyez quelles ressources il aura au milieu des plus grands périls. Je conclus donc que le roi pacifique qui ignore la guerre est un roi très-imparfait, puisqu'il ne sait pas remplir une de ses plus grandes fonctions, qui est de vaincre ses ennemis, mais j'ajoute qu'il est néanmoins infiniment supérieur au roi conquérant qui manque des qualités nécessaires dans la paix, et qui n'est propre qu'à la guerre.

J'aperçus dans l'assemblée beaucoup de gens qui ne pouvaient goûter cet avis ; car la plupart des hommes, éblouis par les choses éclatantes, comme les victoires et les conquêtes, les préfèrent à ce qui est simple, tranquille et solide, comme la paix et la bonne police des peuples. Mais tous les vieillards déclarèrent que j'avais parlé comme Minos.

Le premier de ces vieillards s'écria : Je vois l'accomplissement d'un oracle d'Apollon, connu dans toute notre île. Minos avait consulté le dieu, pour savoir combien de temps sa race régnerait, suivant les lois qu'il venait d'établir. Le dieu lui répondit : Les tiens cesseront de régner quand un étranger entrera dans ton île pour y faire régner tes lois. Nous avions craint que quelque étranger ne vînt faire la conquête de l'île de Crète; mais le malheur d'Idoménée, et la sagesse du fils d'Ulysse, qui entend mieux que nul autre mortel les lois de Minos, nous montrent le sens de l'oracle. Que tardons-nous à couronner celui que les destins nous donnent pour roi ?

Aussitôt les vieillards sortent de l'enceinte du bois sacré; et le premier, me prenant par la main, annonce au peuple déjà impatient, dans l'attente d'une décision, que j'avais remporté le prix. A peine acheva-t-il de parler, qu'on entendit un bruit confus de toute l'assemblée. Chacun pousse des cris de joie. Tout le rivage et toutes les montagnes voisines retentissent de ce cri : Que le fils d'Ulysse, semblable à Minos, règne sur les Crétois !

J'attendis un moment, et je faisais signe de la main pour demander qu'on m'écoutât. Cependant Mentor me disait à l'oreille : Renoncez-vous à votre patrie? l'ambition de régner vous fera-t-elle oublier Pénélope, qui vous attend comme sa dernière espérance, et le grand Ulysse, que les dieux avaient résolu de vous rendre? Ces paroles percèrent mon cœur, et me soutinrent contre le vain désir de régner.

Cependant un profond silence de toute cette tumultueuse assemblée me donna le moyen de parler ainsi : O illustres Crétois, je ne mérite point de vous commander. L'oracle qu'on vient de rapporter marque bien que la race de Minos cessera de régner quand un étranger entrera dans cette île et y fera régner les lois de ce sage roi; mais il n'est pas dit que cet étranger régnera. Je veux croire que je suis cet étranger marqué par l'oracle. J'ai accompli la prédiction ; je suis venu dans cette île ; j'ai découvert le vrai sens des lois; et je souhaite que mon explication serve à les faire régner avec l'homme que vous choisirez.

Pour moi, je préfère ma patrie, la pauvre, la petite île d'Ithaque, aux cent villes de Crète, à la gloire et à l'opulence de ce beau royaume. Souffrez que je suive ce que les destins ont marqué. Si j'ai combattu dans vos jeux, ce n'était pas dans l'espérance de régner ici ; c'était pour mériter votre estime et votre compassion ; c'était afin que vous me donnassiez les moyens de retourner promptement au lieu de ma naissance. J'aime mieux obéir à mon père Ulysse, et consoler ma mère Pénélope, que régner sur tous les peuples de l'univers. O Crétois, vous voyez le fond de mon cœur : il faut que je vous quitte ; mais la mort seule pourra finir ma reconnaissance. Oui, jusques au dernier soupir, Télémaque aimera les Crétois, et s'intéressera à leur gloire comme à la sienne propre.

A peine eus-je parlé qu'il s'éleva dans toute l'assemblée un bruit sourd, semblable à celui des vagues de la mer qui s'entre-choquent dans une tempête. Les uns disaient : Est-ce quelque divinité sous une figure humaine ? D'autres soutenaient qu'ils m'avaient vu en d'autres pays, et qu'ils me reconnaissaient. D'autres s'écriaient : Il faut le contraindre de régner ici. Enfin, je repris la parole, et chacun se hâta de se taire, ne sachant si je n'allais point accepter ce que j'avais refusé d'abord. Voici les paroles que je leur dis :

Souffrez, ô Crétois, que je vous dise ce que je pense. Vous êtes le plus sage de tous les peuples ; mais la sagesse demande, ce me semble, une précaution qui vous échappe. Vous devez choisir, non pas l'homme qui raisonne le mieux sur les lois, mais celui qui les pratique avec la plus constante vertu. Pour moi, je suis jeune, par conséquent sans expérience, exposé à la violence des passions, et plus en état de m'instruire en obéissant, pour commander un jour, que de commander maintenant. Ne cherchez donc pas un homme qui ait vaincu les autres dans ces jeux d'esprit et de corps, mais qui se soit vaincu lui-même : cherchez un homme qui ait vos lois écrites dans le fond de son cœur, et dont toute la vie soit la pratique de ces lois ; que ses actions, plutôt que ses paroles, vous le fassent choisir.

Tous les vieillards, charmés de ce discours, et voyant toujours croître les applaudissements de l'assemblée me dirent : Puisque les dieux nous ôtent l'espérance de vous voir régner au milieu de nous, du moins aidez-nous à trouver un roi qui fasse régner nos lois. Connaissez-vous quelqu'un qui puisse commander avec cette modération ? Je connais, leur dis-je d'abord, un homme de qui je tiens tout ce que vous avez estimé en moi ; c'est sa sagesse, et non pas la mienne, qui vient de parler ; il m'a inspiré toutes les réponses que vous venez d'entendre.

En même temps toute l'assemblée jeta les yeux sur Mentor, que je montrais, le tenant par la main. Je racontais les soins qu'il avait eus de mon enfance, les périls dont il m'avait délivré, les malheurs qui étaient venus fondre sur moi dès que j'avais cessé de suivre ses conseils.

D'abord on ne l'avait point regardé, à cause de ses habits simples et négligés, de sa contenance modeste, de son silence presque continuel, de son air froid et réservé. Mais quand on s'appliqua à le regarder, on découvrit dans son visage je ne sais quoi de ferme et d'élevé ; on remarqua la vivacité de ses yeux, et la vigueur avec laquelle il faisait jusqu'aux moindres actions. On le questionna ; il fut admiré : on résolut de le faire roi. Il s'en défendit sans s'émouvoir : il dit qu'il préférait les douceurs d'une vie privée à l'éclat de la royauté, que les meilleurs rois étaient malheureux en ce qu'ils ne faisaient presque jamais les biens qu'ils voulaient faire, et qu'ils faisaient souvent, par la surprise des flatteurs, les maux qu'ils ne voulaient pas. Il ajouta que si la servitude est misérable, la royauté ne l'est pas moins, puisqu'elle est une servitude déguisée. Quand on est roi, disait-il, on dépend de tous ceux dont on a besoin pour se faire obéir. Heureux celui qui n'est point obligé de commander ! Nous ne devons qu'à notre seule patrie, quand elle nous confie l'autorité, le sacrifice de notre liberté pour travailler au bien public.

Alors les Crétois, ne pouvant revenir de leur surprise, lui demandèrent quel homme ils devaient choisir. Un homme, répondit-il, qui vous connaisse bien, puisqu'il faudra qu'il vous gouverne, et qu'il craigne de vous gouverner. Celui qui désire la royauté ne la connaît pas ; et comment en remplira-t-il les devoirs, ne les connaissant point ? Il la cherche pour lui ; et vous devez désirer un homme qui ne l'accepte que pour l'amour de vous.

Tous les Crétois furent dans un étrange étonnement de voir deux étrangers qui refusaient la royauté, recherchée par tant d'autres; ils voulurent savoir avec qui ils étaient venus. Nausicrate, qui les avait conduits depuis e port jusques au cirque où l'on célébrait les jeux, leur montra Hazaël avec lequel Mentor et moi nous étions venus de l'île de Chypre. Mais leur étonnement fut encore bien plus grand, quand ils surent que Mentor avait été l'esclave d'Hazaël; qu'Hazaël², touché de la sagesse et de la vertu de son esclave, en avait fait son conseil et son meilleur ami; que cet esclave mis en liberté était le même qui venait de refuser d'être roi; et qu'Hazaël était venu de Damas en Syrie, pour s'instruire des lois de Minos, tant l'amour de la sagesse remplissait son cœur.

Les vieillards dirent à Hazaël : Nous n'osons vous prier de nous gouverner, car nous jugeons que vous avez les mêmes pensées que Mentor. Vous méprisez trop les hommes pour vouloir vous charger de les conduire : d'ailleurs vous êtes trop détaché des richesses et de l'éclat de la royauté, pour vouloir acheter cet éclat par les peines attachées au gouvernement des peuples. Hazaël répondit : Ne croyez pas, ô Crétois, que je méprise les hommes. Non, non : je sais combien il est grand de travailler à les rendre bons et heureux; mais ce travail est rempli de peines et de dangers. L'éclat qui y est attaché est faux, et ne peut éblouir que des âmes vaines. La vie est courte; les grandeurs irritent plus les passions, qu'elles ne peuvent les contenter : c'est pour apprendre à me passer de ces faux biens, et non pas pour y parvenir, que je suis venu de si loin. Adieu : je ne songe qu'à retourner dans une vie paisible et retirée, où la sagesse nourrisse mon cœur, et où les espérances qu'on tire de la vertu, pour une autre meilleure vie après la mort, me consolent dans les chagrins de la vieillesse. Si j'avais quelque chose à souhaiter, ce ne serait pas d'être roi, ce serait de ne me séparer jamais de ces deux hommes que vous voyez.

Enfin les Crétois s'écrièrent, parlant à Mentor : Dites-nous, ô le plus sage et le plus grand de tous les mortels, dites-nous donc qui est-ce que nous pouvons choisir pour notre roi : nous ne vous laisserons point aller, que

vous ne nous ayez appris le choix que nous devons faire.
Il leur répondit : Pendant que j'étais dans la foule des
spectateurs, j'ai remarqué un homme qui ne témoignait
aucun empressement : c'est un vieillard assez vigoureux. J'ai demandé quel homme c'était ; on m'a répondu
qu'il s'appelait Aristodème. Ensuite j'ai entendu qu'on
lui disait que ses deux enfants étaient au nombre de ceux
qui combattaient ; il a paru n'en avoir aucune joie : il a
dit que, pour l'un, il ne lui souhaitait point les périls de
la royauté, et qu'il aimait trop la patrie pour consentir
que l'autre régnât jamais. Par là j'ai compris que ce
père aimait d'un amour raisonnable l'un de ses enfants
qui a de la vertu, et qu'il ne flattait point l'autre dans ses
déréglements. Ma curiosité augmentant, j'ai demandé
quelle a été la vie de ce vieillard. Un de vos citoyens
m'a répondu : Il a longtemps porté les armes, et il est
couvert de blessures ; mais sa vertu sincère et ennemie
de la flatterie l'avait rendu incommode à Idoménée.
C'est ce qui empêcha ce roi de s'en servir dans le siége
de Troie : il craignit un homme qui lui donnerait de
sages conseils qu'il ne pourrait se résoudre à suivre ; il
fut même jaloux de la gloire que cet homme ne manquerait pas d'acquérir bientôt ; il oublia tous ses services ; il le laissa ici pauvre, méprisé des hommes grossiers et lâches qui n'estiment que les richesses, mais
content dans sa pauvreté. Il vit gaîment dans un endroit
écarté de l'île, où il cultive son champ de ses propres
mains. Un de ses fils travaille avec lui ; ils s'aiment tendrement ; ils sont heureux. Par leur frugalité et par leur
travail, ils se sont mis dans l'abondance des choses nécessaires à une vie simple. Le sage vieillard donne aux
pauvres malades de son voisinage tout ce qui lui reste
au delà de ses besoins et de ceux de son fils. Il fait travailler tous les jeunes gens ; il les exhorte, il les instruit ;
il juge tous les différends de son voisinage ; il est le père
de toutes les familles. Le malheur de la sienne est d'a-
voir un second fils qui n'a voulu suivre aucun de ses
conseils. Le père, après l'avoir longtemps souffert pour
tâcher de le corriger de ses vices, l'a enfin chassé : il s'est
abandonné à une folle ambition et à tous les plaisirs.
    Voilà, ô Crétois, ce qu'on m'a raconté : vous devez sa-

voir si ce récit est véritable. Mais si cet homme est tel qu'on le dépeint, pourquoi faire des jeux? pourquoi assembler tant d'inconnus? Vous avez au milieu de vous un homme qui vous connaît et que vous connaissez; qui sait la guerre; qui a montré son courage non-seulement contre les flèches et contre les dards, mais contre l'affreuse pauvreté; qui a méprisé les richesses acquises par la flatterie; qui aime le travail; qui sait combien l'agriculture est utile à un peuple; qui déteste le faste; qui ne se laisse point amollir par un amour aveugle de ses enfants; qui aime la vertu de l'un, et qui condamne le vice de l'autre; en un mot, un homme qui est déjà le père du peuple. Voilà votre roi, s'il est vrai que vous désiriez de faire régner chez vous les lois du sage Minos.

Tout le peuple s'écria : Il est vrai, Aristodème est tel que vous le dites; c'est lui qui est digne de régner. Les vieillards le firent appeler : on le chercha dans la foule, où il était confondu avec les derniers du peuple. Il parut tranquille. On lui déclara qu'on le faisait roi. Il répondit : Je n'y puis consentir qu'à trois conditions : la première, que je quitterai la royauté dans deux ans, si je ne vous rends meilleurs que vous n'êtes, et si vous résistez aux lois; la seconde, que je serai libre de continuer une vie simple et frugale; la troisième, que mes enfants n'auront aucun rang et qu'après ma mort on les traitera sans distinction, selon leur mérite, comme le reste des citoyens.

A ces paroles, il s'éleva dans l'air mille cris de joie. Le diadème fut mis par le chef des vieillards, gardes des lois, sur la tête d'Aristodème. On fit des sacrifices à Jupiter et aux autres grands dieux. Aristodème nous fit des présents, non pas avec la magnificence ordinaire aux rois, mais avec une noble simplicité. Il donna à Hazaël les lois de Minos écrites de la main de Minos même; il lui donna aussi un recueil de toute l'histoire de Crète, depuis Saturne et l'âge d'or; il fit mettre dans son vaisseau des fruits de toutes les espèces qui sont bonnes en Crète et inconnues dans la Syrie, et lui offrit tous les secours dont il pourrait avoir besoin.

Comme nous pressions notre départ, il nous fit préparer un vaisseau avec un grand nombre de bons rameurs et d'hommes armés ; il y fit mettre des habits pour nous et des provisions. A l'instant même il s'éleva un vent favorable pour aller à Ithaque : ce vent, qui était contraire à Hazaël, le contraignit d'attendre. Il nous vit partir ; il nous embrassa comme des amis qu'il ne devait jamais revoir. Les dieux sont justes, disait-il ; ils voient une amitié qui n'est fondée que sur la vertu : un jour ils nous réuniront ; et ces champs fortunés, où l'on dit que les justes jouissent après la mort d'une paix éternelle, verront nos âmes se rejoindre pour ne se séparer jamais. O si mes cendres pouvaient aussi être recueillies avec les vôtres !... En prononçant ces mots, il versait des torrents de larmes, et les soupirs étouffaient sa voix. Nous ne pleurions pas moins que lui : et il nous conduisit au vaisseau.

Pour Aristodème, il nous dit : C'est vous qui venez de me faire roi ; souvenez-vous des dangers où vous m'avez mis. Demandez aux dieux qu'ils m'inspirent la vraie sagesse, et que je surpasse autant en modération les autres hommes, que je les surpasse en autorité. Pour moi, je les prie de vous conduire heureusement dans votre patrie, d'y confondre l'insolence de vos ennemis, et de vous y faire voir en paix Ulysse régnant avec sa chère Pénélope. Télémaque, je vous donne un bon vaisseau plein de rameurs et d'hommes armés ; ils pourront vous servir contre ces hommes injustes qui persécutent votre mère. O Mentor, votre sagesse, qui n'a besoin de rien, ne me laisse rien à désirer pour vous. Allez tous deux, vivez heureux ensemble ; souvenez-vous d'Aristodème : et si jamais les Ithaciens ont besoin des Crétois, comptez sur moi jusqu'au dernier soupir de ma vie. Il nous embrassa ; et nous ne pûmes, en le remerciant, retenir nos larmes.

Cependant le vent qui enflait nos voiles nous promettait une douce navigation. Déjà le mont Ida n'était plus à nos yeux que comme une colline ; tous les rivages disparaissaient ; les côtes du Péloponèse[1] semblaient s'avancer dans la mer pour venir au-devant de nous. Tout à coup une noire tempête enveloppa le ciel*, et irrita toutes les ondes de la mer. Le jour se changea en nuit, et la mort se présenta à nous*. O Neptune, c'est vous qui excitâtes, par votre superbe trident, toutes les eaux de votre empire ! Vénus, pour se venger de ce que nous l'avions méprisée jusque dans son temple de Cythère, alla trouver ce dieu; elle lui parla avec douleur; ses beaux yeux étaient baignés de larmes : du moins, c'est ainsi que Mentor, instruit des choses divines, me l'a assuré. Souffrirez-vous, Neptune, disait-elle, que ces impies se jouent impunément de ma puissance? Les dieux mêmes la sentent; et ces téméraires mortels ont osé condamner tout ce qui se fait dans mon île. Ils se piquent d'une sagesse à toute épreuve, et ils traitent l'amour de folie. Avez-vous oublié que je suis née dans votre empire? Que tardez-vous à ensevelir dans vos profonds abîmes ces deux hommes que je ne puis sentir?

A peine avait-elle parlé, que Neptune souleva les flots jusqu'au ciel : et Vénus rit, croyant notre naufrage inévitable. Notre pilote, troublé, s'écria qu'il ne pouvait plus résister aux vents qui nous poussaient avec violence vers les rochers : un coup de vent rompit notre mât; et, un moment après, nous entendîmes les pointes des rochers qui entr'ouvraient le fond du navire. L'eau entre de tous côtés; le navire s'enfonce; tous nos rameurs poussent de lamentables cris vers le ciel. J'embrasse Mentor, et je lui dis : Voici la mort; il faut la recevoir avec courage. Les dieux ne nous ont délivrés de tant de périls, que pour nous faire périr aujourd'hui. Mourons, Mentor, mourons. C'est une consolation pour moi de mourir avec vous; il serait inutile de disputer notre vie contre la tempête.

Mentor me répondit : Le vrai courage trouve toujours quelque ressource. Ce n'est pas assez d'être prêt à recevoir tranquillement la mort; il faut, sans la craindre, faire tous ses efforts pour la repousser. Prenons, vous et moi, un de ces grands bancs de rameurs. Tandis que cette multitude d'hommes timides et troublés regrette la vie sans chercher les moyens de la conserver, ne perdons pas un moment pour sauver la nôtre. Aussitôt il prend une hache, il achève de couper le mât qui était déjà rompu, et qui, penchant dans la mer, avait mis le vaisseau sur le côté; il jette le mât hors du vaisseau, et s'élance dessus au milieu des ondes furieuses; il m'appelle par mon nom, et m'encourage pour le suivre. Tel qu'un grand arbre que tous les vents conjurés attaquent, et qui demeure immobile sur ses profondes racines, en sorte que la tempête ne fait qu'agiter ses feuilles*; de même Mentor, non-seulement ferme et courageux, mais doux et tranquille, semblait commander aux vents et à la mer. Je le suis : et qui aurait pu ne pas le suivre, étant encouragé par lui?

Nous nous conduisions nous-mêmes sur ce mât flottant. C'était un grand secours pour nous, car nous pouvions nous asseoir dessus; et, s'il eût fallu nager sans relâche, nos forces eussent été bientôt épuisées. Mais souvent la tempête faisait tourner cette grande pièce de bois, et nous nous trouvions enfoncés dans la mer : alors nous buvions l'onde amère, qui coulait de notre bouche, de nos narines, et de nos oreilles : nous étions contraints de disputer contre les flots, pour rattraper le dessus de ce mât. Quelquefois aussi une vague haute comme une montagne venait passer sur nous; et nous nous tenions fermes, de peur que, dans cette violente secousse, le mât, qui était notre unique espérance, ne nous échappât.

Pendant que nous étions dans cet état affreux, Mentor, aussi paisible qu'il l'est maintenant sur ce siége de gazon, me disait : Croyez-vous, Télémaque, que votre vie soit abandonnée aux vents et aux flots? Croyez-vous qu'ils puissent vous faire périr sans l'ordre des dieux? Non, non; les dieux décident de tout. C'est donc les dieux, et non pas la mer, qu'il faut craindre. Fussiez-vous au fond des abîmes, la main de Jupiter pourrait vous en tirer. Fussiez-vous dans l'Olympe, voyant les astres sous vos pieds, Jupiter pourrait vous plonger au fond de l'abîme, ou vous précipiter dans les flammes du noir Tartare. J'écoutais et j'admirais ce discours, qui me consolait un peu; mais je n'avais pas l'esprit assez libre pour lui répondre. Il ne me voyait point : je ne pouvais le voir. Nous passâmes toute la nuit, tremblants de froid et demi-morts, sans savoir où la tempête nous jetait. Enfin les vents commencèrent à s'apaiser; et la mer mugissante ressemblait à une personne qui, ayant été longtemps irritée, n'a plus qu'un reste de trouble et d'émotion, étant lasse de se mettre en fureur; elle grondait sourdement, et ses flots n'étaient presque plus que comme les sillons qu'on trouve dans un champ labouré.

Cependant, l'Aurore vint ouvrir au Soleil les portes du ciel et nous annonça un beau jour. L'orient était tout en feu; et les étoiles, qui avaient été si longtemps cachées, reparurent, et s'enfuirent à l'arrivée de Phébus. Nous aperçûmes de loin la terre, et le vent nous en approchait : alors je sentis l'espérance renaître dans mon cœur. Mais nous n'aperçûmes aucun de nos compagnons : selon les apparences, ils perdirent courage, et la tempête les submergea tous avec le vaisseau. Quand nous fûmes auprès de la terre, la mer nous poussait contre des pointes de rochers qui nous eussent brisés; mais nous tâchions de leur présenter le bout de notre mât : et Mentor faisait de ce mât ce qu'un sage pilote fait du meilleur gouvernail. Ainsi nous évitâmes ces rochers affreux, et nous trouvâmes enfin une côte douce et unie où, nageant sans peine, nous abordâmes sur le sable. C'est là que vous nous vîtes, ô grande déesse qui habitez cette île; c'est là que vous daignâtes nous recevoir.

LIVRE SIXIÈME.

SOMMAIRE.

Calypso, ravie d'admiration par le récit de Télémaque, conçoit une violente passion pour lui et met tout en œuvre pour faire naître chez lui le même sentiment. — Vénus, pour la seconder, amène dans l'île son fils Cupidon avec ordre de percer de ses flèches le cœur de Télémaque. — Celui-ci éprouve bientôt pour la nymphe Eucharis une folle passion qui excite la colère et la jalousie de Calypso. — Elle jure par le Styx de faire sortir Télémaque de son île, et elle presse Mentor de construire un vaisseau pour le conduire à Ithaque. — Cupidon persuade aux nymphes de brûler le navire. — A la vue des flammes, Télémaque éprouve une certaine joie; mais le sage Mentor le précipite dans la mer et s'y jette avec lui. — Ils gagnent à la nage un autre navire alors arrêté auprès de l'île de Calypso.

QUAND Télémaque eut achevé ce discours, toutes les nymphes, qui avaient été immobiles, les yeux attachés sur lui, se regardèrent les unes les autres. Elles se disaient avec étonnement : Quels sont donc ces deux hommes si chéris des dieux? a-t-on jamais ouï parler d'aventures si merveilleuses? Le fils d'Ulysse le surpasse déjà en éloquence, en sagesse et en valeur. Quelle mine! quelle beauté! quelle douceur! quelle modestie! mais quelle noblesse et quelle grandeur! Si nous ne savions qu'il est fils d'un mortel, on le prendrait aisément pour Bacchus, pour Mercure, ou même pour le grand Apollon. Mais quel est ce Mentor, qui paraît un homme simple, obscur, et d'une médiocre condition? Quand on le regarde de près, on trouve en lui je ne sais quoi au-dessus de l'homme.

Calypso écoutait ces discours avec un trouble qu'elle ne pouvait cacher : ses yeux errants allaient sans cesse de Mentor à Télémaque, et de Télémaque à Mentor. Quelquefois elle voulait que Télémaque recommençât cette longue histoire de ses aventures; puis tout à coup elle s'interrompait elle-même. Enfin, se levant brusquement, elle mena Télémaque seul dans un bois de myrtes, où elle n'oublia rien pour savoir de lui si Mentor n'était point une divinité cachée sous la forme d'un homme. Télémaque ne pouvait le lui dire, car Minerve, en l'accompagnant sous la figure de Mentor, ne s'était point découverte à lui à cause de sa grande jeunesse. Elle ne se fiait pas encore assez à son secret pour lui confier ses desseins. D'ailleurs elle voulait l'éprouver par les plus grands dangers; et, s'il eût su que Minerve était avec lui, un tel secours l'eût trop soutenu; il n'aurait eu aucune peine à mépriser les accidents les plus affreux. Il prenait donc Minerve pour Mentor; et tous les artifices de Calypso furent inutiles pour découvrir ce qu'elle désirait savoir.

Cependant toutes les nymphes, assemblées autour de Mentor, prenaient plaisir à le questionner. L'une lui demandait les circonstances de son voyage d'Éthiopie; l'autre voulait savoir ce qu'il avait vu à Damas; une autre lui demandait s'il avait connu autrefois Ulysse avant le siége de Troie. Il répondait à toutes avec douceur; et ses paroles, quoique simples, étaient pleines de grâces.

Calypso ne les laissa pas longtemps dans cette conversation; elle revint : et, pendant que ses nymphes se mirent à cueillir des fleurs en chantant pour amuser Télémaque, elle prit à l'écart Mentor pour le faire parler. La douce vapeur du sommeil ne coule pas plus doucement dans les yeux appesantis et dans tous les membres fatigués d'un homme abattu, que les paroles flatteuses de la déesse s'insinuaient pour enchanter le cœur de Mentor; mais elle sentait toujours je ne sais quoi qui repoussait tous ses efforts, et qui se jouait de ses charmes. Semblable à un rocher escarpé qui cache son front dans les nues, et qui se joue de la rage des vents*, Mentor, immobile dans ses sages desseins, se laissait presser par Calypso. Quelquefois même il lui laissait espérer qu'elle l'embarrasserait par ses questions, et qu'elle tirerait la vérité du fond de son cœur. Mais, au moment où elle croyait satisfaire sa curiosité, ses espérances s'évanouissaient : tout ce qu'elle s'imaginait tenir lui échappait tout à coup; et une réponse courte de Mentor la replongeait dans ses incertitudes. Elle passait ainsi les journées, tantôt flattant Télémaque, tantôt cherchant les moyens de le détacher de Mentor, qu'elle n'espérait plus de faire parler. Elle employait ses plus belles nymphes à faire naître les feux de l'amour dans le cœur du jeune Télémaque; et une divinité plus puissante qu'elle vint à son secours pour y réussir.

Vénus, toujours pleine de ressentiment du mépris que Mentor et Télémaque avaient témoigné pour le culte qu'on lui rendait dans l'île de Chypre, ne pouvait se consoler de voir que ces deux téméraires mortels eussent échappé aux vents et à la mer dans la tempête excitée par Neptune. Elle en fit des plaintes amères à Jupiter: mais le père des dieux, souriant, sans vouloir lui découvrir que Minerve, sous la figure de Mentor, avait sauvé le fils d'Ulysse, permit à Vénus de chercher les moyens de se venger de ces deux hommes. Elle quitte l'Olympe; elle oublie les doux parfums qu'on brûle sur ses autels à Paphos, à Cythère et à Idalie; elle vole dans son char attelé de colombes; elle appelle son fils; et, la douleur répandant sur son visage de nouvelles grâces, elle parla ainsi :

Vois-tu, mon fils, ces deux hommes qui méprisent ta puissance et la mienne? Qui voudra désormais nous adorer*? Va, perce de tes flèches ces deux cœurs insensibles : descends avec moi dans cette île; je parlerai à Calypso. Elle dit; et, fendant les airs dans un nuage tout doré, elle se présenta à Calypso, qui, dans ce moment, était seule au bord d'une fontaine assez loin de sa grotte.

Malheureuse déesse, lui dit-elle, l'ingrat Ulysse vous

a méprisée ; son fils, encore plus dur que lui, vous prépare un semblable mépris ; mais l'Amour vient lui-même pour vous venger. Je vous le laisse : il demeurera parmi vos nymphes, comme autrefois l'enfant Bacchus fut nourri par les nymphes de l'île de Naxos¹. Télémaque le verra comme un enfant ordinaire ; il ne pourra s'en défier, et il sentira bientôt son pouvoir. Elle dit ; et, remontant dans ce nuage doré d'où elle était sortie, elle laissa près elle une odeur d'ambroisie dont tous les bois de Calypso furent parfumés².

L'Amour demeura entre les bras de Calypso. Quoique déesse, elle sentit la flamme qui coulait déjà dans son sein. Pour se soulager, elle le donna aussitôt à la nymphe qui était auprès d'elle, nommée Eucharis. Mais, hélas! dans la suite, combien de fois se repentit-elle de l'avoir fait! D'abord rien ne paraissait plus innocent, plus doux, plus aimable, plus ingénu et plus gracieux, que cet enfant. A le voir enjoué, flatteur, toujours riant, on aurait cru qu'il ne pouvait donner que du plaisir : mais à peine s'était-on fié à ses caresses, qu'on y sentait je ne sais quoi d'empoisonné. L'enfant malin et trompeur ne caressait que pour trahir ; et il ne riait jamais que des maux cruels qu'il avait faits, ou qu'il voulait faire. Il n'osait approcher de Mentor, dont la sévérité l'épouvantait ; et il sentait que cet inconnu était invulnérable, en sorte qu'aucune de ses flèches n'aurait pu le percer. Pour les nymphes, elles sentirent bientôt les feux que cet enfant trompeur allume ; mais elles cachaient avec soin la plaie profonde qui s'envenimait dans leurs cœurs.

Cependant Télémaque, voyant cet enfant qui se jouait avec les nymphes, fut surpris de sa douceur et de sa beauté. Il l'embrasse, il le prend tantôt sur ses genoux, tantôt entre ses bras ; il sent en lui-même une inquiétude dont il ne peut trouver la cause. Plus il cherche à se jouer innocemment, plus il se trouble et s'amollit. Voyez-vous ces nymphes? disait-il à Mentor : combien sont-elles différentes de ces femmes de l'île de Chypre, dont la beauté était choquante à cause de leur immodestie! Ces beautés immortelles montrent une innocence, une modestie, une simplicité qui charme. Parlant ainsi, il rougissait sans savoir pourquoi. Il ne pouvait s'empêcher de parler ; mais à peine avait-il commencé, qu'il ne pouvait continuer : ses paroles étaient entrecoupées, obscures, et quelquefois elles n'avaient aucun sens.

Mentor lui dit : O Télémaque, les dangers de l'île de Chypre n'étaient rien, si on les compare à ceux dont vous ne vous défiez pas maintenant. Le vice grossier fait horreur ; l'impudence brutale donne de l'indignation ; mais la beauté modeste est bien plus dangereuse : en l'aimant, on croit n'aimer que la vertu ; et insensiblement on se laisse aller aux appas trompeurs d'une passion qu'on n'aperçoit que quand il n'est presque plus temps de l'éteindre. Fuyez, ô mon cher Télémaque, fuyez ces nymphes, qui ne sont si discrètes que pour vous mieux tromper ; fuyez les dangers de votre jeunesse : mais surtout fuyez cet enfant que vous ne connaissez pas. C'est l'Amour, que Vénus, sa mère, est venue apporter dans cette île, pour se venger du mépris que vous avez témoigné pour le culte qu'on lui rend à Cythère : il a blessé le cœur de la déesse Calypso ; elle est passionnée pour vous : il a brûlé toutes les nymphes qui l'environnent ; vous brûlez vous-même, ô malheureux jeune homme, presque sans le savoir.

Télémaque interrompait souvent Mentor, en lui disant : Pourquoi ne demeurerions-nous pas dans cette île ? Ulysse ne vit plus ; il doit être depuis longtemps enseveli dans les ondes : Pénélope, ne voyant revenir ni lui ni moi, n'aura pu résister à tant de prétendants : son père Icare l'aura contrainte d'accepter un nouvel époux. Retournerai-je à Ithaque pour la voir engagée dans de nouveaux liens, et manquant à la foi qu'elle avait donnée à mon père ? Les Ithaciens ont oublié Ulysse. Nous ne pourrions y retourner que pour chercher une mort assurée, puisque les amants de Pénélope ont occupé toutes les avenues du port, pour mieux assurer notre perte à notre retour.

Mentor répondait : Voilà l'effet d'une aveugle passion. On cherche avec subtilité toutes les raisons qui la favorisent, et on se détourne de peur de voir toutes celles qui la condamnent. On n'est plus ingénieux que pour se tromper, et pour étouffer ses remords. Avez-vous oublié tout ce que les dieux ont fait pour vous ramener dans votre patrie? Comment êtes-vous sorti de la Sicile? Les malheurs que vous avez éprouvés en Egypte ne se sont-ils pas tournés tout à coup en prospérités? Quelle main inconnue vous a enlevé à tous les dangers qui menaçaient votre tête dans la ville de Tyr? Après tant de merveilles, ignorez-vous encore ce que les destinées vous ont préparé? Mais que dis-je? vous en êtes indigne. Pour moi, je pars, et je saurai bien sortir de cette île. Lâche fils d'un père si sage et si généreux! menez ici une vie molle et sans honneur au milieu des femmes; faites, malgré les dieux, ce que votre père crut indigne de lui.

Ces paroles de mépris percèrent Télémaque jusqu'au fond du cœur. Il se sentait attendri pour Mentor; sa douleur était mêlée de honte; il craignait l'indignation et le départ de cet homme si sage à qui il devait tant: mais une passion naissante, et qu'il ne connaissait pas lui-même, faisait qu'il n'était plus le même homme. Quoi donc! disait-il à Mentor, les larmes aux yeux, vous ne comptez pour rien l'immortalité qui m'est offerte par la déesse? Je compte pour rien, répondait Mentor, tout ce qui est contre la vertu et contre les ordres des dieux. La vertu vous rappelle dans votre patrie pour revoir Ulysse et Pénélope; la vertu vous défend de vous abandonner à une folle passion. Les dieux, qui vous ont délivré de tant de périls pour vous préparer une gloire égale à celle de votre père, vous ordonnent de quitter cette île. L'Amour seul, ce honteux tyran, peut vous y retenir. Hé! que feriez-vous d'une vie immortelle, sans liberté, sans vertu, sans gloire? Cette vie serait encore plus malheureuse, en ce qu'elle ne pourrait finir.

Télémaque ne répondait à ce discours que par des soupirs. Quelquefois il aurait souhaité que Mentor l'eût arraché malgré lui de cette île; quelquefois il lui tardait que Mentor fût parti, pour n'avoir plus devant ses yeux cet ami sévère qui lui reprochait sa faiblesse. Toutes ces pensées contraires agitaient tour à tour son cœur, et aucune n'y était constante: son cœur était comme la mer, qui est le jouet de tous les vents contraires. Il demeurait souvent étendu et immobile sur le rivage de la mer, souvent dans le fond de quelque bois sombre, versant des larmes amères et poussant des cris semblables aux rugissements d'un lion. Il était devenu maigre, ses yeux creux étaient pleins d'un feu dévorant ; à le voir pâle, abattu et défiguré, on aurait cru que ce n'était point Télémaque. Sa beauté, son enjouement, sa noble fierté, s'enfuyaient loin de lui. Il périssait : tel qu'une fleur qui étant épanouie le matin, répand ses doux parfums dans la campagne, et se flétrit peu à peu vers le soir, ses vives couleurs s'effacent ; elle languit, elle se dessèche, et sa belle tête se penche, ne pouvant plus se soutenir : ainsi le fils d'Ulysse était aux portes de la mort.

Mentor, voyant que Télémaque ne pouvait résister à la violence de sa passion, conçut un dessein plein d'adresse pour le délivrer d'un si grand danger. Il avait remarqué que Calypso aimait éperdument Télémaque, et que Télémaque n'aimait pas moins la jeune nymphe Eucharis ; car le cruel Amour, pour tourmenter les mortels, fait qu'on n'aime guère la personne dont on est aimé. Mentor résolut d'exciter la jalousie de Calypso. Eucharis devait emmener Télémaque dans une chasse. Mentor dit à Calypso : J'ai remarqué dans Télémaque une passion pour la chasse, que je n'avais jamais vue en lui ; ce plaisir commence à le dégoûter de tout autre : il n'aime plus que les forêts et les montagnes les plus sauvages. Est-ce vous, ô déesse, qui lui inspirez cette grande ardeur ?

Calypso sentit un dépit cruel en écoutant ces paroles, et elle ne put se retenir. Ce Télémaque, répondit-elle, qui a méprisé tous les plaisirs de l'île de Chypre, ne peut résister à la médiocre beauté d'une de mes nymphes. Comment ose-t-il se vanter d'avoir fait tant d'actions merveilleuses, lui dont le cœur s'amollit lâchement par la volupté, et qui ne semble né que pour passer une vie obscure au milieu des femmes ? Mentor, remarquant avec plaisir combien la jalousie troublait le cœur de Calypso, n'en dit pas davantage, de peur de la mettre en défiance de lui ; il lui montrait seulement le visage triste et abattu. La déesse lui découvrait ses peines sur toutes les choses qu'elle voyait, et elle faisait sans cesse des plaintes nouvelles. Cette chasse, dont Mentor l'avait avertie, acheva de la mettre en fureur. Elle sut que Télémaque n'avait cherché qu'à se dérober aux autres nymphes pour parler à Eucharis. On proposait même déjà une seconde chasse, où elle prévoyait qu'il ferait comme dans la première. Pour rompre les mesures de Télémaque, elle déclara qu'elle en voulait être. Puis, tout à coup, ne pouvant plus modérer son ressentiment, elle lui parla ainsi :

Est-ce donc ainsi, ô jeune téméraire, que tu es venu dans mon île pour échapper au juste naufrage que Neptune te préparait, et à la vengeance des dieux? N'es-tu entré dans cette île, qui n'est ouverte à aucun mortel que pour mépriser ma puissance et l'amour que je t'a témoigné? O divinités de l'Olympe et du Styx, écoutez une malheureuse déesse! hâtez-vous de confondre ce perfide, cet ingrat, cet impie. Puisque tu es encore plus dur et plus injuste que ton père, puisses-tu souffrir des maux encore plus longs et plus cruels que les siens! Non, non, que jamais tu ne revoies ta patrie, cette pauvre et misérable Ithaque, que tu n'as point eu honte de préférer à l'immortalité! ou plutôt que tu périsses, en la voyant de loin, au milieu de la mer; et que ton corps, devenu le jouet des flots, soit rejeté, sans espérance de sépulture, sur le sable de ce rivage! Que mes yeux le voient mangé par les vautours! Celle que tu aimes le verra aussi; elle le verra : elle en aura le cœur déchiré; et son désespoir fera mon bonheur!

En parlant ainsi, Calypso avait les yeux rouges et enflammés : ses regards ne s'arrêtaient jamais en aucun endroit; ils avaient je ne sais quoi de sombre et de farouche. Ses joues tremblantes étaient couvertes de taches noires et livides *; elles changeaient à chaque moment de couleur. Souvent une pâleur mortelle se répandait sur tout son visage : ses larmes ne coulaient plus, comme autrefois, avec abondance : la rage et le désespoir semblaient en avoir tari la source, et à peine en coulait-il quelqu'une sur ses joues. Sa voix était rauque, tremblante et entrecoupée. Mentor observait tous ses mouvements, et ne parlait plus à Télémaque. Il le traitait comme un malade désespéré qu'on abandonne; il jetait souvent sur lui des regards de compassion.

Télémaque sentait combien il était coupable, et indigne de l'amitié de Mentor. Il n'osait lever les yeux, de peur de rencontrer ceux de son ami, dont le silence même le condamnait. Quelquefois il avait envie d'aller se jeter à son cou, et de lui témoigner combien il était touché de sa faute : mais il était retenu, tantôt par une mauvaise honte, et tantôt par la crainte d'aller plus loin qu'il ne voulait pour se tirer du péril ; car le péril lui semblait doux, et il ne pouvait encore se résoudre à vaincre sa folle passion.

Les dieux et les déesses de l'Olympe, assemblés dans un profond silence, avaient les yeux attachés sur l'île de Calypso, pour voir qui serait victorieux, ou de Minerve ou de l'Amour. L'Amour, en se jouant avec les nymphes, avait mis tout en feu dans l'île. Minerve, sous la figure de Mentor, se servait de la jalousie, inséparable de l'amour, contre l'Amour même. Jupiter avait résolu d'être le spectateur de ce combat, et de demeurer neutre.

Cependant Eucharis, qui craignait que Télémaque ne lui échappât, usait de mille artifices pour le retenir dans ses liens. Déjà elle allait partir avec lui pour la seconde chasse, et elle était vêtue comme Diane. Vénus et Cupidon avaient répandu sur elle de nouveaux charmes *; en sorte que ce jour-là sa beauté effaçait celle de la déesse Calypso même. Calypso, la regardant de loin, se regarda en même temps dans la plus claire de ses fontaines ; et elle eut honte de se voir. Alors elle se cacha au fond de sa grotte, et parla ainsi toute seule :

Il ne me sert donc de rien d'avoir voulu troubler ces deux amants, en déclarant que je veux être de cette chasse ! En serai-je ? Irai-je la faire triompher, et faire servir ma beauté à relever la sienne ? Faudra-t-il que Télémaque, en me voyant, soit encore plus passionné pour son Eucharis ? O malheureuse ! qu'ai-je fait ? Non, je n'y irai pas, ils n'y iront pas eux-mêmes, je saurai bien les en empêcher. Je vais trouver Mentor ; je le prierai d'enlever Télémaque : il le remmènera à Ithaque. Mais que dis-je ? et que deviendrai-je quand Télémaque sera parti ? Où suis-je ? Que reste-t-il à faire ? O cruelle Vénus ! Vénus, vous m'avez trompée ! ô perfide présent que vous m'avez fait ! Pernicieux enfant ! Amour empesté ! je ne t'avais ouvert mon cœur, que dans l'espérance de vivre heureuse avec Télémaque : et tu n'as porté dans ce cœur que trouble et que désespoir ! Mes nymphes sont révoltées contre moi. Ma divinité ne me sert plus qu' rendre mon malheur éternel *. O si j'étais libre de me donner la mort pour finir mes douleurs! Télémaque, il faut que tu meures, puisque je ne puis mourir! Je me vengerai de tes ingratitudes : ta nymphe le verra, et je te percerai à ses yeux. Mais je m'égare. O malheureuse Calypso! que veux-tu? Faire périr un innocent que tu as jeté toi-même dans cet abîme de malheurs? C'est moi qui ai mis le flambeau fatal dans le sein du chaste Télémaque. Quelle innocence! quelle vertu! quelle horreur du vice! quel courage contre les honteux plaisirs! Fallait-il empoisonner son cœur? Il m'eût quittée! Eh bien! ne faudra-t-il pas qu'il me quitte, ou que je le voie plein de mépris pour moi, ne vivant plus que pour ma rivale? Non, non, je ne souffre que ce que j'ai bien mérité. Pars, Télémaque, va-t'en au delà des mers: laisse Calypso sans consolation, ne pouvant supporter la vie, ni trouver la mort : laisse-la inconsolable, couverte de honte, désespérée, avec ton orgueilleuse Eucharis.

Elle parlait ainsi seule dans sa grotte : mais tout à coup elle sort impétueusement. Où êtes-vous, ô Mentor? dit-elle. Est-ce ainsi que vous soutenez Télémaque contre le vice auquel il succombe? Vous dormez, pendant que l'Amour veille contre vous. Je ne puis souffrir plus longtemps cette lâche indifférence que vous témoignez. Verrez-vous toujours tranquillement le fils d'Ulysse déshonorer son père, et négliger sa haute destinée? Est-ce à vous ou à moi que ses parents ont confié sa conduite? C'est moi qui cherche les moyens de guérir son cœur; et vous, ne ferez-vous rien? Il y a, dans le lieu le plus reculé de cette forêt, de grands peupliers propres à construire un vaisseau; c'est là qu'Ulysse fit celui dans lequel il sortit de cette île. Vous trouverez au même endroit une profonde caverne, où sont tous les instruments nécessaires pour tailler et pour joindre toutes les pièces d'un vaisseau.

A peine eut-elle dit ces paroles, qu'elle s'en repentit. Mentor ne perdit pas un moment : il alla dans cette caverne, trouva les instruments, abattit les peupliers, et mit en un seul jour un vaisseau en état de voguer. C'est que la puissance et l'industrie de Minerve n'ont pas besoin d'un grand temps pour achever les plus grands ouvrages.

Calypso se trouva dans une horrible peine d'esprit : d'un côté, elle voulait voir si le travail de Mentor s'avançait; de l'autre, elle ne pouvait se résoudre à quitter la chasse, où Eucharis aurait été en pleine liberté avec Télémaque. La jalousie ne lui permit jamais de perdre de vue les deux amants : mais elle tâchait de tourner la chasse du côté où elle savait que Mentor faisait le vaisseau. Elle entendait les coups de hache et de marteau : elle prêtait l'oreille; chaque coup la faisait frémir. Mais dans le moment même, elle craignait que cette rêverie ne lui eût dérobé quelque signe ou quelque coup d'œil de Télémaque à la jeune nymphe.

Cependant Eucharis disait à Télémaque d'un ton moqueur : Ne craignez-vous point que Mentor ne vous blâme d'être venu à la chasse sans lui? O que vous êtes à plaindre de vivre sous un si rude maître! Rien ne peut adoucir son austérité : il affecte d'être ennemi de tous les plaisirs; il ne peut souffrir que vous en goûtiez aucun; il vous fait un crime des choses les plus innocentes. Vous pouviez dépendre de lui pendant que vous étiez hors d'état de vous conduire vous-même; mais après avoir montré tant de sagesse, vous ne devez plus vous laisser traiter en enfant.

Ces paroles artificieuses perçaient le cœur de Télémaque, et le remplissaient de dépit contre Mentor, dont il voulait secouer le joug. Il craignait de le revoir, et ne répondait rien à Eucharis, tant il était troublé. Enfin, vers le soir, la chasse s'étant passée de part et d'autre dans une contrainte perpétuelle, on revint par un coin de la forêt assez voisin du lieu où Mentor avait travaillé tout le jour. Calypso aperçut de loin le vaisseau achevé : ses yeux se couvrirent à l'instant d'un épais nuage, semblable à celui de la mort. Ses genoux tremblants se dérobaient sous elle : une froide sueur courut par tous les membres de son corps* : elle fut contrainte de s'appuyer sur les nymphes qui l'environnaient; et Eucharis lui tendant la main pour la soutenir, elle la repoussa en jetant sur elle un regard terrible.

Télémaque, qui vit ce vaisseau, mais qui ne vit point Mentor, parce qu'il s'était déjà retiré, ayant fini son travail, demanda à la déesse à qui était ce vaisseau, et à quoi on le destinait. D'abord elle ne put répondre; mais enfin elle dit : C'est pour renvoyer Mentor que je l'ai fait faire ; vous ne serez plus embarrassé par cet ami sévère, qui s'oppose à votre bonheur, et qui serait jaloux si vous deveniez immortel.

Mentor m'abandonne ! c'est fait de moi ! s'écria Télémaque. Ô Eucharis ! si Mentor me quitte, je n'ai plus que vous. Ces paroles lui échappèrent dans le transport de sa passion. Il vit le tort qu'il avait eu en les disant; mais il n'avait pas été libre de penser au sens de ses paroles. Toute la troupe étonnée demeura dans le silence. Eucharis, rougissant et baissant les yeux, demeurait derrière, tout interdite, sans oser se montrer. Mais pendant que la honte était sur son visage, la joie était au fond de son cœur. Télémaque ne se comprenait plus lui-même, et ne pouvait croire qu'il eût parlé si indiscrètement. Ce qu'il avait fait lui paraissait comme un songe mais un songe dont il demeurait confus et troublé.

Calypso, plus furieuse qu'une lionne à qui on a enlevé ses petits, courait au travers de la forêt, sans suivre aucun chemin, et ne sachant où elle allait*. Enfin elle se trouva à l'entrée de sa grotte, où Mentor l'attendait. Sortez de mon île, dit-elle, ô étrangers, qui êtes venus troubler mon repos : loin de moi ce jeune insensé ! Et vous, imprudent vieillard, vous sentirez ce que peut le courroux d'une déesse, si vous ne l'arrachez d'ici tout à l'heure. Je ne veux plus le voir ; je ne veux plus souffrir qu'aucune de mes nymphes lui parle ni le regarde. J'en jure par les ondes du Styx, serment qui fait trembler les dieux mêmes*. Mais apprends, Télémaque, que tes maux ne sont pas finis : ingrat, tu ne sortiras de mon île que pour être en proie à de nouveaux malheurs. Je serai vengée : tu regretteras Calypso, mais en vain. Neptune, encore irrité contre ton père qui l'a offensé en Sicile, et sollicité par Vénus que tu as méprisée dans l'île de Chypre, te prépare d'autres tempêtes. Tu verras ton père, qui n'est pas mort ; mais tu le verras sans le connaître. Tu ne te réuniras avec lui en Ithaque qu'après avoir été le jouet de la plus cruelle fortune. Va : je conjure les puissances célestes de me venger. Puisses-tu au milieu des mers, suspendu aux pointes d'un rocher, et frappé de la foudre, invoque en vain Calypso, que ton supplice comblera de joie* !

Ayant dit ces paroles, son esprit agité était déjà prêt à prendre des résolutions contraires. L'Amour rappela dans son cœur le désir de retenir Télémaque. Qu'il vive, disait-elle en elle-même, qu'il demeure ici; peut-être qu'il sentira enfin tout ce que j'ai fait pour lui. Eucharis ne saurait, comme moi, lui donner l'immortalité. O trop aveugle Calypso! tu t'es trahie toi-même par ton serment : te voilà engagée; et les ondes du Styx par lesquelles tu as juré ne te permettent plus aucune espérance. Personne n'entendait ces paroles : mais on voyait sur son visage les Furies peintes, et tout le venin empesté du noir Cocyte semblait s'exhaler de son cœur.

Télémaque en fut saisi d'horreur. Elle le comprit; car qu'est-ce que l'amour jaloux ne devine pas? et l'horreur de Télémaque redoubla les transports de la déesse. Semblable à une bacchante qui remplit l'air de ses hurlements, et qui en fait retentir les hautes montagnes de Thrace *, elle court au travers des bois avec un dard en main, appelant toutes ses nymphes, et menaçant de percer toutes celles qui ne la suivront pas. Elles courent en foule, effrayées de cette menace. Eucharis même s'avance les larmes aux yeux, et regardant de loin Télémaque, à qui elle n'ose plus parler. La déesse frémit en la voyant auprès d'elle; et, loin de s'apaiser par la soumission de cette nymphe, elle ressent une nouvelle fureur, voyant que l'affliction augmente la beauté d'Eucharis.

Cependant Télémaque était demeuré seul avec Mentor. Il embrasse ses genoux (car il n'osait l'embrasser autrement, ni le regarder); il verse un torrent de larmes; il veut parler, la voix lui manque; les paroles lui manquent encore davantage : il ne sait ni ce qu'il doit faire, ni ce qu'il fait, ni ce qu'il veut. Enfin il s'écrie : O mon vrai père! ô Mentor! délivrez-moi de tant de maux! je ne puis ni vous abandonner ni vous suivre. Délivrez-moi de tant de maux, délivrez-moi de moi-même; donnez-moi la mort.

Mentor l'embrasse, le console, l'encourage, lui apprend à se supporter lui-même, sans flatter sa passion, et lui dit : Fils du sage Ulysse, que les dieux ont tant aimé, et qu'ils aiment encore, c'est par un effet de leur amour que vous souffrez des maux si horribles. Celui qui n'a point senti sa faiblesse, et la violence de ses passions, n'est point encore sage; car il ne se connaît point encore, et ne sait point se défier de soi. Les dieux vous ont conduit comme par la main jusqu'au bord de l'abîme, pour vous en montrer toute la profondeur, sans vous y laisser tomber. Comprenez maintenant ce que vous n'auriez jamais compris si vous ne l'aviez éprouvé. On vous aurait parlé des trahisons de l'Amour, qui flatte pour perdre, et qui, sous une apparence de douceur, cache les plus affreuses amertumes. Il est venu cet enfant plein de charmes, parmi les ris, les jeux et les grâces. Vous l'avez vu; il a enlevé votre cœur, et vous avez pris plaisir à le lui laisser enlever. Vous cherchiez des prétextes pour ignorer l'état de votre cœur. Vous cherchiez à me tromper, et à vous flatter vous-même; vous ne craigniez rien. Voyez le fruit de votre témérité : vous demandez maintenant la mort, et c'est l'unique espérance qui vous reste. La déesse troublée ressemble à une Furie infernale; Eucharis brûle d'un feu plus cruel que toutes les douleurs de la mort; toutes ces nymphes jalouses sont prêtes à s'entre-déchirer : et voilà ce que fait le traître Amour qui paraît si doux ! Rappelez tout votre courage. A quel point les dieux vous aiment-ils, puisqu'ils vous ouvrent un si beau chemin pour fuir l'Amour, et pour revoir votre chère patrie ! Calypso elle-même est contrainte de vous chasser. Le vaisseau est tout prêt; que tardons-nous à quitter cette île, où la vertu ne peut habiter?

En disant ces paroles, Mentor le prit par la main, et l'entraînait vers le rivage. Télémaque suivait à peine, regardant toujours derrière lui. Il considérait Eucharis, qui s'éloignait de lui. Ne pouvant voir son visage, il regardait ses beaux cheveux noués, ses habits flottants, et sa noble démarche. Il aurait voulu pouvoir baiser les traces de ses pas. Lors même qu'il la perdit de vue, il prêtait encore l'oreille, s'imaginant entendre sa voix. Quoique absente, il la voyait*: elle était peinte et comme vivante devant ses yeux : il croyait même parler à elle, ne sachant plus où il était, et ne pouvant écouter Mentor.

Enfin, revenant à lui comme d'un profond sommeil, il dit à Mentor : Je suis résolu de vous suivre, mais je n'ai pas encore dit adieu à Eucharis. J'aimerais mieux mourir, que de l'abandonner ainsi avec ingratitude.

Attendez que je la revoie encore une dernière fois pour lui faire un éternel adieu. Au moins souffrez que je lui dise : O nymphe, les dieux cruels, les dieux jaloux de mon bonheur, me contraignent de partir ; mais ils m'empêcheront plutôt de vivre, que de me souvenir à jamais de vous *. O mon père, ou laissez-moi cette dernière consolation, qui est si juste, ou arrachez-moi la vie dans ce moment. Non, je ne veux, ni demeurer dans cette île, ni m'abandonner à l'amour. L'amour n'est point dans mon cœur ; je ne me sens que de l'amitié et de la reconnaissance pour Eucharis. Il me suffit de le lui dire encore une fois, et je pars avec vous sans retardement.

Que j'ai pitié de vous ! répondit Mentor : votre passion est si furieuse que vous ne la sentez pas. Vous croyez être tranquille, et vous demandez la mort ! Vous osez dire que vous n'êtes point vaincu par l'amour, et vous ne pouvez vous arracher à la nymphe que vous aimez ! Vous ne voyez, vous n'entendez qu'elle ; vous êtes aveugle et sourd à tout le reste. Un homme que la fièvre rend frénétique dit : Je ne suis point malade. O aveugle Télémaque ! vous étiez prêt à renoncer à Pénélope qui vous attend, à Ulysse que vous verrez, à Ithaque où vous devez régner, à la gloire et à la haute destinée que les dieux vous ont promise par tant de merveilles qu'ils ont faites en votre faveur : vous renonciez à tous ces biens pour vivre déshonoré auprès d'Eucharis ! Direz-vous encore que l'amour ne vous attache point à elle ? Qu'est-ce donc qui vous trouble ? pourquoi voulez-vous mourir ? pourquoi avez-vous parlé devant la déesse avec tant de transport ? Je ne vous accuse point de mauvaise foi ; mais je déplore votre aveuglement. Fuyez, Télémaque, fuyez ! on ne peut vaincre l'Amour qu'en fuyant. Contre un tel ennemi, le vrai courage consiste à craindre et à fuir ; mais à fuir sans délibérer, et sans se donner à soi-même le temps de regarder jamais derrière soi. Vous n'avez pas oublié les soins que vous m'avez coûtés depuis votre enfance, et les périls dont vous êtes sorti par mes conseils : ou croyez-moi, ou souffrez que je vous abandonne. Si vous saviez combien il m'est douloureux de vous voir courir à votre perte ! Si vous saviez tout ce que j'ai souffert pendant que je n'ai osé vous parler ! la mère qui vous mit au monde souffrit moins dans les douleurs de l'enfantement. Je me suis tu ; j'ai dévoré ma peine ; j'ai étouffé mes soupirs, pour voir si vous reviendriez à moi. O mon fils ! mon cher fils ! soulagez mon cœur ; rendez-moi ce qui m'est plus cher que mes entrailles ; rendez-moi Télémaque, que j'ai perdu ; rendez-vous à vous-même. Si la sagesse en vous surmonte l'amour, je vis, et je vis heureux ; mais si l'amour vous entraîne malgré la sagesse, Mentor ne peut plus vivre.

Pendant que Mentor parlait ainsi, il continuait son chemin vers la mer ; et Télémaque, qui n'était pas encore assez fort pour le suivre de lui-même, l'était déjà assez pour se laisser mener sans résistance. Minerve, toujours caché sous la figure de Mentor, couvrant invisiblement Télémaque de son égide, et répandant autour de lui un rayon divin, lui fit sentir un courage qu'il n'avait point encore éprouvé depuis qu'il était dans cette île. Enfin, ils arrivèrent dans un endroit de l'île où le rivage de la mer était escarpé ; c'était un rocher toujours battu par l'onde écumante. Ils regardèrent de cette hauteur si le vaisseau que Mentor avait préparé était encore dans la même place ; mais ils aperçurent un triste spectacle.

L'Amour était vivement piqué de voir que ce vieillard inconnu non-seulement était insensible à ses traits, mais encore lui enlevait Télémaque : il pleurait de dépit, et il alla trouver Calypso errante dans les sombres forêts. Elle ne put le voir sans gémir, et elle sentit qu'il rouvrait toutes les plaies de son cœur. L'Amour lui dit : Vous êtes déesse, et vous vous laissez vaincre par un faible mortel qui est captif dans votre île ! pourquoi le laissez-vous sortir ? O malheureux Amour, répondit-elle, je ne veux plus écouter tes pernicieux conseils : c'est toi qui m'as tirée d'une douce et profonde paix, pour me précipiter dans un abîme de malheurs. C'en est fait ; j'ai juré par les ondes du Styx que je laisserais partir Télémaque. Jupiter même, le père des dieux, avec toute sa puissance, n'oserait contrevenir à ce redoutable serment. Télémaque sort de mon île : sors aussi, pernicieux enfant, tu m'as fait plus de mal que lui !

L'Amour, essuyant ses larmes, fit un souris moqueur et malin. En vérité, dit-il, voilà un grand embarras ! laissez-moi faire ; suivez votre serment ; ne vous opposez point au départ de Télémaque. Ni vos nymphes ni moi n'avons juré par les ondes du Styx de le laisser partir. Je leur inspirerai le dessein de brûler ce vaisseau que Mentor a fait avec tant de précipitation. Sa diligence, qui nous a surpris, sera inutile. Il sera surpris lui-même à son tour; et il ne lui restera plus aucun moyen de vous arracher Télémaque.

Ces paroles flatteuses firent glisser l'espérance et la joie jusqu'au fond des entrailles de Calypso. Ce qu'un zéphyr fait par sa fraîcheur sur le bord d'un ruisseau, pour délasser les troupeaux languissants que l'ardeur de l'été consume, ce discours le fit pour apaiser le désespoir de la déesse. Son visage devint serein, ses yeux s'adoucirent, les noirs soucis qui rongeaient son cœur s'enfuirent pour un moment loin d'elle : elle s'arrêta, elle sourit, elle flatta le folâtre Amour; et, en le flattant, elle se prépara de nouvelles douleurs.

L'Amour, content de l'avoir persuadée, alla pour persuader aussi les nymphes, qui étaient errantes et dispersées sur toutes les montagnes, comme un troupeau de moutons que la rage des loups affamés a mis en fuite loin du berger. L'Amour les rassemble, et leur dit : Télémaque est encore en vos mains; hâtez-vous de brûler ce vaisseau que le téméraire Mentor a fait pour s'enfuir. Aussitôt elles allument des flambeaux; elles accourent sur le rivage; elles frémissent; elles poussent des hurlements; elles secouent leurs cheveux épars, comme des bacchantes. Déjà la flamme vole; elle dévore le vaisseau, qui est d'un bois sec et enduit de résine; des tourbillons de fumée et de flamme s'élèvent dans les nues *.

Télémaque et Mentor aperçoivent ce feu de dessus le rocher, et entendent les cris des nymphes. Télémaque fut tenté de s'en réjouir, car son cœur n'était pas encore guéri; et Mentor remarquait que sa passion était comme un feu mal éteint, qui sort de temps en temps de dessous la cendre, et qui repousse de vives étincelles. Me voilà donc, dit Télémaque, rengagé dans mes liens ! Il ne nous reste plus aucune espérance de quitter cette île.

Mentor vit bien que Télémaque allait retomber dans toutes ses faiblesses, et qu'il n'y avait pas un seul moment à perdre. Il aperçut de loin au milieu des flots un vaisseau arrêté qui n'osait approcher de l'île, parce que tous les pilotes connaissaient que l'île de Calypso était inaccessible à tous les mortels. Aussitôt le sage Mentor poussant Télémaque, qui était assis au bord du rocher le précipite dans la mer, et s'y jette avec lui. Télémaque, surpris de cette violente chute, but l'onde amère, et devint le jouet des flots. Mais revenant à lui, et voyant Mentor qui lui tendait la main pour lui aider à nager, il ne songea plus qu'à s'éloigner de l'île fatale.

Les nymphes, qui avaient cru les tenir captifs, poussèrent des cris pleins de fureur, ne pouvant plus empêcher leur fuite. Calypso, inconsolable, rentra dans sa grotte, qu'elle remplit de ses hurlements. L'Amour, qui vit changer son triomphe en une honteuse défaite, s'éleva au milieu de l'air en secouant ses ailes, et s'envola dans le bocage d'Idalie, où sa cruelle mère l'attendait. L'enfant, encore plus cruel, ne se consola qu'en riant avec elle de tous les maux qu'il avait faits.

A mesure que Télémaque s'éloignait de l'île, il sentait avec plaisir renaître son courage, et son amour pour la vertu. J'éprouve, s'écriait-il parlant à Mentor, ce que vous me disiez, et que je ne pouvais croire, faute d'expérience : on ne surmonte le vice qu'en le fuyant. O mon père, que les dieux m'ont aimé en me donnant votre secours ! Je méritais d'en être privé, et d'être abandonné à moi-même. Je ne crains plus ni mers, ni vents, ni tempêtes ; je ne crains plus que mes passions. L'amour est lui seul plus à craindre que tous les naufrages.

LIVRE SEPTIÈME.

SOMMAIRE.

Adoam, frère de Narbal, commande le vaisseau vers lequel se dirigent Mentor et Télémaque. — Ils y sont reçus favorablement. — Adoam, qui reconnaît Télémaque, lui promet de le conduire à Ithaque et lui raconte la mort tragique de Pygmalion et d'Astarbé et l'élévation de Baléazar. — Télémaque, à son tour, fait le récit de ce qui lui est arrivé depuis son départ de Tyr. — Pendant un repas qu'Adoam donne à Télémaque et à

Mentor, Achitoas, par la douceur de son chant et de sa lyre, assemble autour du vaisseau les Tritons, les Néréides et les autres divinités de la mer. — Mentor, à son tour, prend une lyre et en joue avec tant d'art qu'Achitoas jaloux laisse tomber la sienne de dépit. — Adoam raconte ensuite les merveilles de la Bétique. — Il décrit la douce température de l'air et toutes les beautés de ce pays dont les habitants mènent une vie tranquille dans une grande simplicité de mœurs.

Le vaisseau qui était arrêté, et vers lequel ils avançaient, était un vaisseau phénicien qui allait dans l'Épire [1]. Ces Phéniciens avaient vu Télémaque au voyage d'Égypte; mais ils n'avaient garde de le reconnaître au milieu des flots. Quand Mentor fut assez près du vaisseau pour faire entendre sa voix, il s'écria d'une voix forte, en élevant sa tête au-dessus de l'eau : Phéniciens, si secourables à toutes les nations, ne refusez pas la vie à deux hommes qui l'attendent de votre humanité. Si le respect des dieux vous touche, recevez-nous dans votre vaisseau; nous irons partout où vous irez. Celui qui commandait répondit : Nous vous recevrons avec joie; nous n'ignorons pas ce qu'on doit faire pour des inconnus qui paraissent si malheureux. Aussitôt on les reçoit dans le vaisseau.

A peine y furent-ils entrés, que, ne pouvant plus respirer, ils demeurèrent immobiles; car ils avaient nagé longtemps et avec effort pour résister aux vagues. Peu à peu ils reprirent leurs forces : on leur donna d'autres habits, parce que les leurs étaient appesantis par l'eau qui les avait pénétrés, et qui coulait de tous côtés. Lorsqu'ils furent en état de parler, tous ces Phéniciens, empressés autour d'eux, voulaient savoir leurs aventures. Celui qui commandait leur dit : Comment avez-vous pu entrer dans cette île d'où vous sortez? Elle est, dit-on, possédée par une déesse cruelle, qui ne souffre jamais qu'on y aborde. Elle est même bordée de rochers affreux, contre lesquels la mer va follement combattre, et on ne pourrait en approcher sans faire naufrage. Aussi est-ce par un naufrage, répondit Mentor, que nous y avons été jetés. Nous sommes Grecs; notre patrie est l'île d'Ithaque, voisine de l'Épire, où vous allez. Quand même vous ne voudriez pas relâcher en Ithaque, qui est sur votre route, il nous suffirait que vous nous menassiez dans l'Épire; nous y trouverons des amis qui auront soin de nous faire faire le court trajet qui nous restera, et nous vous devrons à jamais la joie de revoir ce que nous avons de plus cher au monde.

Ainsi c'était Mentor qui portait la parole; et Télémaque, gardant le silence, le laissait parler : car les fautes qu'il avait faites dans l'île de Calypso augmentèrent beaucoup sa sagesse. Il se défiait de lui-même; il sentait le besoin de suivre toujours les sages conseils de Mentor; et quand il ne pouvait lui parler pour lui demander ses avis, du moins il consultait ses yeux, et tâchait de deviner toutes ses pensées.

Le commandant phénicien, arrêtant ses yeux sur Télémaque, croyait se souvenir de l'avoir vu; mais c'était un souvenir confus qu'il ne pouvait démêler. Souffrez, lui dit-il, que je vous demande si vous vous souvenez de m'avoir vu autrefois, comme il me semble que je me souviens de vous avoir vu. Votre visage ne m'est point inconnu, il m'a d'abord frappé; mais je ne sais où je vous ai vu : votre mémoire aidera peut-être la mienne.

Alors Télémaque lui répondit avec un étonnement mêlé de joie : Je suis, en vous voyant, comme vous êtes à mon égard : je vous ai vu, je vous reconnais; mais je ne puis me rappeler si c'est en Égypte ou à Tyr. Alors ce Phénicien, tel qu'un homme qui s'éveille le matin, et qui rappelle peu à peu de loin le songe fugitif qui a disparu à son réveil, s'écria tout à coup : Vous êtes Télémaque, que Narbal prit en amitié lorsque nous revînmes d'Égypte. Je suis son frère, dont il vous aura sans doute parlé souvent. Je vous laissai entre ses mains après l'expédition d'Égypte : il me fallut aller au delà de toutes les mers dans la fameuse Bétique, auprès des Colonnes d'Hercule. Ainsi je ne fis que vous voir, et il ne faut pas s'étonner si j'ai eu tant de peine à vous reconnaître d'abord.

Je vois bien, répondit Télémaque, que vous êtes Adoam. Je ne fis presque alors que vous entrevoir; mais je vous ai connu par les entretiens de Narbal. O quelle joie de pouvoir apprendre par vous des nouvelles d'un homme qui me sera toujours si cher! Est-il toujours à Tyr? ne souffre-t-il point quelque cruel traitement du soupçonneux et barbare Pygmalion? Adoam répondit en l'interrompant : Sachez, Télémaque, que la fortune favorable vous confie à un homme qui prendra toutes sortes de soins de vous. Je vous ramènerai dans l'île d'Ithaque avant que d'aller en Épire, et le frère de Narbal n'aura pas moins d'amitié pour vous que Narbal même.

Ayant parlé ainsi, il remarqua que le vent qu'il attendait commençait à souffler; il fit lever les ancres, mettre les voiles, et fendre la mer à force de rames. Aussitôt il rit à part Télémaque et Mentor pour les entretenir.

Je vais, dit-il, regardant Télémaque, satisfaire votre curiosité. Pygmalion n'est plus : les justes dieux en ont délivré la terre. Comme il ne se fiait à personne, personne ne pouvait se fier à lui. Les bons se contentaient de gémir, et de fuir ses cruautés, sans pouvoir se résoudre à lui faire aucun mal; les méchants ne croyaient pouvoir assurer leurs vies qu'en finissant la sienne; il n'y avait point de Tyrien qui ne fût chaque jour en danger d'être l'objet de ses défiances. Ses gardes mêmes étaient plus exposés que les autres : comme sa vie était entre leurs mains, il les craignait plus que tout le reste des hommes; sur le moindre soupçon, il les sacrifiait à sa sûreté. Ainsi, à force de chercher sa sûreté, il ne pouvait plus la trouver. Ceux qui étaient les dépositaires de sa vie étaient dans un péril continuel par sa défiance, et ils ne pouvaient se tirer d'un état si horrible, qu'en prévenant, par la mort du tyran, ses cruels soupçons.

L'impie Astarbé, dont vous avez ouï parler si souvent, fut la première à résoudre la perte du roi. Elle aima passionnément un jeune Tyrien fort riche, nommé Joazar; elle espéra de le mettre sur le trône. Pour réussir dans ce dessein, elle persuada au roi que l'aîné de ses deux fils, nommé Phadaël, impatient de succéder à son père, avait conspiré contre lui : elle trouva de faux témoins pour prouver la conspiration. Le malheureux roi fit mourir son fils innocent. Le second, nommé Baléazar, fut envoyé à Samos, sous prétexte d'apprendre les mœurs et les sciences de la Grèce; mais en effet parce qu'Astarbé fit entendre au roi qu'il fallait l'éloigner, de peur qu'il ne prît des liaisons avec les mécontents. A peine fut-il parti, que ceux qui conduisaient le vaisseau, ayant été corrompus par cette femme cruelle, prirent leurs mesures pour faire naufrage pendant la nuit; ils se sauvèrent en nageant jusqu'à des barques étrangères qui les attendaient, et ils jetèrent le jeune prince au fond de la mer.

Cependant les amours d'Astarbé n'étaient ignorées que de Pygmalion, et il s'imaginait qu'elle n'aimerait jamais que lui seul. Ce prince si défiant était ainsi plein d'une aveugle confiance pour cette méchante femme : c'était l'amour qui l'aveuglait jusqu'à cet excès. En même temps l'avarice lui fit chercher des prétextes pour faire mourir Joazar, dont Astarbé était si passionnée ; il ne songeait qu'à ravir les richesses de ce jeune homme.

Mais pendant que Pygmalion était en proie à la défiance, à l'amour et à l'avarice, Astarbé se hâta de lui ôter la vie. Elle crut qu'il avait peut-être découvert quelque chose de ses infâmes amours avec ce jeune homme. D'ailleurs elle savait que l'avarice seule suffirait pour porter le roi à une action cruelle contre Joazar ; elle conclut qu'il n'y avait pas un moment à perdre pour le prévenir. Elle voyait les principaux officiers du palais prêts à tremper leurs mains dans le sang du roi ; elle entendait parler tous les jours de quelque nouvelle conjuration ; mais elle craignait de se confier à quelqu'un par qui elle serait trahie. Enfin il lui parut plus assuré d'empoisonner Pygmalion.

Il mangeait le plus souvent tout seul avec elle, et apprêtait lui-même tout ce qu'il devait manger, ne pouvant se fier qu'à ses propres mains. Il se renfermait dans le lieu le plus reculé de son palais, pour mieux cacher sa défiance, et pour n'être jamais observé quand il préparerait ses repas ; il n'osait plus chercher aucun des plaisirs de la table ; il ne pouvait se résoudre à manger d'aucune des choses qu'il ne savait pas apprêter lui-même. Ainsi, non-seulement toutes les viandes cuites avec des ragoûts par des cuisiniers, mais encore le vin, le pain, le sel, l'huile, le lait, et tous les autres aliments ordinaires, ne pouvaient être de son usage : il ne mangeait que des fruits qu'il avait cueillis lui-même dans son jardin, ou des légumes qu'il avait semés, et qu'il faisait cuire. Au reste, il ne buvait jamais d'autre eau que celle qu'il puisait lui-même dans une fontaine qui était renfermée dans un endroit de son palais dont il gardait toujours la clef. Quoiqu'il parût si rempli de confiance pour Astarbé, il ne laissait pas de se précautionner contre elle ; il la faisait toujours manger et boire avant lui de tout ce qui devait servir à son repas, afin qu'il ne pût point être empoisonné sans elle, et qu'elle n'eût aucune espérance de vivre plus longtemps que lui. Mais elle prit du contrepoison, qu'une vieille femme, encore plus méchante qu'elle et qui était la confidente de ses amours, lui avait fourni : après quoi elle ne craignit plus d'empoisonner le roi.

Voici comment elle y parvint. Dans le moment où ils allaient commencer leur repas, cette vieille dont j'ai parlé fit tout à coup du bruit à une porte. Le roi, qui croyait toujours qu'on allait le tuer, se trouble, et court à cette porte pour voir si elle est assez bien fermée. La vieille se retire : le roi demeure interdit, et ne sachant ce qu'il doit croire de ce qu'il a entendu : il n'ose pourtant ouvrir la porte pour s'éclaircir. Astarbé le rassure, le flatte, et le presse de manger ; elle avait déjà jeté du poison dans sa coupe d'or pendant qu'il était allé à la porte. Pygmalion, selon sa coutume, la fit boire la première ; elle but sans crainte, se fiant au contre-poison. Pygmalion but aussi, et peu de temps après il tomba dans une défaillance.

Astarbé, qui le connaissait capable de la tuer sur le moindre soupçon, commença à déchirer ses habits, à arracher ses cheveux, et à pousser des cris lamentables ; elle embrassait le roi mourant ; elle l'arrosait d'un torrent de larmes, car les larmes ne coûtaient rien à cette femme artificieuse. Enfin, quand elle vit que les forces du roi étaient épuisées, et qu'il était comme agonisant, dans la crainte qu'il ne revînt, et qu'il ne voulût la faire mourir avec lui, elle passa des caresses et des plus tendres marques d'amitié à la plus horrible fureur ; elle se jeta sur lui, et l'étouffa. Ensuite elle arracha de son doigt l'anneau royal, lui ôta le diadème, et fit entrer Joazar, à qui elle donna l'un et l'autre. Elle crut que tous ceux qui avaient été attachés à elle ne manqueraient pas de suivre sa passion, et que son amant serait proclamé roi. Mais ceux qui avaient été les plus empressés à lui plaire étaient des esprits bas et mercenaires, qui étaient incapables d'une sincère affection : d'ailleurs, ils manquaient de courage, et craignaient les ennemis qu'Astarbé s'était attirés; enfin ils craignaient encore plus la hauteur, la dissimulation et la cruauté de cette femme impie: chacun, pour sa propre sûreté, désirait qu'elle pérît.

Cependant tout le palais est plein d'un tumulte affreux; on entend partout les cris de ceux qui disent : Le roi est mort. Les uns sont effrayés; les autres courent aux armes : tous paraissent en peine des suites, mais ravis de cette nouvelle. La renommée la fait voler de bouche en bouche dans toute la grande ville de Tyr, et il ne se trouve pas un seul homme qui regrette le roi; sa mort est la délivrance et la consolation de tout le peuple.

Narbal, frappé d'un coup si terrible, déplora en homme de bien le malheur de Pygmalion, qui s'était trahi lui-même en se livrant à l'impie Astarbé, et qui avait mieux aimé être un tyran monstrueux, que d'être, selon le devoir d'un roi, le père de son peuple. Il songea au bien de l'État, et se hâta de rallier tous les gens de bien, pour s'opposer à Astarbé, sous laquelle on aurait eu un règne encore plus dur que celui qu'on voyait finir.

Narbal savait que Baléazar ne s'était point noyé quand on le jeta dans la mer. Ceux qui assurèrent à Astarbé qu'il était mort parlèrent ainsi croyant qu'il l'était; mais, à la faveur de la nuit, il s'était sauvé en nageant, et des marchands de Crète, touchés de compassion, l'avaient reçu dans leurs barques. Il n'avait pas osé retourner dans le royaume de son père, soupçonnant qu'on avait voulu le faire périr, et craignant autant la cruelle jalousie de Pygmalion que les artifices d'Astarbé. Il demeura longtemps errant et travesti sur les bords de la mer, en Syrie, où les marchands crétois l'avaient laissé; il fut même obligé de garder un troupeau pour gagner sa vie. Enfin il trouva moyen de faire savoir à Narbal l'état où il était; il crut pouvoir confier son secret à un homme d'une vertu si éprouvée. Narbal, maltraité par le père, ne laissa pas d'aimer le fils et de veiller pour ses intérêts : mais il n'en prit soin que pour l'empêcher de manquer jamais à ce qu'il devait à son père, et il l'engagea à souffrir patiemment sa mauvaise fortune.

Baléazar avait mandé à Narbal : Si vous jugez que je puisse vous aller trouver, envoyez-moi un anneau d'or, et je comprendrai aussitôt qu'il sera temps de vous aller joindre. Narbal ne jugea point à propos, pendant la vie de Pygmalion, de faire venir Baléazar; il aurait tout hasardé pour la vie du prince et pour la sienne propre : tant il était difficile de se garantir des recherches rigoureuses de Pygmalion. Mais aussitôt que ce malheureux roi eut fait une fin digne de ses crimes, Narbal se hâta d'envoyer l'anneau d'or à Baléazar. Baléazar partit aussitôt, et arriva aux portes de Tyr dans le temps que toute la ville était en trouble pour savoir qui succéderait à Pygmalion. Baléazar fut aisément reconnu par les principaux Tyriens et par tout le peuple. On l'aimait, non pour l'amour du feu roi son père, qui était haï universellement, mais à cause de sa douceur et de sa modération. Ses longs malheurs mêmes lui donnaient je ne sais quel éclat qui relevait toutes ses bonnes qualités, et qui attendrissait tous les Tyriens en sa faveur.

Narbal assembla les chefs du peuple, les vieillards qui formaient le conseil, et les prêtres de la grande déesse de Phénicie. Ils saluèrent Baléazar comme leur roi, et le firent proclamer par des hérauts. Le peuple répondit par mille acclamations de joie. Astarbé les entendit du fond du palais, où elle était renfermée avec son lâche et infâme Joazar. Tous les méchants dont elle s'était servie pendant la vie de Pygmalion l'avaient abandonnée; car les méchants craignent les méchants, s'en défient, et ne souhaitent point de les voir en crédit. Les hommes corrompus connaissent combien leurs semblables abuseraient de l'autorité, et quelle serait leur violence. Mais pour les bons, les méchants s'en accommodent mieux, parce qu'au moins ils espèrent de trouver en eux de la modération et de l'indulgence. Il ne restait plus autour d'Astarbé que certains complices de ses crimes les plus affreux, et qui ne pouvaient attendre que le supplice.

On força le palais : ces scélérats n'osèrent pas résister longtemps, et ne songèrent qu'à s'enfuir. Astarbé, déguisée en esclave, voulut se sauver dans la foule; mais un soldat la reconnut : elle fut prise, et on eut bien de la peine à empêcher qu'elle ne fût déchirée par le peuple en fureur. Déjà on avait commencé à la traîner dans la boue; mais Narbal la tira des mains de la populace. Alors elle demanda à parler à Baléazar, espérant de l'éblouir par ses charmes, et de lui faire espérer qu'elle lui découvrirait des secrets importants. Baléazar ne put refuser de l'écouter. D'abord elle montra, avec sa beauté, une douceur et une modestie capables de toucher les cœurs les plus irrités. Elle flatta Baléazar par les louanges les plus délicates et les plus insinuantes; elle lui représenta combien Pygmalion l'avait aimée; elle le conjura par ses cendres d'avoir pitié d'elle; elle invoqua les dieux, comme si elle les eût sincèrement adorés; elle versa des torrents de larmes; elle se jeta aux genoux du nouveau roi : mais ensuite elle n'oublia rien pour lui rendre suspects et odieux tous ses serviteurs les plus affectionnés. Elle accusa Narbal d'être entré dans une conjuration contre Pygmalion, et d'avoir essayé de suborner les peuples pour se faire roi au préjudice de Baléazar : elle ajouta qu'il voulait empoisonner ce jeune prince. Elle inventa de semblables calomnies contre tous les autres Tyriens qui aiment la vertu; elle espérait de trouver dans le cœur de Baléazar la même défiance et les mêmes soupçons qu'elle avait vus dans celui du roi son père. Mais Baléazar, ne pouvant plus souffrir la noire malignité de cette femme, l'interrompit, et appela des gardes. On la mit en prison; les plus sages vieillards furent commis pour examiner toutes ses actions.

On découvrit avec horreur qu'elle avait empoisonné et étouffé Pygmalion : toute la suite de sa vie parut un enchaînement continuel de crimes monstrueux. On allait la condamner au supplice qui est destiné à punir les grands crimes dans la Phénicie; c'est d'être brûlé à petit feu : mais quand elle comprit qu'il ne lui restait plus aucune espérance, elle devint semblable à une Furie sortie de l'enfer; elle avala du poison qu'elle portait toujours sur elle, pour se faire mourir, en cas qu'on voulût lui faire souffrir de longs tourments. Ceux qui la gardèrent aperçurent qu'elle souffrait une violente douleur : ils voulurent la secourir; mais elle ne voulut jamais leur répondre, et elle fit signe qu'elle ne voulait aucun soulagement. On lui parla des justes dieux, qu'elle avait irrités : au lieu de témoigner la confusion et le repentir que ses fautes méritaient, elle regarda le ciel avec mépris et arrogance, comme pour insulter aux dieux. La rage et l'impiété étaient peintes sur son visage mourant : on ne voyait plus aucun reste de cette beauté qui avait fait le malheur de tant d'hommes. Toutes ses grâces étaient effacées : ses yeux éteints roulaient dans sa tête, et jetaient des regards farouches ; un mouvement convulsif agitait ses lèvres, et tenait sa bouche ouverte d'une horrible grandeur ; tout son visage, tiré et rétréci, faisait des grimaces hideuses ; une pâleur livide et une froideur mortelle avaient saisi tout son corps. Quelquefois elle semblait se ranimer, mais ce n'était que pour pousser des hurlements. Enfin elle expira, laissant remplis d'horreur et d'effroi tous ceux qui la virent. Ses mânes impies descendirent sans doute dans ces tristes lieux où les cruelles Danaïdes puisent éternellement de l'eau dans des vases percés ; où Ixion tourne à jamais sa roue ; où Tantale, brûlant de soif, ne peut avaler l'eau qui s'enfuit de ses lèvres ; où Sisyphe roule inutilement un rocher qui retombe sans cesse ; et où Titye sentira éternellement, dans ses entrailles toujours renaissantes, un vautour qui les ronge.

Baléazar, délivré de ce monstre, rendit grâces aux dieux par d'innombrables sacrifices. Il a commencé son règne par une conduite tout opposée à celle de Pygmalion. Il s'est appliqué à faire refleurir le commerce, qui languissait tous les jours de plus en plus : il a pris les conseils de Narbal pour les principales affaires, et n'est pourtant point gouverné par lui ; car il veut tout voir par lui-même : il écoute tous les différents avis qu'on veut lui donner, et décide ensuite sur ce qui lui paraît le meilleur. Il est aimé des peuples. En possédant les cœurs, il possède plus de trésors que son père n'en avait amassé par son avarice cruelle ; car il n'y a aucune famille qui ne lui donnât tout ce qu'elle a de bien, s'il se trouvait dans une pressante nécessité : ainsi, ce qu'il leur laisse est plus à lui que s'il le leur ôtait. Il n'a pas besoin de se précautionner pour la sûreté de sa vie ; car il a toujours autour de lui la plus sûre garde, qui est l'amour des peuples. Il n'y a aucun de ses sujets qui ne craigne de le perdre, et qui ne hasardât sa propre vie pour conserver celle d'un si bon roi. Il vit heureux, et tout son peuple est heureux avec lui : il craint de charger trop ses peuples ; ses peuples craignent de ne lui offrir pas une assez grande partie de leurs biens : il les laisse dans l'abondance; et cette abondance ne les rend ni indociles ni insolents ; car ils sont laborieux, adonnés au commerce, fermes à conserver la pureté des anciennes lois. La Phénicie est remontée au plus haut point de sa grandeur et de sa gloire. C'est à son jeune roi qu'elle doit tant de prospérités.

Narbal gouverne sous lui. O Télémaque, s'il vous voyait maintenant, avec quelle joie vous comblerait-il de présents! Quel plaisir serait-ce pour lui de vous renvoyer magnifiquement dans votre patrie! Ne suis-je pas heureux de faire ce qu'il voudrait pouvoir faire lui-même, et d'aller dans l'île d'Ithaque mettre sur le trône le fils d'Ulysse, afin qu'il y règne aussi sagement que Baléazar règne à Tyr!

Après qu'Adoam eut parlé ainsi, Télémaque, charmé de l'histoire que ce Phénicien venait de raconter, et plus encore des marques d'amitié qu'il en recevait dans son malheur, l'embrassa tendrement. Ensuite Adoam lui demanda par quelle aventure il était entré dans l'île de Calypso. Télémaque lui fit, à son tour, l'histoire de son départ de Tyr; de son passage dans l'île de Chypre; de la manière dont il avait retrouvé Mentor; de leur voyage en Crète; des jeux publics pour l'élection d'un roi après la fuite d'Idoménée; de la colère de Vénus; de leur naufrage; du plaisir avec lequel Calypso les avait reçus; de la jalousie de cette déesse contre une de ses nymphes; et de l'action de Mentor, qui avait jeté son ami dans la mer, dès qu'il vit le vaisseau phénicien.

Après ces entretiens, Adoam fit servir un magnifique repas, et, pour témoigner une plus grande joie, il rassembla tous les plaisirs dont on pouvait jouir. Pendant le repas, qui fut servi par de jeunes Phéniciens vêtus de blanc et couronnés de fleurs, on brûla les plus exquis parfums de l'Orient. Tous les bancs de rameurs étaient pleins de joueurs de flûte. Achitoas les interrompait de temps en temps par les doux accords de sa voix et de sa lyre, dignes d'être entendus à la table des dieux, et de ravir les oreilles d'Apollon même. Les Tritons, les Néréides, toutes les divinités qui obéissent à Neptune, les monstres marins même, sortaient de leurs grottes humides et profondes pour venir en foule autour du vaisseau, charmés de cette mélodie. Une troupe de jeunes Phéniciens d'une rare beauté, et vêtus de fin lin plus blanc que la neige, dansèrent longtemps les danses de leur pays, puis celles d'Égypte, et enfin celles de la Grèce. De temps en temps des trompettes faisaient retentir l'onde jusqu'aux rivages éloignés. Le silence de la nuit, le calme de la mer, la lumière tremblante de la lune répandue sur la face des ondes*, le sombre azur du ciel semé de brillantes étoiles, servaient à rendre ce spectacle encore plus beau.

Télémaque, d'un naturel vif et sensible, goûtait tous ces plaisirs; mais il n'osait y livrer son cœur. Depuis qu'il avait éprouvé avec tant de honte, dans l'île de Calypso, combien la jeunesse est prompte à s'enflammer, tous les les plaisirs, même les plus innocents, lui faisaient peur; tout lui était suspect. Il regardait Mentor, il cherchait sur son visage et dans ses yeux ce qu'il devait penser de tous ces plaisirs.

Mentor était bien aise de le voir dans cet embarras, et ne faisait pas semblant de le remarquer. Enfin, touché de la modération de Télémaque, il lui dit en souriant : Je comprends ce que vous craignez : vous êtes louable de cette crainte; mais il ne faut pas la pousser trop loin. Personne ne souhaitera jamais plus que moi que vous goûtiez des plaisirs; mais des plaisirs qui ne vous passionnent ni ne vous amollissent point. Il vous faut des plaisirs qui vous délassent, et que vous goûtiez en vous possédant, mais non pas des plaisirs qui vous entraînent. Je vous souhaite des plaisirs doux et modérés, qui ne vous ôtent point la raison, et qui ne vous rendent jamais semblable à une bête en fureur. Maintenant il est à propos de vous délasser de toutes vos peines. Goûtez avec complaisance pour Adoam les plaisirs qu'il vous offre; réjouissez-vous, Télémaque, réjouissez-vous. La sagesse n'a rien d'austère ni d'affecté : c'est elle qui donne les vrais plaisirs; elle seule les sait assaisonner pour les rendre purs et durables; elle sait mêler les jeux et les ris avec les occupations graves et sérieuses; elle prépare le plaisir par le travail, et elle délasse du travail par le plaisir. La sagesse n'a point de honte de paraître enjouée quand il le faut.

En disant ces paroles, Mentor prit une lyre, et en joua

avec tant d'art, qu'Achitoas, jaloux, laissa tomber la sienne de dépit ; ses yeux s'allumèrent, son visage troublé changea de couleur : tout le monde eût aperçu sa peine et sa honte, si la lyre de Mentor n'eût enlevé l'âme de tous les assistants. A peine osait-on respirer, de peur de troubler le silence, et de perdre quelque chose de ce chant divin : on craignait toujours qu'il finirait trop tôt. La voix de Mentor n'avait aucune douceur efféminée ; mais elle était flexible, forte, et elle passionnait jusqu'aux moindres choses.

Il chanta d'abord les louanges de Jupiter, père et roi des dieux et des hommes*, qui d'un signe de sa tête ébranle l'univers*. Puis il représenta Minerve qui sort de sa tête, c'est-à-dire la sagesse, que ce dieu forme au-dedans de lui-même, et qui sort de lui pour instruire les hommes dociles. Mentor chanta ces vérités d'une voix si touchante, et avec tant de religion, que toute l'assemblée crut être transportée au plus haut de l'Olympe, à la face de Jupiter, dont les regards sont plus perçants que son tonnerre. Ensuite il chanta le malheur du jeune Narcisse, qui, devenant follement amoureux de sa propre beauté, qu'il regardait sans cesse au bord d'une fontaine, se consuma lui-même de douleur, et fut changé en une fleur qui porte son nom. Enfin il chanta aussi la funeste mort du bel Adonis, qu'un sanglier déchira, et que Vénus, passionnée pour lui, ne put ranimer en faisant au ciel des plaintes amères.

Tous ceux qui l'écoutèrent ne purent retenir leurs larmes, et chacun sentait je ne sais quel plaisir en pleurant. Quand il eut cessé de chanter, les Phéniciens étonnés se regardaient les uns les autres. L'un disait : C'est Orphée ; c'est ainsi qu'avec une lyre il apprivoisait les bêtes farouches, et enlevait les bois et les rochers ; c'est ainsi qu'il enchanta Cerbère, qu'il suspendit les tourments d'Ixion et des Danaïdes, et qu'il toucha l'inexorable Pluton, pour tirer des enfers la belle Eurydice. Un autre s'écriait : Non, c'est Linus, fils d'Apollon. Un autre répondait : Vous vous trompez, c'est Apollon lui-même. Télémaque n'était guère moins surpris que les autres, car il n'avait jamais cru que Mentor sût, avec tant de perfection, chanter et jouer de la lyre.

Achitoas, qui avait eu le loisir de cacher sa jalousie, commença à donner des louanges à Mentor; mais il rougit en le louant, et il ne put achever son discours. Mentor, qui voyait son trouble, prit la parole, comme s'il eût voulu l'interrompre, et tâcha de le consoler, en lui donnant toutes les louanges qu'il méritait. Achitoas ne fut pas consolé; car il sentit que Mentor le surpassait encore plus par sa modestie que par les charmes de sa voix.

Cependant Télémaque dit à Adoam : Je me souviens que vous m'avez parlé d'un voyage que vous fîtes dans la Bétique depuis que nous fûmes partis d'Égypte. La Bétique est un pays dont on raconte tant de merveilles qu'à peine peut-on les croire. Daignez m'apprendre si tout ce qu'on en dit est vrai. Je serai fort aise, répondit Adoam, de vous dépeindre ce fameux pays, digne de votre curiosité, et qui surpasse tout ce que la renommée en publie. Aussitôt il commença ainsi :

Le fleuve Bétis coule dans un pays fertile, et sous un ciel doux, qui est toujours serein. Le pays a pris le nom du fleuve, qui se jette dans le grand Océan, assez près des Colonnes d'Hercule, et de cet endroit où la mer furieuse, rompant ses digues, sépara autrefois la terre de Tharsis d'avec la grande Afrique. Ce pays semble avoir conservé les délices de l'âge d'or. Les hivers y sont tièdes, et les rigoureux aquilons n'y soufflent jamais *. L'ardeur de l'été y est toujours tempérée par des zéphyrs rafraîchissants, qui viennent adoucir l'air vers le milieu du jour. Ainsi toute l'année n'est qu'un heureux hymen du printemps et de l'automne, qui semblent se donner la main. La terre, dans les vallons et dans les campagnes unies, y porte chaque année une double moisson. Les chemins y sont bordés de lauriers, de grenadiers, de jasmins, et d'autres arbres toujours verts et toujours fleuris. Les montagnes sont couvertes de troupeaux, qui fournissent des laines fines recherchées de toutes les nations connues. Il y a plusieurs mines d'or et d'argent dans ce beau pays; mais les habitants, simples et heureux dans leur simplicité, ne daignent pas seulement compter l'or et l'argent parmi leurs richesses; ils n'estiment que ce qui sert véritablement aux besoins de l'homme.

Quand nous avons commencé à faire notre commerce

chez ces peuples, nous avons trouvé l'or et l'argent parmi eux employés aux mêmes usages que le fer; par exemple, pour des socs de charrue. Comme ils ne faisaient aucun commerce au dehors, ils n'avaient besoin d'aucune monnaie. Ils sont presque tous bergers ou laboureurs. On voit en ce pays peu d'artisans : car ils ne veulent souffrir que les arts qui servent aux véritables nécessités des hommes; encore même la plupart des hommes en ce pays, étant adonnés à l'agriculture ou à conduire des troupeaux, ne laissent pas d'exercer les arts nécessaires pour leur vie simple et frugale.

Les femmes filent cette belle laine, et en font des étoffes fines d'une merveilleuse blancheur ; elles font le pain, apprêtent à manger ; et ce travail leur est facile, car on vit en ce pays de fruits ou de lait, et rarement de viande. Elles emploient le cuir de leurs moutons à faire une légère chaussure pour elles, pour leurs maris, et pour leurs enfants; elles font des tentes, dont les unes sont de peaux cirées et les autres d'écorces d'arbres; elles font et lavent tous les habits de la famille, et tiennent les maisons dans un ordre et une propreté admirables. Leurs habits sont aisés à faire; car, en ce doux climat, on ne porte qu'une pièce d'étoffe fine et légère, qui n'est point taillée, et que chacun met à longs plis autour de son corps pour la modestie, lui donnant la forme qu'il veut.

Les hommes n'ont d'autres arts à exercer, outre la culture des terres et la conduite des troupeaux, que l'art de mettre le bois et le fer en œuvre; encore même ne se servent-ils guère du fer, excepté pour les instruments nécessaires au labourage. Tous les arts qui regardent l'architecture leur sont inutiles; car ils ne bâtissent jamais de maison. C'est, disent-ils, s'attacher trop à la terre, que de s'y faire une demeure qui dure beaucoup plus que nous; il suffit de se défendre des injures de l'air. Pour tous les autres arts estimés chez les Grecs, chez les Égyptiens, et chez tous les autres peuples bien policés, ils les désertent, comme des inventions de la vanité et de la mollesse.

Quand on leur parle des peuples qui ont l'art de faire des bâtiments superbes, des meubles d'or et d'argent, des étoffes ornées de broderies et de pierres précieuses, des parfums exquis, des mets délicieux, des instruments dont l'harmonie charme, ils répondent en ces termes : Ces peuples sont bien malheureux d'avoir employé tant de travail et d'industrie à se corrompre eux-mêmes ! Ce superflu amollit, enivre, tourmente ceux qui le possèdent : il tente ceux qui en sont privés, de vouloir l'acquérir par 'injustice et par la violence. Peut-on nommer bien, un superflu qui ne sert qu'à rendre les hommes mauvais ? Les hommes de ce pays sont-ils plus sains et plus robustes que nous ? vivent-ils plus longtemps ? sont-ils plus unis entre eux ? mènent-ils une vie plus libre, plus tranquille, plus gaie ? Au contraire, ils doivent être jaloux les uns des autres, rongés par une lâche et noire envie, toujours agités par l'ambition, par la crainte, par l'avarice, incapables des plaisirs purs et simples, puisqu'ils sont esclaves de tant de fausses nécessités dont ils font dépendre tout leur bonheur.

C'est ainsi, continuait Adoam, que parlent ces hommes sages, qui n'ont appris la sagesse qu'en étudiant la simple nature. Ils ont horreur de notre politesse; et il faut avouer que la leur est grande dans leur aimable simplicité. Ils vivent tous ensemble sans partager les terres; chaque famille est gouvernée par son chef, qui en est le véritable roi. Le père de famille est en droit de punir chacun de ses enfants ou petits-enfants qui fait une mauvaise action; mais, avant que de le punir, il prend les avis du reste de la famille. Ces punitions n'arrivent presque jamais; car l'innocence des mœurs, la bonne foi, l'obéissance, et l'horreur du vice, habitent dans cette heureuse terre. Il semble qu'Astrée, qu'on dit qui est retirée dans le ciel, est encore ici-bas cachée parmi ces hommes. Il ne faut point de juges parmi eux, car leur propre conscience les juge. Tous les biens sont communs : les fruits des arbres, les légumes de la terre, le lait des troupeaux, sont des richesses si abondantes, que des peuples si sobres et si modérés n'ont pas besoin de les partager. Chaque famille, errante dans ce beau pays, transporte ses tentes d'un lieu en un autre, quand elle a consumé les fruits et épuisé les pâturages de l'endroit où elle s'était mise. Ainsi, ils n'ont point d'intérêts à soutenir les uns contre les autres, et ils s'aiment tous d'un amour fraternel que rien ne trouble. C'est le retranchement des vaines richesses et des plaisirs trompeurs, qui leur conserve cette paix, cette union et cette liberté. Ils sont tous libres et tous égaux. On ne voit parmi eux aucune distinction, que celle qui vient de l'expérience des sages vieillards, ou de la sagesse extraordinaire de quelques jeunes hommes qui égalent les vieillards consommés en vertu. La fraude, la violence, le parjure, les procès, les guerres ne font jamais entendre leur voix cruelle et empestée, dans ce pays chéri des dieux. Jamais le sang humain n'a rougi cette terre; à peine y voit-on couler celui des agneaux. Quand on parle à ces peuples des batailles sanglantes, des rapides conquêtes, des renversements d'États qu'on voit dans les autres nations, ils ne peuvent assez s'étonner. Quoi! disent-ils, les hommes ne sont-ils pas assez mortels, sans se donner encore les uns aux autres une mort précipitée? La vie est si courte! et il semble qu'elle leur paraisse trop longue! Sont-ils sur la terre pour se déchirer les uns les autres, et pour se rendre mutuellement malheureux?

Au reste, ces peuples de la Bétique ne peuvent comprendre qu'on admire tant les conquérants qui subjuguent les grands empires. Quelle folie, disent-ils, de mettre son bonheur à gouverner les autres hommes, dont le gouvernement donne tant de peine, si on veut les gouverner avec raison, et suivant la justice! Mais pourquoi prendre plaisir à les gouverner malgré eux? C'est tout ce qu'un homme sage peut faire, que de vouloir s'assujettir à gouverner un peuple docile dont les dieux l'ont chargé, ou un peuple qui le prie d'être comme son père et son pasteur. Mais gouverner les peuples contre leur volonté, c'est se rendre très-misérable, pour avoir le faux honneur de les tenir dans l'esclavage. Un conquérant est un homme que les dieux, irrités contre le genre humain, ont donné à la terre dans leur colère, pour ravager les royaumes, pour répandre partout l'effroi, la misère, le désespoir, et pour faire autant d'esclaves qu'il y a d'hommes libres. Un homme qui cherche la gloire ne la trouve-t-il pas assez en conduisant avec sagesse ce que les dieux ont mis dans ses mains? Croit-il ne pouvoir mériter des louanges qu'en devenant violent, injuste, hautain, usurpateur et tyrannique sur tous ses voisins? Il ne faut jamais songer à la guerre que pour défendre sa liberté. Heureux celui qui, n'étant point esclave d'autrui, n'a point la folle ambition de faire d'autrui son esclave! Ces grands conquérants, qu'on nous dépeint avec tant de gloire, ressemblent à ces fleuves débordés qui paraissent majestueux, mais qui ravagent toutes les fertiles campagnes qu'ils devraient seulement arroser.

Après qu'Adoam eut fait cette peinture de la Bétique, Télémaque, charmé, lui fit diverses questions curieuses. Ces peuples, lui dit-il, boivent-ils du vin? Ils n'ont garde d'en boire, reprit Adoam, car ils n'ont jamais voulu en faire. Ce n'est pas qu'ils manquent de raisins; aucune terre n'en porte de plus délicieux; mais ils se contentent de manger le raisin comme les autres fruits, et ils craignent le vin comme le corrupteur des hommes. C'est une espèce de poison, disent-ils, qui met en fureur; il ne fait pas mourir l'homme, mais il le rend bête. Les hommes peuvent conserver leur santé et leur force sans vin; avec le vin, ils courent risque de ruiner leur santé, et de perdre les bonnes mœurs.

Télémaque disait ensuite : Je voudrais bien savoir quelles lois règlent les mariages dans cette nation. Chaque homme, répondait Adoam, ne peut avoir qu'une femme, et il faut qu'il la garde tant qu'elle vit. L'honneur des hommes, en ce pays, dépend autant de leur fidélité à l'égard de leurs femmes, que l'honneur des femmes dépend, chez les autres peuples, de leur fidélité pour leurs maris. Jamais peuple ne fut si honnête, ni si jaloux de la pureté. Les femmes y sont belles et agréables, mais simples, modestes et laborieuses. Les mariages y sont paisibles, féconds, sans tache. Le mari et la femme semblent n'être plus qu'une seule personne en deux corps différents. Le mari et la femme partagent ensemble tous les soins domestiques; le mari règle toutes les affaires du dehors; la femme se renferme dans son ménage; elle soulage son mari; elle paraît n'être faite que pour lui plaire; elle gagne sa confiance, et le charme moins par sa beauté que par sa vertu. Ce vrai charme de leur société dure autant que leur vie. La sobriété, la modération et les mœurs pures de ce peuple lui donnent une vie longue et exempte de maladies. On y voit des vieillards de cent et de six vingts ans, qui ont encore de la gaieté et de la vigueur.

Il me reste, ajoutait Télémaque, à savoir comment ils font pour éviter la guerre avec les autres peuples voisins. La nature, dit Adoam, les a séparés des autres peuples d'un côté par la mer, et de l'autre par de hautes montagnes du côté du nord. D'ailleurs, les peuples voisins les respectent à cause de leur vertu. Souvent les autres peuples, ne pouvant s'accorder entre eux, les ont pris pour juges de leurs différends, et leur ont confié les terres et les villes qu'ils disputaient entre eux. Comme cette sage nation n'a jamais fait aucune violence, personne ne se défie d'elle. Ils rient quand on leur parle des rois qui ne peuvent régler entre eux les frontières de leurs États. Peut-on craindre, disent-ils, que la terre manque aux hommes? il y en aura toujours plus qu'ils n'en pourront cultiver. Tandis qu'il restera des terres libres et incultes, nous ne voudrions pas même défendre les nôtres contre des voisins qui viendraient s'en saisir. On ne trouve, dans tous les habitants de la Bétique, ni orgueil, ni hauteur, ni mauvaise foi, ni envie d'étendre leur domination. Ainsi leurs voisins n'ont jamais rien à craindre d'un tel peuple, et ils ne peuvent espérer de s'en faire craindre; c'est pourquoi ils les laissent en repos. Ce peuple abandonnerait son pays, ou se livrerait à la mort, plutôt que d'accepter la servitude : ainsi il est autant difficile à subjuguer, qu'il est incapable de vouloir subjuguer les autres. C'est ce qui fait une paix profonde entre eux et leurs voisins.

Adoam finit ce discours en racontant de quelle manière les Phéniciens faisaient leur commerce dans la Bétique. Ces peuples, disait-il, furent étonnés quand ils virent venir, au travers des ondes de la mer, des hommes étrangers qui venaient de si loin. Ils nous laissèrent fonder une ville dans l'île de Gadès; ils nous reçurent même chez eux avec bonté, et nous firent part de tout ce qu'ils avaient, sans vouloir de nous aucun payement. De plus, ils nous offrirent de nous donner libéralement tout ce qu'il leur resterait de leurs laines, après qu'ils en auraient fait leur provision pour leur usage; et en effet, ils nous en envoyèrent un riche présent. C'est un plaisir pour eux que de donner aux étrangers leur superflu.

Pour leurs mines, ils n'eurent aucune peine à nous les abandonner; elles leur étaient inutiles. Il leur paraissait que les hommes n'étaient guère sages d'aller chercher par tant de travaux, dans les entrailles de la terre, ce qui ne peut les rendre heureux, ni satisfaire à aucun vrai besoin. Ne creusez point, nous disaient-ils, si avant dans la terre : contentez-vous de la labourer ; elle vous donnera de véritables biens qui vous nourriront ; vous en tirerez des fruits qui valent mieux que l'or et que l'argent, puisque les hommes ne veulent de l'or et de l'argent que pour acheter les aliments qui soutiennent leur vie.

Nous avons souvent voulu leur apprendre la navigation, et mener les jeunes hommes de leur pays dans la Phénicie ; mais ils n'ont jamais voulu que leurs enfants apprissent à vivre comme nous. Ils apprendraient, nous disaient-ils, à avoir besoin de toutes les choses qui vous sont devenues nécessaires : ils voudraient les avoir ; ils abandonneraient la vertu pour les obtenir par de mauvaises industries. Ils deviendraient comme un homme qui a de bonnes jambes, et qui, perdant l'habitude de marcher, s'accoutume enfin au besoin d'être toujours porté comme un malade. Pour la navigation, ils l'admirent à cause de l'industrie de cet art ; mais ils croient que c'est un art pernicieux. Si ces gens-là, disent-ils, ont suffisamment en leur pays ce qui est nécessaire à la vie, que vont-ils chercher en un autre ? Ce qui suffit aux besoins de la nature ne leur suffit-il pas ? Ils mériteraient de faire naufrage, puisqu'ils cherchent la mort au milieu des tempêtes, pour assouvir l'avarice des marchands, et pour flatter les passions des autres hommes.

Télémaque était ravi d'entendre ces discours d'Adoam, et il se réjouissait qu'il y eût encore au monde un peuple qui, suivant la droite nature, fût si sage et si heureux tout ensemble. O combien ces mœurs, disait-il, sont-elles éloignées des mœurs vaines et ambitieuses des peuples qu'on croit les plus sages! Nous sommes tellement gâtés, qu'à peine pouvons-nous croire que cette simplicité si naturelle puisse être véritable. Nous regardons les mœurs de ce peuple comme une belle fable, et il doit regarder les nôtres comme un songe monstrueux.

LIVRE HUITIÈME.

SOMMAIRE.

Vénus irritée demande à Jupiter la perte de Télémaque; mais les destins ne permettent pas qu'il périsse, et la déesse va solliciter de Neptune les moyens de l'éloigner d'Ithaque où le conduit Adoam. — Neptune envoie aussitôt au pilote Achamas une divinité trompeuse, qui enchante ses sens par ses prestiges et le fait entrer à pleines voiles dans le port de Salente, au moment où le pilote croyait arriver à Ithaque. — Idoménée, roi des Salentins, fait l'accueil le plus favorable à Mentor et à Télémaque. — Il les conduit au temple de Jupiter, où il avait ordonné un sacrifice pour le succès d'une guerre contre les Manduriens. — Le sacrificateur, ayant consulté les entrailles des victimes, fait tout espérer à Idoménée et l'assure qu'il devra son bonheur à ses nouveaux hôtes.

Pendant que Télémaque et Adoam s'entretenaient de la sorte, oubliant le sommeil, et n'apercevant pas que la nuit était déjà au milieu de sa course, une divinité ennemie et trompeuse les éloignait d'Ithaque, que leur pilote Achamas cherchait en vain. Neptune, quoique favorable aux Phéniciens, ne pouvait supporter plus longtemps que Télémaque eût échappé à la tempête qui l'avait jeté contre les rochers de l'île de Calypso. Vénus était encore plus irritée de voir ce jeune homme qui triomphait, ayant vaincu l'Amour et tous ses charmes. Dans le transport de sa douleur, elle quitta Cythère, Paphos, Idalie, et tous les honneurs qu'on lui rend dans l'île de Chypre: elle ne pouvait plus demeurer dans ces lieux où Télémaque avait méprisé son empire. Elle monte vers l'éclatant Olympe, où les dieux étaient assemblés autour du trône de Jupiter. De ce lieu, ils aperçoivent les astres qui roulent sous leurs pieds; ils voient le globe de la terre comme un petit amas de boue; les mers immenses ne leur paraissent que comme des gouttes d'eau dont ce morceau de boue est un peu détrempé : les plus grands royaumes ne sont à leurs yeux qu'un peu de sable qui couvre la surface de cette boue; les peuples innombrables et les plus puissantes armées ne sont que comme des fourmis qui se disputent les unes aux autres un brin d'herbe sur ce morceau de boue. Les immortels rient des affaires les plus sérieuses qui agitent les faibles mortels, et elles leurs paraissent des jeux d'enfants. Ce que les hommes appellent grandeur, gloire, puissance, profonde politique, ne paraît à ces suprêmes divinités que misère et faiblesse.

C'est dans cette demeure, si élevée au-dessus de la terre, que Jupiter a posé son trône immobile : ses yeux percent jusque dans l'abîme, et éclairent jusque dans les derniers replis des cœurs : ses regards doux et sereins répandent le calme et la joie dans tout l'univers *. Au contraire, quand il secoue sa chevelure, il ébranle le ciel et la terre *. Les dieux mêmes, éblouis des rayons de gloire qui l'environnent, ne s'en approchent qu'avec tremblement.

Toutes les divinités célestes étaient dans ce moment auprès de lui. Vénus se présenta avec tous les charmes qui naissent dans son sein ; sa robe flottante avait plus d'éclat que toutes les couleurs dont Iris se pare au milieu des sombres nuages, quand elle vient promettre aux mortels effrayés la fin des tempêtes, et leur annoncer le retour du beau temps. Sa robe était nouée par cette fameuse ceinture sur laquelle paraissent les grâces ; les cheveux de la déesse étaient attachés par derrière négligemment avec une tresse d'or *. Tous les dieux furent surpris de sa beauté, comme s'ils ne l'eussent jamais vue ; et leurs yeux en furent éblouis, comme ceux des mortels le sont, quand Phébus, après une longue nuit, vient les éclairer par ses rayons. Ils se regardaient les uns les autres avec étonnement, et leurs yeux revenaient toujours sur Vénus ; mais ils s'aperçurent que les yeux de cette déesse étaient baignés de larmes, et qu'une douleur amère était peinte sur son visage.

Cependant elle s'avançait vers le trône de Jupiter, d'une démarche douce et légère, comme le vol rapide d'un oiseau qui fend l'espace immense des airs *. Il la regarda avec complaisance ; il lui fit un doux sourire ; et, se levant, il l'embrassa *. Ma chère fille, lui dit-il, quelle est votre peine ? Je ne puis voir vos larmes sans en être touché : ne craignez point de m'ouvrir votre cœur ; vous connaissez ma tendresse et ma complaisance.

Vénus lui répondit d'une voix douce, mais entrecoupée

de profonds soupirs : O père des dieux et des hommes, vous qui voyez tout, pouvez-vous ignorer ce qui fait ma peine? Minerve ne s'est pas contentée d'avoir renversé jusqu'aux fondements la superbe ville de Troie, que je défendais, et de s'être vengée de Pâris, qui avait préféré ma beauté à la sienne; elle conduit par toutes les terres et par toutes les mers le fils d'Ulysse, ce cruel destructeur de Troie. Télémaque est accompagné par Minerve; c'est ce qui empêche qu'elle ne paraisse ici en son rang avec les autres divinités. Elle a conduit ce jeune téméraire dans l'île de Chypre pour m'outrager. Il a méprisé ma puissance; il n'a pas daigné seulement brûler de l'encens sur mes autels : il a témoigné avoir horreur des fêtes que l'on célèbre en mon honneur; il a fermé son cœur à tous mes plaisirs. En vain Neptune, pour le punir à ma prière, a irrité les vents et les flots contre lui : Télémaque, jeté par un naufrage horrible dans l'île de Calypso, a triomphé de l'Amour même, que j'avais envoyé dans cette île pour attendrir le cœur de ce jeune Grec. Ni sa jeunesse, ni les charmes de Calypso et de ses nymphes, ni les traits enflammés de l'Amour, n'ont pu surmonter les artifices de Minerve. Elle l'a arraché de cette île : me voilà confondue; un enfant triomphe de moi!

Jupiter, pour consoler Vénus, lui dit : Il est vrai, ma fille, que Minerve défend le cœur de ce jeune Grec contre toutes les flèches de votre fils, et qu'elle lui prépare une gloire que jamais jeune homme n'a méritée. Je suis fâché qu'il ait méprisé vos autels; mais je ne puis le soumettre à votre puissance. Je consens, pour l'amour de vous, qu'il soit encore errant par mer et par terre, qu'il vive loin de sa patrie, exposé à toutes sortes de maux et de dangers; mais les destins ne permettent, ni qu'il périsse, ni que sa vertu succombe dans les plaisirs dont vous flattez les hommes. Consolez-vous donc, ma fille; soyez contente de tenir dans votre empire tant d'autres héros et tant d'immortels.

En disant ces paroles, il fit à Vénus un souris plein de grâce et de majesté. Un éclat de lumière, semblable aux plus perçants éclairs, sortit de ses yeux. En baisant Vénus avec tendresse, il répandit une odeur d'ambroisie dont tout l'Olympe fut parfumé. La déesse ne put s'empêcher d'être sensible à cette caresse du plus grand des dieux : malgré ses larmes et sa douleur, on vit la joie se répandre sur son visage ; elle baissa son voile pour cacher la rougeur de ses joues, et l'embarras où elle se trouvait. Toute l'assemblée des dieux applaudit aux paroles de Jupiter ; et Vénus, sans perdre un moment, alla trouver Neptune pour concerter avec lui les moyens de se venger de Télémaque.

Elle raconta à Neptune ce que Jupiter lui avait dit. Je savais déjà, répondit Neptune, l'ordre immuable des destins : mais si nous ne pouvons abîmer Télémaque dans les flots de la mer, du moins n'oublions rien pour le rendre malheureux, et pour retarder son retour à Ithaque. Je ne puis consentir à faire périr le vaisseau phénicien dans lequel il est embarqué. J'aime les Phéniciens, c'est mon peuple ; nulle autre nation de l'univers ne cultive comme eux mon empire. C'est par eux que la mer est devenue le lien de la société de tous les peuples de la terre. Ils m'honorent par de continuels sacrifices sur mes autels ; ils sont justes, sages et laborieux dans le commerce ; ils répandent partout la commodité et l'abondance. Non, déesse, je ne puis souffrir qu'un de leurs vaisseaux fasse naufrage : mais je ferai que le pilote perdra sa route, et qu'il s'éloignera d'Ithaque où il veut aller.

Vénus, contente de cette promesse, rit avec malignité, et retourna dans son char volant sur les prés fleuris d'Idalie, où les Grâces, les Jeux et les Ris témoignèrent leur joie de la revoir, dansant autour d'elle sur les fleurs qui parfument ce charmant séjour.

Neptune envoya aussitôt une divinité trompeuse, semblable aux Songes, excepté que les Songes ne trompent que pendant le sommeil, au lieu que cette divinité enchante les sens des hommes qui veillent. Ce dieu malfaisant, environné d'une foule innombrable de Mensonges ailés qui voltigent autour de lui, vint répandre une liqueur subtile et enchantée sur les yeux du pilote Achamas, qui considérait attentivement, à la clarté de la lune, le cours des étoiles, et le rivage d'Ithaque, dont il découvrait déjà assez près de lui les rochers escarpés. Dans ce même moment, les yeux du pilote ne lui montrèrent plus rien de véritable. Un faux ciel et une terre feinte se présentèrent à lui. Les étoiles parurent comme si elles avaient changé leur course, et qu'elles fussent revenues sur leurs pas; tout l'Olympe semblait se mouvoir par des lois nouvelles. La terre même était changée : une fausse Ithaque se présentait toujours au pilote pour l'amuser, tandis qu'il s'éloignait de la véritable. Plus il s'avançait vers cette image trompeuse du rivage de l'île, plus cette image reculait; elle fuyait toujours devant lui, et il ne savait que croire de cette fuite. Quelquefois il s'imaginait entendre déjà le bruit qu'on fait dans un port. Déjà il se préparait, selon l'ordre qu'il en avait reçu, à aller aborder secrètement dans une petite île qui est auprès de la grande, pour dérober aux amants de Pénélope, conjurés contre Télémaque, le retour de celui-ci. Quelquefois il craignait les écueils dont cette côte de la mer est bordée; et il lui semblait entendre l'horrible mugissement des vagues qui vont se briser contre ces écueils; puis tout à coup il remarquait que la terre paraissait encore éloignée. Les montagnes n'étaient à ses yeux, dans cet éloignement, que comme de petits nuages qui obscurcissent quelquefois l'horizon pendant que le soleil se couche. Ainsi Achamas était étonné; et l'impression de la divinité trompeuse qui charmait ses yeux lui faisait éprouver un certain saisissement qui lui avait été jusqu'alors inconnu. Il était même tenté de croire qu'il ne veillait pas, et qu'il était dans l'illusion d'un songe. Cependant Neptune commanda au vent d'orient de souffler pour jeter le navire sur les côtes de l'Hespérie[1]. Le vent obéit avec tant de violence, que le navire arriva bientôt sur le rivage que Neptune avait marqué.

Déjà l'aurore annonçait le jour; déjà les étoiles, qui craignent les rayons du soleil, et qui en sont jalouses, allaient cacher dans l'Océan leurs sombres feux, quand le pilote s'écria : Enfin, je n'en puis plus douter, nous touchons presque à l'île d'Ithaque! Télémaque, réjouissez-vous; dans une heure vous pourrez revoir Pénélope, et peut-être trouver Ulysse remonté sur son trône! A ce cri, Télémaque, qui était immobile dans les bras du sommeil, s'éveille, se lève, monte au gouvernail, embrasse le pilote, et de ses yeux encore à peine ouverts regarde fixement la côte voisine. Il gémit, ne reconnaissant point les rivages de sa patrie. Hélas ! où sommes-nous? dit-il; ce n'est point là ma chère Ithaque ! Vous vous êtes trompé, Achamas; vous connaissez mal cette côte, si éloignée de votre pays. Non, non, répondit Achamas, je ne puis me tromper en considérant les bords de cette île. Combien de fois suis-je entré dans votre port; j'en connais jusqu'aux moindres rochers; le rivage de Tyr n'est guère mieux dans ma mémoire. Reconnaissez cette montagne qui avance; voyez ce rocher qui s'élève comme une tour; n'entendez-vous pas la vague qui se rompt contre ces autres rochers lorsqu'ils semblent menacer la mer par leur chute? Mais ne remarquez-vous pas le temple de Minerve qui fend la nue? Voilà la forteresse, et la maison d'Ulysse votre père.

Vous vous trompez, ô Achamas, répondit Télémaque; je vois au contraire une côte assez relevée, mais unie; j'aperçois une ville qui n'est point Ithaque. O dieux ! est-ce ainsi que vous vous jouez des hommes?

Pendant qu'il disait ces paroles, tout à coup les yeux d'Achamas furent changés. Le charme se rompit; il vit le rivage tel qu'il était véritablement, et reconnut son erreur. Je l'avoue, ô Télémaque, s'écria-t-il : quelque divinité ennemie avait enchanté mes yeux; je croyais voir Ithaque, et son image tout entière se présentait à moi; mais dans ce moment elle disparaît comme un songe. Je vois une autre ville; c'est sans doute Salente, qu'Idoménée, fugitif de Crète, vient de fonder dans l'Hespérie : j'aperçois des murs qui s'élèvent, et qui ne sont pas encore achevés; je vois un port qui n'est pas encore entièrement fortifié.

Pendant qu'Achamas remarquait les divers ouvrages nouvellement faits dans cette ville naissante, et que Télémaque déplorait son malheur, le vent que Neptune faisait souffler les fit entrer à pleines voiles dans une rade où ils se trouvèrent à l'abri, et tout auprès du port.

Mentor, qui n'ignorait ni la vengeance de Neptune ni le cruel artifice de Vénus, n'avait fait que sourire de l'erreur d'Achamas. Quand ils furent dans cette rade, Mentor dit à Télémaque : Jupiter vous éprouve; mais il ne veut pas votre perte : au contraire, il ne vous éprouve que pour vous ouvrir le chemin de la gloire. Souvenez-vous des travaux d'Hercule; ayez toujours devant vos yeux ceux de votre père. Quiconque ne sait pas souffrir n'a point un grand cœur. Il faut, par votre patience et par votre courage, lasser la cruelle fortune qui se plaît à vous persécuter*. Je crains moins pour vous les plus affreuses disgrâces de Neptune, que je ne craignais les caresses flatteuses de la déesse qui vous retenait dans son île. Que tardons-nous? entrons dans ce port : voici un peuple ami; c'est chez les Grecs que nous arrivons : Idoménée, si maltraité par la fortune, aura pitié des malheureux*. Aussitôt ils entrèrent dans le port de Salente, où le vaisseau phénicien fut reçu sans peine, parce que les Phéniciens sont en paix et en commerce avec tous les peuples de l'univers.

Télémaque regardait avec admiration cette ville naissante, semblable à une jeune plante, qui, ayant été nourrie par la douce rosée de la nuit, sent, dès le matin, les rayons du soleil qui viennent l'embellir; elle croît, elle ouvre ses tendres boutons, elle étend ses feuilles vertes, elle épanouit ses fleurs odoriférantes avec mille couleurs nouvelles; à chaque moment qu'on la voit, on y trouve un nouvel éclat. Ainsi fleurissait la nouvelle ville d'Idoménée sur le rivage de la mer; chaque jour, chaque heure, elle croissait avec magnificence, et elle montrait de loin, aux étrangers qui étaient sur la mer, de nouveaux ornements d'architecture qui s'élevaient jusqu'au ciel. Toute la côte retentissait des cris des ouvriers et des coups de marteau : les pierres étaient suspendues en l'air par des grues avec des cordes. Tous les chefs animaient le peuple au travail dès que l'aurore paraissait; et le roi Idoménée, donnant partout les ordres lui-même, faisait avancer les ouvrages avec une incroyable diligence.

A peine le vaisseau phénicien fut arrivé, que les Crétois donnèrent à Télémaque et à Mentor toutes les marques d'amitié sincère. On se hâta d'avertir Idoménée de l'arrivée du fils d'Ulysse. Le fils d'Ulysse! s'écria-t-il; d'Ulysse, ce cher ami! de ce sage héros, par qui nous avons enfin renversé la ville de Troie! Qu'on le mène ici, et que je lui montre combien j'ai aimé son père! Aussitôt on lui présente Télémaque, qui lui demande l'hospitalité, en lui disant son nom.

Idoménée lui répondit avec un visage doux et riant : Quand même on ne m'aurait pas dit qui vous êtes, je crois que je vous aurais reconnu. Voilà Ulysse lui-même ; voilà ses yeux pleins de feu, et dont le regard était si ferme ; voilà son air, d'abord froid et réservé, qui cachait tant de vivacité et de grâces ; je reconnais même ce sourire fin, cette action négligée, cette parole douce, simple et insinuante, qui persuadait sans qu'on eût le temps de s'en défier. Oui, vous êtes le fils d'Ulysse ; mais vous serez aussi le mien. O mon fils, mon cher fils ! quelle aventure vous amène sur ce rivage ? Est-ce pour chercher votre père ? Hélas ! je n'en ai aucune nouvelle. La fortune nous a persécutés lui et moi : il a eu le malheur de ne pouvoir retrouver sa patrie, et j'ai eu celui de retrouver la mienne pleine de la colère des dieux contre moi. Pendant qu'Idoménée disait ces paroles, il regardait fixement Mentor, comme un homme dont le visage ne lui était pas inconnu, mais dont il ne pouvait retrouver le nom.

Cependant Télémaque lui répondait les larmes aux yeux : O roi, pardonnez-moi la douleur que je ne saurais vous cacher dans un temps où je ne devrais vous témoigner que de la joie et de la reconnaissance pour vos bontés. Par le regret que vous témoignez de la perte d'Ulysse, vous m'apprenez vous-même à sentir le malheur de ne pouvoir trouver mon père. Il y a déjà longtemps que je le cherche dans toutes les mers. Les dieux irrités ne me permettent ni de le revoir, ni de savoir s'il a fait naufrage, ni de pouvoir retourner à Ithaque, où Pénélope languit dans le désir d'être délivrée de ses amants. J'avais cru vous trouver dans l'île de Crète : j'y ai su votre cruelle destinée, et je ne croyais pas devoir jamais approcher de l'Hespérie, où vous avez fondé un nouveau royaume. Mais la fortune, qui se joue des hommes, et qui me tient errant dans tous les pays loin d'Ithaque, m'a enfin jeté sur vos côtes. Parmi tous les maux qu'elle m'a faits, c'est celui que je supporte plus volontiers. Si elle m'éloigne de ma patrie, du moins elle me fait connaître le plus généreux de tous les rois.

A ces mots, Idoménée embrassa tendrement Télémaque ; et, le menant dans son palais, lui dit : Quel est donc ce prudent vieillard qui vous accompagne ? il me semble que je l'ai souvent vu autrefois. C'est Mentor, répliqua Télémaque ; Mentor, ami d'Ulysse, à qui il avait confié mon enfance. Qui pourrait vous dire tout ce que je lui dois !

Aussitôt Idoménée s'avance, et tend la main à Mentor : Nous nous sommes vus, dit-il, autrefois. Vous souvenez-vous du voyage que vous fîtes en Crète, et des bons conseils que vous me donnâtes ? Mais alors l'ardeur de la jeunesse et le goût des vains plaisirs m'entraînaient. Il a fallu que mes malheurs m'aient instruit, pour m'apprendre ce que je ne voulais pas croire. Plût aux dieux que je vous eusse cru, ô sage vieillard ! Mais je remarque avec étonnement que vous n'êtes presque point changé depuis tant d'années ; c'est la même fraîcheur de visage, la même taille droite, la même vigueur : vos cheveux seulement ont un peu blanchi.

Grand roi, répondit Mentor, si j'étais flatteur, je vous dirais de même que vous avez conservé cette fleur de jeunesse qui éclatait sur votre visage avant le siége de Troie ; mais j'aimerais mieux vous déplaire, que de blesser la vérité. D'ailleurs je vois, par votre sage discours, que vous n'aimez pas la flatterie, et qu'on ne hasarde rien en vous parlant avec sincérité. Vous êtes bien changé, et j'aurais eu de la peine à vous reconnaître. J'en conçois clairement la cause ; c'est que vous avez beaucoup souffert dans vos malheurs : mais vous avez bien gagné en souffrant, puisque vous avez acquis la sagesse. On doit se consoler aisément des rides qui viennent sur le visage, pendant que le cœur s'exerce et se fortifie dans la vertu. Au reste, sachez que les rois s'usent toujours plus vite que les autres hommes. Dans l'adversité, les peines de l'esprit et les travaux du corps les font vieillir avant le temps. Dans la prospérité, les délices d'une vie molle les usent bien plus encore que tous les travaux de la guerre. Rien n'est si malsain que les plaisirs où l'on ne peut se modérer. De là vient que les rois, et en paix et en guerre, ont toujours des peines et des plaisirs qui font venir la vieillesse avant l'âge où elle doit venir naturellement. Une vie sobre, modérée, simple, exempte d'inquiétudes et de passions, réglée et laborieuse, retient dans les membres d'un homme sage la vive jeunesse, qui, sans ces précautions, est toujours prête à s'envoler sur les ailes du Temps.

Idoménée, charmé du discours de Mentor, l'eût écouté longtemps, si on ne fût venu l'avertir pour un sacrifice qu'il devait faire à Jupiter. Télémaque et Mentor le suivirent, environnés d'une grande foule de peuple, qui considérait avec empressement et curiosité ces deux étrangers. Les Salentins se disaient les uns aux autres : Ces deux hommes sont bien différents ! Le jeune a je ne sais quoi de vif et d'aimable ; toutes les grâces de la beauté et de la jeunesse sont répandues sur son visage et sur tout son corps : mais cette beauté n'a rien de mou ni d'efféminé ; avec cette fleur si tendre de la jeunesse, il paraît vigoureux, robuste, endurci au travail. Mais cet autre, quoique bien plus âgé, n'a encore rien perdu de sa force : sa mine paraît d'abord moins haute, et son visage moins gracieux ; mais, quand on le regarde de près, on trouve dans sa simplicité des marques de sagesse et de vertu, avec une noblesse qui étonne. Quand les dieux sont descendus sur la terre pour se communiquer aux mortels, sans doute qu'ils ont pris de telles figures d'étrangers et de voyageurs *.

Cependant on arrive dans le temple de Jupiter, qu'Idoménée, du sang de ce dieu, avait orné avec beaucoup de magnificence. Il était environné d'un double rang de colonnes de marbre jaspé ; les chapiteaux étaient d'argent. Le temple était tout incrusté de marbre, avec des bas-reliefs qui représentaient Jupiter changé en taureau, le ravissement d'Europe, et son passage en Crète au travers des flots : ils semblaient respecter Jupiter, quoiqu'il fût sous une forme étrangère. On voyait ensuite la naissance et la jeunesse de Minos ; enfin, ce sage roi donnant, dans un âge plus avancé, des lois à toute son île pour la rendre à jamais florissante. Télémaque y remarqua aussi les principales aventures du siége de Troie, où Idoménée avait acquis la gloire d'un grand capitaine. Parmi ces représentations de combats, il chercha son père ; il le reconnut, prenant les chevaux de Rhésus que Diomède venait de tuer ; ensuite disputant avec Ajax les armes d'Achille devant tous les chefs de l'armée grecque assemblés ; enfin sortant du cheval fatal pour verser le sang de tant de Troyens.

Télémaque le reconnut d'abord à ces fameuses actions,

dont il avait souvent ouï parler, et que Nestor même lui avait racontées. Les larmes coulèrent de ses yeux. Il changea de couleur; son visage parut troublé. Idoménée l'aperçut, quoique Télémaque se détournât pour cacher son trouble. N'ayez point de honte, lui dit Idoménée, de nous laisser voir combien vous êtes touché de la gloire et des malheurs de votre père.

Cependant, le peuple s'assemblait en foule sous les vastes portiques formés par le double rang de colonnes qui environnaient le temple. Il y avait deux troupes de jeunes garçons et de jeunes filles qui chantaient des vers à la louange du dieu qui tient dans ses mains la foudre. Ces enfants, choisis de la figure la plus agréable, avaient de longs cheveux flottants sur leurs épaules. Leurs têtes étaient couronnées de roses, et parfumées; ils étaient tous vêtus de blanc. Idoménée faisait à Jupiter un sacrifice de cent taureaux pour se le rendre favorable dans une guerre qu'il avait entreprise contre ses voisins. Le sang des victimes fumait de tous côtés : on le voyait ruisseler dans les profondes coupes d'or et d'argent.

Le vieillard Théophane, ami des dieux et prêtre du temple, tenait, pendant le sacrifice, sa tête couverte d'un bout de sa robe de pourpre; ensuite il consulta les entrailles des victimes qui palpitaient encore; puis s'étant mis sur le trépied sacré : O dieux, s'écria-t-il, quels sont donc ces deux étrangers que le ciel envoie en ces lieux? Sans eux, la guerre entreprise nous serait funeste, et Salente tomberait en ruine avant que d'achever d'être élevée sur ses fondements. Je vois un jeune héros que la Sagesse mène par la main. Il n'est pas permis à une bouche mortelle d'en dire davantage.

En disant ces paroles, son regard était farouche et ses yeux étincelants; il semblait voir d'autres objets que ceux qui paraissaient devant lui; son visage était enflammé; il était troublé et hors de lui-même; ses cheveux étaient hérissés, sa bouche écumante, ses bras levés et immobiles. Sa voix émue était plus forte qu'aucune voix humaine: il était hors d'haleine, et ne pouvait tenir renfermé au dedans de lui l'esprit divin qui l'agitait*.

O heureux Idoménée! s'écria-t-il encore, que vois-je! quels malheurs évités! quelle douce paix au dedans!

Mais au dehors quels combats! quelles victoires! O Télémaque, tes travaux surpassent ceux de ton père; le fier ennemi gémit dans la poussière sous ton glaive ; les portes d'airain, les inaccessibles remparts tombent à tes pieds. O grande déesse, que son père.... O jeune homme, tu verras enfin.... A ces mots, la parole meurt dans sa bouche, et il demeure, comme malgré lui, dans un silence plein d'étonnement.

Tout le peuple est glacé de crainte. Idoménée, tremblant, n'ose lui demander qu'il achève. Télémaque même, surpris, comprend à peine ce qu'il vient d'entendre ; à peine peut-il croire qu'il ait entendu ces hautes prédictions. Mentor est le seul que l'esprit divin n'a point étonné. Vous entendez, dit-il à Idoménée, le dessein des dieux. Contre quelque nation que vous ayez à combattre, la victoire sera dans vos mains, et vous devrez au jeune fils de votre ami le bonheur de vos armes. N'en soyez point jaloux; profitez seulement de ce que les dieux vous donnent par lui.

Idoménée, n'étant pas encore revenu de son étonnement, cherchait en vain des paroles; sa langue demeurait immobile. Télémaque, plus prompt, dit à Mentor : Tant de gloire promise ne me touche point; mais que peuvent donc signifier ces dernières paroles : Tu verras...? est-ce mon père, ou seulement Ithaque? Hélas! que n'a-t-il achevé! il m'a laissé plus en doute que je n'étais. O Ulysse! ô mon père, serait-ce vous, vous-même que je dois voir? serait-il vrai? Mais je me flatte. Cruel oracle! tu prends plaisir à te jouer d'un malheureux : encore une parole, et j'étais au comble du bonheur.

Mentor lui dit : Respectez ce que les dieux découvrent, et n'entreprenez point de découvrir ce qu'ils veulent cacher. Une curiosité téméraire mérite d'être confondue. C'est par une sagesse pleine de bonté, que les dieux cachent aux faibles hommes leur destinée dans une nuit impénétrable. Il est utile de prévoir ce qui dépend de nous, pour le bien faire; mais il n'est pas moins utile d'ignorer ce qui ne dépend pas de nos soins, et ce que les dieux veulent faire de nous. Télémaque, touché de ces paroles, se retint avec beaucoup de peine.

Idoménée, qui était revenu de son étonnement, commença de son côté à louer le grand Jupiter, qui lui avait envoyé le jeune Télémaque et le sage Mentor, pour le rendre victorieux de ses ennemis. Après qu'on eut fait un magnifique repas, qui suivit le sacrifice, il parla ainsi en particulier aux deux étrangers:

J'avoue que je ne connaissais point encore assez l'art de régner quand je revins en Crète, après le siége de Troie. Vous savez, chers amis, les malheurs qui m'ont privé de régner dans cette grande île, puisque vous m'assurez que vous y avez été depuis que j'en suis parti. Encore trop heureux, si les coups les plus cruels de la fortune ont servi à m'instruire et à me rendre plus modéré! Je traversai les mers comme un fugitif que la vengeance des dieux et des hommes poursuit : toute ma grandeur passée ne servait qu'à me rendre ma chute plus honteuse et plus insupportable. Je vins réfugier mes dieux pénates sur cette côte déserte, où je ne trouvai que des terres incultes, couvertes de ronces et d'épines, des forêts aussi anciennes que la terre, des rochers presque inaccessibles où se retiraient les bêtes farouches. Je fus réduit à me réjouir de posséder, avec un petit nombre de soldats, et de compagnons qui avaient bien voulu me suivre dans mes malheurs, cette terre sauvage, et d'en faire ma patrie, ne pouvant plus espérer de revoir jamais cette île fortunée où les dieux m'avaient fait naître pour y régner. Hélas! disais-je en moi-même, quel changement! Quel exemple terrible ne suis-je point pour les rois! il faudrait me montrer à tous ceux qui règnent dans le monde, pour les instruire par mon exemple. Ils s'imaginent n'avoir rien à craindre, à cause de leur élévation au-dessus du reste des hommes : hé! c'est leur élévation même qui fait qu'ils ont tout à craindre! J'étais craint de mes ennemis, et aimé de mes sujets; je commandais à une nation puissante et belliqueuse: la renommée avait porté mon nom dans les pays les plus éloignés : je régnais dans une île fertile et délicieuse; cent villes me donnaient chaque année un tribut de leurs richesses : ces peuples me reconnaissaient pour être du sang de Jupiter, né dans leur pays; ils m'aimaient comme le petit-fils du sage Minos, dont les lois les rendent si puissants et si heureux. Que manquait-il à mon bonheur, sinon d'en savoir jouir ec modération? Mais mon orgueil, et la flatterie que j'ai écoutée, ont renversé mon trône. Ainsi tomberont tous les rois qui se livreront à leurs désirs et aux conseils des esprits flatteurs.

Pendant le jour, je tâchais de montrer un visage gai et plein d'espérance, pour soutenir le courage de ceux qui m'avaient suivi. Faisons, leur disais-je, une nouvelle ville, qui nous console de tout ce que nous avons perdu. Nous sommes environnés de peuples qui nous ont donné un bel exemple pour cette entreprise. Nous voyons Tarente[1], qui s'élève assez près de nous. C'est Phalante, avec ses Lacédémoniens, qui a fondé ce nouveau royaume. Philoctète donne le nom de Pétiliep[2] à une grande ville qu'il bâtit sur la même côte. Métaponte[3] est encore une semblable colonie. Ferons-nous moins que tous ces étrangers errants comme nous ? La fortune ne nous est pas plus rigoureuse.

Pendant que je tâchais d'adoucir par ces paroles les peines de mes compagnons, je cachais au fond de mon cœur une douleur mortelle. C'était une consolation pour moi, que la lumière du jour me quittât, et que la nuit vînt m'envelopper de ses ombres pour déplorer en liberté ma misérable destinée. Deux torrents de larmes amères coulaient de mes yeux ; et le doux sommeil leur était inconnu. Le lendemain, je recommençais mes travaux avec une nouvelle ardeur. Voilà, Mentor, ce qui fait que vous m'avez trouvé si vieilli.

Après qu'Idoménée eut achevé de raconter ses peines, il demanda à Télémaque et à Mentor leur secours dans la guerre où il se trouvait engagé. Je vous renverrai, leur disait-il, à Ithaque, dès que la guerre sera finie. Cependant je ferai partir des vaisseaux vers toutes les côtes les plus éloignées, pour apprendre des nouvelles d'Ulysse. En quelque endroit des terres connues que la tempête ou la colère de quelque divinité l'ait jeté, je saurai bien l'en retirer. Plaise aux dieux qu'il soit encore vivant ! Pour vous, je vous renverrai avec les meilleurs vaisseaux qui aient jamais été construits dans l'île de Crète ; ils sont faits du bois coupé sur le véritable mont Ida, où Jupiter naquit. Ce bois sacré ne saurait périr dans les flots ; les vents et les rochers le craignent et le respectent. Neptune même, dans son plus grand courroux, n'oserait soulever les vagues contre lui. Assurez-vous donc que vous retournerez heureusement à Ithaque sans peine, et qu'aucune divinité ennemie ne pourra plus vous faire errer sur tant de mers ; le trajet est court et facile. Renvoyez le vaisseau phénicien qui vous a portés jusqu'ici, et ne songez qu'à acquérir la gloire d'établir le nouveau royaume d'Idoménée pour réparer tous ses malheurs. C'est à ce prix, ô fils d'Ulysse, que vous serez jugé digne de votre père. Quand même les destinées rigoureuses l'auraient déjà fait descendre dans le sombre royaume de Pluton, toute la Grèce charmée croira le revoir en vous.

A ces mots, Télémaque interrompit Idoménée : Renvoyons, dit-il, le vaisseau phénicien. Que tardons-nous à prendre les armes pour attaquer vos ennemis ? ils sont devenus les nôtres. Si nous avons été victorieux en combattant dans la Sicile pour Aceste, Troyen et ennemi de la Grèce, ne serons-nous pas encore plus ardents et plus favorisés des dieux quand nous combattrons pour un des héros grecs qui ont renversé la ville de Priam ? L'oracle que nous venons d'entendre ne nous permet pas d'en douter.

LIVRE NEUVIÈME.

SOMMAIRE.

Idoménée fait connaître à Mentor le sujet de la guerre contre les Manduriens — Pendant ce récit, les Manduriens se présentent aux portes de Salente avec une armée composée de peuples voisins qu'ils ont mis dans leurs intérêts. — Mentor sort précipitamment et va seul proposer à l'ennemi les moyens de terminer la guerre sans combats. — Télémaque, impatient de connaître le résultat de cette négociation, rejoint Mentor, et tous deux offrent de rester comme otages auprès des Manduriens, pour répondre de la fidélité d'Idoménée au traité de paix qu'il propose. — Les Manduriens acceptent ces conditions, et bientôt Idoménée, se rendant en personne auprès d'eux, sur l'avis de Mentor, confirme, par son acceptation, tout ce qui a été fait par celui-ci. — On se donne réciproquement des otages; on offre en commun des sacrifices pour sceller l'alliance, et Idoménée rentre dans la ville de Salente avec les principaux chefs alliés des Manduriens.

MENTOR, regardant d'un œil doux et tranquille Télémaque, qui était déjà plein d'une noble ardeur pour les combats, prit ainsi la parole : Je suis bien aise, fils d'Ulysse, de voir en vous une si belle passion pour la gloire ; mais souvenez-vous que votre père n'en a acquis une si grande parmi les Grecs, au siége de Troie, qu'en se montrant le plus sage et le plus modéré d'entre eux. Achille, quoique invincible et invulnérable, quoique sûr de porter la terreur et la mort partout où il combattait, n'a pu prendre la ville de Troie : il est tombé lui-même aux pieds des murs de cette ville, et elle a triomphé du vainqueur d'Hector. Mais Ulysse, en qui la prudence conduisait la valeur, a porté la flamme et le fer au milieu des Troyens ; et c'est à ses mains qu'on doit la chute de ces hautes et superbes tours qui menacèrent pendant dix ans toute la Grèce conjurée. Autant que Minerve est au-dessus de Mars, autant une valeur discrète et prévoyante surpasse-t-elle un courage bouillant et farouche. Commençons donc par nous instruire des circonstances de cette guerre qu'il faut soutenir. Je ne refuse aucun péril : mais je crois, ô Idoménée, que vous devez nous expliquer premièrement si votre guerre est juste ; ensuite, contre qui vous la faites ; et enfin, quelles sont vos forces pour en espérer un heureux succès.

Idoménée lui répondit : Quand nous arrivâmes sur cette côte, nous y trouvâmes un peuple sauvage qui errait dans les forêts, vivant de sa chasse et des fruits que les arbres portent d'eux-mêmes. Ces peuples, qu'on nomme les Manduriens [1], furent épouvantés, voyant nos vaisseaux et nos armes ; ils se retirèrent dans les montagnes. Mais comme nos soldats furent curieux de voir le pays, et voulurent poursuivre des cerfs, ils rencontrèrent ces sauvages fugitifs. Alors les chefs de ces sauvages leur dirent : Nous avons abandonné les doux rivages de la mer pour vous les céder ; il ne nous reste que des montagnes presque inaccessibles ; du moins est-il juste que vous nous y laissiez en paix et en liberté. Nous vous trouvons errants, dispersés, et plus faibles que nous ; il ne tiendrait qu'à nous de vous égorger, et d'ôter même à vos compagnons la connaissance de votre malheur : mais nous ne voulons point tremper nos mains dans le sang de ceux qui sont hommes aussi bien que nous. Allez ; souvenez-vous que vous devez la vie à nos sentiments d'humanité. N'oubliez jamais que c'est d'un peuple que vous nommez grossier et sauvage, que vous recevez cette leçon de modération et de générosité.

Ceux d'entre les nôtres qui furent ainsi renvoyés par ces barbares revinrent dans le camp, et racontèrent ce qui leur était arrivé. Nos soldats en furent émus ; ils eurent honte de voir que des Crétois dussent la vie à cette troupe d'hommes fugitifs, qui leur paraissaient ressembler plutôt à des ours qu'à des hommes : ils s'en allèrent à la chasse en plus grand nombre que les premiers, et avec toutes sortes d'armes. Bientôt ils rencontrèrent les sauvages et les attaquèrent. Le combat fut cruel. Les traits volaient de part et d'autre, comme la grêle tombe dans une campagne pendant un orage. Les sauvages furent contraints de se retirer dans leurs montagnes escarpées, où les nôtres n'osèrent s'engager.

Peu de temps après, ces peuples envoyèrent vers moi deux de leurs plus sages vieillards, qui venaient me demander la paix. Ils m'apportèrent des présents : c'était des peaux des bêtes farouches qu'ils avaient tuées, et des fruits du pays. Après m'avoir donné leurs présents, ils parlèrent ainsi :

O roi, nous tenons, comme tu vois, dans une main l'épée, et dans l'autre une branche d'olivier. (En effet, ils tenaient l'une et l'autre dans leurs mains.) Voilà la paix et la guerre : choisis. Nous aimerions mieux la paix ; c'est pour l'amour d'elle que nous n'avons point eu de honte de te céder le doux rivage de la mer, où le soleil rend la terre fertile, et produit tant de fruits délicieux. La paix est plus douce que tous ces fruits : c'est pour elle que nous nous sommes retirés dans ces hautes montagnes toujours couvertes de glace et de neige, où l'on ne voit jamais ni les fleurs du printemps, ni les riches fruits de l'automne. Nous avons horreur de cette brutalité, qui, sous de beaux noms d'ambition et de gloire, va follement ravager les provinces, et répand le sang des hommes, qui sont tous frères. Si cette fausse gloire te touche, nous n'avons garde de te l'envier : nous te plaignons, et nous prions les dieux de nous préserver d'une fureur semblable. Si les sciences que les Grecs apprennent avec tant de soin, et si la politesse dont ils se piquent, ne leur inspirent que cette détestable injustice, nous nous croyons trop heureux de n'avoir point ces avantages. Nous nous ferons gloire d'être toujours ignorants et barbares, mais justes, humains, fidèles, désintéressés, accoutumés à nous contenter de peu, et à mépriser la vaine délicatesse qui fait qu'on a besoin d'avoir beaucoup. Ce que nous estimons, c'est la santé, la frugalité, la liberté, la vigueur de corps et d'esprit ; c'est l'amour de la vertu, la crainte des dieux, le bon naturel pour nos proches, l'attachement à nos amis, la fidélité pour tout le monde, la modération dans la prospérité, la fermeté dans les malheurs, le courage pour dire toujours hardiment la vérité, l'horreur de la flatterie. Voilà quels sont les peuples que nous t'offrons pour voisins et pour alliés. Si les dieux irrités t'aveuglent jusqu'à te faire refuser la paix, tu apprendras, mais trop tard, que les gens qui aiment par modération la paix sont les plus redoutables dans la guerre.

Pendant que ces vieillards me parlaient ainsi, je ne pouvais me lasser de les regarder. Ils avaient la barbe longue et négligée, les cheveux plus courts, mais blancs ; les sourcils épais, les yeux vifs, un regard et une contenance ferme, une parole grave et pleine d'autorité, des manières simples et ingénues. Les fourrures qui leur servaient d'habits, étant nouées sur l'épaule, laissaient voir des bras plus nerveux et des muscles mieux nourris que ceux de nos athlètes. Je répondis à ces deux envoyés que je désirais la paix. Nous réglâmes ensemble de bonne foi plusieurs conditions ; nous en prîmes tous les dieux à témoin ; et je renvoyai ces hommes chez eux avec des présents.

Mais les dieux, qui m'avaient chassé du royaume de mes ancêtres, n'étaient pas encore lassés de me persécuter. Nos chasseurs, qui ne pouvaient pas être sitôt avertis de la paix que nous venions de faire, rencontrèrent le même jour une grande troupe de ces barbares qui accompagnaient leurs envoyés lorsqu'ils revenaient de notre camp : ils les attaquèrent avec fureur, en tuèrent une partie, et poursuivirent le reste dans les bois. Voilà la guerre rallumée. Ces barbares croient qu'ils ne peuvent plus se fier ni à nos promesses ni à nos serments.

Pour être plus puissants contre nous, ils appellent à leur secours les Locriens, les Apuliens, les Lucaniens, les Brutiens, les peuples de Crotone, de Nérite, de Messapie et de Brindes[1]. Les Lucaniens viennent avec des chariots armés de faux tranchantes. Parmi les Apuliens, chacun est couvert de quelque peau de bête farouche qu'il a tuée ; ils portent des massues pleines de gros nœuds, et garnies de pointes de fer ; ils sont presque de la taille des géants, et leurs corps se rendent si robustes par les exercices pénibles auxquels ils s'adonnent, que leur seule vue épouvante. Les Locriens, venus de la Grèce, sentent encore leur origine, et sont plus humains que les autres ; mais ils ont joint à l'exacte discipline des troupes grecques la vigueur des barbares, et l'habitude de mener une vie dure, ce qui les rend invincibles. Ils portent des boucliers légers, qui sont faits d'un tissu d'osier, et couverts de peaux ; leurs épées sont longues. Les Brutiens sont légers à la course comme les cerfs et comme les daims. On croirait que l'herbe même la plus tendre n'est point foulée sous leurs pieds ; à peine laissent-ils dans le sable quelque trace de leurs pas. On les voit tout à coup fondre sur leurs ennemis, et puis disparaître avec une égale rapidité. Les peuples de Crotone sont adroits à tirer des flèches. Un homme ordinaire parmi les Grecs ne pourrait bander un arc tel qu'on en voit communément chez les Crotoniates ; et si jamais ils s'appliquent à nos jeux, ils y remporteront les prix. Leurs flèches sont trempées dans le suc de certaines herbes venimeuses, qui viennent, dit-on, des bords de l'Averne, et dont le poison est mortel. Pour ceux de Nérite, de Brindes et de Messapie, ils n'ont en partage que la force du corps et une valeur sans art. Les cris qu'ils poussent jusqu'au ciel, à la vue de leurs ennemis, sont affreux. Ils se servent assez bien de la fronde, et ils obscurcissent l'air par une grêle de pierres lancées ; mais ils combattent sans ordre. Voilà, Mentor, ce que vous désiriez de savoir : vous connaissez maintenant l'origine de cette guerre, et quels sont nos ennemis.

Après cet éclaircissement, Télémaque, impatient de combattre, croyait n'avoir plus qu'à prendre les armes. Mentor le retint encore, et parla ainsi à Idoménée : D'où vient donc que les Locriens mêmes, peuplés sortis de la Grèce, s'unissent aux barbares contre les Grecs? D'où vient que tant de colonies grecques fleurissent sur cette côte de la mer, sans avoir les mêmes guerres à soutenir que vous? O Idoménée, vous dites que les dieux ne sont pas encore las de vous persécuter; et moi, je dis qu'ils n'ont pas encore achevé de vous instruire. Tant de malheurs que vous avez soufferts ne vous ont pas encore appris ce qu'il faut faire pour prévenir la guerre. Ce que vous racontez vous-même de la bonne foi de ces barbares suffit pour montrer que vous auriez pu vivre en paix avec eux; mais la hauteur et la fierté attirent les guerres les plus dangereuses. Vous auriez pu leur donner des otages, et en prendre d'eux. Il eût été facile d'envoyer avec leurs ambassadeurs quelques-uns de vos chefs pour les reconduire avec sûreté. Depuis cette guerre renouvelée, vous auriez dû encore les apaiser, en leur représentant qu'on les avait attaqués faute de savoir l'alliance qui venait d'être jurée. Il fallait leur offrir toutes les sûretés qu'ils auraient demandées, et établir des peines rigoureuses contre tous ceux de vos sujets qui auraient manqué à l'alliance. Mais qu'est-il arrivé depuis ce commencement de guerre?

Je crus, répondit Idoménée, que nous n'aurions pu, sans bassesse, rechercher ces barbares, qui assemblèrent à la hâte tous leurs hommes en âge de combattre, et qui implorèrent le secours de tous les peuples voisins, auxquels ils nous rendirent suspects et odieux. Il me parut que le parti le plus assuré était de s'emparer promptement de certains passages dans les montagnes, qui étaient mal gardés. Nous les prîmes sans peine, et par là nous nous sommes mis en état de désoler ces barbares. J'y ai fait élever des tours, d'où nos troupes peuvent accabler de traits tous les ennemis qui viendraient des montagnes dans notre pays. Nous pouvons entrer dans le leur, et ravager, quand il nous plaira, leurs principales habitations. Par ce moyen, nous sommes en état de résister, avec des forces inégales, à cette multitude innombrable d'ennemis qui nous environnent. Au reste, la paix entre eux et nous est devenue très-difficile. Nous ne saurions leur abandonner ces tours sans nous exposer à leurs incursions, et ils les regardent comme des citadelles dont nous voulons nous servir pour les réduire en servitude.

Mentor répondit ainsi à Idoménée : Vous êtes un sage roi, et vous voulez qu'on vous découvre la vérité sans aucun adoucissement. Vous n'êtes point comme ces hommes faibles qui craignent de la voir, et qui, manquant de courage pour se corriger, n'emploient leur autorité qu'à soutenir les fautes qu'ils ont faites. Sachez donc que ce peuple barbare vous a donné une merveilleuse leçon quand il est venu vous demander la paix. Était-ce par faiblesse qu'il la demandait ? Manquait-il de courage, ou de ressources contre vous ? Vous voyez bien que non, puisqu'il est si aguerri, et soutenu par tant de voisins redoutables. Que n'imitiez-vous sa modération ? Mais une mauvaise honte et une fausse gloire vous ont jeté dans ce malheur. Vous avez craint de rendre l'ennemi trop fier ; et vous n'avez pas craint de le rendre trop puissant, en réunissant tant de peuples contre vous par une conduite hautaine et injuste. A quoi servent ces tours que vous vantez tant, sinon à mettre tous vos voisins dans la nécessité de périr, ou de vous faire périr vous-même, pour se préserver d'une servitude prochaine ? Vous n'avez élevé ces tours que pour votre sûreté ; et c'est par ces tours que vous êtes dans un si grand péril. Le rempart le plus sûr d'un État est la justice, la modération, la bonne foi, et l'assurance où sont vos voisins que vous êtes incapable d'usurper leurs terres. Les plus fortes murailles peuvent tomber par divers accidents imprévus ; la fortune est capricieuse et inconstante dans la guerre ; mais l'amour et la confiance de vos voisins, quand ils ont senti votre modération, font que votre État ne peut être vaincu, et n'est presque jamais attaqué. Quand même un voisin injuste l'attaquerait, tous les autres, intéressés à sa conservation, prennent aussitôt les armes pour le défendre. Cet appui de tant de peuples, qui trouvent leurs véritables intérêts à soutenir les vôtres, vous aurait rendu bien plus puissant que ces tours, qui vous rendent vos maux irremédiables. Si vous aviez songé d'abord à éviter la jalousie de tous vos voisins, votre ville naissante fleurirait dans une heureuse paix, et vous seriez l'arbitre de toutes les nations de l'Hespérie.

Retranchons-nous maintenant à examiner comment on peut réparer le passé par l'avenir. Vous avez commencé à me dire qu'il y a sur cette côte diverses colonies grecques. Ces peuples doivent être disposés à vous secourir. Ils n'ont oublié ni le grand nom de Minos, fils de Jupiter, ni vos travaux au siége de Troie, où vous vous êtes signalé tant de fois entre les princes grecs pour la querelle commune de toute la Grèce. Pourquoi ne songez-vous pas à mettre ces colonies dans votre parti?

Elles sont toutes, répondit Idoménée, résolues à demeurer neutres. Ce n'est pas qu'elles n'eussent quelque inclination à me secourir, mais le trop grand éclat que cette ville a eu dès sa naissance les a épouvantées. Ces Grecs, aussi bien que les autres peuples, ont craint que nous n'eussions des desseins sur leur liberté. Ils ont pensé qu'après avoir subjugué les barbares des montagnes nous pousserions plus loin notre ambition. En un mot, tout est contre nous. Ceux mêmes qui ne nous font pas une guerre ouverte désirent notre abaissement, et la jalousie ne nous laisse aucun allié.

Étrange extrémité! reprit Mentor : pour vouloir paraître trop puissant, vous ruinez votre puissance; et, pendant que vous êtes au dehors l'objet de la crainte et de la haine de vos voisins, vous vous épuisez au dedans par les efforts nécessaires pour soutenir une telle guerre. O malheureux, et doublement malheureux Idoménée, que le malheur même n'a pu instruire qu'à demi! auriez-vous encore besoin d'une seconde chute pour apprendre à prévoir les maux qui menacent les plus grands rois? Laissez-moi faire, et racontez-moi seulement en détail quelles sont donc ces villes grecques qui refusent votre alliance.

La principale, lui répondit Idoménée, est la ville de Tarente; Phalante l'a fondée depuis trois ans. Il ramassa dans la Laconie un grand nombre de jeunes hommes nés des femmes qui avaient oublié leurs maris absents pendant la guerre de Troie. Quand les maris revinrent, ces femmes ne songèrent qu'à les apaiser, et qu'à désavouer leurs fautes. Cette nombreuse jeunesse, qui était née hors du mariage, ne connaissant plus ni père ni mère, vécut avec une licence sans bornes. La sévérité des lois réprima leurs désordres. Ils se réunirent sous Phalante, chef hardi, intrépide, ambitieux, et qui sait gagner les cœurs par ses artifices. Il est venu sur ce rivage avec ces jeunes Laconiens ; ils ont fait de Tarente une seconde Lacédémone. D'un autre côté, Philoctète, qui a eu une si grande gloire au siége de Troie en y portant les flèches d'Hercule, a élevé dans ce voisinage les murs de Pétilie, moins puissante à la vérité, mais plus sagement gouvernée que Tarente. Enfin, nous avons ici près la ville de Métaponte, que le sage Nestor a fondée avec ses Pyliens.

Quoi ! reprit Mentor, vous avez Nestor dans l'Hespérie, et vous n'avez pas su l'engager dans vos intérêts ! Nestor qui vous a vu tant de fois combattre contre les Troyens, et dont vous aviez l'amitié ! Je l'ai perdue, répliqua Idoménée, par l'artifice de ces peuples qui n'ont rien de barbare que le nom : ils ont eu l'adresse de lui persuader que je voulais me rendre le tyran de l'Hespérie. Nous le détromperons, dit Mentor. Télémaque le vit à Pylos. avant qu'il fût venu fonder sa colonie, et avant que nous eussions entrepris nos grands voyages pour chercher Ulysse : il n'aura pas encore oublié ce héros, ni les marques de tendresse qu'il donna à son fils Télémaque. Mais le principal est de guérir sa défiance : c'est par les ombrages donnés à tous vos voisins que cette guerre s'est allumée ; et c'est en dissipant ces vains ombrages, que cette guerre peut s'éteindre. Encore un coup, laissez-moi faire.

A ces mots, Idoménée, embrassant Mentor, s'attendrissait et ne pouvait parler. Enfin il prononça à peine ces paroles : O sage vieillard envoyé par les dieux pour réparer toutes mes fautes ! j'avoue que je me serais irrité contre tout autre qui m'aurait parlé aussi librement que vous ; j'avoue qu'il n'y a que vous seul qui puissiez m'obliger à rechercher la paix. J'avais résolu de périr, ou de vaincre tous mes ennemis ; mais il est juste de croire vos sages conseils plutôt que ma passion. O heureux Télémaque, qui ne pourrez jamais vous égarer comme moi, puisque vous avez un tel guide ! Mentor, vous êtes le maître ; toute la sagesse des dieux est en vous. Minerve ne pourrait donner de plus salutaires conseils. Allez, promettez, concluez, donnez tout ce qui est à moi ; Idoménée approuvera tout ce que vous jugerez à propos de faire.

Pendant qu'ils raisonnaient ainsi, on entendit tout à coup un bruit confus de chariots, de chevaux hennissants, d'hommes qui poussaient des hurlements épouvantables, et de trompettes qui remplissaient l'air d'un son belliqueux. On s'écrie : Voici les ennemis, qui ont fait un grand détour pour éviter les passages gardés! les voilà qui viennent assiéger Salente ! Les vieillards et les femmes paraissaient consternés. Hélas! disaient-ils, fallait-il quitter notre chère patrie, la fertile Crète, et suivre un roi malheureux au travers de tant de mers, pour fonder une ville qui sera mise en cendres comme Troie ! On voyait de dessus les murailles nouvellement bâties, dans la vaste campagne, briller au soleil les casques, les cuirasses et les boucliers des ennemis; les yeux en étaient éblouis*. On voyait aussi les piques hérissées qui couvraient la terre, comme elle est couverte par une abondante moisson*, que Cérès prépare dans les campagnes d'Enna¹ en Sicile, pendant les chaleurs de l'été, pour récompenser le laboureur de toutes ses peines. Déjà on remarquait les chariots armés de faux tranchantes; on distinguait facilement chaque peuple venu à cette guerre.

Mentor monta sur une haute tour pour les mieux découvrir. Idoménée et Télémaque le suivirent de près. A peine y fut-il arrivé, qu'il aperçut d'un côté Philoctète, et de l'autre Nestor avec Pisistrate son fils. Nestor était facile à reconnaître à sa vieillesse vénérable. Quoi donc ! s'écria Mentor, vous avez cru, ô Idoménée, que Philoctète et Nestor se contentaient de ne vous point secourir; les voilà qui ont pris les armes contre vous; et, si je ne me trompe, ces autres troupes qui marchent en si bon ordre avec tant de lenteur, sont les troupes lacédémoniennes, commandées par Phalante. Tout est contre vous; il n'y a aucun voisin de cette côte dont vous n'ayez fait un ennemi, sans vouloir le faire.

En disant ces paroles, Mentor descend à la hâte de cette tour; il s'avance vers une porte de la ville du côté par où les ennemis s'avançaient : il la fait ouvrir; et Idoménée, surpris de la majesté avec laquelle il fait ces choses, n'ose pas même lui demander quel est son dessein. Mentor fait signe de la main, afin que personne ne songe à le suivre Il va au-devant des ennemis, étonnés de voir un seul homme qui se présente à eux. Il leur montra de loin une branche d'olivier en signe de paix*; et quand il fut à portée de se faire entendre, il leur demanda d'assembler tous les chefs. Aussitôt les chefs s'assemblèrent; et il parla ainsi :

O hommes généreux, assemblés de tant de nations qui fleurissent dans la riche Hespérie, je sais que vous n'êtes venus ici que pour l'intérêt commun de la liberté. Je loue votre zèle; mais souffrez que je vous représente un moyen facile de conserver la liberté et la gloire de tous vos peuples, sans répandre le sang humain. O Nestor, sage Nestor, que j'aperçois dans cette assemblée, vous n'ignorez pas combien la guerre est funeste à ceux même qui l'entreprennent avec justice, et sous la protection des dieux. La guerre est le plus grand des maux dont les dieux affligent les hommes. Vous n'oublierez jamais ce que les Grecs ont souffert pendant dix ans devant la malheureuse Troie. Quelles divisions entre les chefs! quels caprices de la fortune! quels carnages des Grecs par la main d'Hector! quels malheurs dans toutes les villes les plus puissantes, causés par la guerre, pendant la longue absence de leurs rois! Au retour, les uns ont fait naufrage au promontoire de Capharée[1]; les autres ont trouvé une mort funeste dans le sein même de leurs épouses. O dieux, c'est dans votre colère que vous armâtes les Grecs pour cette éclatante expédition! O peuples hespériens! je prie les dieux de ne vous donner jamais une victoire si funeste. Troie est en cendres, il est vrai; mais il vaudrait mieux pour les Grecs, qu'elle fût encore dans toute sa gloire, et que le lâche Pâris jouît encore en paix de ses infâmes amours avec Hélène. Philoctète, si longtemps malheureux et abandonné dans l'île de Lemnos, ne craignez-vous point de retrouver de semblables malheurs dans une semblable guerre? Je sais que les peuples de la Laconie ont senti aussi les troubles causés par la longue absence des princes, des capitaines et des soldats qui allèrent contre les Troyens. O Grecs, qui avez passé dans l'Hespérie, vous n'y avez tous passé que par une suite des malheurs que causa la guerre de Troie!

Après avoir parlé ainsi, Mentor s'avança vers les Pyliens[2]; et Nestor, qui l'avait reconnu, s'avança auss pour le saluer. O Mentor, lui dit-il, c'est avec plaisir que je vous revois. Il y a bien des années que je vous vis, pour la première fois, dans la Phocide[1]; vous n'aviez que quinze ans, et je prévis dès lors que vous seriez aussi sage que vous l'avez été dans la suite. Mais par quelle aventure avez-vous été conduit en ces lieux? Quels sont donc les moyens que vous avez de finir cette guerre? Idoménée nous a contraints de l'attaquer. Nous ne demandions que la paix; chacun de nous avait un intérêt pressant de la désirer; mais nous ne pouvions plus trouver aucune sûreté avec lui. Il a violé toutes ses promesses à l'égard de ses plus proches voisins. La paix avec lui ne serait point une paix; elle lui servirait seulement à dissiper notre ligue, qui est notre unique ressource. Il a montré à tous les peuples son dessein ambitieux de les mettre dans l'esclavage, et il ne nous a laissé aucun moyen de défendre notre liberté, qu'en tâchant de renverser son nouveau royaume. Par sa mauvaise foi, nous sommes réduits à le faire périr, ou à recevoir de lui le joug de la servitude. Si vous trouvez quelque expédient pour faire en sorte qu'on puisse se confier à lui, et s'assurer d'une bonne paix, tous les peuples que vous voyez ici quitteront volontiers les armes, et nous avouerons avec joie que vous nous surpassez en sagesse.

Mentor lui répondit : Sage Nestor, vous savez qu'Ulysse m'avait confié son fils Télémaque. Ce jeune homme, impatient de découvrir la destinée de son père, passa chez vous à Pylos, et vous le reçûtes avec tous les soins qu'il pouvait attendre d'un fidèle ami de son père; vous lui donnâtes même votre fils pour le conduire. Il entreprit ensuite de longs voyages sur la mer; il a vu la Sicile, l'Égypte, l'île de Chypre, celle de Crète. Les vents, ou plutôt les dieux, l'ont jeté sur cette côte comme il voulait retourner à Ithaque. Nous sommes arrivés ici tout à propos pour vous épargner les horreurs d'une cruelle guerre. Ce n'est plus Idoménée, c'est le fils du sage Ulysse, c'est moi qui vous réponds de toutes les choses qui vous seront promises.

Pendant que Mentor parlait ainsi avec Nestor, au milieu des troupes confédérées, Idoménée et Télémaque, avec tous les Crétois armés, les regardaient du haut des murs de Salente; ils étaient attentifs pour remarquer comment les discours de Mentor seraient reçus; et ils auraient voulu pouvoir entendre les sages entretiens de ces deux vieillards. Nestor avait toujours passé pour le plus expérimenté et le plus éloquent de tous les rois de la Grèce. C'était lui qui modérait, pendant le siège de Troie, le bouillant courroux d'Achille, l'orgueil d'Agamemnon, la fierté d'Ajax, et le courage impétueux de Diomède. La douce persuasion coulait de ses lèvres comme un ruisseau de miel* : sa voix seule se faisait entendre à tous ces héros, tous se taisaient dès qu'il ouvrait la bouche; et il n'y avait que lui qui pût apaiser dans le camp la farouche discorde. Il commençait à sentir les injures de la froide vieillesse; mais ses paroles étaient encore pleines de force et de douceur : il racontait les choses passées, pour instruire la jeunesse par ses expériences; mais il les racontait avec grâce, quoique avec un peu de lenteur. Ce vieillard, admiré de toute la Grèce, sembla avoir perdu toute son éloquence et toute sa majesté dès que Mentor parut avec lui. Sa vieillesse paraissait flétrie et abattue auprès de celle de Mentor, en qui les ans semblaient avoir respecté la force et la vigueur du tempérament. Les paroles de Mentor, quoique graves et simples, avaient une vivacité et une autorité qui commençaient à manquer à l'autre. Tout ce qu'il disait était court, précis et nerveux. Jamais il ne faisait aucune redite; jamais il ne racontait que le fait nécessaire pour l'affaire qu'il fallait décider. S'il était obligé de parler plusieurs fois d'une même chose, pour l'inculquer, ou pour parvenir à la persuasion, c'était toujours par des tours nouveaux et par des comparaisons sensibles. Il avait même je ne sais quoi de complaisant et d'enjoué, quand il voulait se proportionner aux besoins des autres, et leur insinuer quelque vérité. Ces deux hommes si vénérables furent un spectacle touchant à tant de peuples assemblés.

Pendant que tous les alliés ennemis de Salente se jetaient en foule les uns sur les autres pour les voir de plus près, et pour tâcher d'entendre leurs sages discours, Idoménée et tous les siens s'efforçaient de découvrir, par leurs regards avides et empressés, ce que signifiaient leurs gestes et l'air de leurs visages.

Cependant Télémaque, impatient, se dérobe à la multitude qui l'environne : il court à la porte par où Mentor était sorti ; il se la fait ouvrir avec autorité. Bientôt Idoménée, qui le croit à ses côtés, s'étonne de le voir qui court au milieu de la campagne, et qui est déjà auprès de Nestor. Nestor le reconnaît, et se hâte, mais d'un pas pesant et tardif, de l'aller recevoir. Télémaque saute à son cou, et le tient serré entre ses bras sans parler. Enfin il s'écrie : O mon père ! je ne crains pas de vous nommer ainsi ; le malheur de ne retrouver point mon véritable père, et les bontés que vous m'avez fait sentir, me donnent le droit de me servir d'un nom si tendre : mon père, mon père, je vous revois ! ainsi puissé-je voir Ulysse ! Si quelque chose pouvait me consoler d'en être privé, ce serait de trouver en vous un autre lui-même.

Nestor ne put, à ces paroles, retenir ses larmes ; et il fut touché d'une secrète joie, voyant celles qui coulaient avec une merveilleuse grâce sur les joues de Télémaque. La beauté, la douceur, et la noble assurance de ce jeune inconnu, qui traversait sans précaution tant de troupes ennemies, étonna tous les alliés. N'est-ce pas, disaient-ils, le fils de ce vieillard qui est venu parler à Nestor ? Sans doute, c'est la même sagesse dans les deux âges les plus opposés de la vie. Dans l'un, elle ne fait encore que fleurir ; dans l'autre, elle porte avec abondance les fruits les plus mûrs.

Mentor, qui avait pris plaisir à voir la tendresse avec laquelle Nestor venait de recevoir Télémaque, profita de cette heureuse disposition. Voilà, lui dit-il, le fils d'Ulysse, si cher à toute la Grèce, et si cher à vous-même, ô sage Nestor ! le voilà, je vous le livre comme un otage, et comme le gage le plus précieux qu'on puisse vous donner de la fidélité des promesses d'Idoménée. Vous jugez bien que je ne voudrais pas que la perte du fils suivît celle du père, et que la malheureuse Pénélope pût reprocher à Mentor qu'il a sacrifié son fils à l'ambition du nouveau roi de Salente. Avec ce gage, qui est venu de lui-même s'offrir, et que les dieux, amateurs de la paix, vous envoient, je commence, ô peuples assemblés de tant de nations, à vous faire des propositions pour établir à jamais une paix solide.

A ce nom de paix, on entend un bruit confus de rang en rang. Toutes ces différentes nations frémissaient de courroux, et croyaient perdre tout le temps où l'on retardait le combat; ils s'imaginaient qu'on ne faisait tous ces discours que pour ralentir leur fureur, et pour faire échapper leur proie. Surtout les Manduriens souffraient impatiemment qu'Idoménée espérât de les tromper encore une fois. Souvent ils entreprirent d'interrompre Mentor; car ils craignaient que ses discours pleins de sagesse ne détachassent leurs alliés. Ils commençaient à se défier de tous les Grecs qui étaient dans l'assemblée. Mentor, qui l'aperçut, se hâta d'augmenter cette défiance, pour jeter la division dans les esprits de tous ces peuples.

J'avoue, disait-il, que les Manduriens ont sujet de se plaindre, et de demander quelque réparation des torts qu'ils ont soufferts; mais il n'est pas juste aussi que les Grecs, qui font sur cette côte des colonies, soient suspects et odieux aux anciens peuples du pays. Au contraire, les Grecs doivent être unis entre eux, et se faire bien traiter par les autres; il faut seulement qu'ils soient modérés, et qu'ils n'entreprennent jamais d'usurper les terres de leurs voisins. Je sais qu'Idoménée a eu le malheur de vous donner des ombrages; mais il est aisé de guérir toutes vos défiances. Télémaque et moi, nous nous offrons à être des otages qui vous répondent de la bonne foi d'Idoménée. Nous demeurerons entre vos mains jusqu'à ce que les choses qu'on vous promettra soient fidèlement accomplies. Ce qui vous irrite, ô Manduriens, s'écria-t-il, c'est que les troupes des Crétois ont saisi les passages de vos montagnes par surprise, et que par là ils sont en état d'entrer malgré vous, aussi souvent qu'il leur plaira, dans le pays où vous vous êtes retirés, pour leur laisser le pays uni qui est sur le rivage de la mer. Ces passages, que les Crétois ont fortifiés par de hautes tours pleines de gens armés, sont donc le véritable sujet de la guerre. Répondez-moi; y en a-t-il encore quelque autre?

Alors le chef des Manduriens s'avança, et parla ainsi : Que n'avons-nous pas fait pour éviter cette guerre! Les dieux nous sont témoins que nous n'avons renoncé à la paix que quand la paix nous a échappé sans ressource par l'ambition inquiète des Crétois, et par l'impossibilité où ils nous ont mis de nous fier à leurs serments. Nation insensée! qui nous a réduits malgré nous à l'affreuse nécessité de prendre un parti de désespoir contre elle, et de ne pouvoir plus chercher notre salut que dans sa perte! Tandis qu'ils conserveront ces passages, nous croirons toujours qu'ils veulent usurper nos terres, et nous mettre en servitude. S'il était vrai qu'ils ne songeassent plus qu'à vivre en paix avec leurs voisins, ils se contenteraient de ce que nous leur avons cédé sans peine, et ils ne s'attacheraient pas à conserver des entrées dans un pays contre la liberté duquel ils ne formeraient aucun dessein ambitieux. Mais vous ne les connaissez pas, ô sage vieillard. C'est par un grand malheur que nous avons appris à les connaître. Cessez, ô homme aimé des dieux, de retarder une guerre juste et nécessaire, sans laquelle l'Hespérie ne pourrait jamais espérer une paix constante. O nation ingrate, trompeuse et cruelle, que les dieux irrités ont envoyée auprès de nous pour troubler notre paix, et pour nous punir de nos fautes! Mais après nous avoir punis, ô dieux! vous nous vengerez; vous ne serez pas moins justes contre nos ennemis que contre nous.

A ces paroles, toute l'assemblée parut émue; il semblait que Mars et Bellone allaient de rang en rang, rallumant dans les cœurs la fureur des combats, que Mentor tâchait d'éteindre. Il reprit ainsi la parole :

Si je n'avais que des promesses à vous faire, vous pourriez refuser de vous y fier; mais je vous offre des choses certaines et présentes. Si vous n'êtes pas contents d'avoir pour otages Télémaque et moi, je vous ferai donner douze des plus nobles et des plus vaillants Crétois. Mais il est juste aussi que vous donniez de votre côté des otages, car Idoménée, qui désire sincèrement la paix, la désire sans crainte et sans bassesse. Il désire la paix, comme vous dites vous-mêmes que vous l'avez désirée, par sagesse et par modération, mais non par l'amour d'une vie molle, ou par faiblesse à la vue des dangers dont la guerre menace les hommes. Il est prêt à périr ou à vaincre; mais il aime mieux la paix que la victoire la plus éclatante. Il aurait honte de craindre d'être vaincu; mais il craint d'être injuste, et il n'a point de honte de vouloir réparer ses fautes. Les armes à la main, il vous offre la paix; il ne veut point en imposer les conditions avec hauteur; car il ne fait aucun cas d'une paix forcée. Il veut une paix dont tous les partis soient contents, qui finisse toutes les jalousies, qui apaise tous les ressentiments, et qui guérisse toutes les défiances. En un mot, Idoménée est dans les sentiments où je suis sûr que vous voudriez qu'il fût. Il n'est question que de vous en persuader. La persuasion ne sera pas difficile, si vous voulez bien m'écouter avec un esprit dégagé et tranquille.

Écoutez donc, ô peuples remplis de valeur, et vous, ô chefs si sages et si unis, écoutez ce que je vous offre de la part d'Idoménée. Il n'est pas juste qu'il puisse entrer dans les terres de ses voisins; il n'est pas juste aussi que ses voisins puissent entrer dans les siennes. Il consent que les passages qu'on a fortifiés par de hautes tours soient gardés par des troupes neutres. Vous, Nestor, et vous, Philoctète, vous êtes Grecs d'origine; mais en cette occasion vous vous êtes déclarés contre Idoménée : ainsi vous ne pouvez être suspects d'être trop favorables à ses intérêts. Ce qui vous touche, c'est l'intérêt commun de la paix et de la liberté de l'Hespérie. Soyez vous-mêmes les dépositaires et les gardiens de ces passages qui causent la guerre. Vous n'avez pas moins d'intérêt à empêcher que les anciens peuples d'Hespérie ne détruisent Salente, nouvelle colonie des Grecs, semblable à celles que vous avez fondées, qu'à empêcher qu'Idoménée n'usurpe les terres de ses voisins. Tenez l'équilibre entre les uns et les autres. Au lieu de porter le fer et le feu chez un peuple que vous devez aimer, réservez-vous la gloire d'être les juges et les médiateurs. Vous me direz que ces conditions vous paraîtraient merveilleuses, si vous pouviez vous assurer qu'Idoménée les accomplirait de bonne foi; mais je vais vous satisfaire.

Il y aura, pour sûreté réciproque, les otages dont je vous ai parlé, jusqu'à ce que tous les passages soient mis en dépôt dans vos mains. Quand le salut de l'Hespérie entière, quand celui de Salente même et d'Idoménée sera à votre discrétion, serez-vous contents? De qui pourrez-vous désormais vous défier? Sera-ce de vous-mêmes? Vous n'osez vous fier à Idoménée : et Idoménée est si incapable de vous tromper, qu'il veut se fier à vous. Oui, il veut vous confier le repos, la liberté, la vie de tout son peuple et de lui-même. S'il est vrai que vous ne désiriez qu'une bonne paix, la voilà qui se présente à vous, et qui vous ôte tout prétexte de reculer. Encore une fois, ne vous imaginez pas que la crainte réduise Idoménée à vous faire ces offres ; c'est la sagesse et la justice qui l'engagent à prendre ce parti, sans se mettre en peine si vous imputerez à la faiblesse ce qu'il fait par vertu. Dans les commencements il a fait des fautes, et il met sa gloire à les reconnaître par les offres dont il vous prévient. C'est faiblesse, c'est vanité, c'est ignorance grossière de son propre intérêt, que d'espérer de pouvoir cacher ses fautes en affectant de les soutenir avec fierté et avec hauteur. Celui qui avoue ses fautes à son ennemi, et qui offre de les réparer, montre par là qu'il est devenu incapable d'en commettre, et que l'ennemi a tout à craindre d'une conduite si sage et si ferme, à moins qu'il ne fasse la paix. Gardez-vous bien de souffrir qu'il vous mette à son tour dans le tort. Si vous refusez la paix et la justice qui viennent à vous, la paix et la justice seront vengées. Idoménée, qui devait craindre de trouver les dieux irrités contre lui, les tournera pour lui contre vous. Télémaque et moi nous combattrons pour la bonne cause. Je prends tous les dieux du ciel et des enfers à témoin des justes propositions que je viens de vous faire.

En achevant ces mots, Mentor leva son bras, pour montrer à tant de peuples le rameau d'olivier qui était dans sa main le signe pacifique. Les chefs, qui le regardaient de près, furent étonnés et éblouis du feu divin qui éclatait dans ses yeux. Il parut avec une majesté et une autorité qui est au-dessus de tout ce qu'on voit dans les plus grands d'entre les mortels. Le charme de ses paroles douces et fortes enlevait les cœurs ; elles étaient semblables à ces paroles enchantées qui tout à coup, dans le profond silence de la nuit, arrêtent au milieu de l'Olympe la lune et les étoiles*, calment la mer irritée, font taire les vents et les flots, et suspendent le cours des fleuves rapides. Mentor était, au milieu de ces peuples furieux, comme Bacchus lorsqu'il était environné des tigres, qui, oubliant leur cruauté, venaient, par la puissance de sa douce voix, lécher ses pieds, et se soumettre par leurs caresses*. D'abord il se fit un profond silence dans toute l'armée. Les chefs se regardaient les uns les autres, ne pouvant résister à cet homme, ni comprendre qui il était. Toutes les troupes, immobiles, avaient les yeux attachés sur lui. On n'osait parler, de peur qu'il n'eût encore quelque chose à dire, et qu'on ne l'empêchât d'être entendu. Quoiqu'on ne trouvât rien à ajouter aux choses qu'il avait dites, ses paroles avaient paru courtes, et on aurait souhaité qu'il eût parlé plus longtemps. Tout ce qu'il avait dit demeurait comme gravé dans tous les cœurs. En parlant, il se faisait aimer, il se faisait croire; chacun était avide, et comme suspendu, pour recueillir jusqu'aux moindres paroles qui sortaient de sa bouche.

Enfin, après un assez long silence, on entendit un bruit sourd qui se répandait peu à peu. Ce n'était plus ce bruit confus des peuples qui frémissaient dans leur indignation; c'était, au contraire, un murmure doux et favorable. On découvrait déjà sur les visages je ne sais quoi de serein et de radouci. Les Manduriens, si irrités, sentaient que les armes leur tombaient des mains. Le farouche Phalante, avec ses Lacédémoniens, fut surpris de trouver ses entrailles de fer attendries. Les autres commencèrent à soupirer après cette heureuse paix qu'on venait leur montrer. Philoctète, plus sensible qu'un autre par l'expérience de ses malheurs, ne put retenir ses larmes. Nestor, ne pouvant parler, dans le transport où ce discours venait de le mettre, embrassa tendrement Mentor, et tous ces peuples à la fois, comme si c'eût été un signal, s'écrièrent aussitôt : O sage vieillard, vous nous désarmez! la paix! la paix!

Nestor, un moment après, voulut commencer un discours; mais toutes les troupes, impatientes, craignirent qu'il ne voulût représenter quelque difficulté. La paix! la paix! s'écrièrent-elles encore une fois. On ne put leur imposer silence, qu'en faisant crier avec eux par tous les chefs de l'armée : La paix! la paix!

Nestor, voyant bien qu'il n'était pas libre de faire un discours suivi, se contenta de dire : Vous voyez, ô Mentor, ce que peut la parole d'un homme de bien. Quand la sagesse et la vertu parlent, elles calment toutes les passions. Nos justes ressentiments se changent en amitié, et en désir d'une paix durable. Nous l'acceptons telle que vous nous l'offrez. En même temps, tous les chefs tendirent les mains en signe de consentement.

Mentor courut vers la porte de la ville pour la faire ouvrir, et pour mander à Idoménée de sortir de Salente sans précaution. Cependant Nestor embrassait Télémaque, disant : O aimable fils du plus sage de tous les Grecs, puissiez-vous être aussi sage et plus heureux que lui ! N'avez-vous rien découvert sur sa destinée ? Le souvenir de votre père, à qui vous ressemblez, a servi à étouffer notre indignation. Phalante, quoique dur et farouche, quoiqu'il n'eût jamais vu Ulysse, ne laissa pas d'être touché de ses malheurs et de ceux de son fils. Déjà on pressait Télémaque de raconter ses aventures, lorsque Mentor revint avec Idoménée, et toute la jeunesse crétoise qui le suivait.

A la vue d'Idoménée, les alliés sentirent que leur courroux se rallumait ; mais les paroles de Mentor éteignirent ce feu prêt à éclater. Que tardons-nous, dit-il, à conclure cette sainte alliance, dont les dieux seront les témoins et les défenseurs ? Qu'ils la vengent, si jamais quelque impie ose la violer ; et que tous les maux horribles de la guerre, loin d'accabler les peuples fidèles et innocents, retombent sur la tête parjure et exécrable de l'ambitieux qui foulera aux pieds les droits sacrés de cette alliance. Qu'il soit détesté des dieux et des hommes ; qu'il ne jouisse jamais du fruit de sa perfidie ; que les Furies infernales, sous les figures les plus hideuses, viennent exciter sa rage et son désespoir ; qu'il tombe mort sans aucune espérance de sépulture ; que son corps soit la proie des chiens et des vautours ; et qu'il soit aux enfers, dans le profond abîme du Tartare, tourmenté à jamais plus rigoureusement que Tantale, Ixion, et les Danaïdes ! Mais plutôt que cette paix soit inébranlable comme les rochers d'Atlas qui soutient le ciel ; que tous les peuples la révèrent et goûtent ses fruits, de génération en génération ; que les noms de ceux qui l'auront jurée soient avec amour et vénération dans la bouche de nos derniers neveux ; que cette paix, fondée sur la justice et sur la bonne foi, soit le modèle de toutes les paix qui se feront à l'avenir chez toutes les nations de la terre ; et que tous les peuples qui voudront se rendre heureux en se réunissant songent à imiter les peuples de l'Hespérie !

A ces paroles, Idoménée et les autres rois jurent la paix aux conditions marquées. On donne de part et d'autre douze otages. Télémaque veut être du nombre des otages donnés par Idoménée; mais on ne peut consentir que Mentor en soit, parce que les alliés veulent qu'il demeure auprès d'Idoménée, pour répondre de sa conduite et de celle de ses conseillers, jusqu'à l'entière exécution des choses promises. On immola, entre la ville et l'armée ennemie, cent génisses blanches comme la neige, et autant de taureaux de même couleur, dont les cornes étaient dorées et ornées de festons. On entendait retentir, jusque dans les montagnes voisines, le mugissement affreux des victimes qui tombaient sous le couteau sacré. Le sang fumant ruisselait de toutes parts. On faisait couler avec abondance un vin exquis pour les libations. Les aruspices consultaient les entrailles qui palpitaient encore. Les sacrificateurs brûlaient sur les autels un encens qui formait un épais nuage, et dont la bonne odeur parfumait toute la campagne.

Cependant les soldats des deux partis, cessant de se regarder d'un œil ennemi, commençaient à s'entretenir sur leurs aventures. Ils se délassaient déjà de leurs travaux, et goûtaient par avance les douceurs de la paix. Plusieurs de ceux qui avaient suivi Idoménée au siége de Troie reconnurent ceux de Nestor qui avaient combattu dans la même guerre. Ils s'embrassaient avec tendresse, et se racontaient mutuellement tout ce qui leur était arrivé depuis qu'ils avaient ruiné la superbe ville qui était l'ornement de toute l'Asie. Déjà ils se couchaient sur l'herbe, se couronnaient de fleurs, et buvaient ensemble le vin qu'on apportait de la ville dans de grands vases, pour célébrer une si heureuse journée*.

Tout à coup Mentor dit aux rois et aux capitaines assemblés : Désormais, sous divers noms et sous divers chefs, vous ne ferez plus qu'un seul peuple. C'est ainsi que les justes dieux, amateurs des hommes, qu'ils ont formés, veulent être le lien éternel de leur parfaite concorde. Tout le genre humain n'est qu'une famille dispersée sur la face de toute la terre. Tous les peuples sont frères, et doivent s'aimer comme tels. Malheur à ces impies qui cherchent une gloire cruelle dans le sang de leurs frères, qui est leur propre sang! La guerre est quelquefois nécessaire, il est vrai; mais c'est la honte du genre humain, qu'elle soit inévitable en certaines occasions. O rois, ne dites point qu'on doit la désirer pour acquérir de la gloire : la vraie gloire ne se trouve point hors de l'humanité. Quiconque préfère sa propre gloire aux sentiments de l'humanité est un monstre d'orgueil, et non pas un homme : il ne parviendra même qu'à une fausse gloire; car la vraie ne se trouve que dans la modération et dans la bonté. On pourra le flatter pour contenter sa vanité folle; mais on dira toujours de lui en secret, quand on voudra parler sincèrement : Il a d'autant moins mérité la gloire, qu'il l'a désirée avec une passion injuste. Les hommes ne doivent point l'estimer, puisqu'il a si peu estimé les hommes, et qu'il a prodigué leur sang par une brutale vanité. Heureux le roi qui aime son peuple, qui en est aimé, qui se confie en ses voisins, et qui a leur confiance; qui, loin de leur faire la guerre, les empêche de l'avoir entre eux, et qui fait envier à toutes les nations étrangères le bonheur qu'ont ses sujets de l'avoir pour roi! Songez donc à vous rassembler de temps en temps, ô vous qui gouvernez les puissantes villes de l'Hespérie. Faites de trois ans en trois ans une assemblée générale, où tous les rois qui sont ici présents se trouvent pour renouveler l'alliance par un nouveau serment, pour raffermir l'amitié promise, et pour délibérer sur tous les intérêts communs. Tandis que vous serez unis, vous aurez au dedans de ce beau pays la paix, la gloire et l'abondance; au dehors vous serez toujours invincibles. Il n'y a que la Discorde, sortie de l'enfer pour tourmenter les hommes insensés, qui puisse troubler la félicité que les dieux vous préparent.

Nestor lui répondit : Vous voyez, par la facilité avec laquelle nous faisons la paix, combien nous sommes éloignés de vouloir faire la guerre par une vaine gloire, ou par l'injuste avidité de nous agrandir au préjudice de nos voisins. Mais que peut-on faire quand on se trouve auprès d'un prince violent, qui ne connaît point d'autre loi que son intérêt, et qui ne perd aucune occasion d'envahir les terres des autres États? Ne croyez pas que je parle d'Idoménée ; non, je n'ai plus de lui cette pensée : c'est Adraste, roi des Dauniens, de qui nous avons tout à craindre. Il méprise les dieux, et croit que tous les hommes qui sont sur la terre ne sont nés que pour servir à sa gloire par leur servitude. Il ne veut point de sujets dont il soit le roi et le père ; il veut des esclaves et des adorateurs ; il se fait rendre les honneurs divins. Jusqu'ici l'aveugle fortune a favorisé ses plus injustes entreprises. Nous nous étions hâtés de venir attaquer Salente, pour nous défaire du plus faible de nos ennemis, qui ne commençait qu'à s'établir sur cette côte, afin de tourner ensuite nos armes contre cet autre ennemi plus puissant. Il a déjà pris plusieurs villes de nos alliés. Ceux de Crotone ont perdu contre lui deux batailles. Il se sert de toutes sortes de moyens pour contenter son ambition : la force et l'artifice, tout lui est égal, pourvu qu'il accable ses ennemis. Il a amassé de grands trésors ; ses troupes sont disciplinées et aguerries ; ses capitaines sont expérimentés ; il est bien servi ; il veille lui-même sans cesse sur tous ceux qui agissent par ses ordres. Il punit sévèrement les moindres fautes, et récompense avec libéralité les services qu'on lui rend. Sa valeur soutient et anime celle de toutes ses troupes. Ce serait un roi accompli, si la justice et la bonne foi réglaient sa conduite ; mais il ne craint ni les dieux, ni le reproche de sa conscience. Il compte même pour rien la réputation ; il la regarde comme un vain fantôme qui ne doit arrêter que les esprits faibles. Il ne compte pour un bien solide et réel, que l'avantage de posséder de grandes richesses, d'être craint, et de fouler à ses pieds tout le genre humain. Bientôt son armée paraîtra sur nos terres ; et, si l'union de tant de peuples ne nous met en état de lui résister, toute espérance de liberté nous sera ôtée. C'est l'intérêt d'Idoménée, aussi bien que le nôtre, de s'opposer à ce voisin, qui ne peut souffrir rien de libre dans son voisinage. Si nous étions vaincus, Salente serait menacée du même malheur. Hâtons-nous donc tous ensemble de le prévenir.

Pendant que Nestor parlait ainsi, on s'avançait vers la ville, car Idoménée avait prié tous les rois et tous les principaux chefs d'y entrer pour y passer la nuit.

LIVRE DIXIÈME.

SOMMAIRE.

Nestor, au nom des alliés, demande des secours à Idoménée contre les Dauniens, leurs ennemis. — Idoménée leur promet des troupes. — Mentor le désapprouve de s'être engagé dans une nouvelle guerre. — Éclairé par ce sage conseil, Idoménée persuade aux alliés qu'il leur suffira d'avoir dans leur armée Télémaque avec cent jeunes Crétois. — Après le départ de Télémaque, Mentor examine en détail la ville et le royaume de Salente, l'état de son commerce et toutes les parties de l'administration. — Il fait faire à Idoménée de nouveaux règlements pour le commerce et pour la police ; lui fait partager en sept classes le peuple dont il désigne les rangs par la diversité des costumes ; lui fait proscrire le luxe et les arts inutiles pour appliquer les artisans au commerce et surtout à l'agriculture qu'il remet en honneur. — Heureux effets de cette réforme.

Cependant toute l'armée des alliés dressait ses tentes, et la campagne était déjà couverte de riches pavillons de toutes sortes de couleurs, où les Hespériens fatigués attendaient le sommeil. Quand les rois, avec leur suite, furent entrés dans la ville, ils parurent étonnés qu'en si peu de temps on eût pu faire tant de bâtiments magnifiques, et que l'embarras d'une si grande guerre n'eût point empêché cette ville naissante de croître et de s'embellir tout à coup.

On admira la sagesse et la vigilance d'Idoménée, qui avait fondé un si beau royaume ; et chacun concluait que, la paix étant faite avec lui, les alliés seraient bien puissants s'il entrait dans leur ligue contre les Dauniens. On proposa à Idoménée d'y entrer ; il ne put rejeter une si juste proposition, et il promit des troupes. Mais comme Mentor n'ignorait rien de tout ce qui est nécessaire pour rendre un État florissant, il comprit que les forces d'Idoménée ne pouvaient pas être aussi grandes qu'elles le paraissaient ; il le prit en particulier, et lui parla ainsi :

Vous voyez que nos soins ne vous ont pas été inutiles. Salente est garantie des malheurs qui la menaçaient. Il ne tient plus qu'à vous d'en élever jusqu'au ciel la gloire, et d'égaler la sagesse de Minos votre aïeul, dans le gouvernement de vos peuples. Je continue à vous parler librement, supposant que vous le voulez, et que vous détestez toute flatterie. Pendant que ces rois ont loué votre magnificence, je pensais en moi-même à la témérité de votre conduite. A ce mot de témérité, Idoménée changea de visage, ses yeux se troublèrent, il rougit, et peu s'en fallut qu'il n'interrompît Mentor pour lui témoigner son ressentiment. Mentor lui dit d'un ton modeste et respectueux, mais libre et hardi : Ce mot de témérité vous choque, je le vois bien : tout autre que moi aurait eu tort de s'en servir ; car il faut respecter les rois, et ménager leur délicatesse, même en les reprenant. La vérité par elle-même les blesse assez, sans y ajouter des termes forts ; mais j'ai cru que vous pourriez souffrir que je vous parlasse sans adoucissement pour vous découvrir votre faute. Mon dessein a été de vous accoutumer à entendre nommer les choses par leur nom, et à comprendre que quand les autres vous donneront des conseils sur votre conduite, ils n'oseront jamais vous dire tout ce qu'ils penseront. Il faudra, si vous voulez n'y être point trompé, que vous compreniez toujours plus qu'ils ne vous diront sur les choses qui vous seront désavantageuses. Pour moi, je veux bien adoucir mes paroles selon votre besoin ; mais il vous est utile qu'un homme sans intérêt et sans conséquence vous parle en secret un langage dur. Nul autre n'osera jamais vous le parler : vous ne verrez la vérité qu'à demi, et sous de belles enveloppes.

A ces mots, Idoménée, déjà revenu de sa première promptitude, parut honteux de sa délicatesse. Vous voyez, dit-il à Mentor, ce que fait l'habitude d'être flatté. Je vous dois le salut de mon nouveau royaume ; il n'y a aucune vérité que je ne me croie heureux d'entendre de votre bouche ; mais ayez pitié d'un roi que la flatterie avait empoisonné, et qui n'a pu, même dans ses malheurs, trouver des hommes assez généreux pour lui dire la vérité. Non, je n'ai jamais trouvé personne qui m'ait assez aimé pour vouloir me déplaire en me disant la vérité tout entière.

En disant ces paroles, les larmes lui vinrent aux yeux, et il embrassait tendrement Mentor. Alors ce sage vieillard lui dit : C'est avec douleur que je me vois contraint de vous dire des choses dures; mais puis-je vous trahir en vous cachant la vérité? Mettez-vous en ma place. Si vous avez été trompé jusqu'ici, c'est que vous avez bien voulu l'être; c'est que vous avez craint des conseillers trop sincères. Avez-vous cherché les gens les plus désintéressés, et les plus propres à vous contredire? Avez-vous pris soin de faire parler les hommes les moins empressés à vous plaire, les plus désintéressés dans leur conduite, les plus capables de condamner vos passions et vos sentiments injustes? Quand vous avez trouvé des flatteurs, les avez-vous écartés? vous en êtes-vous défié? Non, non, vous n'avez point fait ce que font ceux qui aiment la vérité, et qui méritent de la connaître. Voyons si vous aurez maintenant le courage de vous laisser humilier par la vérité qui vous condamne.

Je disais donc que ce qui vous attire tant de louanges ne mérite que d'être blâmé. Pendant que vous aviez au dehors tant d'ennemis qui menaçaient votre royaume encore mal établi, vous ne songiez au dedans de votre nouvelle ville qu'à y faire des ouvrages magnifiques. C'est ce qui vous a coûté tant de mauvaises nuits, comme vous me l'avez avoué vous-même. Vous avez épuisé vos richesses; vous n'avez songé ni à augmenter votre peuple, ni à cultiver les terres fertiles de cette côte. Ne fallait-il pas regarder ces deux choses comme les deux fondements essentiels de votre puissance : avoir beaucoup de bons hommes, et des terres bien cultivées pour les nourrir? Il fallait une longue paix dans ces commencements, pour favoriser la multiplication de votre peuple. Vous ne deviez songer qu'à l'agriculture et à l'établissement des plus sages lois. Une vaine ambition vous a poussé jusques au bord du précipice. A force de vouloir paraître grand, vous avez pensé ruiner votre véritable grandeur. Hâtez-vous de réparer ces fautes; suspendez tous vos grands ouvrages; renoncez à ce faste qui ruinerait votre nouvelle ville; laissez en paix respirer vos peuples; appliquez-vous à les mettre dans l'abondance, pour faciliter les mariages. Sachez que vous n'êtes roi qu'autant que vous avez des peuples à gouverner, et que votre puissance doit se mesurer, non par l'étendue des terres que vous occuperez, mais par le nombre des hommes qui habiteront ces terres, et qui seront attachés à vous obéir. Possédez une bonne terre, quoique médiocre en étendue; couvrez-la de peuples innombrables, laborieux et disciplinés; faites que ces peuples vous aiment : vous êtes plus puissant, plus heureux, plus rempli de gloire, que tous les conquérants qui ravagent tant de royaumes.

Que ferai-je donc à l'égard de ces rois? répondit Idoménée; leur avouerai-je ma faiblesse? Il est vrai que j'ai négligé l'agriculture, et même le commerce, qui m'est si facile sur cette côte : je n'ai songé qu'à faire une ville magnifique. Faudra-t-il donc, mon cher Mentor, me déshonorer dans l'assemblée de tant de rois, et découvrir mon imprudence? S'il le faut, je le veux; je le ferai sans hésiter, quoi qu'il m'en coûte; car vous m'avez appris qu'un vrai roi, qui est fait pour ses peuples, et qui se doit tout entier à eux, doit préférer le salut de son royaume à sa propre réputation.

Ce sentiment est digne du père des peuples, reprit Mentor; c'est à cette bonté, et non à la vaine magnificence de votre ville, que je reconnais en vous le cœur d'un vrai roi. Mais il faut ménager votre honneur, pour l'intérêt même de votre royaume. Laissez-moi faire; je vais faire entendre à ces rois que vous vous êtes engagé à rétablir Ulysse, s'il est encore vivant, ou du moins son fils, dans la puissance royale, à Ithaque, et que vous voulez en chasser par force tous les amants de Pénélope. Ils n'auront pas de peine à comprendre que cette guerre demande des troupes nombreuses. Ainsi, ils consentiront que vous ne leur donniez d'abord qu'un faible secours contre les Dauniens.

A ces mots, Idoménée parut comme un homme qu'on soulage d'un fardeau accablant. Vous sauvez, cher ami, dit-il à Mentor, mon honneur, et la réputation de cette ville naissante, dont vous cacherez l'épuisement à tous mes voisins. Mais quelle apparence de dire que je veux envoyer des troupes à Ithaque pour y rétablir Ulysse, ou du moins Télémaque son fils, pendant que Télémaque lui-même est engagé à aller à la guerre contre les Dauniens?

Ne soyez point en peine, répliqua Mentor; je ne dirai rien que de vrai. Les vaisseaux que vous enverrez pour l'établissement de votre commerce iront sur la côte d'Épire: ils feront à la fois deux choses : l'une, de rappeler sur votre côte les marchands étrangers, que les trop grands impôts éloignaient de Salente; l'autre, de chercher des nouvelles d'Ulysse. S'il est encore vivant, il faut qu'il ne soit pas loin de ces mers qui divisent la Grèce d'avec l'Italie; et on assure qu'on l'a vu chez les Phéaciens. Quand même il n'y aurait plus aucune espérance de le revoir, vos vaisseaux rendront un signalé service à son fils : ils répandront dans Ithaque et dans tous les pays voisins la terreur du nom du jeune Télémaque, qu'on croyait mort comme son père. Les amants de Pénélope seront étonnés d'apprendre qu'il est prêt à revenir avec le secours d'un puissant allié. Les Ithaciens n'oseront secouer le joug. Pénélope sera consolée, et refusera toujours de choisir un nouvel époux. Ainsi vous servirez Télémaque, pendant qu'il sera en votre place avec les alliés de cette côte d'Italie contre les Dauniens.

A ces mots, Idoménée s'écria : Heureux le roi qui est soutenu par de sages conseils ! Un ami sage et fidèle vaut mieux à un roi, que des armées victorieuses. Mais doublement heureux le roi qui sent son bonheur, et qui en sait profiter par le bon usage des sages conseils ! car souvent il arrive qu'on éloigne de sa confiance les hommes sages et vertueux dont on craint la vertu, pour prêter l'oreille à des flatteurs dont on ne craint point la trahison. Je suis moi-même tombé dans cette faute, et je vous raconterai tous les malheurs qui me sont venus par un faux ami, qui flattait mes passions dans l'espérance que je flatterais à mon tour les siennes.

Mentor fit aisément entendre aux rois alliés qu'Idoménée devait se charger des affaires de Télémaque, pendant que celui-ci irait avec eux. Ils se contentèrent d'avoir dans leur armée le jeune fils d'Ulysse avec cent jeunes Crétois qu'Idoménée lui donna pour l'accompagner; c'était la fleur de la jeune noblesse que ce roi avait emmenée de Crète. Mentor lui avait conseillé de les envoyer dans cette guerre. Il faut, disait-il, avoir soin, pendant la paix, de multiplier le peuple; mais, de peur que toute la nation ne s'amollisse, et ne tombe dans l'ignorance de la guerre, il faut envoyer dans les guerres étrangères la jeune noblesse. Ceux-là suffisent pour entretenir toute la nation dans une émulation de gloire, dans l'amour des armes, dans le mépris des fatigues et de la mort même, enfin dans l'expérience de l'art militaire.

Les rois alliés partirent de Salente contents d'Idoménée, et charmés de la sagesse de Mentor : ils étaient pleins de joie de ce qu'ils emmenaient avec eux Télémaque. Celui-ci ne put modérer sa douleur quand il fallut se séparer de son ami. Pendant que les rois alliés faisaient leurs adieux, et juraient à Idoménée qu'ils garderaient avec lui une éternelle alliance, Mentor tenait Télémaque serré entre ses bras, et se sentait arrosé de ses larmes. Je suis insensible, disait Télémaque, à la joie d'aller acquérir de la gloire, et je ne suis touché que de la douleur de notre séparation. Il me semble que je vois encore ce temps infortuné, où les Égyptiens m'arrachèrent d'entre vos bras, et m'éloignèrent de vous sans me laisser aucune espérance de vous revoir.

Mentor répondait à ces paroles avec douceur, pour le consoler. Voici, lui disait-il, une séparation bien différente : elle est volontaire, elle sera courte ; vous allez chercher la victoire. Il faut, mon fils, que vous m'aimiez d'un amour moins tendre et plus courageux : accoutumez-vous à mon absence ; vous ne m'aurez pas toujours : il faut que ce soit la sagesse et la vertu, plutôt que la présence de Mentor, qui vous inspirent ce que vous devez faire.

En disant ces mots, la déesse, cachée sous la figure de Mentor, couvrait Télémaque de son égide ; elle répandait au dedans de lui l'esprit de sagesse et de prévoyance, la valeur intrépide et la douce modération, qui se trouvent si rarement ensemble. Allez, disait Mentor, au milieu des plus grands périls, toutes les fois qu'il sera utile que vous y alliez. Un prince se déshonore encore plus en évitant les dangers dans les combats, qu'en n'allant jamais à la guerre. Il ne faut point que le courage de celui qui commande aux autres puisse être douteux. S'il est nécessaire à un peuple de conserver son chef ou son roi, il lui est encore plus nécessaire de ne le voir point dans une réputation douteuse sur la valeur. Souvenez-vous que celui qui commande doit être le modèle de tous les autres ; son exemple doit animer toute l'armée. Ne craignez donc aucun danger, ô Télémaque, et périssez dans les combats plutôt que de faire douter de votre courage. Les flatteurs qui auront le plus d'empressement pour vous empêcher de vous exposer au péril dans les occasions nécessaires, seront les premiers à dire en secret que vous manquez de cœur, s'ils vous trouvent facile à arrêter dans ces occasions.

Mais aussi n'allez pas chercher les périls sans utilité. La valeur ne peut être une vertu qu'autant qu'elle est réglée par la prudence : autrement, c'est un mépris insensé de la vie, et une ardeur brutale. La valeur emportée n'a rien de sûr : celui qui ne se possède point dans les dangers est plutôt fougueux que brave ; il a besoin d'être hors de lui pour se mettre au-dessus de la crainte, parce qu'il ne peut la surmonter par la situation naturelle de son cœur. En cet état, s'il ne fuit pas, du moins il se trouble ; il perd la liberté de son esprit, qui lui serait nécessaire pour donner de bons ordres, pour profiter des occasions, pour renverser les ennemis, et pour servir sa patrie. S'il a toute l'ardeur d'un soldat, il n'a point le discernement d'un capitaine. Encore même n'a-t-il pas le vrai courage d'un simple soldat ; car le soldat doit conserver dans le combat la présence d'esprit et la modération nécessaire pour obéir. Celui qui s'expose témérairement trouble l'ordre et la discipline des troupes, donne un exemple de témérité, et expose souvent l'armée entière à de grands malheurs. Ceux qui préfèrent leur vaine ambition à la sûreté de la cause commune méritent des châtiments, et non des récompenses.

Gardez-vous donc bien, mon cher fils, de chercher la gloire avec impatience. Le vrai moyen de la trouver est d'attendre tranquillement l'occasion favorable. La vertu se fait d'autant plus révérer, qu'elle se montre plus simple, plus modeste, plus ennemie de tout faste. C'est à mesure que la nécessité de s'exposer au péril augmente, qu'il faut aussi de nouvelles ressources de prévoyance et de courage qui aillent toujours croissant. Au reste, souvenez-vous qu'il ne faut s'attirer l'envie de personne. De votre côté, ne soyez point jaloux du succès des autres. Louez-les pour tout ce qui mérite quelque louange ; mais louez avec discernement : disant le bien avec plaisir, cachez le mal, et n'y pensez qu'avec douleur. Ne décidez point devant ces anciens capitaines qui ont toute l'expérience que vous ne pouvez avoir : écoutez-les avec déférence ; consultez-les ; priez les plus habiles de vous instruire ; et n'ayez point de honte d'attribuer à leurs instructions tout ce que vous ferez de meilleur. Enfin, n'écoutez jamais les discours par lesquels on voudra exciter votre défiance ou votre jalousie contre les chefs. Parlez-leur avec confiance et ingénuité. Si vous croyez qu'ils aient manqué à votre égard, ouvrez-leur votre cœur, expliquez-leur toutes vos raisons. S'ils sont capables de sentir la noblesse de cette conduite, vous les charmerez, et vous tirerez d'eux tout ce que vous aurez sujet d'en attendre. Si au contraire ils ne sont pas assez raisonnables pour entrer dans vos sentiments, vous serez instruit par vous-même de ce qu'il y aura en eux d'injuste à souffrir ; vous prendrez vos mesures pour ne vous plus commettre jusqu'à ce que la guerre finisse, et vous n'aurez rien à vous reprocher. Mais surtout ne dites jamais à certains flatteurs, qui sèment la division, les sujets de peine que vous croirez avoir contre les chefs de l'armée où vous serez.

Je demeurerai ici, continua Mentor, pour secourir Idoménée dans le besoin où il est de travailler au bonheur de ses peuples, et pour achever de lui faire réparer les fautes que les mauvais conseils et les flatteurs lui ont fait commettre dans l'établissement de son nouveau royaume.

Alors Télémaque ne put s'empêcher de témoigner à Mentor quelque surprise, et même quelque mépris, pour la conduite d'Idoménée. Mais Mentor l'en reprit d'un ton sévère. Êtes-vous étonné, lui dit-il, de ce que les hommes les plus estimables sont encore hommes, et montrent encore quelques restes des faiblesses de l'humanité parmi les pièges innombrables et les embarras inséparables de la royauté ? Idoménée, il est vrai, a été nourri dans des idées de faste et de hauteur ; mais quel philosophe pourrait se défendre de la flatterie, s'il avait été en sa place ? il est vrai qu'il s'est laissé trop prévenir par ceux qui ont eu sa confiance ; mais les plus sages rois sont souvent trompés, quelques précautions qu'ils prennent pour ne l'être pas. Un roi ne peut se passer de ministres qui le soulagent et en qui il se confie, puisqu'il ne peut tout faire. D'ailleurs, un roi connaît beaucoup moins que les particuliers les hommes qui l'environnent : on est toujours masqué auprès de lui ; on épuise toutes sortes d'artifices pour le tromper. Hélas ! cher Télémaque, vous ne l'éprouverez que trop ! On ne trouve point dans les hommes ni les vertus ni les talents qu'on y cherche. On a beau les étudier et les approfondir, on s'y mécompte tous les jours. On ne vient même jamais à bout de faire, des meilleurs hommes, ce qu'on aurait besoin d'en faire pour le bien public. Ils ont leurs entêtements, leurs incompatibilités, leurs jalousies. On ne les persuade ni on ne les corrige guère.

Plus on a de peuples à gouverner, plus il faut de ministres, pour faire par eux ce qu'on ne peut faire soi-même ; et plus on a besoin d'hommes à qui on confie l'autorité, plus on est exposé à se tromper dans de tels choix. Tel critique aujourd'hui impitoyablement les rois qui gouvernerait demain beaucoup moins bien qu'eux, et qui ferait les mêmes fautes, avec d'autres infiniment plus grandes, si on lui confiait la même puissance. La condition privée, quand on y joint un peu d'esprit pour bien parler, couvre tous les défauts naturels, relève des talents éblouissants, et fait paraître un homme digne de toutes les places dont il est éloigné. Mais c'est l'autorité qui met tous les talents à une rude épreuve, et qui découvre de grands défauts.

La grandeur est comme certains verres qui grossissent tous les objets. Tous les défauts paraissent croître dans ces hautes places, où les moindres choses ont de grandes conséquences, et où les plus légères fautes ont de violents contre-coups. Le monde entier est occupé à observer un seul homme à toute heure, et à le juger en toute rigueur. Ceux qui le jugent n'ont aucune expérience de l'état où il est. Ils n'en sentent point les difficultés, et ils ne veulent plus qu'il soit homme, tant ils exigent de perfection de lui. Un roi, quelque bon et sage qu'il soit, est encore homme. Son esprit a des bornes, et sa vertu en a aussi. Il a de l'humeur, des passions, des habitudes, dont il n'est pas tout à fait le maître. Il est obsédé par des gens intéressés et artificieux ; il ne trouve point les secours qu'il cherche. Il tombe chaque jour dans quelque mécompte, tantôt par ses passions et tantôt par celles de ses ministres.

A peine a-t-il réparé une faute, qu'il retombe dans une autre. Telle est la condition des rois les plus éclairés et les plus vertueux.

Les plus longs et les meilleurs règnes sont trop courts et trop imparfaits, pour réparer à la fin ce qu'on a gâté, sans le vouloir, dans les commencements. La royauté porte avec elle toutes ces misères; l'impuissance humaine succombe sous un fardeau si accablant. Il faut plaindre les rois et les excuser. Ne sont-ils pas à plaindre d'avoir à gouverner tant d'hommes, dont les besoins sont infinis, et qui donnent tant de peine à ceux qui veulent les bien gouverner? Pour parler franchement, les hommes sont fort à plaindre d'avoir à être gouvernés par un roi qui n'est qu'un homme semblable à eux; car il faudrait des dieux pour redresser les hommes. Mais les rois ne sont pas moins à plaindre, n'étant qu'hommes, c'est-à-dire faibles et imparfaits, d'avoir à gouverner cette multitude innombrable d'hommes corrompus et trompeurs.

Télémaque répondit avec vivacité : Idoménée a perdu, par sa faute, le royaume de ses ancêtres en Crète; et, sans vos conseils, il en aurait perdu un second à Salente.

J'avoue, reprit Mentor, qu'il a fait de grandes fautes; mais cherchez dans la Grèce, et dans tous les autres pays les mieux policés, un roi qui n'en ait point fait d'inexcusables. Les plus grands hommes ont, dans leur tempérament et dans le caractère de leur esprit, des défauts qui les entraînent; et les plus louables sont ceux qui ont le courage de connaître et de réparer leurs égarements. Pensez-vous qu'Ulysse, le grand Ulysse votre père, qui est le modèle des rois de la Grèce, n'ait pas aussi ses faiblesses ni ses défauts? Si Minerve ne l'eût conduit pas à pas, combien de fois aurait-il succombé dans les périls et dans les embarras où la fortune s'est jouée de lui! Combien de fois Minerve l'a-t-elle retenu ou redressé, pour le conduire toujours à la gloire par le chemin de la vertu! N'attendez pas même, quand vous le verrez régner avec tant de gloire à Ithaque, de le trouver sans imperfections; vous lui en verrez, sans doute. La Grèce, l'Asie, et toutes les îles des mers, l'ont admiré malgré ces défauts; mille qualités merveilleuses les font oublier. Vous serez trop heureux de pouvoir l'admirer aussi, et de l'étudier sans cesse comme votre modèle.

Accoutumez-vous donc, ô Télémaque, à n'attendre des plus grands hommes que ce que l'humanité est capable de faire. La jeunesse, sans expérience, se livre à une critique présomptueuse, qui la dégoûte de tous les modèles qu'elle a besoin de suivre, et qui la jette dans une indocilité incurable. Non-seulement vous devez aimer, respecter, imiter votre père, quoiqu'il ne soit point parfait; mais encore vous devez avoir une haute estime pour Idoménée, malgré tout ce que j'ai repris en lui. Il est naturellement sincère, droit, équitable, libéral, bienfaisant; sa valeur est parfaite; il déteste la fraude quand il la connaît, et qu'il suit librement la véritable pente de son cœur. Tous ses talents extérieurs sont grands, et proportionnés à sa place. Sa simplicité à avouer son tort; sa douceur, sa patience pour se laisser dire par moi les choses les plus dures; son courage contre lui-même pour réparer publiquement ses fautes, et pour se mettre par là au-dessus de toute la critique des hommes, montrent une âme véritablement grande. Le bonheur, ou le conseil d'autrui, peuvent préserver de certaines fautes un homme très-médiocre; mais il n'y a qu'une vertu extraordinaire qui puisse engager un roi, si longtemps séduit par la flatterie, à réparer son tort. Il est bien plus glorieux de se relever ainsi, que de n'être jamais tombé. Idoménée a fait les fautes que presque tous les rois font; mais presque aucun roi ne fait, pour se corriger, ce qu'il vient de faire. Pour moi, je ne pouvais me lasser de l'admirer dans les moments mêmes où il me permettait de le contredire. Admirez-le aussi, mon cher Télémaque : c'est moins pour sa réputation que pour votre utilité que je vous donne ce conseil.

Mentor fit sentir à Télémaque, par ce discours, combien il est dangereux d'être injuste en se laissant aller à une critique rigoureuse contre les autres hommes, et surtout contre ceux qui sont chargés des embarras et des difficultés du gouvernement. Ensuite il lui dit : Il est temps que vous partiez; adieu : je vous attendrai. O mon cher Télémaque, souvenez-vous que ceux qui craignent les dieux n'ont rien à craindre des hommes. Vous vous trouverez dans les plus extrêmes périls ; mais sachez que Minerve ne vous abandonnera point.

A ces mots, Télémaque crut sentir la présence de la déesse *, et il eût même reconnu que c'était elle qui parlait pour le remplir de confiance, si la déesse n'eût rappelé l'idée de Mentor, en lui disant : N'oubliez pas, mon fils, tous les soins que j'ai pris, pendant votre enfance, pour vous rendre sage et courageux comme votre père. Ne faites rien qui ne soit digne de ses grands exemples, et des maximes de vertu que j'ai tâché de vous inspirer.

Le soleil se levait déjà, et dorait le sommet des montagnes, quand les rois sortirent de Salente pour rejoindre leurs troupes. Ces troupes, campées autour de la ville, se mirent en marche sous leurs commandants. On voyait de tous côtés briller le fer des piques hérissées ; l'éclat des boucliers éblouissait les yeux ; un nuage de poussière s'élevait jusqu'aux nues. Idoménée, avec Mentor, conduisait dans la campagne les rois alliés, et s'éloignait des murs de la ville. Enfin, ils se séparèrent, après s'être donné de part et d'autre les marques d'une vraie amitié ; et les alliés ne doutèrent plus que la paix ne fût durable, lorsqu'ils connurent la bonté du cœur d'Idoménée, qu'on leur avait représenté bien différent de ce qu'il était : c'est qu'on jugeait de lui, non par ses sentiments naturels, mais par les conseils flatteurs et injustes auxquels il s'était livré.

Après que l'armée fut partie, Idoménée mena Mentor dans tous les quartiers de la ville. Voyons, disait Mentor, combien vous avez d'hommes et dans la ville et dans la campagne voisine ; faisons-en le dénombrement. Examinons aussi combien vous avez de laboureurs parmi ces hommes. Voyons combien vos terres portent, dans les années médiocres, de blé, de vin, d'huile, et des autres choses utiles : nous saurons par cette voie si la terre fournit de quoi nourrir tous ses habitants, et si elle produit encore de quoi faire un commerce utile de son superflu avec les pays étrangers. Examinons aussi combien vous avez de vaisseaux et de matelots ; c'est par là qu'il faut juger de votre puissance. Il alla visiter le port, et entra dans chaque vaisseau. Il s'informa des pays où chaque vaisseau allait pour le commerce ; quelles marchandises il y apportait ; celles qu'il prenait au retour ; quelle était la dépense du vaisseau pendant la navigation ; les prêts que les marchands se faisaient les uns aux autres ; les sociétés qu'ils faisaient entre eux, pour savoir si elles étaient équitables et fidèlement observées ; enfin, les hasards des naufrages et les autres malheurs du commerce, pour prévenir la ruine des marchands, qui, par l'avidité du gain, entreprennent souvent des choses qui sont au delà de leurs forces.

Il voulut qu'on punît sévèrement toutes les banqueroutes, parce que celles qui sont exemptes de mauvaise foi ne le sont presque jamais de témérité. En même temps, il fit des règles pour faire en sorte qu'il fût aisé de ne faire jamais banqueroute. Il établit des magistrats à qui les marchands rendaient compte de leurs effets, de leurs profits, de leur dépense, et de leurs entreprises. Il ne leur était jamais permis de risquer le bien d'autrui, et ils ne pouvaient même risquer que la moitié du leur. De plus, ils faisaient en société les entreprises qu'ils ne pouvaient faire seuls ; et la police de ces sociétés était inviolable, par la rigueur des peines imposées à ceux qui ne les suivraient pas. D'ailleurs, la liberté du commerce était entière : bien loin de le gêner par des impôts, on promettait une récompense à tous les marchands qui pourraient attirer à Salente le commerce de quelque nouvelle nation.

Ainsi les peuples y accoururent bientôt en foule de toutes parts. Le commerce de cette ville était semblable au flux et au reflux de la mer. Les trésors y entraient comme les flots viennent l'un sur l'autre *. Tout y était apporté et tout en sortait librement. Tout ce qui entrait était utile ; tout ce qui sortait laissait, en sortant, d'autres richesses en sa place. La justice sévère présidait dans le port, au milieu de tant de nations. La franchise, la bonne foi, la candeur, semblaient, du haut de ces superbes tours, appeler les marchands des terres les plus éloignées : chacun de ces marchands, soit qu'il vînt des rives orientales où le soleil sort chaque jour du sein des ondes, soit qu'il fût parti de cette grande mer où le soleil, lassé de son cours, va éteindre ses feux, vivait paisible et en sûreté dans Salente comme dans sa patrie.

Pour le dedans de la ville, Mentor visita tous les magasins, toutes les boutiques d'artisans, et toutes les places publiques. Il défendit toutes les marchandises de pays étrangers qui pouvaient introduire le luxe et la mollesse. Il régla les habits, la nourriture, les meubles, la grandeur et l'ornement des maisons, pour toutes les conditions différentes. Il bannit tous les ornements d'or et d'argent; et il dit à Idoménée : Je ne connais qu'un seul moyen pour rendre votre peuple modeste dans sa dépense, c'est que vous lui en donniez vous-même l'exemple. Il est nécessaire que vous ayez une certaine majesté dans votre extérieur; mais votre autorité sera assez marquée par vos gardes et par les principaux officiers qui vous environnent. Contentez-vous d'un habit de laine très-fine, teinte en pourpre; que les principaux de l'État, après vous, soient vêtus de la même laine, et que toute la différence ne consiste que dans la couleur et dans une légère broderie d'or que vous aurez sur le bord de votre habit. Les différentes couleurs serviront à distinguer les différentes conditions, sans avoir besoin ni d'or, ni d'argent, ni de pierreries.

Réglez les conditions par la naissance. Mettez au premier rang ceux qui ont une noblesse plus ancienne et plus éclatante. Ceux qui auront le mérite et l'autorité des emplois seront assez contents de venir après ces anciennes et illustres familles, qui sont dans une si longue possession des premiers honneurs. Les hommes qui n'ont pas la même noblesse leur céderont sans peine, pourvu que vous ne les accoutumiez point à se méconnaître dans une trop prompte et trop haute fortune, et que vous donniez des louanges à la modération de ceux qui seront modestes dans la prospérité. La distinction la moins exposée à l'envie est celle qui vient d'une longue suite d'ancêtres. Pour la vertu, elle sera assez excitée, et on aura assez d'empressement à servir l'État, pourvu que vous donniez des couronnes et des statues aux belles actions, et que ce soit un commencement de noblesse pour les enfants de ceux qui les auront faites.

Les personnes du premier rang, après vous, seront vêtues de blanc, avec une frange d'or au bas de leurs habits. Ils auront au doigt un anneau d'or, et au cou une médaille d'or avec votre portrait. Ceux du second rang seront vêtus de bleu : ils porteront une frange d'argent, avec l'anneau, et point de médaille ; les troisièmes, de vert, sans anneau et sans frange, mais avec la médaille d'argent ; les quatrièmes, d'un jaune d'aurore ; les cinquièmes, d'un rouge pâle ou de rose ; les sixièmes, de gris de lin ; et les septièmes, qui seront les derniers du peuple, d'une couleur mêlée de jaune et de blanc. Voilà les habits de sept conditions différentes pour les hommes libres. Tous les esclaves seront vêtus de gris-brun. Ainsi, sans aucune dépense, chacun sera distingué suivant sa condition, et on bannira de Salente tous les arts qui ne servent qu'à entretenir le faste. Tous les artisans qui seraient employés à ces arts pernicieux serviront ou aux arts nécessaires, qui sont en petit nombre, ou au commerce, ou à l'agriculture. On ne souffrira jamais aucun changement, ni pour la nature des étoffes, ni pour la forme des habits ; car il est indigne que des hommes, destinés à une vie sérieuse et noble, s'amusent à inventer des parures affectées, ni qu'ils permettent que leurs femmes, à qui ces amusements seraient moins honteux, tombent jamais dans cet excès.

Mentor, semblable à un habile jardinier qui retranche dans ses arbres fruitiers le bois inutile, tâchait ainsi de retrancher le faste inutile qui corrompait les mœurs : il ramenait toutes choses à une noble et frugale simplicité. Il régla de même la nourriture des citoyens et des esclaves. Quelle honte, disait-il, que les hommes les plus élevés fassent consister leur grandeur dans les ragoûts, par lesquels ils amollissent leurs âmes, et ruinent insensiblement la santé de leurs corps ! Ils doivent faire consister leur bonheur dans leur modération, dans leur autorité pour faire du bien aux autres hommes, et dans la réputation que leurs bonnes actions doivent leur procurer. La sobriété rend la nourriture la plus simple très-agréable. C'est elle qui donne, avec la santé la plus vigoureuse, les plaisirs les plus purs et les plus constants. Il faut donc borner les repas aux viandes les meilleures, mais apprêtées sans aucun ragoût. C'est un art pour empoisonner les hommes, que celui d'irriter leur appétit au delà de leur vrai besoin.

Idoménée comprit bien qu'il avait eu tort de laisser les habitants de sa nouvelle ville amollir et corrompre leurs mœurs, en violant toutes les lois de Minos sur la sobriété; mais le sage Mentor lui fit remarquer que les lois mêmes, quoique renouvelées, seraient inutiles, si l'exemple du roi ne leur donnait une autorité qui ne pouvait venir d'ailleurs. Aussitôt Idoménée régla sa table, où il n'admit que du pain excellent, du vin du pays, qui est fort et agréable, mais en fort petite quantité, avec des viandes simples, telles qu'il en mangeait avec les autres Grecs au siége de Troie. Personne n'osa se plaindre d'une règle que le roi s'imposait lui-même; et chacun se corrigea de la profusion et de la délicatesse où l'on commençait à se plonger pour les repas.

Mentor retrancha ensuite la musique molle et efféminée, qui corrompait toute la jeunesse. Il ne condamna pas avec une moindre sévérité la musique bachique, qui n'enivre guère moins que le vin, et qui produit des mœurs pleines d'emportement et d'impudence. Il borna toute la musique aux fêtes dans les temples, pour y chanter les louanges des dieux et des héros qui ont donné l'exemple des plus rares vertus. Il ne permit aussi que pour les temples les grands ornements d'architecture, tels que les colonnes, les frontons, les portiques; il donna des modèles d'une architecture simple et gracieuse, pour faire, dans un médiocre espace, une maison gaie et commode pour une famille nombreuse; en sorte qu'elle fût tournée à un aspect sain, que les logements en fussent dégagés les uns des autres, que l'ordre et la propreté s'y conservassent facilement, et que l'entretien fût de peu de dépense.

Il voulut que chaque maison un peu considérable eût un salon et un petit péristyle, avec de petites chambres pour toutes les personnes libres. Mais il défendit très-sévèrement la multitude superflue et la magnificence des logements. Ces divers modèles de maisons, suivant la grandeur des familles, servirent à embellir à peu de frais une partie de la ville, et à la rendre régulière; au lieu que l'autre partie, déjà achevée suivant le caprice et le faste des particuliers, avait, malgré sa magnificence, une disposition moins agréable et moins commode. Cette nouvelle ville fut bâtie en très-peu de temps, parce que la côte voisine de la Grèce fournit de bons architectes, et qu'on fit venir un très-grand nombre de maçons de l'Épire et de plusieurs autres pays, à condition qu'après avoir achevé leurs travaux ils s'établiraient autour de Salente, y prendraient des terres à défricher, et serviraient à peupler la campagne.

La peinture et la sculpture parurent à Mentor des arts qu'il n'est pas permis d'abandonner ; mais il voulut qu'on souffrît dans Salente peu d'hommes attachés à ces arts. Il établit une école où présidaient des maîtres d'un goût exquis, qui examinaient les jeunes élèves. Il ne faut, disait-il, rien de bas et de faible dans ces arts qui ne sont pas absolument nécessaires. Par conséquent, on n'y doit admettre que des jeunes gens d'un génie qui promette beaucoup, et qui tendent à la perfection. Les autres sont nés pour des arts moins nobles, et ils seront employés plus utilement aux besoins ordinaires de la république. Il ne faut, disait-il, employer les sculpteurs et les peintres, que pour conserver la mémoire des grands hommes et des grandes actions. C'est dans les bâtiments publics, ou dans les tombeaux, qu'on doit conserver des représentations de tout ce qui a été fait avec une vertu extraordinaire pour le service de la patrie. Au reste, la modération et la frugalité de Mentor n'empêchèrent pas qu'il n'autorisât tous les grands bâtiments destinés aux courses de chevaux et de chariots, aux combats de lutteurs, à ceux du ceste, et à tous les autres exercices qui cultivent les corps pour les rendre plus adroits et plus vigoureux.

Il retrancha un nombre prodigieux de marchands qui vendaient des étoffes façonnées des pays éloignés, des broderies d'un prix excessif, des vases d'or et d'argent avec des figures de dieux, d'hommes et d'animaux ; enfin, des liqueurs et des parfums. Il voulut même que les meubles de chaque maison fussent simples, et faits de manière à durer longtemps ; en sorte que les Salentins, qui se plaignaient hautement de leur pauvreté, commencèrent à sentir combien ils avaient de richesses superflues : mais c'était des richesses trompeuses qui les appauvrissaient, et ils devenaient effectivement riches à mesure qu'ils avaient le courage de s'en dépouiller. C'est s'enrichir, disaient-ils eux-mêmes, que de mépriser de telles richesses, qui épuisent l'État, et que de diminuer ses besoins, en les réduisant aux vraies nécessités de la nature.

Mentor se hâta de visiter les arsenaux et tous les magasins, pour savoir si les armes et toutes les autres choses nécessaires à la guerre étaient en bon état : car il faut, disait-il, être toujours prêt à faire la guerre, pour n'être jamais réduit au malheur de la faire. Il trouva que plusieurs choses manquaient partout. Aussitôt on assembla des ouvriers pour travailler sur le fer, sur l'acier, et sur l'airain. On voyait s'élever des fournaises ardentes, des tourbillons de fumée et de flammes semblables à ces feux souterrains que vomit le mont Etna. Le marteau résonnait sur l'enclume, qui gémissait sous les coups redoublés. Les montagnes voisines et les rivages de la mer en retentissaient ; on eût cru être dans cette île [1], où Vulcain, animant les Cyclopes, forge des foudres pour le père des dieux; et, par une sage prévoyance, on voyait dans une profonde paix tous les préparatifs de la guerre.

Ensuite Mentor sortit de la ville avec Idoménée, et trouva une grande étendue de terres fertiles qui demeuraient incultes : d'autres n'étaient cultivées qu'à demi, par la négligence et par la pauvreté des laboureurs, qui manquant d'hommes et de bœufs, manquaient aussi de courage et de force de corps pour mettre l'agriculture dans sa perfection. Mentor, voyant cette campagne désolée, dit au roi : La terre ne demande ici qu'à enrichir ses habitants ; mais les habitants manquent à la terre. Prenons donc tous ces artisans superflus qui sont dans la ville, et dont les métiers ne serviraient qu'à dérégler les mœurs, pour leur faire cultiver ces plaines et ces collines. Il est vrai que c'est un malheur, que tous ces hommes exercés à des arts qui demandent une vie sédentaire ne soient point exercés au travail; mais voici un moyen d'y remédier. Il faut partager entre eux les terres vacantes, et appeler à leur secours des peuples voisins, qui feront sous eux le plus rude travail. Ces peuples le feront, pourvu qu'on leur promette des récompenses convenables sur les fruits des terres mêmes qu'ils défricheront : ils pourront, dans la suite, en posséder une partie et être ainsi incorporés à votre peuple, qui n'est pas assez nombreux. Pourvu qu'ils soient laborieux et dociles aux lois, vous n'aurez point de meilleurs sujets, et ils accroîtront votre puissance. Vos artisans de la ville, transplantés dans la campagne, élèveront leurs enfants au travail et au goût de la vie champêtre. De plus, tous les maçons des pays étrangers, qui travaillent à bâtir votre ville, se sont engagés à défricher une partie de vos terres, et à se faire laboureurs : incorporez-les à votre peuple, dès qu'ils auront achevé leurs ouvrages de la ville. Ces ouvriers sont ravis de s'engager à passer leur vie sous une domination qui est maintenant si douce. Comme ils sont robustes et laborieux, leur exemple servira pour exciter au travail les habitants transplantés de la ville à la campagne, avec lesquels ils seront mêlés. Dans la suite, tout le pays sera peuplé de familles vigoureuses et adonnées à l'agriculture.

Au reste, ne soyez point en peine de la multiplication de ce peuple ; il deviendra bientôt innombrable, pourvu que vous facilitiez les mariages. La manière de les faciliter est bien simple ; presque tous les hommes ont l'inclination de se marier ; il n'y a que la misère qui les en empêche. Si vous ne les chargez point d'impôts, ils vivront sans peine avec leurs femmes et leurs enfants ; car la terre n'est jamais ingrate ; elle nourrit toujours de ses fruits ceux qui la cultivent soigneusement* ; elle ne refuse ses biens qu'à ceux qui craignent de lui donner leurs peines. Plus les laboureurs ont d'enfants, plus ils sont riches, si le prince ne les appauvrit pas ; car leurs enfants, dès leur plus tendre jeunesse, commencent à les secourir. Les plus jeunes conduisent les moutons dans les pâturages ; les autres, qui sont plus grands, mènent déjà les grands troupeaux ; les plus âgés labourent avec leur père. Cependant la mère de toute la famille prépare un repas simple à son époux et à ses chers enfants, qui doivent revenir fatigués du travail de la journée ; elle a soin de traire ses vaches et ses brebis, et on voit couler des ruisseaux de lait ; elle fait un grand feu, autour duquel toute la famille innocente et paisible prend plaisir à chanter tout le soir, en attendant le doux sommeil : elle prépare des fromages, des châtaignes, et des fruits conservés dans la même fraîcheur que si on venait de les cueillir*. Le berger revient avec sa flûte, et chante à la famille assemblée les nouvelles chansons qu'il a apprises dans les hameaux voisins. Le laboureur rentre avec sa charrue; et ses bœufs fatigués marchent, le cou penché, d'un pas lent et tardif, malgré l'aiguillon qui les presse*. Tous les maux du travail finissent avec la journée. Les pavots que le sommeil, par l'ordre des dieux, répand sur la terre, apaisent tous les noirs soucis par leurs charmes, et tiennent toute la nature dans un doux enchantement; chacun s'endort, sans prévoir les peines du lendemain.

Heureux ces hommes sans ambition, sans défiance, sans artifice, pourvu que les dieux leur donnent un bon roi, qui ne trouble point leur joie innocente! Mais quelle horrible inhumanité, que de leur arracher, pour des desseins pleins de faste et d'ambition, les doux fruits de leur terre, qu'ils ne tiennent que de la libérale nature et de la sueur de leur front! La nature seule tirerait de son sein fécond tout ce qu'il faudrait pour un nombre infini d'hommes modérés et laborieux; mais c'est l'orgueil et la mollesse de certains hommes qui en mettent tant d'autres dans une affreuse pauvreté.

Que ferai-je, disait Idoménée, si ces peuples que je répandrai dans ces fertiles campagnes négligent de les cultiver?

Faites, lui répondait Mentor, tout le contraire de ce qu'on fait communément. Les princes avides et sans prévoyance ne songent qu'à charger d'impôts ceux d'entre leurs sujets qui sont les plus vigilants et les plus industrieux pour faire valoir leurs biens; c'est qu'ils espèrent en être payés plus facilement : en même temps, ils chargent moins ceux que la paresse rend plus misérables. Renversez ce mauvais ordre, qui accable les bons, qui récompense le vice et qui introduit une négligence aussi funeste au roi même qu'à tout l'État. Mettez des taxes, des amendes, et même, s'il le faut, d'autres peines rigoureuses, sur ceux qui négligeront leurs champs, comme vous puniriez des soldats qui abandonneraient leurs postes dans la guerre ; au contraire, donnez des grâces et des exemptions aux familles qui, se multipliant, augmentent à proportion la culture de leurs terres. Bientôt les familles se multiplieront et tout le monde s'animera au travail; il deviendra même honorable. La profession de laboureur ne sera plus méprisée, n'étant plus accablée de tant de maux. On reverra la charrue en honneur, maniée par des mains victorieuses qui auraient défendu la patrie. Il ne sera pas moins beau de cultiver l'héritage reçu de ses ancêtres, pendant une heureuse paix, que de l'avoir défendu généreusement pendant les troubles de la guerre. Toute la campagne refleurira : Cérès se couronnera d'épis dorés; Bacchus, foulant à ses pieds les raisins, fera couler, du penchant des montagnes, des ruisseaux de vin plus doux que le nectar ; les creux vallons retentiront des concerts des bergers, qui, le long des clairs ruisseaux, joindront leurs voix avec leurs flûtes, pendant que leurs troupeaux bondissants paîtront sur l'herbe et parmi les fleurs, sans craindre les loups.

Ne serez-vous pas trop heureux, ô Idoménée, d'être la source de tant de biens, et de faire vivre, à l'ombre de votre nom, tant de peuples dans un si aimable repos? Cette gloire n'est-elle pas plus touchante que celle de ravager la terre, de répandre partout, et presque autant chez soi, au milieu même des victoires, que chez les étrangers vaincus, le carnage, le trouble, l'horreur, la langueur, la consternation, la cruelle faim, et le désespoir?

O heureux le roi assez aimé des dieux, et d'un cœur assez grand, pour entreprendre d'être ainsi les délices des peuples, et de montrer à tous les siècles, dans son règne, un si charmant spectacle! La terre entière, loin de se défendre de sa puissance par des combats, viendrait à ses pieds le prier de régner sur elle.

Idoménée lui répondit : Mais quand les peuples seront ainsi dans la paix et dans l'abondance, les délices les corrompront, et ils tourneront contre moi les forces que je leur aurai données.

Ne craignez point, dit Mentor, cet inconvénient; c'est un prétexte qu'on allègue toujours pour flatter ces princes prodigues qui veulent accabler leurs peuples d'impôts. Le remède est facile. Les lois que nous venons d'établir pour l'agriculture rendront leur vie laborieuse ; et, dans leur abondance, ils n'auront que le nécessaire, parce que nous retranchons tous les arts qui fournissent le superflu. Cette abondance même sera diminuée par la facilité des mariages et par la grande multiplication des familles. Chaque famille, étant nombreuse, et ayant peu de terre, aura besoin de la cultiver par un travail sans relâche. C'est la mollesse et l'oisiveté qui rendent les peuples insolents et rebelles. Ils auront du pain, à la vérité, et assez largement ; mais ils n'auront que du pain, et des fruits de leur propre terre, gagnés à la sueur de leur visage.

Pour tenir votre peuple dans cette modération, il faut régler, dès à présent, l'étendue de terre que chaque famille pourra posséder. Vous savez que nous avons divisé tout votre peuple en sept classes, suivant les différentes conditions : il ne faut permettre à chaque famille, dans chaque classe, de pouvoir posséder que l'étendue de terre absolument nécessaire pour nourrir le nombre de personnes dont elle sera composée. Cette règle étant inviolable, les nobles ne pourront point faire des acquisitions sur les pauvres : tous auront des terres ; mais chacun en aura fort peu, et sera excité par là à la bien cultiver. Si, dans une longue suite de temps, les terres manquaient ici, on ferait des colonies qui augmenteraient la puissance de cet État.

Je crois même que vous devez prendre garde à ne laisser jamais le vin devenir trop commun dans votre royaume. Si on a planté trop de vignes, il faut qu'on les arrache : le vin est la source des plus grands maux parmi les peuples ; il cause les maladies, les querelles, les séditions, l'oisiveté, le dégoût du travail, le désordre des familles. Que le vin soit donc réservé comme une espèce de remède, ou comme une liqueur très-rare, qui n'est employée que pour les sacrifices, ou pour les fêtes extraordinaires. Mais n'espérez point de faire observer une règle si importante, si vous n'en donnez vous-même l'exemple.

D'ailleurs il faut faire garder inviolablement les lois de Minos pour l'éducation des enfants. Il faut établir des écoles publiques, où l'on enseigne la crainte des dieux, l'amour de la patrie, le respect des lois, la préférence de l'honneur aux plaisirs, et à la vie même. Il faut avoir des magistrats qui veillent sur les familles et sur les mœurs des particuliers. Veillez vous-même, vous qui n'êtes roi, c'est-à-dire pasteur du peuple, que pour veiller nuit et jour sur votre troupeau : par là vous préviendrez un nombre infini de désordres et de crimes ; ceux que vous ne pourrez prévenir, punissez-les d'abord sévèrement. C'est une clémence, que de faire d'abord des exemples qui arrêtent le cours de l'iniquité. Par un peu de sang répandu à propos, on en épargne beaucoup pour la suite, et on se met en état d'être craint, sans user souvent de rigueur.

Mais quelle détestable maxime, que de ne croire trouver sa sûreté que dans l'oppression de ses peuples ! Ne les point faire instruire, ne les point conduire à la vertu, ne s'en faire jamais aimer, les pousser par la terreur jusqu'au désespoir, les mettre dans l'affreuse nécessité ou de ne pouvoir jamais respirer librement, ou de secouer le joug de votre tyrannique domination ; est-ce là le vrai moyen de régner sans trouble ? est-ce là le vrai chemin qui mène à la gloire ?

Souvenez-vous que les pays où la domination du souverain est plus absolue sont ceux où les souverains sont moins puissants. Ils prennent, ils ruinent tout, ils possèdent seuls tout l'État ; mais aussi tout l'État languit : les campagnes sont en friche, et presque désertes ; les villes diminuent chaque jour ; le commerce tarit. Le roi, qui ne peut être roi tout seul, et qui n'est grand que par ses peuples, s'anéantit lui-même peu à peu par l'anéantissement insensible des peuples dont il tire ses richesses et sa puissance. Son État s'épuise d'argent et d'hommes : cette dernière perte est la plus grande et la plus irréparable. Son pouvoir absolu fait autant d'esclaves qu'il a de sujets. On le flatte, on fait semblant de l'adorer, on tremble au moindre de ses regards ; mais attendez la moindre révolution : cette puissance monstrueuse, poussée jusqu'à un excès trop violent, ne saurait durer ; elle n'a aucune ressource dans le cœur des peuples : elle a lassé et irrité tous les corps de l'État ; elle contraint tous les membres de ce corps de soupirer après un changement. Au premier coup qu'on lui porte, l'idole se renverse, se brise, et est foulée aux pieds. Le mépris, la haine, le ressentiment, la défiance, en un mot toutes les passions se réunissent contre une autorité si odieuse. Le roi, qui, dans sa vaine prospérité, ne trouvait pas un seul homme assez hardi pour lui dire la vérité, ne trouvera, dans son malheur, aucun homme qui daigne ni l'excuser ni le défendre contre ses ennemis.

Après ce discours, Idoménée, persuadé par Mentor, se hâta de distribuer les terres vacantes, de les remplir de tous les artisans inutiles, et d'exécuter tout ce qui avait été résolu. Il réserva seulement pour les maçons les terres qu'il leur avait destinées, et qu'ils ne pouvaient cultiver qu'après la fin de leurs travaux dans la ville.

Déjà la réputation du gouvernement doux et modéré d'Idoménée attire en foule de tous côtés des peuples qui viennent s'incorporer au sien, et chercher leur bonheur sous une si aimable domination. Déjà ces campagnes, si longtemps couvertes de ronces et d'épines, promettent de riches moissons et des fruits jusqu'alors inconnus. La terre ouvre son sein au tranchant de la charrue, et prépare ses richesses pour récompenser le laboureur : l'espérance reluit de tous côtés. On voit dans les vallons et sur les collines les troupeaux de moutons qui bondissent sur l'herbe, et les grands troupeaux de bœufs et de génisses qui font retentir les hautes montagnes de leurs mugissements : ces troupeaux servent à engraisser les campagnes. C'est Mentor qui a trouvé le moyen d'avoir ces troupeaux. Mentor conseilla à Idoménée de faire avec les Peucètes[1], peuples voisins, un échange de toutes les choses superflues qu'on ne voulait plus souffrir dans Salente, avec ces troupeaux, qui manquaient aux Salentins.

En même temps la ville et les villages d'alentour étaient pleins d'une belle jeunesse qui avait langui longtemps dans la misère, et qui n'avait osé se marier, de peur d'augmenter leurs maux. Quand ils virent qu'Idoménée prenait des sentiments d'humanité, et qu'il voulait être leur père, ils ne craignirent plus la faim et les autres fléaux par lesquels le ciel afflige la terre. On n'entendait plus que des cris de joie, que les chansons des bergers et des laboureurs qui célébraient leurs hyménées. On aurait cru voir le dieu Pan avec une foule de Satyres et de Faunes mêlés parmi les nymphes, et dansant au son de la flûte à l'ombre des bois. Tout était tranquille et riant ; mais la joie était modérée, et les plaisirs ne servaient qu'à délasser des longs travaux ; ils en étaient plus vifs et plus purs.

Les vieillards, étonnés de voir ce qu'ils n'avaient osé espérer dans la suite d'un si long âge, pleuraient par un excès de joie mêlée de tendresse ; ils levaient leurs mains tremblantes vers le ciel. Bénissez, disaient-ils, ô grand Jupiter, le roi qui vous ressemble, et qui est le plus grand don que vous nous ayez fait. Il est né pour le bien des hommes, rendez-lui tous les biens que nous recevons de lui. Nos arrière-neveux, venus de ces mariages qu'il favorise, lui devront tout, jusqu'à leur naissance ; et il sera véritablement le père de tous ses sujets. Les jeunes hommes, et les jeunes filles qu'ils épousaient, ne faisaient éclater leur joie qu'en chantant les louanges de celui de qui cette joie si douce leur était venue. Les bouches, et encore plus les cœurs, étaient sans cesse remplis de son nom. On se croyait heureux de le voir ; on craignait de le perdre : sa perte eût été la désolation de chaque famille.

Alors Idoménée avoua à Mentor qu'il n'avait jamais senti de plaisir aussi touchant que celui d'être aimé, et de rendre tant de gens heureux. Je ne l'aurais jamais cru, disait-il : il me semblait que toute la grandeur des princes ne consistait qu'à se faire craindre ; que le reste des hommes était fait pour eux ; et tout ce que j'avais ouï dire des rois qui avaient été l'amour et les délices de leurs peuples me paraissait une pure fable ; j'en reconnais maintenant la vérité. Mais il faut que je vous raconte comment on avait empoisonné mon cœur, dès ma plus tendre enfance, sur l'autorité des rois. C'est ce qui a causé tous les malheurs de ma vie. Alors Idoménée commença cette narration.

LIVRE ONZIÈME.

SOMMAIRE.

Idoménée raconte à Mentor que sa confiance aveugle en Protésilas a été la cause de tous ses malheurs. — Les artifices de ce favori parvinrent à le dégoûter du sage et vertueux Philoclès, et à lui faire croire qu'il tramait une conspiration contre lui. — Le roi abusé fit donner secrètement l'ordre de le faire mourir dans une expédition dont il l'avait chargé. — Timocrate, qui devait le frapper, manqua son coup, et, arrêté lui-même par Philoclès, il lui dévoila toute la trahison de Protésilas. — Philoclès se retira dans l'île de Samos, après avoir remis le commandement de sa flotte à Polymène. — Idoménée eut enfin la preuve des artifices de Protésilas, mais il ne put se résoudre à s'en défaire, et continua à se livrer aveuglément à lui. — Mentor fait ouvrir les yeux à Idoménée sur son injustice, et l'oblige à faire conduire Protésilas et Timocrate dans l'île de Samos, et à rappeler Philoclès auprès de lui. — Philoclès, heureux dans sa solitude, ne consent qu'avec beaucoup de peine à retourner parmi les siens et à reprendre ses premiers honneurs. — Il se décide enfin, après avoir reconnu que les dieux attachaient à son retour le bonheur de sa patrie. — Il arrive à Salente, et Idoménée, entièrement changé par les sages conseils de Mentor, lui fait l'accueil le plus honorable, et concerte avec lui les moyens d'affermir son gouvernement.

PROTÉSILAS, qui est un peu plus âgé que moi, fut celui de tous les jeunes gens que j'aimai le plus. Son naturel vif et hardi était selon mon goût : il entra dans mes plaisirs ; il flatta mes passions ; il me rendit suspect un autre jeune homme que j'aimais aussi, et qui se nommait Philoclès. Celui-ci avait la crainte des dieux, et l'âme grande, mais modérée ; il mettait la grandeur, non à s'élever, mais à se vaincre, et à ne rien faire de bas. Il me parlait librement sur mes défauts ; et lors même qu'il n'osait me parler, son silence et la tristesse de son visage me faisaient assez entendre ce qu'il voulait me reprocher. Dans les commencements, cette sincérité me plaisait ; et je lui protestais souvent, que je l'écouterais avec confiance toute ma vie, pour me préserver des flatteurs. Il me disait tout ce que je devais faire pour marcher sur les traces de mon aïeul Minos, et pour rendre mon royaume heureux. Il n'avait pas une aussi profonde sagesse que vous, ô Mentor ; mais ses maximes étaient bonnes : je le reconnais maintenant. Peu à peu les artifices de Protésilas, qui était jaloux et plein d'ambition, me dégoûtèrent de Philoclès. Celui-ci était sans empressement, et laissait l'autre prévaloir ; il se contentait de me dire toujours la vérité lorsque je voulais l'entendre. C'était mon bien, et non sa fortune, qu'il cherchait.

Protésilas me persuada insensiblement que c'était un esprit chagrin et superbe qui critiquait toutes mes actions ; qui ne me demandait rien, parce qu'il avait la fierté de ne vouloir rien tenir de moi, et d'aspirer à la réputation d'un homme qui est au-dessus de tous les honneurs : il ajouta que ce jeune homme qui me parlait si librement sur mes défauts, en parlait aux autres avec la même liberté ; qu'il laissait assez entendre qu'il ne m'estimait guère ; et qu'en rabaissant ainsi ma réputation, il voulait, par l'éclat d'une vertu austère, s'ouvrir le chemin de la royauté.

D'abord, je ne pus croire que Philoclès voulût me détrôner : il y a dans la véritable vertu une candeur et une ingénuité que rien ne peut contrefaire, et à laquelle on ne se méprend point, pourvu qu'on y soit attentif. Mais la fermeté de Philoclès contre mes faiblesses commençait à me lasser. Les complaisances de Protésilas, et son industrie inépuisable pour m'inventer de nouveaux plaisirs, me faisait sentir encore plus impatiemment l'austérité de l'autre.

Cependant Protésilas, ne pouvant souffrir que je ne crusse pas tout ce qu'il me disait contre son ennemi, prit le parti de ne m'en parler plus, et de me persuader par quelque chose de plus fort que toutes les paroles. Voici comment il acheva de me tromper : il me conseilla d'envoyer Philoclès commander les vaisseaux qui devaient attaquer ceux de Carpathie [1], et pour m'y déterminer, il me dit : Vous savez que je ne suis pas suspect dans les louanges que je lui donne : j'avoue qu'il a du courage et du génie pour la guerre ; il vous servira mieux qu'un autre, et je préfère l'intérêt de votre service à tous mes ressentiments contre lui.

Je fus ravi de trouver cette droiture et cette équité dans le cœur de Protésilas, à qui j'avais confié l'administration de mes plus grandes affaires. Je l'embrassai dans un transport de joie, et je me crus trop heureux d'avoir donné toute ma confiance à un homme qui me paraissait ainsi au-dessus de toute passion et de tout intérêt. Mais, hélas! que les princes sont dignes de compassion! Cet homme me connaissait mieux que je ne me connaissais moi-même : il savait que les rois sont d'ordinaire défiants et inappliqués : défiants, par l'expérience continuelle qu'ils ont des artifices des hommes corrompus dont ils sont environnés; inappliqués, parce que les plaisirs les entraînent, et qu'ils sont accoutumés à avoir des gens chargés de penser pour eux, sans qu'ils en prennent eux-mêmes la peine. Il comprit donc qu'il n'aurait pas grand'peine à me mettre en défiance et en jalousie contre un homme qui ne manquerait pas de faire de grandes actions, surtout l'absence lui donnant une entière facilité de lui tendre des pièges.

Philoclès, en partant, prévit ce qui lui pouvait arriver. Souvenez-vous, me dit-il, que je ne pourrai plus me défendre; que vous n'écouterez que mon ennemi; et qu'en vous servant au péril de ma vie, je courrai risque de n'avoir d'autre récompense que votre indignation. Vous vous trompez, lui dis-je : Protésilas ne parle point de vous comme vous parlez de lui; il vous loue, il vous estime, il vous croit digne des plus importants emplois : s'il commençait à me parler contre vous, il perdrait ma confiance. Ne craignez rien, allez, et ne songez qu'à me bien servir. Il partit et me laissa dans une étrange situation.

Il faut vous l'avouer, Mentor; je voyais clairement combien il m'était nécessaire d'avoir plusieurs hommes que je consultasse, et que rien n'était plus mauvais, ni pour ma réputation, ni pour le succès des affaires, que de me livrer à un seul. J'avais éprouvé que les sages conseils de Philoclès m'avaient garanti de plusieurs fautes dangereuses où la hauteur de Protésilas m'aurait fait tomber. Je sentais bien qu'il y avait dans Philoclès un fonds de probité et de maximes équitables, qui ne se faisait point sentir de même dans Protésilas; mais j'avais laissé prendre à Protésilas un certain ton décisif auquel je ne pouvais presque plus résister. J'étais fatigué de me trouver toujours entre deux hommes que je ne pouvais accorder; et, dans cette lassitude, j'aimais mieux, par faiblesse, hasarder quelque chose aux dépens des affaires, et respirer en liberté. Je n'eusse osé me dire à moi-même une si honteuse raison du parti que je venais de prendre; mais cette honteuse raison que je n'osais développer, ne laissait pas d'agir secrètement au fond de mon cœur, et d'être le vrai motif de tout ce que je faisais.

Philoclès surprit les ennemis, remporta une pleine victoire, et se hâtait de revenir pour prévenir les mauvais offices qu'il avait à craindre : mais Protésilas, qui n'avait pas encore eu le temps de me tromper, lui écrivit que je désirais qu'il fît une descente dans l'île de Carpathie, pour profiter de la victoire. En effet, il m'avait persuadé que je pourrais facilement faire la conquête de cette île; mais il fit en sorte que plusieurs choses nécessaires manquèrent à Philoclès dans cette entreprise, et il l'assujettit à certains ordres qui causèrent divers contre-temps dans l'exécution.

Cependant il se servit d'un domestique très-corrompu que j'avais auprès de moi, et qui observait jusqu'aux moindres choses pour lui en rendre compte, quoiqu'ils parussent ne se voir guère, et n'être jamais d'accord en rien. Ce domestique, nommé Timocrate, me vint dire un jour, en grand secret, qu'il avait découvert une affaire très-dangereuse. Philoclès, me dit-il, veut se servir de votre armée navale pour se faire roi de l'île de Carpathie : les chefs des troupes sont attachés à lui, tous les soldats sont gagnés par ses largesses, et plus encore par la licence pernicieuse où il laisse vivre les troupes : il est enflé de sa victoire. Voilà une lettre qu'il écrit à un de ses amis sur son projet de se faire roi; on n'en peut plus douter après une preuve si évidente.

Je lus cette lettre; et elle me parut de la main de Philoclès. Mais on avait parfaitement imité son écriture; et c'était Protésilas qui l'avait faite avec Timocrate. Cette lettre me jeta dans une étrange surprise : je la relisais sans cesse, et ne pouvais me persuader qu'elle fût de Philoclès, repassant dans mon esprit troublé toutes les marques touchantes qu'il m'avait données de son désintéressement et de sa bonne foi. Cependant que pouvais-je faire ? quel moyen de résister à une lettre où je croyais être sûr de reconnaître l'écriture de Philoclès ?

Quand Timocrate vit que je ne pouvais plus résister à

son artifice, il le poussa plus loin. Oserai-je, me dit-il en hésitant, vous faire remarquer un mot qui est dans cette lettre? Philoclès dit à son ami qu'il peut parler en confiance à Protésilas sur une chose qu'il ne désigne que par un chiffre : assurément Protésilas est entré dans le dessein de Philoclès, et ils se sont raccommodés à vos dépens. Vous savez que c'est Protésilas qui vous a pressé d'envoyer Philoclès contre les Carpathiens. Depuis un certain temps il a cessé de vous parler contre lui, comme il le faisait souvent autrefois. Au contraire, il le loue, il l'excuse en toute occasion : ils se voyaient depuis quelque temps avec assez d'honnêteté. Sans doute Protésilas a pris avec Philoclès des mesures pour partager avec lui la conquête de Carpathie. Vous voyez même qu'il a voulu qu'on fît cette entreprise contre toutes les règles, et qu'il s'expose à faire périr votre armée navale, pour contenter son ambition. Croyez-vous qu'il voulût servir ainsi à celle de Philoclès, s'ils étaient encore mal ensemble? Non, non, on ne peut plus douter que ces deux hommes ne soient réunis pour s'élever ensemble à une grande autorité, et peut-être pour renverser le trône où vous régnez. En vous parlant ainsi, je sais que je m'expose à leur ressentiment, si, malgré mes avis sincères, vous leur laissez encore votre autorité dans les mains : mais qu'importe, pourvu que je vous dise la vérité?

Ces dernières paroles de Timocrate firent une grande impression sur moi : je ne doutai plus de la trahison de Philoclès, et je me défiai de Protésilas comme de son ami. Cependant Timocrate me disait sans cesse : Si vous attendez que Philoclès ait conquis l'île de Carpathie, il ne sera plus temps d'arrêter ses desseins; hâtez-vous de vous en assurer pendant que vous le pouvez. J'avais horreur de la profonde dissimulation des hommes; je ne savais plus à qui me fier. Après avoir découvert la trahison de Philoclès, je ne voyais plus d'homme sur la terre dont la vertu pût me rassurer. J'étais résolu de faire au plus tôt périr ce perfide; mais je craignais Protésilas, et je ne savais comment faire à son égard. Je craignais de le trouver coupable, et je craignais aussi de me fier à lui. Enfin, dans mon trouble, je ne pus m'empêcher de lui dire que Philoclès m'était devenu suspect. Il en parut surpris; il me représenta sa conduite droite et modérée; il m'exagéra ses services; en un mot, il fit tout ce qu'il fallait pour me persuader qu'il était trop bien avec lui. D'un autre côté, Timocrate ne perdait pas un moment pour me faire remarquer cette intelligence, et pour m'obliger à perdre Philoclès, pendant que je pouvais encore m'assurer de lui. Voyez, mon cher Mentor, combien les rois sont malheureux, et exposés à être le jouet des autres hommes, lors même que les autres hommes paraissent tremblants à leurs pieds.

Je crus faire un coup d'une profonde politique, et déconcerter Protésilas, en envoyant secrètement à l'armée navale Timocrate pour faire mourir Philoclès. Protésilas poussa jusqu'au bout sa dissimulation, et me trompa d'autant mieux, qu'il parut plus naturellement comme un homme qui se laissait tromper. Timocrate partit donc, et trouva Philoclès assez embarrassé dans sa descente : il manquait de tout; car Protésilas, ne sachant si la lettre supposée pourrait faire périr son ennemi, voulait avoir en même temps une autre ressource prête, par le mauvais succès d'une entreprise dont il m'avait fait tant espérer, et qui ne manquerait pas de m'irriter contre Philoclès. Celui-ci soutenait cette guerre si difficile, par son courage, par son génie, et par l'amour que les troupes avaient pour lui. Quoique tout le monde reconnût dans l'armée que cette descente était téméraire et funeste pour les Crétois, chacun travaillait à la faire réussir, comme s'il eût vu sa vie et son bonheur attachés au succès. Chacun était content de hasarder sa vie à toute heure sous un chef si sage, et si appliqué à se faire aimer.

Timocrate avait tout à craindre en voulant faire périr ce chef au milieu d'une armée qui l'aimait avec tant de passion; mais l'ambition furieuse est aveugle. Timocrate ne trouvait rien de difficile pour contenter Protésilas, avec lequel il s'imaginait me gouverner absolument après la mort de Philoclès. Protésilas ne pouvait souffrir un homme de bien dont la seule vue était un reproche secret de ses crimes, et qui pouvait, en m'ouvrant les yeux, renverser ses projets.

Timocrate s'assura de deux capitaines qui étaient sans cesse auprès de Philoclès; il leur promit de ma part de grandes récompenses, et ensuite il dit à Philoclès qu'il était venu pour lui dire de ma part des choses secrètes qu'il ne devait lui confier qu'en présence de ces deux capitaines. Philoclès se renferma avec eux et avec Timocrate. Alors Timocrate donna un coup de poignard à Philoclès. Le coup glissa, et n'enfonça guère avant; Philoclès, sans s'étonner, lui arracha le poignard, s'en servit contre lui et contre les deux autres. En même temps il cria : on accourut; on enfonça la porte; on dégagea Philoclès des mains de ces trois hommes qui, étant troublés, l'avaient attaqué faiblement. Ils furent pris, et on les aurait d'abord déchirés, tant l'indignation de l'armée était grande, si Philoclès n'eût arrêté la multitude. Ensuite il prit Timocrate en particulier, et lui demanda avec douceur ce qui l'avait obligé à commettre une action si noire. Timocrate, qui craignait qu'on ne le fît mourir, se hâta de montrer l'ordre que je lui avais donné par écrit de tuer Philoclès; et, comme les traîtres sont toujours lâches, il ne songea qu'à sauver sa vie, en découvrant à Philoclès toute la trahison de Protésilas.

Philoclès, effrayé de voir tant de malice dans les hommes, prit un parti plein de modération : il déclara à toute l'armée que Timocrate était innocent; il le mit en sûreté, le renvoya en Crète, déféra le commandement de l'armée à Polymène, que j'avais nommé, dans mon ordre écrit de ma main, pour commander quand on aurait tué Philoclès. Enfin, il exhorta les troupes à la fidélité qu'elles me devaient, et passa pendant la nuit dans une légère barque, qui le conduisit dans l'île de Samos, où il vit tranquillement dans la pauvreté et dans la solitude, travaillant à faire des statues pour gagner sa vie, ne voulant plus entendre parler des hommes trompeurs et injustes, mais surtout des rois, qu'il croit les plus malheureux et les plus aveugles de tous les hommes.

En cet endroit Mentor arrêta Idoménée : Eh bien dit-il, fûtes-vous longtemps à découvrir la vérité? Non, répondit Idoménée; je compris peu à peu les artifices de

Protésilas et de Timocrate : ils se brouillèrent même ; car les méchants ont bien de la peine à demeurer unis Leur division acheva de me montrer le fond de l'abîme où ils m'avaient jeté. Eh bien, reprit Mentor, ne prîtes vous point le parti de vous défaire de l'un et de l'autre? Hélas! répondit Idoménée, est-ce, mon cher Mentor, que vous ignorez la faiblesse et l'embarras des princes? Quand ils sont une fois livrés à des hommes corrompus et hardis qui ont l'art de se rendre nécessaires, ils ne peuvent plus espérer aucune liberté. Ceux qu'ils méprisent le plus sont ceux qu'ils traitent le mieux et qu'ils comblent de bienfaits. J'avais horreur de Protésilas; et je lui laissais toute l'autorité. Étrange illusion! je me savais bon gré de le connaître; et je n'avais pas la force de reprendre l'autorité que je lui avais abandonnée. D'ailleurs, je le trouvais commode, complaisant, industrieux pour flatter mes passions, ardent pour mes intérêts. Enfin j'avais une raison pour m'excuser en moi-même de ma faiblesse, c'est que je ne connaissais point de véritable vertu : faute d'avoir su choisir des gens de bien qui conduisissent mes affaires, je croyais qu'il n'y en avait point sur la terre, et que la probité était un beau fantôme. Qu'importe, disais-je, de faire un grand éclat pour sortir des mains d'un homme corrompu, et pour tomber dans celles de quelque autre qui ne sera ni plus désintéressé, ni plus sincère que lui? Cependant l'armée navale commandée par Polymène revint. Je ne songeai plus à la conquête de Carpathie ; et Protésilas ne put dissimuler si profondément, que je ne découvrisse combien il était affligé de savoir que Philoclès était en sûreté dans Samos.

Mentor interrompit encore Idoménée, pour lui demander s'il avait continué, après une si noire trahison, à confier toutes ses affaires à Protésilas. J'étais, lui répondit Idoménée, trop ennemi des affaires, et trop inappliqué, pour pouvoir me tirer de ses mains; il aurait fallu renverser l'ordre que j'avais établi pour ma commodité, et instruire un nouvel homme; c'est ce que je n'eus jamais la force d'entreprendre. J'aimai mieux fermer les yeux pour ne pas voir les artifices de Protésilas. Je me consolais seulement en faisant entendre à certaines personnes de confiance que je n'ignorais pas sa mauvaise foi. Ainsi je m'imaginais n'être trompé qu'à demi, puisque je savais que j'étais trompé. Je faisais même de temps en temps sentir à Protésilas que je supportais son joug avec impatience. Je prenais souvent plaisir à le contredire, à blâmer publiquement quelque chose qu'il avait fait, à décider contre son sentiment; mais, comme il connaissait ma hauteur et ma paresse, il ne s'embarrassait point de tous mes chagrins. Il revenait opiniâtrément à la charge; il usait tantôt de manières pressantes, tantôt de souplesse et d'insinuation : surtout quand il s'apercevait que j'étais peiné contre lui, il redoublait ses soins pour me fournir de nouveaux amusements propres à m'amollir, ou pour m'embarquer dans quelque affaire où il eût occasion de se rendre nécessaire, et de faire valoir son zèle pour ma réputation.

Quoique je fusse en garde contre lui, cette manière de flatter mes passions m'entraînait toujours : il savait mes secrets; il me soulageait dans mes embarras; il faisait trembler tout le monde par mon autorité. Enfin je ne pus me résoudre à le perdre. Mais, en le maintenant dans sa place, je mis tous les gens de bien hors d'état de me représenter mes véritables intérêts. Depuis ce moment on n'entendit plus dans mes conseils aucune parole libre; la vérité s'éloigna de moi; l'erreur, qui prépare la chute des rois, me punit d'avoir sacrifié Philoclès à la cruelle ambition de Protésilas : ceux mêmes qui avaient le plus de zèle pour l'État et pour ma personne se crurent dispensés de me détromper, après un si terrible exemple. Moi-même, mon cher Mentor, je craignais que la vérité ne perçât le nuage, et qu'elle ne parvînt jusqu'à moi malgré les flatteurs; car, n'ayant plus la force de la suivre, sa lumière m'était importune. Je sentais en moi-même qu'elle m'eût causé de cruels remords, sans pouvoir me tirer d'un si funeste engagement. Ma mollesse, et l'ascendant que Protésilas avait pris insensiblement sur moi, me plongeaient dans une espèce de désespoir de rentrer jamais en liberté. Je ne voulais ni voir un si honteux état, ni le laisser voir aux autres. Vous savez, cher Mentor, la vaine hauteur et la fausse gloire dans laquelle on élève les rois : ils ne veulent jamais avoir tort. Pour couvrir une faute, il en faut faire cent. Plutôt que d'avouer qu'on s'est trompé, et que de se donner la peine de revenir de son erreur, il faut se laisser tromper toute sa vie. Voilà l'état des princes faibles et inappliqués : c'était précisément le mien, lorsqu'il fallut que je partisse pour le siége de Troie.

En partant, je laissai Protésilas maître des affaires ; il les conduisit, en mon absence, avec hauteur et inhumanité. Tout le royaume de Crète gémissait sous sa tyrannie : mais personne n'osait me mander l'oppression des peuples ; on savait que je craignais de voir la vérité, et que j'abandonnais à la cruauté de Protésilas tous ceux qui entreprenaient de parler contre lui. Mais moins on osait éclater, plus le mal était violent. Dans la suite il me contraignit de chasser le vaillant Mérione, qui m'avait suivi avec tant de gloire au siége de Troie. Il en était devenu jaloux, comme de tous ceux que j'aimais et qui montraient quelque vertu.

Il faut que vous sachiez, mon cher Mentor, que tous mes malheurs sont venus de là. Ce n'est pas tant la mort de mon fils qui causa la révolte des Crétois, que la vengeance des dieux irrités contre mes faiblesses, et la haine des peuples, que Protésilas m'avait attirée. Quand je répandis le sang de mon fils, les Crétois, lassés d'un gouvernement rigoureux, avaient épuisé toute leur patience ; et l'horreur de cette dernière action ne fit que montrer au dehors ce qui était depuis longtemps dans le fond des cœurs.

Timocrate me suivit au siége de Troie, et rendait compte secrètement, par ses lettres à Protésilas, de tout ce qu'il pouvait découvrir. Je sentais bien que j'étais en captivité ; mais je tâchais de n'y penser pas, désespérant d'y remédier. Quand les Crétois, à mon arrivée, se révoltèrent, Protésilas et Timocrate furent les premiers à s'enfuir. Ils m'auraient sans doute abandonné, si je n'eusse été contraint de m'enfuir presque aussitôt qu'eux. Comptez, mon cher Mentor, que les hommes insolents pendant la prospérité sont toujours faibles et tremblants dans la disgrâce. La tête leur tourne aussitôt que l'autorité absolue leur échappe. On les voit aussi rampants qu'ils ont été hautains ; et c'est en un moment qu'ils passent d'une extrémité à l'autre.

Mentor dit à Idoménée : Mais d'où vient donc que, connaissant à fond ces deux méchants hommes, vous les gardez encore auprès de vous comme je les vois? Je ne suis pas surpris qu'ils vous aient suivi, n'ayant rien de meilleur à faire pour leurs intérêts; je comprends même que vous avez fait une action généreuse de leur donner un asile dans votre nouvel établissement : mais pourquoi vous livrer encore à eux après tant de cruelles expériences?

Vous ne savez pas, répondit Idoménée, combien toutes les expériences sont inutiles aux princes amollis et inappliqués qui vivent sans réflexion. Ils sont mécontents de tout; et ils n'ont le courage de rien redresser. Tant d'années d'habitude étaient des chaînes de fer qui me liaient à ces deux hommes; et ils m'obsédaient à toute heure. Depuis que je suis ici, ils m'ont jeté dans toutes les dépenses excessives que vous avez vues; ils ont épuisé cet état naissant; ils m'ont attiré cette guerre qui allait m'accabler sans vous. J'aurais bientôt éprouvé à Salente les mêmes malheurs que j'ai sentis en Crète; mais vous m'avez enfin ouvert les yeux, et vous m'avez inspiré le courage qui me manquait pour me mettre hors de servitude. Je ne sais ce que vous avez fait en moi; mais, depuis que vous êtes ici, je me sens un autre homme.

Mentor demanda ensuite à Idoménée quelle était la conduite de Protésilas dans ce changement des affaires. Rien n'est plus artificieux, répondit Idoménée, que ce qu'il a fait depuis votre arrivée. D'abord il n'oublia rien pour jeter indirectement quelque défiance dans mon esprit. Il ne disait rien contre vous; mais je voyais diverses gens qui venaient m'avertir que ces deux étrangers étaient fort à craindre. L'un, disaient-ils, est le fils du trompeur Ulysse; l'autre est un homme caché et d'un esprit profond : ils sont accoutumés à errer de royaume en royaume; qui sait s'ils n'ont point formé quelque dessein sur celui-ci? ces aventuriers racontent eux-mêmes qu'ils ont causé de grands troubles dans tous les pays où ils ont passé : voici un État naissant et mal affermi; les moindres mouvements pourraient le renverser.

Protésilas ne disait rien; mais il tâchait de me faire entrevoir le danger et l'excès de toutes ces réformes que vous me faisiez entreprendre. Il me prenait par mon propre intérêt. Si vous mettez, me disait-il, les peuples dans l'abondance, ils ne travailleront plus; ils deviendront fiers, indociles, et seront toujours prêts à se révolter : il n'y a que la faiblesse et la misère qui les rende souples, et qui les empêche de résister à l'autorité. Souvent il tâchait de reprendre son ancienne autorité pour m'entraîner; et il la couvrait d'un prétexte de zèle pour mon service. En voulant soulager les peuples, me disait-il, vous rabaissez la puissance royale; et par là vous faites au peuple même un tort irréparable, car il a besoin qu'on le tienne bas pour son propre repos.

A tout cela je répondais que je saurais bien tenir les peuples dans leur devoir en me faisant aimer d'eux; en ne relâchant rien de mon autorité, quoique je les soulageasse; en punissant avec fermeté tous les coupables; enfin, en donnant aux enfants une bonne éducation et à tout le peuple une exacte discipline pour le tenir dans une vie simple, sobre et laborieuse. Eh quoi! disais-je, ne peut-on pas soumettre un peuple sans le faire mourir de faim? Quelle inhumanité! quelle politique brutale! Combien voyons-nous de peuples traités doucement, et très-fidèles à leurs princes! Ce qui cause les révoltes, c'est l'ambition et l'inquiétude des grands d'un État, quand on leur a donné trop de licence, et qu'on a laissé leurs passions s'étendre sans bornes; c'est la multitude des grands et des petits qui vivent dans la mollesse, dans le luxe, et dans l'oisiveté; c'est la trop grande abondance d'hommes adonnés à la guerre, qui ont négligé toutes les occupations utiles qu'il faut prendre dans les temps de paix; enfin, c'est le désespoir des peuples maltraités; c'est la dureté, la hauteur des rois, et leur mollesse, qui les rend incapables de veiller sur tous les membres de l'État pour prévenir les troubles. Voilà ce qui cause les révoltes, et non pas le pain qu'on laisse manger en paix au laboureur, après qu'il l'a gagné à la sueur de son visage.

Quand Protésilas a vu que j'étais inébranlable dans ces maximes, il a pris un parti tout opposé à sa conduite passée : il a commencé à suivre ces maximes qu'il n'avait pu détruire; il a fait semblant de les goûter, d'en être convaincu, de m'avoir obligation de l'avoir éclairé là-dessus. Il va au-devant de tout ce que je puis souhaiter pour soulager les pauvres ; il est le premier à me représenter leurs besoins, et à crier contre les dépenses excessives. Vous savez même qu'il vous loue, qu'il vous témoigne de la confiance, et qu'il n'oublie rien pour vous plaire. Pour Timocrate, il commence à n'être plus si bien avec Protésilas ; il a songé à se rendre indépendant : Protésilas en est jaloux ; et c'est en partie par leurs différends que j'ai découvert leur perfidie.

Mentor, souriant, répondit ainsi à Idoménée : Quoi donc ! vous avez été faible jusqu'à vous laisser tyranniser pendant tant d'années par deux traîtres dont vous connaissiez la trahison ! Ah ! vous ne savez pas, répondit Idoménée, ce que peuvent les hommes artificieux sur un roi faible et inappliqué qui s'est livré à eux pour toutes ses affaires. D'ailleurs, je vous ai déjà dit que Protésilas entre maintenant dans toutes vos vues pour le bien public. Mentor reprit ainsi le discours d'un air grave : Je ne vois que trop combien les méchants prévalent sur les bons auprès des rois ; vous en êtes un terrible exemple. Mais vous dites que je vous ai ouvert les yeux sur Protésilas ; et ils sont encore fermés pour laisser le gouvernement de vos affaires à cet homme indigne de vivre. Sachez que les méchants ne sont point des hommes incapables de faire le bien ; ils le font indifféremment, de même que le mal, quand il peut servir à leur ambition. Le mal ne leur coûte rien à faire, parce qu'aucun sentiment de bonté ni aucun principe de vertu ne les retient ; mais aussi ils font le bien sans peine, parce que leur corruption les porte à le faire pour paraître bons, et pour tromper le reste des hommes. A proprement parler, ils ne sont pas capables de la vertu, quoiqu'ils paraissent la pratiquer ; mais ils sont capables d'ajouter à tous leurs autres vices le plus horrible des vices, qui est l'hypocrisie. Tant que vous voudrez absolument faire le bien, Protésilas sera prêt à le faire avec vous, pour conserver l'autorité ; mais si peu qu'il sente en vous de facilité à vous relâcher, il n'oubliera rien pour vous faire retomber dans l'égarement, et pour reprendre en liberté son naturel trompeur et féroce. Pouvez-vous vivre avec honneur et repos, pendant qu'un tel homme vous obsède à toute heure, et que vous savez le sage et le fidèle Philoclès pauvre et déshonoré dans l'île de Samos?

Vous reconnaissez bien, ô Idoménée, que les hommes trompeurs et hardis qui sont présents entraînent les princes faibles ; mais vous devriez ajouter que les princes ont encore un autre malheur qui n'est pas moindre, c'est celui d'oublier facilement la vertu et les services d'un homme éloigné. La multitude des hommes qui environnent les princes est cause qu'il n'y en a aucun qui fasse une impression profonde sur eux : ils ne sont frappés que de ce qui est présent, et qui les flatte; tout le reste s'efface bientôt. Surtout la vertu les touche peu, parce que la vertu, loin de les flatter, les contredit et les condamne dans leurs faiblesses. Faut-il s'étonner s'ils ne sont point aimés, puisqu'ils ne sont point aimables, et qu'ils n'aiment rien que leur grandeur et leur plaisir?

Après avoir dit ces paroles, Mentor persuada à Idoménée qu'il fallait au plus tôt chasser Protésilas et Timocrate, pour rappeler Philoclès. L'unique difficulté qui arrêtait le roi, c'est qu'il craignait la sévérité de Philoclès. J'avoue, disait-il, que je ne puis m'empêcher de craindre un peu son retour, quoique je l'aime et que je l'estime. Je suis depuis ma tendre jeunesse accoutumé à des louanges, à des empressements et à des complaisances, que je ne saurais espérer de trouver dans cet homme. Dès que je faisais quelque chose qu'il n'approuvait pas, son air triste me marquait assez qu'il me condamnait. Quand il était en particulier avec moi, ses manières étaient respectueuses et modérées, mais sèches.

Ne voyez-vous pas, lui répondit Mentor, que les princes gâtés par la flatterie trouvent sec et austère tout ce qui est libre et ingénu? Ils vont même jusqu'à s'imaginer qu'on n'est pas zélé pour leur service, et qu'on n'aime pas leur autorité, dès qu'on n'a point l'âme servile, et qu'on n'est pas prêt à les flatter dans l'usage le plus injuste de leur puissance. Toute parole libre et généreuse leur paraît hautaine, critique et séditieuse. Ils deviennent si délicats, que tout ce qui n'est point flatteur les blesse et les irrite. Mais allons plus loin. Je suppose que Philoclès est effectivement sec et austère : son austérité ne vaut-elle pas mieux que la flatterie pernicieuse de vos conseillers ? Où trouverez-vous un homme sans défauts ? et le défaut de vous dire trop hardiment la vérité n'est-il pas celui que vous devez le moins craindre ? que dis-je ! n'est-ce pas un défaut nécessaire pour corriger les vôtres, et pour vaincre ce dégoût de la vérité où la flatterie vous a fait tomber ? Il vous faut un homme qui n'aime que la vérité et vous ; qui vous aime mieux que vous ne savez vous aimer vous-même ; qui vous dise la vérité malgré vous ; qui force tous vos retranchements : et cet homme nécessaire, c'est Philoclès. Souvenez-vous qu'un prince est trop heureux quand il naît un seul homme sous son règne avec cette générosité ; qu'il est le plus précieux trésor de l'État ; et que la plus grande punition qu'il doit craindre des dieux, est de perdre un tel homme, s'il s'en rend indigne faute de savoir s'en servir.

Pour les défauts des gens de bien, il faut les savoir connaître, et ne laisser pas de se servir d'eux. Redressez-les ; ne vous livrez jamais aveuglément à leur zèle indiscret ; mais écoutez-les favorablement ; honorez leur vertu ; surtout gardez-vous bien d'être plus longtemps comme vous avez été jusqu'ici. Les princes gâtés comme vous l'étiez, se contentant de mépriser les hommes corrompus, ne laissent pas de les employer avec confiance, et de les combler de bienfaits : d'un autre côté, ils se piquent de connaître les hommes vertueux ; mais ils ne leur donnent que de vains éloges, n'osant ni leur confier les emplois, ni les admettre dans leur commerce familier, ni répandre des bienfaits sur eux.

Alors Idoménée dit qu'il était honteux d'avoir tant tardé à délivrer l'innocence opprimée, et à punir ceux qui l'avaient trompé. Mentor n'eut même aucune peine à déterminer le roi à perdre son favori ; car aussitôt qu'on est parvenu à rendre les favoris suspects et importuns à leurs maîtres, les princes, lassés et embarrassés, ne cherchent plus qu'à s'en défaire : leur amitié s'évanouit, les services sont oubliés ; la chute des favoris ne leur coûte rien, pourvu qu'ils ne les voient plus.

Aussitôt le roi ordonna en secret à Hégésippe, qui était un des principaux officiers de sa maison, de prendre Protésilas et Timocrate, de les conduire en sûreté dans l'île de Samos, de les y laisser, et de ramener Philoclès de ce lieu d'exil. Hégésippe, surpris de cet ordre, ne put s'empêcher de pleurer de joie. C'est maintenant, dit-il au roi, que vous allez charmer vos sujets. Ces deux hommes ont causé tous vos malheurs et tous ceux de vos peuples : il y a vingt ans qu'ils font gémir tous les gens de bien, et qu'à peine ose-t-on même gémir, tant leur tyrannie est cruelle ; ils accablent tous ceux qui entreprennent d'aller à vous par un autre canal que le leur. Ensuite Hégésippe découvrit au roi un grand nombre de perfidies et d'inhumanités commises par ces deux hommes, dont le roi n'avait jamais entendu parler, parce que personne n'osait les accuser. Il lui raconta même ce qu'il avait découvert d'une conjuration secrète pour faire périr Mentor Le roi eut horreur de tout ce qu'il voyait.

Hégésippe se hâta d'aller prendre Protésilas dans sa maison : elle était moins grande, mais plus commode et plus riante que celle du roi ; l'architecture était de meilleur goût ; Protésilas l'avait ornée avec une dépense tirée du sang des misérables. Il était alors dans un salon de marbre auprès de ses bains, couché négligemment sur un lit de pourpre avec une broderie d'or ; il paraissait las et épuisé de ses travaux ; ses yeux et ses sourcils montraient je ne sais quoi d'agité, de sombre et de farouche. Les plus grands de l'État étaient autour de lui, rangés sur des tapis, composant leurs visages sur celui de Protésilas, dont ils observaient jusqu'au moindre clin d'œil. A peine ouvrait-il la bouche, que tout le monde se récriait pour admirer ce qu'il allait dire. Un des principaux de la troupe lui racontait avec des exagérations ridicules ce que Protésilas lui-même avait fait pour le roi. Un autre lui assurait que Jupiter, ayant trompé sa mère, lui avait donné la vie, et qu'il était fils du père des dieux. Un poëte venait de lui chanter des vers où il assurait que Protésilas, instruit par les Muses, avait égalé Apollon pour tous les ouvrages d'esprit. Un autre poëte, encore plus lâche et plus impudent, l'appelait, dans ses vers, l'inventeur des beaux-arts, et le père des peuples, qu'il rendait heureux ; il le dépeignait tenant en main la corne d'abondance.

Protésilas écoutait toutes ces louanges d'un air sec,

distrait et dédaigneux, comme un homme qui sait bien qu'il en mérite encore de plus grandes, et qui fait trop de grâce de se laisser louer. Il y avait un flatteur qui prit la liberté de lui parler à l'oreille, pour lui dire quelque chose de plaisant contre la police que Mentor tâchait d'établir. Protésilas sourit; toute l'assemblée se mit aussitôt à rire, quoique la plupart ne pussent point encore savoir ce qu'on avait dit. Mais Protésilas reprenant bientôt son air sévère et hautain, chacun rentre dans la crainte et dans le silence. Plusieurs nobles cherchaient le moment où Protésilas pourrait se tourner vers eux et les écouter : ils paraissaient émus et embarrassés; c'est qu'ils avaient à lui demander des grâces; leur posture suppliante parlait pour eux; ils paraissaient aussi soumis qu'une mère aux pieds des autels, lorsqu'elle demande aux dieux la guérison de son fils unique. Tous paraissaient contents, attendris, pleins d'admiration pour Protésilas, quoique tous eussent contre lui, dans le cœur, une rage implacable.

Dans ce moment Hégésippe entre, saisit l'épée de Protésilas, et lui déclare, de la part du roi, qu'il va l'emmener dans l'île de Samos. A ces paroles, toute l'arrogance de ce favori tomba, comme un rocher qui se détache du sommet d'une montagne escarpée*. Le voilà qui se jette tremblant et troublé aux pieds d'Hégésippe; il pleure, il hésite, il bégaye, il tremble; il embrasse les genoux de cet homme, qu'il ne daignait pas, une heure auparavant, honorer d'un de ses regards. Tous ceux qui l'encensaient, le voyant perdu sans ressource, changèrent leurs flatteries en des insultes sans pitié.

Hégésippe ne voulut lui laisser le temps ni de faire ses derniers adieux à sa famille, ni de prendre certains écrits secrets. Tout fut saisi et porté au roi. Timocrate fut arrêté dans le même temps : et sa surprise fut extrême; car il croyait qu'étant brouillé avec Protésilas il ne pouvait être enveloppé dans sa ruine. Ils partent dans un vaisseau qu'on avait préparé. On arrive à Samos. Hégésippe y laisse ces deux malheureux; et, pour mettre le comble à leur malheur, il les laisse ensemble. Là, ils se reprochent avec fureur, l'un à l'autre, les crimes qu'ils ont faits, et qui sont cause de leur chute : ils se trouvent sans espérance de revoir Salente, condamnés à vivre loin de leurs femmes et de leurs enfants ; je ne dis pas de leurs amis, car ils n'en avaient point. On les menait dans une terre inconnue, où ils ne devaient plus avoir d'autre ressource pour vivre que leur travail, eux qui avaient passé tant d'années dans les délices et dans le faste. Semblables à deux bêtes farouches, ils étaient toujours prêts à se déchirer l'un l'autre.

Cependant Hégésippe demanda en quel lieu de l'île demeurait Philoclès. On lui dit qu'il demeurait assez loin de la ville, sur une montagne où une grotte lui servait de maison. Tout le monde lui parla avec admiration de cet étranger. Depuis qu'il est dans cette île, lui disait-on, il n'a offensé personne : chacun est touché de sa patience, de son travail, de sa tranquillité ; n'ayant rien, il paraît toujours content. Quoiqu'il soit ici loin des affaires, sans biens et sans autorité, il ne laisse pas d'obliger ceux qui le méritent, et il a mille industries pour faire plaisir à tous ses voisins.

Hégésippe s'avance vers cette grotte, il la trouve vide et ouverte ; car la pauvreté et la simplicité des mœurs de Philoclès faisaient qu'il n'avait, en sortant, aucun besoin de fermer sa porte. Une natte de jonc grossier lui servait de lit. Rarement il allumait du feu, parce qu'il ne mangeait rien de cuit : il se nourrissait, pendant l'été, de fruits nouvellement cueillis, et, en hiver, de dattes et de figues sèches. Une claire fontaine, qui faisait une nappe d'eau en tombant d'un rocher, le désaltérait. Il n'avait dans sa grotte que les instruments nécessaires à la sculpture, et quelques livres qu'il lisait à certaines heures ; non pour orner son esprit, ni pour contenter sa curiosité, mais pour s'instruire en se délassant de ses travaux, et pour apprendre à être bon. Pour la sculpture, il ne s'y appliquait que pour exercer son corps, fuir l'oisiveté, et gagner sa vie sans avoir besoin de personne.

Hégésippe, en entrant dans la grotte, admira les ouvrages qui étaient commencés. Il remarqua un Jupiter, dont le visage serein était si plein de majesté, qu'on le reconnaissait aisément pour le père des dieux et des hommes. D'un autre côté paraissait Mars avec une fierté rude et menaçante. Mais ce qui était de plus touchant, c'était une Minerve qui animait les Arts ; son visage était noble et doux, sa taille grande et libre : elle était dans une action si vive, qu'on aurait pu croire qu'elle allait marcher.

Hégésippe, ayant pris plaisir à voir ces statues, sortit de la grotte, et vit de loin, sous un grand arbre, Philoclès qui lisait sur le gazon : il va vers lui ; et Philoclès, qui l'aperçoit, ne sait que croire. N'est-ce point là, dit-il en lui-même, Hégésippe, avec qui j'ai si longtemps vécu en Crète? Mais quelle apparence qu'il vienne dans une île si éloignée? Ne serait-ce point son ombre qui viendrait après sa mort des rives du Styx? Pendant qu'il était dans ce doute, Hégésippe arriva si proche de lui, qu'il ne put s'empêcher de le reconnaître et de l'embrasser. Est-ce donc vous, dit-il, mon cher et ancien ami? quel hasard, quelle tempête vous a jeté sur ce rivage? pourquoi avez-vous abandonné l'île de Crète? est-ce une disgrâce semblable à la mienne qui vous a arraché à notre patrie?

Hégésippe lui répondit : Ce n'est point une disgrâce ; au contraire, c'est la faveur des dieux qui m'amène ici. Aussitôt il lui raconta la longue tyrannie de Protésilas ; ses intrigues avec Timocrate ; les malheurs où ils avaient précipité Idoménée ; la chute de ce prince ; sa fuite sur les côtes d'Italie, la fondation de Salente ; l'arrivée de Mentor et de Télémaque ; les sages maximes dont Mentor avait rempli l'esprit du roi, et la disgrâce des deux traîtres. Il ajouta qu'il les avait menés à Samos, pour y souffrir l'exil qu'ils avaient fait souffrir à Philoclès ; et il finit en lui disant qu'il avait ordre de le conduire à Salente, où le roi, qui connaissait son innocence, voulait lui confier ses affaires, et le combler de biens.

Voyez-vous, lui répondit Philoclès, cette grotte, plus propre à cacher les bêtes sauvages, qu'à être habitée par des hommes? j'y ai goûté depuis tant d'années plus de douceur et de repos que dans les palais dorés de l'île de Crète. Les hommes ne me trompent plus ; car je ne vois plus les hommes, je n'entends plus leurs discours flatteurs et empoisonnés ; je n'ai plus besoin d'eux ; mes mains, endurcies au travail, me donnent facilement la nourriture simple qui m'est nécessaire ; il ne me faut, comme vous voyez, qu'une légère étoffe pour me couvrir.

N'ayant plus de besoins, jouissant d'un calme profond et d'une douce liberté, dont la sagesse de mes livres m'apprend à faire un bon usage, qu'irais-je encore chercher parmi les hommes jaloux, trompeurs et inconstants? Non, non, mon cher Hégésippe, ne m'enviez point mon bonheur. Protésilas s'est trahi lui-même, voulant trahir le roi, et me perdre. Mais il ne m'a fait aucun mal : au contraire, il m'a fait le plus grand des biens, il m'a délivré du tumulte et de la servitude des affaires : je lui dois ma chère solitude, et tous les plaisirs innocents que j'y goûte.

Retournez, ô Hégésippe, retournez vers le roi, aidez-lui à supporter les misères de la grandeur, et faites auprès de lui ce que vous voudriez que je fisse. Puisque ses yeux, si longtemps fermés à la vérité, ont été enfin ouverts par cet homme sage que vous nommez Mentor, qu'il le retienne auprès de lui. Pour moi, après mon naufrage, il ne me convient pas de quitter le port où la tempête m'a heureusement jeté, pour me remettre à la merci des flots. O que les rois sont à plaindre! ô que ceux qui les servent sont dignes de compassion! S'ils sont méchants, combien font-ils souffrir les hommes! et quels tourments leur sont préparés dans le noir Tartare! S'ils sont bons, quelles difficultés n'ont-ils pas à vaincre! quels piéges à éviter! quels maux à souffrir! Encore une fois, Hégésippe, laissez-moi dans mon heureuse pauvreté.

Pendant que Philoclès parlait ainsi avec beaucoup de véhémence, Hégésippe le regardait avec étonnement. Il l'avait vu autrefois en Crète, lorsqu'il gouvernait les plus grandes affaires, maigre, languissant et épuisé; c'est que son naturel ardent et austère le consumait dans le travail; il ne pouvait voir sans indignation le vice impuni; il voulait dans les affaires une certaine exactitude qu'on n'y trouve jamais : ainsi ses emplois détruisaient sa santé délicate. Mais, à Samos, Hégésippe le voyait gras et vigoureux; malgré les ans, la jeunesse fleurie s'était renouvelée sur son visage; une vie sobre, tranquille et laborieuse lui avait fait comme un nouveau tempérament.

Vous êtes surpris de me voir si changé, dit alors Philoclès en souriant; c'est ma solitude qui m'a donné cette fraîcheur et cette santé parfaite : mes ennemis m'ont donné ce que je n'aurais jamais pu trouver dans la plus grande fortune. Voulez-vous que je perde les vrais biens pour courir après les faux, et pour me replonger dans mes anciennes misères? Ne soyez pas plus cruel que Protésilas ; du moins ne m'enviez pas le bonheur que je tiens de lui.

Alors Hégésippe lui représenta, mais inutilement, tout ce qu'il crut propre à le toucher. Êtes-vous donc, lui disait-il, insensible au plaisir de revoir vos proches et vos amis, qui soupirent après votre retour, et que la seule espérance de vous embrasser comble de joie? Mais vous, qui craignez les dieux, et qui aimez votre devoir, comptez-vous pour rien de servir votre roi, de l'aider dans tous les biens qu'il veut faire, et de rendre tant de peuples heureux? Est-il permis de s'abandonner à une philosophie sauvage, de se préférer à tout le reste du genre humain, et d'aimer mieux son repos que le bonheur de ses concitoyens? Au reste, on croira que c'est par ressentiment, que vous ne voulez plus voir le roi. S'il vous a voulu faire du mal, c'est qu'il ne vous a point connu : ce n'était pas le véritable, le bon, le juste Philoclès qu'il a voulu faire périr ; c'était un homme bien différent de vous qu'il voulait punir. Mais maintenant qu'il vous connaît, et qu'il ne vous prend plus pour un autre, il sent toute son ancienne amitié revivre dans son cœur : il vous attend: déjà il vous tend les bras pour vous embrasser; dans son impatience, il compte les jours et les heures. Aurez-vous le cœur assez dur pour être inexorable à votre roi et à tous vos plus tendres amis?

Philoclès, qui avait d'abord été attendri en reconnaissant Hégésippe, reprit son air austère en écoutant ce discours. Semblable à un rocher contre lequel les vents combattent en vain, et où toutes les vagues vont se briser en gémissant, il demeurait immobile * ; et les prières ni les raisons ne trouvaient aucune ouverture pour entrer dans son cœur. Mais, au moment où Hégésippe commençait à désespérer de le vaincre, Philoclès, ayant consulté les dieux, découvrit, par le vol des oiseaux, par les entrailles des victimes, et par divers autres présages, qu'il devait suivre Hégésippe. Alors il ne résista plus, il se prépara à partir ; mais ce ne fut pas sans regretter le désert où il avait passé tant d'années. Hélas! disait-il, faut-il que je vous quitte, ô aimable grotte, où le sommeil paisible venait toutes les nuits me délasser des travaux du jour! Ici les Parques me filaient, au milieu de ma pauvreté, des jours d'or et de soie. Il se prosterna, en pleurant, pour adorer la Naïade qui l'avait si longtemps désaltéré par son onde claire, et les Nymphes qui habitaient dans toutes les montagnes voisines. Écho entendit ses regrets, et, d'une triste voix, les répéta à toutes les divinités champêtres.

Ensuite Philoclès vint à la ville avec Hégésippe pour s'embarquer. Il crut que le malheureux Protésilas, plein de honte et de ressentiment, ne voudrait point le voir : mais il se trompait; car les hommes corrompus n'ont aucune pudeur, et ils sont toujours prêts à toutes sortes de bassesses. Philoclès se cachait modestement, de peur d'être vu par ce misérable; il craignait d'augmenter sa misère en lui montrant la prospérité d'un ennemi qu'on allait élever sur ses ruines. Mais Protésilas cherchait avec empressement Philoclès; il voulait lui faire pitié, et l'engager à demander au roi qu'il pût retourner à Salente. Philoclès était trop sincère pour lui promettre de travailler à le faire rappeler; car il savait mieux que personne combien son retour eût été pernicieux : mais il lui parla fort doucement, lui témoigna de la compassion, tâcha de le consoler, l'exhorta à apaiser les dieux par des mœurs pures et par une grande patience dans ses maux. Comme il avait appris que le roi avait ôté à Protésilas tous ses biens injustement acquis, il lui promit deux choses, qu'il exécuta fidèlement dans la suite : l'une fut de prendre soin de sa femme et de ses enfants, qui étaient demeurés à Salente, dans une affreuse pauvreté, exposés à l'indignation publique; l'autre était d'envoyer à Protésilas, dans cette île éloignée, quelque secours d'argent pour adoucir sa misère.

Cependant les voiles s'enflent d'un vent favorable. Hégésippe, impatient, se hâte de faire partir Philoclès. Protésilas les voit embarquer : ses yeux demeurent attachés et immobiles sur le rivage; ils suivent le vaisseau qui fend les ondes, et que le vent éloigne toujours. Lors même qu'il ne peut plus le voir, il en repeint encore l'image dans son esprit. Enfin, troublé, furieux, livré à son désespoir, il s'arrache les cheveux, se roule sur le sable, reproche aux dieux leur rigueur, appelle en vain à son secours la cruelle mort, qui, sourde à ses prières, ne daigne le délivrer de tant de maux, et qu'il n'a pas le courage de se donner lui-même.

Cependant le vaisseau, favorisé de Neptune et des vents, arriva bientôt à Salente. On vint dire au roi qu'il entrait déjà dans le port : aussitôt il courut au-devant de Philoclès avec Mentor ; il l'embrassa tendrement, lui témoigna un sensible regret de l'avoir persécuté avec tant d'injustice. Cet aveu, bien loin de paraître une faiblesse dans un roi, fut regardé par tous les Salentins comme l'effort d'une grande âme, qui s'élève au-dessus de ses propres fautes, en les avouant avec courage pour les réparer. Tout le monde pleurait de joie de revoir l'homme de bien qui avait toujours aimé le peuple, et d'entendre le roi parler avec tant de sagesse et de bonté. Philoclès, avec un air respectueux et modeste, recevait les caresses du roi, et avait impatience de se dérober aux acclamations du peuple ; il suivit le roi au palais. Bientôt Mentor et lui furent dans la même confiance que s'ils avaient passé leur vie ensemble, quoiqu'ils ne se fussent jamais vus ; c'est que les dieux, qui ont refusé aux méchants des yeux pour connaître les bons, ont donné aux bons de quoi se connaître les uns les autres. Ceux qui ont le goût de la vertu ne peuvent être ensemble sans être unis par la vertu qu'ils aiment.

Bientôt Philoclès demanda au roi de se retirer, auprès de Salente, dans une solitude, où il continua à vivre pauvrement comme il avait vécu à Samos. Le roi allait avec Mentor le voir presque tous les jours dans son désert. C'est là qu'on examinait les moyens d'affermir les lois, et de donner une forme solide au gouvernement pour le bonheur public.

Les deux principales choses qu'on examina furent l'éducation des enfants, et la manière de vivre pendant la paix. Pour les enfants, Mentor disait : Ils appartiennent moins à leurs parents qu'à la république ; ils sont les enfants du peuple, ils en sont l'espérance et la force ; il n'est pas temps de les corriger quand ils se sont corrompus.

C'est peu que de les exclure des emplois, lorsqu'on voit qu'ils s'en sont rendus indignes; il vaut bien mieux prévenir le mal que d'être réduit à le punir. Le roi, ajoutait-il, qui est le père de tout son peuple, est encore plus particulièrement le père de toute la jeunesse, qui est la fleur de toute la nation. C'est dans la fleur qu'il faut préparer les fruits : que le roi ne dédaigne donc pas de veiller et de faire veiller sur l'éducation qu'on donne aux enfants; qu'il tienne ferme pour faire observer les lois de Minos, qui ordonnent qu'on élève les enfants dans le mépris de la douleur et de la mort; qu'on mette l'honneur à fuir les délices et les richesses; que l'injustice, le mensonge, l'ingratitude et la mollesse passent pour des vices infâmes; qu'on leur apprenne, dès leur tendre enfance, à chanter les louanges des héros qui ont été aimés des dieux, qui ont fait des actions généreuses pour leur patrie, et qui ont fait éclater leur courage dans les combats; que le charme de la musique saisisse leurs âmes pour rendre leurs mœurs douces et pures; qu'ils apprennent à être tendres pour leurs amis, fidèles à leurs alliés, équitables pour tous les hommes, même pour les plus cruels ennemis; qu'ils craignent moins la mort et les tourments, que le moindre reproche de leurs consciences. Si, de bonne heure, on remplit les enfants de ces grandes maximes, et qu'on les fasse entrer dans leur cœur par la douceur du chant, il y en aura peu qui ne s'enflamment de l'amour de la gloire et de la vertu.

Mentor ajoutait qu'il était capital d'établir des écoles publiques pour accoutumer la jeunesse aux plus rudes exercices du corps, et pour éviter la mollesse et l'oisiveté, qui corrompent les plus beaux naturels; il voulait une grande variété de jeux et de spectacles qui animassent tout le peuple, mais surtout qui exerçassent les corps pour les rendre adroits, souples et vigoureux : il ajoutait des prix pour exciter une noble émulation. Mais ce qu'il souhaitait le plus pour les bonnes mœurs, c'est que les jeunes gens se mariassent de bonne heure, et que leurs parents, sans aucune vue d'intérêt, leur laissassent choisir des femmes agréables de corps et d'esprit, auxquelles ils pussent s'attacher.

Mais pendant qu'on préparait ainsi les moyens de conserver la jeunesse pure, innocente, laborieuse, docile, et passionnée pour la gloire, Philoclès, qui aimait la guerre, disait à Mentor : En vain vous occuperez les jeunes gens à tous ces exercices, si vous les laissez languir dans une paix continuelle, où ils n'auront aucune expérience de la guerre, ni aucun besoin de s'éprouver sur la valeur. Par là vous affaiblirez insensiblement la nation; les courages s'amolliront; les délices corrompront les mœurs : d'autres peuples belliqueux n'auront aucune peine à les vaincre; et, pour avoir voulu éviter les maux que la guerre entraîne après elle, ils tomberont dans une affreuse servitude.

Mentor lui répondit : Les maux de la guerre sont encore plus horribles que vous ne pensez. La guerre épuise un État, et le met toujours en danger de périr, lors même qu'on remporte les plus grandes victoires. Avec quelques avantages qu'on la commence, on n'est jamais sûr de la finir sans être exposé aux plus tragiques renversements de fortune. Avec quelque supériorité de forces qu'on s'engage dans un combat, le moindre mécompte, une terreur panique, un rien vous arrache la victoire qui était déjà dans vos mains, et la transporte chez vos ennemis. Quand même on tiendrait dans son camp la victoire comme enchaînée, on se détruit soi-même en détruisant ses ennemis; on dépeuple son pays; on laisse les terres presque incultes; on trouble le commerce; mais, ce qui est bien pis, on affaiblit les meilleures lois, et on laisse corrompre les mœurs : la jeunesse ne s'adonne plus aux lettres; le pressant besoin fait qu'on souffre une licence pernicieuse dans les troupes; la justice, la police, tout souffre de ce désordre. Un roi qui verse le sang de tant d'hommes, et qui cause tant de malheurs pour acquérir un peu de gloire, ou pour étendre les bornes de son royaume, est indigne de la gloire qu'il cherche, et mérite de perdre ce qu'il possède, pour avoir voulu usurper ce qui ne lui appartient pas.

Mais voici le moyen d'exercer le courage d'une nation en temps de paix. Vous avez déjà vu les exercices du corps que nous établissons, les prix qui exciteront l'émulation, les maximes de gloire et de vertu dont on remplira les âmes des enfants, presque dès le berceau, par le chant des grandes actions des héros; ajoutez à ces secours celui d'une vie sobre et laborieuse. Mais ce n'est pas tout : aussitôt qu'un peuple allié de votre nation aura une guerre, il faut y envoyer la fleur de votre jeunesse, surtout ceux en qui on remarquera le génie de la guerre, et qui seront les plus propres à profiter de l'expérience. Par là vous conserverez une haute réputation chez vos alliés : votre alliance sera recherchée, on craindra de la perdre : sans avoir la guerre chez vous et à vos dépens, vous aurez toujours une jeunesse aguerrie et intrépide. Quoique vous ayez la paix chez vous, vous ne laisserez pas de traiter avec de grands honneurs ceux qui auront le talent de la guerre : car le vrai moyen d'éloigner la guerre et de conserver une longue paix, c'est de cultiver les armes; c'est d'honorer les hommes qui excellent dans cette profession; c'est d'en avoir toujours qui s'y soient exercés dans les pays étrangers, et qui connaissent les forces, la discipline militaire et les manières de faire la guerre des peuples voisins; c'est d'être également incapable et de faire la guerre par ambition, et de la craindre par mollesse. Alors étant toujours prêt à la faire pour la nécessité, on parvient à ne l'avoir presque jamais.

Pour les alliés, quand ils sont prêts à se faire la guerre les uns aux autres, c'est à vous à vous rendre médiateur. Par là vous acquérez une gloire plus solide et plus sûre que celle des conquérants; vous gagnez l'amour et l'estime des étrangers; ils ont tous besoin de vous : vous régnez sur eux par la confiance, comme vous régnez sur vos sujets par l'autorité; vous devenez le dépositaire des secrets, l'arbitre des traités, le maître des cœurs; votre réputation vole dans tous les pays les plus éloignés; votre nom est comme un parfum délicieux qui s'exhale de pays en pays chez les peuples les plus reculés. En cet état, qu'un peuple voisin vous attaque contre les règles de la justice, il vous trouve aguerri, préparé; mais, ce qui est bien plus fort, il vous trouve aimé et secouru; tous vos voisins s'alarment pour vous, et sont persuadés que votre conservation fait la sûreté publique. Voilà un rempart bien plus assuré que toutes les murailles des villes, et que toutes les places les mieux fortifiées; voilà la véritable gloire. Mais qu'il y a peu de rois qui sachent la chercher, et qui ne s'en éloignent point! Ils courent après une ombre trompeuse, et laissent derrière eux le vrai bonheur, faute de le connaître.

Après que Mentor eut parlé ainsi, Philoclès étonné le regardait; puis il jetait les yeux sur le roi, et était charmé de voir avec quelle avidité Idoménée recueillait au fond de son cœur toutes les paroles qui sortaient, comme un fleuve de sagesse, de la bouche de cet étranger.

Minerve, sous la figure de Mentor, établissait ainsi dans Salente toutes les meilleures lois et les plus utiles maximes du gouvernement, moins pour faire fleurir le royaume d'Idoménée, que pour montrer à Télémaque, quand il reviendrait, un exemple sensible de ce qu'un sage gouvernement peut faire pour rendre les peuples heureux, et pour donner à un bon roi une gloire durable.

LIVRE DOUZIÈME.

SOMMAIRE.

Pendant son séjour chez les alliés, Télémaque gagne l'affection des principaux chefs, et même celle de Philoctète, d'abord indisposé contre lui, à cause d'Ulysse son père. — Philoctète lui fait le récit de ses aventures; il lui montre les funestes effets de l'amour en lui racontant l'histoire tragique de la mort d'Hercule. — Il lui apprend comment il obtint de ce héros les flèches fatales sans lesquelles la ville de Troie ne pouvait être prise, et comment il fut puni d'avoir trahi le secret de la mort d'Hercule par tous les maux qu'il eut à souffrir dans l'île de Lemnos, et enfin comment Ulysse se servit de Néoptolème pour le décider à se rendre au siége de Troie, où il fut guéri de sa blessure par les fils d'Esculape.

Cependant Télémaque montrait son courage dans les périls de la guerre. En partant de Salente, il s'appliqua à gagner l'affection des vieux capitaines, dont la réputation et l'expérience étaient au comble. Nestor, qui l'avait déjà vu à Pylos, et qui avait toujours aimé Ulysse, le traitait comme s'il eût été son propre fils. Il lui donnait des instructions qu'il appuyait de divers exemples; il lui racontait toutes les aventures de sa jeunesse, et tout ce qu'il avait vu faire de plus remarquable aux héros de l'âge passé. La mémoire de ce sage vieillard, qui avait vécu trois âges d'homme *, était comme une histoire des anciens temps gravée sur le marbre ou sur l'airain.

Philoctète n'eut pas d'abord la même inclination que Nestor pour Télémaque : la haine qu'il avait nourrie si longtemps dans son cœur contre Ulysse l'éloignait de son fils : et il ne pouvait voir qu'avec peine tout ce qu'il semblait que les dieux préparaient en faveur de ce jeune homme, pour le rendre égal aux héros qui avaient renversé la ville de Troie. Mais enfin la modération de Télémaque vainquit tous les ressentiments de Philoctète; il ne put se défendre d'aimer cette vertu douce et modeste. Il prenait souvent Télémaque, et lui disait : Mon fils (car je ne crains plus de vous nommer ainsi), votre père et moi, je l'avoue, nous avons été longtemps ennemis l'un de l'autre : j'avoue même qu'après que nous eûmes fait tomber la superbe ville de Troie, mon cœur n'était point encore apaisé ; et, quand je vous ai vu, j'ai senti de la peine à aimer la vertu dans le fils d'Ulysse. Je me le suis souvent reproché. Mais enfin la vertu, quand elle est douce, simple, ingénue et modeste, surmonte tout. Ensuite Philoctète s'engagea insensiblement à lui raconter ce qui avait allumé dans son cœur tant de haine contre Ulysse.

Il faut, dit-il, reprendre mon histoire de plus haut. Je suivais partout le grand Hercule, qui a délivré la terre de tant de monstres, et devant qui les autres héros n'étaient que comme sont les faibles roseaux auprès d'un grand chêne, ou comme les moindres oiseaux en présence de l'aigle. Ses malheurs et les miens vinrent d'une passion qui cause tous les désastres les plus affreux, c'est l'amour. Hercule, qui avait vaincu tant de monstres, ne pouvait vaincre cette passion honteuse ; et le cruel enfant Cupidon se jouait de lui. Il ne pouvait se ressouvenir, sans rougir de honte, qu'il avait autrefois oublié sa gloire jusqu'à filer auprès d'Omphale, reine de Lydie, comme le plus lâche et le plus efféminé de tous les hommes; tant il avait été entraîné par un amour aveugle. Cent fois il m'a avoué que cet endroit de sa vie avait terni sa vertu, et presque effacé la gloire de tous ses travaux.

Cependant, ô dieux ! telle est la faiblesse et l'inconstance des hommes, ils se promettent tout d'eux-mêmes, et ne résistent à rien. Hélas ! le grand Hercule retomba dans les piéges de l'Amour qu'il avait si souvent détesté ; il aima Déjanire. Trop heureux, s'il eût été constant dans cette passion pour une femme qui fut son épouse ! Mais bientôt la jeunesse d'Iole, sur le visage de laquelle les grâces étaient peintes, ravit son cœur. Déjanire brûla de jalousie ; elle se ressouvint de cette fatale tunique que le centaure Nessus lui avait laissée, en mourant, comme un moyen assuré de réveiller l'amour d'Hercule, toutes les fois qu'il paraîtrait la négliger pour en aimer quelque autre. Cette tunique, pleine du sang venimeux du centaure, renfermait le poison des flèches dont ce monstre avait été percé. Vous savez que les flèches d'Hercule, qui tua ce perfide centaure, avaient été trempées dans le sang de l'hydre de Lerne, et que ce sang empoisonnait ses flèches, en sorte que toutes les blessures qu'elles faisaient étaient incurables.

Hercule, s'étant revêtu de cette tunique, sentit bientôt le feu dévorant qui se glissait jusque dans la moelle de ses os * : il poussait des cris horribles, dont le mont Œta* résonnait, et faisait retentir toutes les profondes vallées* ; la mer même en paraissait émue ; les taureaux les plus furieux, qui auraient mugi dans leurs combats, n'auraient pas fait un bruit aussi affreux. Le malheureux Lichas, qui lui avait apporté de la part de Déjanire cette tunique, ayant osé s'approcher de lui, Hercule, dans le transport de sa douleur, le prit, le fit pirouetter comme un frondeur fait avec sa fronde tourner la pierre qu'il veut jeter loin de lui. Ainsi Lichas, lancé du haut de la montagne par la puissante main d'Hercule, tombait dans les flots de la mer*, où il fut changé tout à coup en un rocher qui garde encore la figure humaine, et qui, étant toujours battu par les vagues irritées, épouvante de loin les sages pilotes.

Après ce malheur de Lichas, je crus que je ne pouvais plus me fier à Hercule ; je songeais à me cacher dans les cavernes les plus profondes. Je le voyais déraciner sans peine d'une main les hauts sapins et les vieux chênes, qui, depuis plusieurs siècles, avaient méprisé les vents et les tempêtes. De l'autre main il tâchait en vain d'arracher de dessus son dos la fatale tunique; elle s'était collée sur sa peau, et comme incorporée à ses membres*. A mesure qu'il la déchirait, il déchirait aussi sa peau et sa chair; son sang ruisselait et trempait la terre. Enfin, sa vertu surmontant sa douleur, il s'écria : Tu vois, ô mon cher Philoctète, les maux que les dieux me font souffrir; ils sont justes; c'est moi qui les ai offensés; j'ai violé l'amour conjugal. Après avoir vaincu tant d'ennemis, je me suis lâchement laissé vaincre par l'amour d'une beauté étrangère : je péris; et je suis content de périr pour apaiser les dieux. Mais, hélas! cher ami, où est-ce que tu fuis? L'excès de la douleur m'a fait commettre, il est vrai, contre ce misérable Lichas, une cruauté que je me reproche : il n'a pas su quel poison il me présentait; il n'a point mérité ce que je lui ai fait souffrir; mais crois-tu que je puisse oublier l'amitié que je te dois, et vouloir t'arracher la vie? Non, non, je ne cesserai point d'aimer Philoctète. Philoctète recevra dans son sein mon âme prête à s'envoler : c'est lui qui recueillera mes cendres. Où es-tu donc, ô mon cher Philoctète! Philoctète, la seule espérance qui me reste ici-bas?

A ces mots, je me hâte de courir vers lui; il me tend les bras, et veut m'embrasser; mais il se retient, dans la crainte d'allumer dans mon sein le feu cruel dont il est lui-même brûlé. Hélas! dit-il, cette consolation même ne m'est plus permise. En parlant ainsi, il assemble tous ces arbres qu'il vient d'abattre; il en fait un bûcher sur le sommet de la montagne; il monte tranquillement sur le bûcher; il étend la peau du lion de Némée, qui avait si longtemps couvert ses épaules lorsqu'il allait d'un bout de la terre à l'autre abattre les monstres et délivrer les malheureux; il s'appuie sur sa massue, et il m'ordonne d'allumer le feu du bûcher. Mes mains, tremblantes et saisies d'horreur, ne purent lui refuser ce cruel office; car la vie n'était plus pour lui un présent des dieux, tant elle lui était funeste! Je craignis même que l'excès de ses douleurs ne le transportât jusqu'à faire quelque chose d'indigne de cette vertu qui avait étonné l'univers. Comme il vit que la flamme commençait à prendre au bûcher : C'est maintenant, s'écria-t-il, mon cher Philoctète, que j'éprouve ta véritable amitié; car tu aimes mon honneur, plus que ma vie. Que les dieux te le rendent! Je te laisse ce que j'ai de plus précieux sur la terre, ces flèches trempées dans le sang de l'hydre de Lerne. Tu sais que les blessures qu'elles font sont incurables; par elles tu seras invincible, comme je l'ai été, et aucun mortel n'osera combattre contre toi. Souviens-toi que je meurs fidèle à notre amitié, et n'oublie jamais combien tu m'as été cher. Mais, s'il est vrai que tu sois touché de mes maux, tu peux me donner une dernière consolation; promets-moi de ne découvrir jamais à aucun mortel ni ma mort ni le lieu où tu auras caché mes cendres. Je le lui promis, hélas! je le jurai même, en arrosant son bûcher de mes larmes. Un rayon de joie parut dans ses yeux; mais tout à coup un tourbillon de flammes qui l'enveloppa étouffa sa voix, et le déroba presque à ma vue. Je le voyais encore un peu néanmoins au travers des flammes, avec un visage aussi serein que s'il eût été couronné de fleurs et couvert de parfums, dans la joie d'un festin délicieux, au milieu de tous ses amis *.

Le feu consuma bientôt tout ce qu'il y avait de terrestre et de mortel en lui. Bientôt il ne lui resta rien de tout ce qu'il avait reçu, dans sa naissance, de sa mère Alcmène; mais il conserva, par l'ordre de Jupiter, cette nature subtile et immortelle, cette flamme céleste qui est le vrai principe de vie, et qu'il avait reçue du père des dieux *. Ainsi il alla avec eux, sous les voûtes dorées du brillant Olympe, boire le nectar, où les dieux lui donnèrent pour épouse l'aimable Hébé, qui est la déesse de la jeunesse, et qui versait le nectar dans la coupe du grand Jupiter, avant que Ganymède eût reçu cet honneur.

Pour moi, je trouvai une source inépuisable de douleurs dans ces flèches qu'il m'avait données pour m'élever au-dessus de tous les héros. Bientôt les rois ligués entreprirent de venger Ménélas de l'infâme Pâris, qui avait enlevé Hélène, et de renverser l'empire de Priam. L'oracle d'Apollon leur fit entendre qu'ils ne devaient point espérer de finir heureusement cette guerre, à moins qu'ils n'eussent les flèches d'Hercule.

Ulysse votre père, qui était toujours le plus éclairé et le plus industrieux dans tous les conseils, se chargea de me persuader d'aller avec eux au siége de Troie, et d'y apporter ces flèches qu'il croyait que j'avais. Il y avait déjà longtemps qu'Hercule ne paraissait plus sur la terre : on n'entendait plus parler d'aucun nouvel exploit de ce héros ; les monstres et les scélérats recommençaient à paraître impunément. Les Grecs ne savaient que croire de lui ; les uns disaient qu'il était mort ; d'autres soutenaient qu'il était allé jusque sous l'Ourse glacée dompter les Scythes. Mais Ulysse soutint qu'il était mort, et entreprit de me le faire avouer. Il me vint trouver dans un temps où je ne pouvais encore me consoler d'avoir perdu le grand Alcide. Il eut une extrême peine à m'aborder ; car je ne pouvais plus voir les hommes : je ne pouvais souffrir qu'on m'arrachât de ces déserts du mont OEta où j'avais vu périr mon ami ; je ne songeais qu'à me repeindre l'image de ce héros, et qu'à pleurer à la vue de ces tristes lieux. Mais la douce et puissante persuasion était sur les lèvres de votre père : il parut presque aussi affligé que moi ; il versa des larmes ; il sut gagner insensiblement mon cœur, et attirer ma confiance ; il m'attendrit pour les rois grecs qui allaient combattre pour une juste cause, et qui ne pouvaient réussir sans moi. Il ne put jamais néanmoins m'arracher le secret de la mort d'Hercule, que j'avais juré de ne jamais dire ; mais il ne doutait point qu'il ne fût mort, et il me pressait de lui découvrir le lieu où j'avais caché ses cendres.

Hélas ! j'eus horreur de faire un parjure, en lui disant un secret que j'avais promis aux dieux de ne dire jamais ; mais j'eus la faiblesse d'éluder mon serment, n'osant le violer ; les dieux m'en ont puni : je frappai du pied la terre à l'endroit où j'avais mis les cendres d'Hercule. Ensuite j'allai joindre les rois ligués, qui me reçurent avec la même joie qu'ils auraient reçu Hercule même. Comme je passais dans l'île de Lemnos, je voulus montrer à tous les Grecs ce que mes flèches pouvaient faire. Me préparant à percer un daim qui s'élançait dans un bois, je laissai, par mégarde, tomber la flèche de l'arc sur mon pied, et elle me fit une blessure que je ressens encore. Aussitôt j'éprouvai les mêmes douleurs qu'Hercule avait souffertes ; je remplissais nuit et jour l'île de mes cris : un sang noir et corrompu, coulant de ma plaie, infectait l'air, et répandait dans le camp des Grecs une puanteur capable de suffoquer les hommes les plus vigoureux. Toute l'armée eut horreur de me voir dans cette extrémité; chacun conclut que c'était un supplice qui m'était envoyé par les justes dieux.

Ulysse, qui m'avait engagé dans cette guerre, fut le premier à m'abandonner*. J'ai reconnu, depuis, qu'il l'avait fait parce qu'il préférait l'intérêt commun de la Grèce, et la victoire, à toutes les raisons d'amitié ou de bienséance particulière. On ne pouvait plus sacrifier dans le camp, tant l'horreur de ma plaie, son infection, et la violence de mes cris troublaient toute l'armée*. Mais au moment où je me vis abandonné de tous les Grecs par le conseil d'Ulysse, cette politique me parut pleine de la plus horrible inhumanité et de la plus noire trahison. Hélas! j'étais aveugle, et je ne voyais pas qu'il était juste que les plus sages hommes fussent contre moi, de même que les dieux que j'avais irrités.

Je demeurai, presque pendant tout le siége de Troie, seul, sans secours, sans espérance, sans soulagement, livré à d'horribles douleurs, dans cette île déserte et sauvage*, où je n'entendais que le bruit des vagues de la mer qui se brisaient contre les rochers*. Je trouvai, au milieu de cette solitude, une caverne vide dans un rocher qui élevait vers le ciel deux pointes semblables à deux têtes : de ce rocher sortait une fontaine claire*. Cette caverne était la retraite des bêtes farouches, à la fureur desquelles j'étais exposé nuit et jour. J'amassai quelques feuilles pour me coucher. Il ne me restait, pour tout bien, qu'un pot de bois grossièrement travaillé, et quelques habits déchirés, dont j'enveloppais ma plaie pour arrêter le sang, et dont je me servais aussi pour la nettoyer*. Là, abandonné des hommes, et livré à la colère des dieux, je passais mon temps à percer de mes flèches les colombes et les autres oiseaux qui volaient autour de ce rocher. Quand j'avais tué quelque oiseau pour ma nourriture, il fallait que je me traînasse contre terre avec douleur pour aller ramasser ma proie : ainsi mes mains me préparaient de quoi me nourrir*.

Il est vrai que les Grecs, en partant, me laissèrent quelques provisions*; mais elles durèrent peu. J'allumais du feu avec des cailloux*. Cette vie, tout affreuse qu'elle est, m'eût paru douce loin des hommes ingrats et trompeurs, si la douleur ne m'eût accablé, et si je n'eusse sans cesse repassé dans mon esprit ma triste aventure. Quoi! disais-je, tirer un homme de sa patrie, comme le seul homme qui puisse venger la Grèce, et puis l'abandonner dans cette île déserte pendant son sommeil! car ce fut pendant mon sommeil que les Grecs partirent. Jugez quelle fut ma surprise, et combien je versai de larmes à mon réveil, quand je vis les vaisseaux fendre les ondes*. Hélas! cherchant de tous côtés dans cette île sauvage et horrible, je ne trouvai que la douleur. Dans cette île, il n'y a ni port, ni commerce, ni hospitalité, ni hommes qui y abordent volontairement. On n'y voit que les malheureux que les tempêtes y ont jetés, et on n'y peut espérer de société que par des naufrages : encore même ceux qui venaient en ce lieu n'osaient me prendre pour me ramener; ils craignaient la colère des dieux et celle des Grecs.

Depuis dix ans je souffrais la honte, la douleur, la faim; je nourrissais une plaie qui me dévorait*; l'espérance même était éteinte dans mon cœur. Tout à coup, revenant de chercher des plantes médicinales pour ma plaie*, j'aperçus dans mon antre un jeune homme beau, gracieux, mais fier, et d'une taille de héros. Il me sembla que je voyais Achille, tant il en avait les traits, les regards et la démarche: son âge seul me fit comprendre que ce ne pouvait être lui. Je remarquai sur son visage tout ensemble la compassion et l'embarras : il fut touché de voir avec quelle peine et quelle lenteur je me traînais*; les cris perçants et douloureux dont je faisais retentir les échos de tout ce rivage attendrirent son cœur*.

O étranger! lui dis-je d'assez loin, quel malheur t'a conduit dans cette île inhabitée? je reconnais l'habit grec, cet habit qui m'est encore si cher. O qu'il me tarde d'entendre ta voix, et de trouver sur tes lèvres cette langue que j'ai apprise dès l'enfance, et que je ne puis plus parler à personne depuis si longtemps dans cette solitude! Ne sois point effrayé de voir un homme si malheureux; tu dois en avoir pitié*

A peine Néoptolème m'eut dit : Je suis Grec, que je m'écriai* : O douce parole, après tant d'années de silence et de douleur sans consolation! O mon fils! quel malheur, quelle tempête, ou plutôt quel vent favorable t'a conduit ici* pour finir mes maux? Il me répondit : Je suis de l'île de Scyros¹, j'y retourne; on dit que je suis fils d'Achille : tu sais tout*.

Des paroles si courtes ne contentaient pas ma curiosité; je lui dis : O fils d'un père que j'ai tant aimé! cher nourrisson de Lycomède, comment viens-tu donc ici? d'où viens-tu*? Il me répondit qu'il venait du siége de Troie*. Tu n'étais pas, lui dis-je, de la première expédition*. Et toi, me dit-il, en étais-tu*? Alors je lui répondis : Tu ne connais, je le vois bien, ni le nom de Philoctète, ni ses malheurs. Hélas! infortuné que je suis! mes persécuteurs m'insultent dans ma misère : la Grèce ignore ce que je souffre : ma douleur augmente*. Les Atrides m'ont mis en cet état; que les dieux le leur rendent*!

Ensuite je lui racontai de quelle manière les Grecs m'avaient abandonné. Aussitôt qu'il eut écouté mes plaintes, il me fit les siennes. Après la mort d'Achille, me dit-il.... D'abord je l'interrompis, en lui disant : Quoi! Achille est mort! Pardonne-moi, mon fils, si je trouble ton récit par les larmes que je dois à ton père*. Néoptolème me répondit : Vous me consolez en m'interrompant; qu'il m'est doux de voir Philoctète pleurer mon père!

Néoptolème, reprenant son discours, me dit : Après la mort d'Achille, Ulysse et Phénix me vinrent chercher, assurant qu'on ne pouvait sans moi renverser la ville de Troie. Ils n'eurent aucune peine à m'emmener; car la douleur de la mort d'Achille, et le désir d'hériter de sa gloire dans cette célèbre guerre, m'engageaient assez à les suivre. J'arrive à Sigée*; l'armée s'assemble autour de moi : chacun jure qu'il revoit Achille; mais, hélas! il n'était plus. Jeune et sans expérience, je croyais pouvoir tout espérer de ceux qui me donnaient tant de louanges. D'abord je demande aux Atrides les armes de mon père; ils me répondent cruellement : Tu auras le reste de ce qui lui appartenait; mais pour ses armes, elles sont destinées à Ulysse. Aussitôt je me trouble, je pleure, je m'emporte; mais Ulysse, sans s'émouvoir, me disait : Jeune homme, tu n'étais pas avec nous dans les périls de ce long siége; tu n'as pas mérité de telles armes; et tu parles déjà trop fièrement; jamais tu ne les auras. Dépouillé injustement par Ulysse, je m'en retourne dans l'île de Scyros, moins indigné contre Ulysse que contre les Atrides! Que quiconque est leur ennemi puisse être l'ami des dieux. O Philoctète, j'ai tout dit*.

Alors je demandai à Néoptolème comment Ajax Télamonien n'avait pas empêché cette injustice. Il est mort, me répondit-il. Il est mort! m'écriai-je; et Ulysse ne meurt point! au contraire, il fleurit dans l'armée*! Ensuite je lui demandai des nouvelles d'Antiloque fils du sage Nestor, et de Patrocle, si chéri par Achille. Ils sont morts aussi, me dit-il. Aussitôt je m'écriai encore: Quoi, morts! Hélas! que me dis-tu? La cruelle guerre moissonne les bons, et épargne les méchants. Ulysse est donc en vie? Thersite l'est aussi sans doute? Voilà ce que font les dieux; et nous les louerions encore*!

Pendant que j'étais dans cette fureur contre votre père, Néoptolème continuait à me tromper; il ajouta ces tristes paroles : Loin de l'armée grecque, où le mal prévaut sur le bien, je vais vivre content dans la sauvage île de Scyros. Adieu : je pars. Que les dieux vous guérissent*! Aussitôt je lui dis : O mon fils, je te conjure, par les mânes de ton père, par ta mère, par tout ce que tu as de plus cher sur la terre, de ne me laisser pas seul dans ces maux que tu vois. Je n'ignore pas combien je te serai à charge; mais il y aurait de la honte à m'abandonner : jette-moi à la proue, à la poupe, dans la sentine même, partout où je t'incommoderai le moins. Il n'y a que les grands cœurs qui sachent combien il y a de gloire à être bon. Ne me laisse point en un désert où il n'y a aucun vestige d'homme; mène-moi dans ta patrie, ou dans l'Eubée, qui n'est pas loin du mont Œta, de Trachine, et des bords agréables du fleuve Sperchius[1] : rends-moi à mon père. Hélas! Je crains qu'il ne soit mort! Je lui avais mandé de m'envoyer un vaisseau : ou il est mort, ou bien ceux qui m'avaient promis de le lui dire ne l'ont pas fait. J'ai recours à toi, ô mon fils! souviens-toi de la fragilité des choses humaines. Celui qui est dans la prospérité doit craindre d'en abuser, et secourir les malheureux*.

Voilà ce que l'excès de la douleur me faisait dire à Néoptolème; il me promit de m'emmener*. Alors je m'écriai encore : O heureux jour! ô aimable Néoptolème, digne de la gloire de son père! Cher compagnon de ce voyage, souffrez que je dise adieu à cette triste demeure. Voyez où j'ai vécu, comprenez ce que j'ai souffert: nul autre n'eût pu le souffrir: mais la nécessité m'avait instruit*, et elle apprend aux hommes ce qu'ils ne pourraient jamais savoir autrement. Ceux qui n'ont jamais souffert ne savent rien; ils ne connaissent ni les biens ni les maux: ils ignorent les hommes; ils s'ignorent eux-mêmes. Après avoir parlé ainsi, je pris mon arc et mes flèches.

Néoptolème me pria de souffrir qu'il les baisât, ces armes si célèbres, et consacrées par l'invincible Hercule*. Je lui répondis: Tu peux tout; c'est toi, mon fils, qui me rends aujourd'hui la lumière, ma patrie, mon père accablé de vieillesse, mes amis, moi-même: tu peux toucher ces armes, et te vanter d'être le seul d'entre les Grecs qui ait mérité de les toucher*. Aussitôt Néoptolème entre dans ma grotte pour admirer mes armes.

Cependant une douleur cruelle me saisit, elle me trouble, je ne sais plus ce que je fais; je demande un glaive tranchant pour couper mon pied*; je m'écrie: O mort tant désirée! que ne viens-tu? O jeune homme! brûle-moi tout à l'heure comme je brûlai le fils de Jupiter*. O terre! ô terre! reçois un mourant qui ne peut plus se relever*. De ce transport de douleur, je tombe soudainement, selon ma coutume, dans un assoupissement profond; une grande sueur commença à me soulager; un sang noir et corrompu coula de ma plaie*. Pendant mon sommeil, il eût été facile à Néoptolème d'emporter mes armes, et de partir; mais il était fils d'Achille, et n'était pas né pour tromper. En m'éveillant, je reconnus son embarras: il soupirait comme un homme qui ne sait pas dissimuler, et qui agit contre son cœur. Me veux-tu surprendre? lui dis-je: qu'y a-t-il donc*? Il faut, me répondit-il, que vous me suiviez au siége de Troie. Je repris aussitôt: Ah! qu'as-tu dit, mon fils*? Rends-moi cet arc; je suis trahi*! ne m'arrache pas la vie. Hélas! il ne répond rien; il me regarde tranquillement; rien ne le touche. O rivage! ô promontoires de cette île! ô bêtes farouches! ô rochers escarpés! c'est à vous que je me plains; car je n'ai que vous à qui je puisse me plaindre: vous êtes accoutumés à mes gémissements. Faut-il que je sois trahi par le fils d'Achille! il m'enlève l'arc sacré d'Hercule; il veut me traîner dans le camp des Grecs pour triompher de moi; il ne voit pas que c'est triompher d'un mort, d'une ombre, d'une image vaine. O s'il m'eût attaqué dans ma force !... mais, encore à présent, ce n'est que par surprise. Que ferai-je? Rends, mon fils, rends : sois semblable à ton père, semblable à toi-même. Que dis-tu ?... Tu ne dis rien ! O rocher sauvage ! je reviens à toi, nu, misérable, abandonné, sans nourriture ; je mourrai seul dans cet antre : n'ayant plus mon arc pour tuer des bêtes, les bêtes me dévoreront; n'importe. Mais, mon fils, tu ne parais pas méchant: quelque conseil te pousse ; rends mes armes, va-t'en*.

Néoptolème, les larmes aux yeux, disait tout bas : Plût aux dieux que je ne fusse jamais parti de Scyros*! Cependant je m'écrie : Ah! que vois-je! n'est-ce pas Ulysse? Aussitôt j'entends sa voix, et il me répond: Oui, c'est moi*. Si le sombre royaume de Pluton se fût entr'ouvert, et que j'eusse vu le noir Tartare, que les dieux mêmes craignent d'entrevoir, je n'aurais pas été saisi, je l'avoue, d'une plus grande horreur. Je m'écriai encore : O terre de Lemnos! je te prends à témoin. O soleil, tu le vois, et tu le souffres !* Ulysse me répondit sans s'émouvoir : Jupiter le veut, et je l'exécute. Oses-tu, lui disais-je, nommer Jupiter*? Vois-tu ce jeune homme qui n'était point né pour la fraude, et qui souffre en exécutant ce que tu l'obliges de faire*? Ce n'est pas pour vous tromper, me dit Ulysse, ni pour vous nuire, que nous venons ; c'est pour vous délivrer, vous guérir, vous donner la gloire de renverser Troie, et vous ramener dans votre patrie. C'est vous, et non pas Ulysse, qui êtes l'ennemi de Philoctète*.

Alors je dis à votre père tout ce que la fureur pouvait m'inspirer. Puisque tu m'as abandonné sur ce rivage, lui disais-je, que ne m'y laisses-tu en paix? Va chercher la gloire des combats et tous les plaisirs; jouis de ton bonheur avec les Atrides : laisse-moi ma misère et ma douleur. Pourquoi m'enlever? Je ne suis plus rien; je suis déjà mort. Pourquoi ne crois-tu pas encore aujourd'hui, comme tu le croyais autrefois, que je ne saurais partir; que mes cris et l'infection de ma plaie troubleraient les sacrifices*? O Ulysse, auteur de mes maux, que les dieux puissent te...! Mais les dieux ne m'écoutent point*; au contraire, ils excitent mon ennemi. O terre de ma patrie, que je ne reverrai jamais!... O dieux, s'il en reste encore quelqu'un d'assez juste pour avoir pitié de moi, punissez, punissez Ulysse; alors je me croirai guéri*.

Pendant que je parlais ainsi, votre père, tranquille, me regardait avec un air de compassion, comme un homme qui, loin d'être irrité, supporte et excuse le trouble d'un malheureux que la fortune a aigri. Je le voyais semblable à un rocher, qui, sur le sommet d'une montagne, se joue de la fureur des vents, et laisse épuiser leur rage, pendant qu'il demeure immobile*. Ainsi votre père, demeurant dans le silence, attendait que ma colère fût épuisée; car il savait qu'il ne faut attaquer les passions des hommes, pour les réduire à la raison, que quand elles commencent à s'affaiblir par une espèce de lassitude. Ensuite il me dit ces paroles : O Philoctète, qu'avez-vous fait de votre raison et de votre courage? voici le moment de s'en servir. Si vous refusez de nous suivre pour remplir les grands desseins de Jupiter sur vous, adieu; vous êtes indigne d'être le libérateur de la Grèce et le destructeur de Troie. Demeurez à Lemnos; ces armes, que j'emporte, me donneront une gloire qui vous était destinée. Néoptolème, partons; il est inutile de lui parler* : la compassion pour un seul homme ne doit pas nous faire abandonner le salut de la Grèce entière.

Alors je me sentis comme une lionne à qui on vient d'arracher ses petits : elle remplit les forêts de ses rugissements*. O caverne, disais-je, jamais je ne te quitterai; tu seras mon tombeau! O séjour de ma douleur, plus de nourriture, plus d'espérance*! Qui me donnera un glaive pour me percer*? Oh! si les oiseaux de proie pouvaient m'enlever!... Je ne les percerai plus de mes flèches*! O arc précieux, arc consacré par les mains du fils de Jupiter! O cher Hercule, s'il te reste encore quelque sentiment, n'es-tu pas indigné? Cet arc n'est plus dans les mains de ton fidèle ami; il est dans les mains impures et trompeuses d'Ulysse*. Oiseaux de proie, bêtes farouches, ne fuyez plus cette caverne, mes mains n'ont plus de flèches. Misérable, je ne puis vous nuire, venez m'enlever*! ou plutôt que la foudre de l'impitoyable Jupiter m'écrase*!

Votre père, ayant tenté tous les autres moyens pour me persuader, jugea enfin que le meilleur était de me rendre mes armes ; il fit signe à Néoptolème, qui me les rendit aussitôt. Alors je lui dis : Digne fils d'Achille, tu montres que tu l'es. Mais laisse-moi percer mon ennemi. Aussitôt je voulus tirer une flèche contre votre père ; mais Néoptolème m'arrêta, en me disant : La colère vous trouble, et vous empêche de voir l'indigne action que vous voulez faire*. Pour Ulysse, il paraissait aussi tranquille contre mes flèches que contre mes injures. Je me sentis touché de cette intrépidité et de cette patience. J'eus honte d'avoir voulu, dans ce premier transport, me servir de mes armes pour tuer celui qui me les avait fait rendre ; mais, comme mon ressentiment n'était pas encore apaisé, j'étais inconsolable de devoir mes armes à un homme que je haïssais tant. Cependant Néoptolème me disait : Sachez que le divin Hélénus, fils de Priam, étant sorti de la ville de Troie par l'ordre et par l'inspiration des dieux, nous a dévoilé l'avenir. La malheureuse Troie tombera, a-t-il dit ; mais elle ne peut tomber qu'après qu'elle aura été attaquée par celui qui tient les flèches d'Hercule : cet homme ne peut guérir que quand il sera devant les murailles de Troie ; les enfants d'Esculape le guériront*.

En ce moment je sentis mon cœur partagé : j'étais touché de la naïveté de Néoptolème, et de la bonne foi avec laquelle il m'avait rendu mon arc ; mais je ne pouvais me résoudre à voir encore le jour, s'il fallait céder à Ulysse ; et une mauvaise honte me tenait en suspens. Me verra-t-on, disais-je en moi-même, avec Ulysse et avec les Atrides* ? Que croira-t-on de moi ?

Pendant que j'étais dans cette incertitude, tout à coup j'entends une voix plus qu'humaine : je vois Hercule dans un nuage éclatant ; il était environné de rayons de gloire. Je reconnus facilement ses traits un peu rudes, son corps robuste, et ses manières simples ; mais il avait une hauteur et une majesté qui n'avaient jamais paru si grandes en lui quand il domptait les monstres. Il me dit : Tu entends, tu vois Hercule. J'ai quitté le haut Olympe pour t'annoncer les ordres de Jupiter. Tu sais par quels travaux j'ai acquis l'immortalité : il faut que tu ailes avec le fils d'Achille, pour marcher sur mes traces dans le chemin de la gloire. Tu guériras; tu perceras de mes flèches Pâris, auteur de tant de maux. Après la prise de Troie, tu enverras de riches dépouilles à Péan ton père, sur le mont Œta; ces dépouilles seront mises sur mon tombeau comme un monument de la victoire due à mes flèches. Et toi, ô fils d'Achille! je te déclare que tu ne peux vaincre sans Philoctète, ni Philoctète sans toi. Allez donc comme deux lions qui cherchent ensemble leur proie. J'enverrai Esculape à Troie pour guérir Philoctète. Surtout, ô Grecs, aimez et observez la religion : le reste meurt; elle ne meurt jamais*.

Après avoir entendu ces paroles, je m'écriai : O heureux jour, douce lumière, tu te montres enfin après tant d'années! Je t'obéis*, je pars après avoir salué ces lieux. Adieu, cher antre. Adieu, nymphes de ces prés humides. Je n'entendrai plus le bruit sourd des vagues de cette mer. Adieu, rivage où tant de fois j'ai souffert les injures de l'air. Adieu, promontoire où Echo répéta tant de fois mes gémissements. Adieu, douces fontaines qui me fûtes si amères. Adieu, ô terre de Lemnos; laisse-moi partir heureusement, puisque je vais où m'appelle la volonté des dieux et de mes amis*!

Ainsi nous partîmes : nous arrivâmes au siège de Troie. Machaon et Podalyre, par la divine science de leur père Esculape, me guérirent, ou du moins me mirent dans l'état où vous me voyez. Je ne souffre plus; j'ai retrouvé toute ma vigueur : mais je suis un peu boiteux. Je fis tomber Pâris comme un timide faon de biche qu'un chasseur perce de ses traits. Bientôt Ilion fut réduite en cendres; vous savez le reste. J'avais néanmoins encore je ne sais quelle aversion pour le sage Ulysse, par le souvenir de mes maux; et sa vertu ne pouvait apaiser ce ressentiment : mais la vue d'un fils qui lui ressemble, et que je ne puis m'empêcher d'aimer, m'attendrit le cœur pour le père même.

LIVRE TREIZIÈME.

SOMMAIRE.

Un différend s'élève entre Télémaque et Phalante, chef des Lacédémoniens, au sujet de quelques prisonniers faits sur les Dauniens et que chacun prétend lui appartenir. — Pendant que la cause se discute dans l'assemblée des rois alliés, Hippias, frère de Phalante, s'empare des prisonniers pour les emmener à Tarente. — Télémaque irrité attaque Hippias avec fureur et le terrasse dans un combat singulier. — Adraste, roi des Dauniens, profitant du trouble qui règne dans l'armée des alliés, à l'occasion de la querelle de Télémaque et d'Hippias, les attaque à l'improviste. — Il surprend cent de leurs vaisseaux avec lesquels il transporte ses propres troupes dans le camp des alliés. — Il y met le feu et commence l'attaque par le quartier de Phalante. — Il tue Hippias, frère de Phalante. Celui-ci même est percé de coups. — Télémaque, s'étant revêtu de ses armes divines, s'élance hors du camp au premier bruit de ce désordre, rassemble autour de lui l'armée des alliés et dirige ses mouvements avec tant de sagesse, qu'il repousse en peu de temps l'ennemi victorieux. — Une tempête sépare les deux armées et met fin au combat. — Télémaque fait emporter les blessés et leur procure tous les soulagements dont ils ont besoin. — Il prend un soin particulier de Phalante et des funérailles d'Hippias.

Pendant que Philoctète avait raconté ainsi ses aventures, Télémaque était demeuré comme suspendu et immobile. Ses yeux étaient attachés sur ce grand homme qui parlait. Toutes les passions différentes qui avaient agité Hercule, Philoctète, Ulysse, Néoptolème, paraissaient tour à tour sur le visage naïf de Télémaque, à mesure qu'elles étaient représentées dans la suite de cette narration. Quelquefois il s'écriait, et interrompait Philoctète sans y penser; quelquefois il paraissait rêveur comme un homme qui pense profondément à la suite des affaires. Quand Philoctète dépeignit l'embarras de Néoptolème, qui ne savait point dissimuler, Télémaque parut dans le même embarras; et dans ce moment on l'aurait pris pour Néoptolème.

Cependant l'armée des alliés marchait en bon ordre contre Adraste, roi des Dauniens, qui méprisait les dieux, et qui ne cherchait qu'à tromper les hommes. Télémaque trouva de grandes difficultés pour se ménager parmi tant de rois jaloux les uns des autres. Il fallait ne se rendre suspect à aucun, et se faire aimer de tous. Son naturel était bon et sincère, mais peu caressant ; il ne s'avisait guère de ce qui pouvait faire plaisir aux autres : il n'était point attaché aux richesses, mais il ne savait point donner. Ainsi, avec un cœur noble et porté au bien, il ne paraissait ni obligeant, ni sensible à l'amitié, ni libéral, ni reconnaissant des soins qu'on prenait pour lui, ni attentif à distinguer le mérite. Il suivait son goût sans réflexion. Sa mère Pénélope l'avait nourri, malgré Mentor, dans une hauteur et une fierté qui ternissaient tout ce qu'il y avait de plus aimable en lui. Il se regardait comme étant d'une autre nature que le reste des hommes ; les autres ne lui semblaient mis sur la terre par les dieux que pour lui plaire, pour le servir, pour prévenir tous ses désirs, et pour rapporter tout à lui comme à une divinité. Le bonheur de le servir était, selon lui, une assez haute récompense pour ceux qui le servaient. Il ne fallait jamais rien trouver d'impossible quand il s'agissait de le contenter ; et les moindres retardements irritaient son naturel ardent.

Ceux qui l'auraient vu ainsi dans son naturel auraient jugé qu'il était incapable d'aimer autre chose que lui-même, qu'il n'était sensible qu'à sa gloire et à son plaisir ; mais cette indifférence pour les autres et cette attention continuelle sur lui-même ne venaient que du transport continuel où il était jeté par la violence de ses passions. Il avait été flatté par sa mère dès le berceau, et il était un grand exemple du malheur de ceux qui naissent dans l'élévation. Les rigueurs de la fortune, qu'il sentit dès sa première jeunesse, n'avaient pu modérer cette impétuosité et cette hauteur. Dépourvu de tout, abandonné, exposé à tant de maux, il n'avait rien perdu de sa fierté ; elle se relevait toujours, comme la palme souple se relève sans cesse elle-même, quelque effort qu'on fasse pour l'abaisser.

Pendant que Télémaque était avec Mentor, ces défauts ne paraissaient point, et ils se diminuaient tous les jours. Semblable à un coursier fougueux qui bondit dans les vastes prairies, que ni les rochers escarpés, ni les précipices, ni les torrents n'arrêtent, qui ne connaît que la voix et la main d'un seul homme capable de le dompter, Télémaque, plein d'une noble ardeur, ne pouvait être retenu que par le seul Mentor. Mais aussi un de ses regards l'arrêtait tout à coup dans sa plus grande impétuosité : il entendait d'abord ce que signifiait ce regard; il rappelait d'abord dans son cœur tous les sentiments de vertu. La sagesse rendait en un moment son visage doux et serein. Neptune, quand il élève son trident, et qu'il menace les flots soulevés, n'apaise point plus soudainement les noires tempêtes*.

Quand Télémaque se trouva seul, toutes ses passions, suspendues comme un torrent arrêté par une forte digue, reprirent leur cours : il ne put souffrir l'arrogance des Lacédémoniens, et de Phalante qui était à leur tête. Cette colonie, qui était venue fonder Tarente, était composée de jeunes hommes nés pendant le siége de Troie, qui n'avaient eu aucune éducation : leur naissance illégitime, le dérèglement de leurs mères, la licence dans laquelle ils avaient été élevés, leur donnait je ne sais quoi de farouche et de barbare. Ils ressemblaient plutôt à une troupe de brigands qu'à une colonie grecque.

Phalante, en toute occasion, cherchait à contredire Télémaque; souvent il l'interrompait dans les assemblées, méprisant ses conseils comme ceux d'un jeune homme sans expérience : il en faisait des railleries, le traitant de faible et d'efféminé; il faisait remarquer aux chefs de l'armée ses moindres fautes. Il tâchait de semer partout la jalousie, et de rendre la fierté de Télémaque odieuse à tous les alliés.

Un jour, Télémaque ayant fait sur les Dauniens quelques prisonniers, Phalante prétendit que ces captifs devaient lui appartenir, parce que c'était lui, disait-il, qui, à la tête de ses Lacédémoniens, avait défait cette troupe d'ennemis; et que Télémaque, trouvant les Dauniens déjà vaincus et mis en fuite, n'avait eu d'autre peine que celle de leur donner la vie et de les mener dans le camp. Télémaque soutenait, au contraire, que c'était lui qui avait empêché Phalante d'être vaincu, et qui avait remporté la victoire sur les Dauniens. Ils allèrent tous deux défendre leur cause dans l'assemblée des rois alliés. Télémaque s'y emporta jusqu'à menacer Phalante; ils se fussent battus sur-le-champ, si on ne les eût arrêtés.

Phalante avait un frère nommé Hippias, célèbre dans toute l'armée par sa valeur, par sa force et par son adresse. Pollux, disaient les Tarentins, ne combattait pas mieux du ceste; Castor n'eût pu le surpasser pour conduire un cheval; il avait presque la taille et la force d'Hercule. Toute l'armée le craignait; car il était encore plus querelleur et plus brutal, qu'il n'était fort et vaillant. Hippias, ayant vu avec quelle hauteur Télémaque avait menacé son frère, va à la hâte prendre les prisonniers pour les emmener à Tarente, sans attendre le jugement de l'assemblée. Télémaque, à qui on vint le dire en secret, sortit en frémissant de rage. Tel qu'un sanglier écumant, qui cherche le chasseur par lequel il a été blessé, on le voyait errer dans le camp, cherchant des yeux son ennemi, et branlant le dard dont il le voulait percer. Enfin il le rencontre, et, en le voyant, sa fureur se redouble. Ce n'était plus ce sage Télémaque instruit par Minerve sous la figure de Mentor; c'était un frénétique, ou un lion furieux.

Aussitôt il crie à Hippias : Arrête, ô le plus lâche de tous les hommes! arrête; nous allons voir si tu pourras m'enlever les dépouilles de ceux que j'ai vaincus. Tu ne les conduiras point à Tarente; va, descends tout à l'heure dans les rives sombres du Styx. Il dit, et il lança son dard; mais il le lança avec tant de fureur, qu'il ne put mesurer son coup; le dard ne toucha point Hippias. Aussitôt Télémaque prend son épée, dont la garde était d'or, et que Laërte lui avait donnée, quand il partit d'Ithaque, comme un gage de sa tendresse. Laërte s'en était servi avec beaucoup de gloire, pendant qu'il était jeune; et elle avait été teinte du sang de plusieurs fameux capitaines des Épirotes, dans une guerre où Laërte fut victorieux. A peine Télémaque eut tiré cette épée, qu'Hippias, qui voulait profiter de l'avantage de sa force, se jeta pour l'arracher des mains du jeune fils d'Ulysse. L'épée se rompt dans leurs mains; ils se saisissent et se serrent l'un l'autre. Les voilà comme deux bêtes cruelles qui cherchent à se déchirer; le feu brille dans leurs yeux; ils se raccourcissent, ils s'allongent, ils s'abaissent, ils se relèvent, ils s'élancent, ils sont altérés de sang. Les voilà aux prises, pied contre pied, main contre main : ces deux corps entrelacés semblaient n'en faire qu'un. Mais Hippias, d'un âge plus avancé, semblait devoir accabler Télémaque, dont la tendre jeunesse était moins nerveuse. Déjà Télémaque, hors d'haleine, sentait ses genoux chancelants. Hippias, le voyant ébranlé, redoublait ses efforts. C'était fait du fils d'Ulysse; il allait porter la peine de sa témérité et de son emportement, si Minerve, qui veillait de loin sur lui, et qui ne le laissait dans cette extrémité de péril, que pour l'instruire, n'eût déterminé la victoire en sa faveur.

Elle ne quitta point le palais de Salente; mais elle envoya Iris, la prompte messagère des dieux. Celle-ci, volant d'une aile légère, fendit les espaces immenses des airs, laissant après elle une longue trace de lumière qui peignait un nuage de mille diverses couleurs *. Elle ne se reposa que sur le rivage de la mer où était campée l'armée innombrable des alliés : elle voit de loin la querelle et les efforts des deux combattants; elle frémit à la vue du danger où était le jeune Télémaque; elle s'approche, enveloppée d'un nuage clair qu'elle avait formé de vapeurs subtiles. Dans le moment où Hippias, sentant toute sa force, se crut victorieux, elle couvrit le jeune nourrisson de Minerve de l'égide que la sage déesse lui avait confiée. Aussitôt Télémaque, dont les forces étaient épuisées, commence à se ranimer. A mesure qu'il se ranime, Hippias se trouble, il sent je ne sais quoi de divin qui l'étonne et qui l'accable. Télémaque le presse et l'attaque, tantôt dans une situation, tantôt dans une autre; il l'ébranle, il ne lui laisse aucun moment pour se rassurer; enfin il le jette par terre et tombe sur lui. Un grand chêne du mont Ida, que la hache a coupé par mille coups dont toute la forêt a retenti, ne fait pas un plus horrible bruit en tombant; la terre en gémit; tout ce qui l'environne en est ébranlé *.

Cependant la sagesse était revenue avec la force au dedans de Télémaque. A peine Hippias fut-il tombé sous lui, que le fils d'Ulysse comprit la faute qu'il avait faite d'attaquer ainsi le frère d'un des rois alliés qu'il était venu secourir : il rappela en lui-même, avec confusion, les sages conseils de Mentor : il eut honte de sa victoire, et comprit combien il avait mérité d'être vaincu. Cependant

Phalante, transporté de fureur, accourait au secours de son frère : il eût percé Télémaque d'un dard qu'il portait, s'il n'eût craint de percer aussi Hippias, que Télémaque tenait sous lui dans la poussière. Le fils d'Ulysse eût pu sans peine ôter la vie à son ennemi; mais sa colère était apaisée, et il ne songeait plus qu'à réparer sa faute en montrant de la modération. Il se lève en disant : O Hippias! il me suffit de vous avoir appris à ne mépriser jamais ma jeunesse; vivez : j'admire votre force et votre courage. Les dieux m'ont protégé; cédez à leur puissance : ne songeons plus qu'à combattre ensemble contre les Dauniens.

Pendant que Télémaque parlait ainsi, Hippias se relevait couvert de poussière et de sang, plein de honte et de rage. Phalante n'osait ôter la vie à celui qui venait de la donner si généreusement à son frère; il était en suspens et hors de lui-même. Tous les rois alliés accourent : ils mènent d'un côté Télémaque, de l'autre Phalante et Hippias, qui, ayant perdu sa fierté, n'osait lever les yeux. Toute l'armée ne pouvait assez s'étonner que Télémaque, dans un âge si tendre, où les hommes n'ont point encore toute leur force, eût pu renverser Hippias, semblable en force et en grandeur à ces géants, enfants de la Terre, qui tentèrent autrefois de chasser de l'Olympe les immortels.

Mais le fils d'Ulysse était bien éloigné de jouir du plaisir de cette victoire. Pendant qu'on ne pouvait se lasser de l'admirer, il se retira dans sa tente, honteux de sa faute, et ne pouvant plus se supporter lui-même. Il gémissait de sa promptitude : il reconnaissait combien il était injuste et déraisonnable dans ses emportements; il trouvait je ne sais quoi de vain, de faible et de bas, dans cette hauteur démesurée. Il reconnaissait que la véritable grandeur n'est que dans la modération, la justice, la modestie et l'humanité : il le voyait; mais il n'osait espérer de se corriger après tant de rechutes; il était aux prises avec lui-même, et on l'entendait rugir comme un lion furieux.

Il demeura deux jours renfermé seul dans sa tente, ne pouvant se résoudre à se rendre dans aucune société, et se punissant soi-même. Hélas! disait-il, oserai-je revoir Mentor? Suis-je le fils d'Ulysse, le plus sage et le plus patient des hommes? Suis-je venu porter la division et le désordre dans l'armée des alliés? est-ce leur sang ou celui des Dauniens leurs ennemis que je dois répandre? J'ai été téméraire; je n'ai pas même su lancer mon dard; je me suis exposé dans un combat avec Hippias à forces inégales; je n'en devais attendre que la mort, avec la honte d'être vaincu. Mais qu'importe? je ne serais plus; non, je ne serais plus ce téméraire Télémaque, ce jeune insensé, qui ne profite d'aucun conseil : ma honte finirait avec ma vie. Hélas! si je pouvais au moins espérer de ne plus faire ce que je suis désolé d'avoir fait? trop heureux! trop heureux! mais peut-être qu'avant la fin du jour je ferai et voudrai faire encore les mêmes fautes dont j'ai maintenant tant de honte et d'horreur. O funeste victoire! ô louanges que je ne puis souffrir, et qui sont de cruels reproches de ma folie!

Pendant qu'il était seul, inconsolable, Nestor et Philoctète le vinrent trouver. Nestor voulut lui remontrer le tort qu'il avait; mais ce sage vieillard, reconnaissant bientôt la désolation du jeune homme changea ses graves remontrances en des paroles de tendresse, pour adoucir son désespoir.

Les princes alliés étaient arrêtés par cette querelle; et ils ne pouvaient marcher vers les ennemis qu'après avoir réconcilié Télémaque avec Phalante et Hippias. On craignait à toute heure que les troupes des Tarentins n'attaquassent les cent jeunes Crétois qui avaient suivi Télémaque dans cette guerre : tout était dans le trouble pour la faute du seul Télémaque; et Télémaque, qui voyait tant de maux présents et de périls pour l'avenir dont il était l'auteur, s'abandonnait à une douleur amère. Tous les princes étaient dans un extrême embarras : ils n'osaient faire marcher l'armée, de peur que dans la marche les Crétois de Télémaque et les Tarentins de Phalante ne combattissent les uns contre les autres. On avait bien de la peine à les retenir au dedans du camp, où ils étaient gardés de près. Nestor et Philoctète allaient et venaient de la tente de Télémaque à celle de l'implacable Phalante, qui ne respirait que la vengeance. La douce éloquence de Nestor et l'autorité du grand Philoctète ne pouvaient modérer ce cœur farouche, qui était encore sans cesse irrité par les discours pleins de rage de son frère Hippias. Télémaque était bien plus doux ; mais il était abattu par une douleur que rien ne pouvait consoler.

Pendant que les princes étaient dans cette agitation, toutes les troupes étaient consternées ; tout le camp paraissait comme une maison désolée qui vient de perdre un père de famille, l'appui de tous ses proches et la douce espérance de ses petits-enfants. Dans ce désordre et cette consternation de l'armée, on entend tout à coup un bruit effroyable de chariots, d'armes, de hennissements de chevaux, de cris d'hommes, les uns vainqueurs et animés au carnage, les autres ou fuyants, ou mourants, ou blessés. Un tourbillon de poussière forme un épais nuage qui couvre le ciel et qui enveloppe tout le camp. Bientôt à la poussière se joint une fumée épaisse qui troublait l'air, et qui ôtait la respiration. On entendait un bruit sourd, semblable à celui des tourbillons de flamme que le mont Etna vomit du fond de ses entrailles embrasées, lorsque Vulcain, avec ses Cyclopes, y forge des foudres pour le père des dieux. L'épouvante saisit les cœurs.

Adraste, vigilant et infatigable, avait surpris les alliés ; il leur avait caché sa marche, et il était instruit de la leur. Pendant deux nuits, il avait fait une incroyable diligence pour faire le tour d'une montagne presque inaccessible, dont les alliés avaient saisi tous les passages. Tenant ces défilés, ils se croyaient en pleine sûreté, et prétendaient même pouvoir, par ces passages qu'ils occupaient, tomber sur l'ennemi derrière la montagne, quand quelques troupes qu'ils attendaient leur seraient venues. Adraste, qui répandait l'argent à pleines mains pour savoir le secret de ses ennemis, avait appris leur résolution ; car Nestor et Philoctète, ces deux capitaines d'ailleurs si sages et si expérimentés, n'étaient pas assez secrets dans leurs entreprises. Nestor, dans ce déclin de l'âge, se plaisait trop à raconter ce qui pouvait lui attirer quelque louange : Philoctète naturellement parlait moins ; mais il était prompt ; et, si peu qu'on excitât sa vivacité, on lui faisait dire ce qu'il avait résolu de taire. Les gens artificieux avaient trouvé la clef de son cœur, pour en tirer les plus importants secrets. On n'avait qu'à l'irriter : alors, fougueux et hors de lui-même, il éclatait par des menaces ;

il se vantait d'avoir des moyens sûrs de parvenir à ce qu'il voulait. Si peu qu'on parût douter de ses moyens, il se hâtait de les expliquer inconsidérément; et le secret le plus intime échappait du fond de son cœur. Semblable à un vase précieux, mais fêlé, d'où s'écoulent toutes les liqueurs les plus délicieuses, le cœur de ce grand capitaine ne pouvait rien garder *. Les traîtres, corrompus par l'argent d'Adraste, ne manquaient pas de se jouer de la faiblesse de ces deux rois. Ils flattaient sans cesse Nestor par de vaines louanges; ils lui rappelaient ses victoires passées, admiraient sa prévoyance, ne se lassaient jamais d'applaudir. D'un autre côté, ils tendaient des piéges continuels à l'humeur impatiente de Philoctète; ils ne lui parlaient que de difficultés, de contre-temps, de dangers, d'inconvénients, de fautes irrémédiables. Aussitôt que ce naturel prompt était enflammé, sa sagesse l'abandonnait, et il n'était plus le même homme.

Télémaque, malgré les défauts que nous avons vus, était bien plus prudent pour garder un secret : il y était accoutumé par ses malheurs, et par la nécessité où il avait été dès son enfance de cacher ses desseins aux amants de Pénélope. Il savait taire un secret sans dire aucun mensonge : il n'avait point même un certain air réservé et mystérieux qu'ont d'ordinaire les gens secrets; il ne paraissait point chargé du poids du secret qu'il devait garder; on le trouvait toujours libre, naturel, ouvert comme un homme qui a son cœur sur ses lèvres. Mais en disant tout ce qu'on pouvait dire sans conséquence, il savait s'arrêter précisément et sans affectation aux choses qui pouvaient donner quelque soupçon et entamer son secret : par là son cœur était impénétrable et inaccessible. Ses meilleurs amis mêmes ne savaient que ce qu'il croyait utile de leur découvrir pour en tirer de sages conseils, et il n'y avait que le seul Mentor pour lequel il n'avait aucune réserve. Il se confiait à d'autres amis, mais à divers degrés, et à proportion de ce qu'il avait éprouvé leur amitié et leur sagesse.

Télémaque avait souvent remarqué que les résolutions du conseil se répandaient un peu trop dans le camp; il en avait averti Nestor et Philoctète. Mais ces deux hommes si expérimentés ne firent pas assez d'attention à un avis si salutaire : la vieillesse n'a plus rien de souple, la longue habitude la tient comme enchaînée; elle n'a presque plus de ressource contre ses défauts. Semblables aux arbres dont le tronc rude et noueux s'est durci par le nombre des années, et ne peut plus se redresser, les hommes, à un certain âge, ne peuvent presque plus se plier eux-mêmes contre certaines habitudes qui ont vieilli avec eux, et qui sont entrées jusque dans la moelle de leurs os. Souvent ils les connaissent, mais trop tard; ils en gémissent en vain, et la tendre jeunesse est le seul âge où l'homme peut encore tout sur lui-même pour se corriger.

Il y avait dans l'armée un Dolope, nommé Eurymaque, flatteur insinuant, sachant s'accommoder à tous les goûts et à toutes les inclinations des princes, inventif et industrieux pour trouver de nouveaux moyens de leur plaire. A l'entendre, rien n'était jamais difficile. Lui demandait-on son avis, il devinait celui qui serait le plus agréable. Il était plaisant, railleur contre les faibles, complaisant pour ceux qu'il craignait, habile pour assaisonner une louange délicate qui fût bien reçue des hommes les plus modestes. Il était grave avec les graves, enjoué avec ceux qui étaient d'une humeur enjouée : il ne lui coûtait rien de prendre toutes sortes de formes. Les hommes sincères et vertueux, qui sont toujours les mêmes, et qui s'assujettissent aux règles de la vertu, ne sauraient jamais être aussi agréables aux princes que leurs passions dominent.

Eurymaque savait la guerre; il était capable d'affaires : c'était un aventurier qui s'était donné à Nestor, et qui avait gagné sa confiance. Il tirait du fond de son cœur, un peu vain et sensible aux louanges, tout ce qu'il en voulait savoir. Quoique Philoctète ne se confiât point à lui, la colère et l'impatience faisaient en lui ce que la confiance faisait dans Nestor. Eurymaque n'avait qu'à le contredire; en l'irritant, il découvrait tout. Cet homme avait reçu de grandes sommes d'Adraste pour lui mander tous les desseins des alliés. Ce roi des Dauniens avait dans l'armée un certain nombre de transfuges qui devaient l'un après l'autre s'échapper du camp des alliés et retourner au sien. A mesure qu'il y avait quelque affaire importante à faire savoir à Adraste, Eurymaque faisait partir un de ces transfuges. La tromperie ne pouvait être facilement découverte, parce que ces transfuges ne portaient point de lettres. Si on les surprenait, on ne trouvait rien qui pût rendre Eurymaque suspect. Cependant Adraste prévenait toutes les entreprises des alliés. A peine une résolution était-elle prise dans le conseil, que les Dauniens faisaient précisément ce qui est nécessaire pour en empêcher le succès. Télémaque ne se lassait point d'en chercher la cause et d'exciter la défiance de Nestor et de Philoctète : mais son soin était inutile ; ils étaient aveuglés.

On avait résolu, dans le conseil, d'attendre les troupes nombreuses qui devaient venir, et on avait fait avancer secrètement pendant la nuit cent vaisseaux pour conduire plus promptement ces troupes, depuis une côte de mer très-rude, où elles devaient arriver, jusqu'au lieu où l'armée campait. Cependant on se croyait en sûreté, parce qu'on tenait avec des troupes les détroits de la montagne voisine, qui est une côte presque inaccessible de l'Apennin. L'armée était campée sur les bords du fleuve Galèse [1], assez près de la mer. Cette campagne délicieuse est abondante en pâturages et en tous les fruits qui peuvent nourrir une armée. Adraste était derrière la montagne, et on comptait qu'il ne pouvait passer : mais comme il sut que les alliés étaient encore faibles, qu'ils attendaient un grand secours, que les vaisseaux attendaient l'arrivée des troupes qui devaient venir, et que l'armée était divisée par la querelle de Télémaque avec Phalante, il se hâta de faire un grand tour. Il vint en diligence jour et nuit sur les bords de la mer, et passa par des chemins qu'on avait toujours crus absolument impraticables. Ainsi la hardiesse et le travail obstiné surmontent les plus grands obstacles ; ainsi il n'y a presque rien d'impossible à ceux qui savent oser et souffrir : ainsi ceux qui s'endorment, comptant que les choses difficiles sont impossibles, méritent d'être surpris et accablés.

Adraste surprit au point du jour les cent vaisseaux qui appartenaient aux alliés. Comme ces vaisseaux étaient mal gardés, et qu'on ne se défiait de rien, il s'en saisit sans résistance, et s'en servit pour transporter ses troupes avec une incroyable diligence, à l'embouchure du Galèse ; puis il remonta très-promptement le long du fleuve. Ceux qui étaient dans les postes avancés autour du camp, vers la rivière, crurent que ces vaisseaux leur amenaient les troupes qu'on attendait ; on poussa d'abord de grands cris de joie. Adraste et ses soldats descendirent avant qu'on pût les reconnaître : ils tombent sur les alliés, qui ne se défient de rien ; ils les trouvent dans un camp tout ouvert, sans ordre, sans chefs, sans armes.

Le côté du camp qu'il attaqua d'abord fut celui des Tarentins, où commandait Phalante. Les Dauniens y entrèrent avec tant de vigueur, que cette jeunesse lacédémonienne, étant surprise, ne put résister. Pendant qu'ils cherchent leurs armes et qu'ils s'embarrassent les uns les autres dans cette confusion, Adraste fait mettre le feu au camp. Aussitôt la flamme s'élève des pavillons, et monte jusqu'aux nues : le bruit du feu est semblable à celui d'un torrent qui inonde toute une campagne, et qui entraîne par sa rapidité les grands chênes avec leurs profondes racines, les moissons, les granges, les étables et les troupeaux* Le vent pousse impétueusement la flamme de pavillon en pavillon, et bientôt tout le camp est comme une vieille forêt qu'une étincelle de feu a embrasée*.

Phalante, qui voit le péril de plus près qu'un autre, ne peut y remédier. Il comprend que toutes les troupes vont périr dans cet incendie, si on ne se hâte d'abandonner le camp ; mais il comprend aussi combien le désordre de cette retraite est à craindre devant un ennemi victorieux : il commence à faire sortir sa jeunesse lacédémonienne encore à demi désarmée. Mais Adraste ne laisse point respirer : d'un côté, une troupe d'archers adroits perce de flèches innombrables les soldats de Phalante ; de l'autre, des frondeurs jettent une grêle de grosses pierres. Adraste lui-même, l'épée à la main, marchant à la tête d'une troupe choisie des plus intrépides Dauniens, poursuit, à la lueur du feu, les troupes qui s'enfuient. Il moissonne par le fer tranchant tout ce qui a échappé au feu ; il nage dans le sang, et il ne peut s'assouvir de carnage : les lions et les tigres n'égalent point sa furie quand ils égorgent les bergers avec leurs troupeaux. Les troupes de Phalante succombent, et le courage les abandonne : la pâle Mort, conduite par une Furie infernale dont la tête est hérissée de serpents, glace le sang de leurs veines ; leurs membres engourdis se roidissent, et leurs genoux chancelants leur ôtent même l'espérance de la fuite.

Phalante, à qui la honte et le désespoir donnent encore un reste de force et de vigueur, élève les mains et les yeux vers le ciel ; il voit tomber à ses pieds son frère Hippias, sous les coups de la main foudroyante d'Adraste. Hippias, étendu par terre, se roule dans la poussière ; un sang noir et bouillonnant sort, comme un ruisseau, de la profonde blessure qui lui traverse le côté ; ses yeux se ferment à la lumière ; son âme furieuse s'enfuit avec tout son sang. Phalante lui-même, tout couvert du sang de son frère, et ne pouvant le secourir, se voit enveloppé par une foule d'ennemis qui s'efforcent de le renverser ; son bouclier est percé de mille traits ; il est blessé en plusieurs endroits de son corps ; il ne peut plus rallier ses troupes fugitives : les dieux le voient, et ils n'en ont aucune pitié.

Jupiter, au milieu de toutes les divinités célestes, regardait du haut de l'Olympe ce carnage des alliés. En même temps il consultait les immuables destinées, et voyait tous les chefs dont la trame devait ce jour-là être tranchée par le ciseau de la Parque. Chacun des dieux était attentif pour découvrir sur le visage de Jupiter quelle serait sa volonté. Mais le père des dieux et des hommes leur dit d'une voix douce et majestueuse : Vous voyez en quelle extrémité sont réduits les alliés ; vous voyez Adraste qui renverse tous ses ennemis : mais ce spectacle est bien trompeur, la gloire et la prospérité des méchants est courte : Adraste, impie, et odieux par sa mauvaise foi, ne remportera point une entière victoire. Ce malheur n'arrive aux alliés que pour leur apprendre à se corriger et à mieux garder le secret de leurs entreprises. Ici la sage Minerve prépare une nouvelle gloire à son jeune Télémaque, dont elle fait ses délices. Alors Jupiter cessa de parler. Tous les dieux en silence continuaient à regarder le combat.

Cependant Nestor et Philoctète furent avertis qu'une partie du camp était déjà brûlée ; que la flamme, poussée par le vent, s'avançait toujours ; que leurs troupes étaient en désordre, et que Phalante ne pouvait plus soutenir l'effort des ennemis. A peine ces funestes paroles frappent leurs oreilles, et déjà ils courent aux armes, assemblent les capitaines, et ordonnent qu'on se hâte de sortir du camp pour éviter cet incendie.

Télémaque, qui était abattu et inconsolable, oublie sa douleur : il prend ses armes, don précieux de la sage Minerve, qui, paraissant sous la figure de Mentor, fit semblant de les avoir reçues d'un excellent ouvrier de Salente, mais qui les avait fait faire à Vulcain dans les cavernes fumantes du mont Etna.

Ces armes étaient polies comme une glace, et brillantes comme les rayons du soleil. On y voyait Neptune et Pallas qui disputaient entre eux à qui aurait la gloire de donner son nom à une ville naissante. Neptune de son trident frappait la terre, et on en voyait sortir un cheval fougueux : le feu sortait de ses yeux, et l'écume de sa bouche ; ses crins flottaient au gré du vent ; ses jambes souples et nerveuses se repliaient avec vigueur et légèreté. Il ne marchait point, il sautait à force de reins, mais avec tant de vitesse, qu'il ne laissait aucune trace de ses pas ; on croyait l'entendre hennir.

De l'autre côté, Minerve donnait aux habitants de sa nouvelle ville l'olive, fruit de l'arbre qu'elle avait planté : le rameau auquel pendait son fruit représentait la douce paix avec l'abondance, préférable aux troubles de la guerre, dont ce cheval était l'image. La déesse demeurait victorieuse par ses dons simples et utiles, et la superbe Athènes portait son nom.

On voyait aussi Minerve assemblant autour d'elle tous les beaux-arts, qui étaient des enfants tendres et ailés; ils se réfugiaient autour d'elle, étant épouvantés des fureurs brutales de Mars, qui ravage tout, comme les agneaux bêlants se réfugient autour de leur mère à la vue d'un loup affamé, qui d'une gueule béante et enflammée s'élance pour les dévorer. Minerve, d'un visage dédaigneux et irrité, confondait, par l'excellence de ses ouvrages, la folle témérité d'Arachné, qui avait osé disputer avec elle pour la perfection des tapisseries. On voyait cette malheureuse dont tous les membres exténués se défiguraient et se changeaient en araignée.

Auprès de cet endroit paraissait encore Minerve, qui, dans la guerre des géants, servait de conseil à Jupiter même, et soutenait tous les autres dieux étonnés. Elle était aussi représentée avec sa lance et son égide sur les bords du Xanthe et du Simoïs, menant Ulysse par la main, ranimant les troupes fugitives des Grecs, soutenant les efforts des plus vaillants capitaines troyens et du redoutable Hector même ; enfin introduisant Ulysse dans cette fatale machine qui devait, en une seule nuit, renverser l'empire de Priam.

D'un autre côté, ce bouclier représentait Cérès dans les fertiles campagnes d'Enna, qui sont au milieu de la Sicile. On voyait la déesse qui rassemblait les peuples épars çà et là, cherchant leur nourriture par la chasse, ou cueillant les fruits sauvages qui tombaient des arbres. Elle montrait à ces hommes grossiers l'art d'adoucir la terre et de tirer de son sein fécond leur nourriture. Elle leur présentait une charrue et y faisait atteler des bœufs. On voyait la terre s'ouvrir en sillons par le tranchant de la charrue ; puis on apercevait les moissons dorées qui couvraient ces fertiles campagnes : le moissonneur, avec sa faux, coupait les doux fruits de la terre et se payait de toutes ses peines. Le fer, destiné ailleurs à tout détruire, ne paraissait employé en ce lieu qu'à préparer l'abondance et qu'à faire naître tous les plaisirs.

Les nymphes, couronnées de fleurs, dansaient ensemble dans une prairie, sur le bord d'une rivière, auprès d'un bocage : Pan jouait de la flûte, les faunes et les satyres folâtres sautaient dans un coin. Bacchus y paraissait aussi, couronné de lierre, appuyé d'une main sur son thyrse, et tenant de l'autre une vigne ornée de pampre et de plusieurs grappes de raisins. C'était une beauté molle, avec je ne sais quoi de noble, de passionné et de languissant : il était tel qu'il parut à la malheureuse Ariane, lorsqu'il la trouva seule, abandonnée et abîmée dans la douleur, sur un rivage inconnu.

Enfin, on voyait de toutes parts un peuple nombreux, des vieillards qui allaient porter dans les temples les prémices de leurs fruits ; de jeunes hommes qui revenaient vers leurs épouses, lassés du travail de la journée : les femmes allaient au-devant d'eux, menant par la main leurs petits enfants qu'elles caressaient. On voyait aussi des bergers qui paraissaient chanter, et quelques-uns dansaient au son du chalumeau. Tout représentait la paix, l'abondance, les délices; tout paraissait riant et heureux. On voyait même dans les pâturages les loups se jouer au milieu des moutons: le lion et le tigre, ayant quitté leur férocité, étaient paisiblement avec les tendres agneaux; un petit berger les menait ensemble sous sa houlette; et cette aimable peinture rappelait tous les charmes de l'âge d'or.

Télémaque, s'étant revêtu de ces armes divines, au lieu de prendre son baudrier ordinaire, prit la terrible égide que Minerve lui avait envoyée, en la confiant à Iris, prompte messagère des dieux. Iris lui avait enlevé son baudrier sans qu'il s'en aperçût, et lui avait donné en la place cette égide redoutable aux dieux mêmes.

En cet état, il court hors du camp pour en éviter les flammes; il appelle à lui, d'une voix forte, tous les chefs de l'armée, et cette voix ranime déjà tous les alliés éperdus. Un feu divin étincelle dans les yeux du jeune guerrier. Il paraît toujours doux, toujours libre et tranquille, toujours appliqué à donner les ordres, comme pourrait faire un sage vieillard appliqué à régler sa famille et à instruire ses enfants. Mais il est prompt et rapide dans l'exécution: semblable à un fleuve impétueux qui non-seulement roule avec précipitation ses flots écumeux, mais qui entraîne encore dans sa course les plus pesants vaisseaux dont il est chargé.

Philoctète, Nestor, les chefs des Manduriens et des autres nations sentent dans le fils d'Ulysse je ne sais quelle autorité à laquelle il faut que tout cède : l'expérience des vieillards leur manque; le conseil et la sagesse sont ôtés à tous les commandants; la jalousie même, si naturelle aux hommes, s'éteint dans les cœurs; tous se taisent; tous admirent Télémaque; tous se rangent pour lui obéir, sans y faire de réflexion, et comme s'ils y eussent été accoutumés. Il s'avance, et monte sur une colline, d'où il observe la disposition des ennemis: puis tout à coup il juge qu'il faut se hâter de les surprendre dans le désordre où ils se sont mis en brûlant le camp des alliés. Il fait le tour en diligence, et tous les capitaines les plus expérimentés le suivent. Il attaque les Dauniens par derrière, dans un temps où ils croyaient l'armée des alliés enveloppée dans les flammes de l'embrasement. Cette surprise les trouble; ils tombent sous la main de Télémaque, comme les feuilles, dans les derniers jours de l'automne, tombent des forêts*, quand un fier aquilon, ramenant l'hiver, fait gémir les troncs des vieux arbres et en agite toutes les branches. La terre est couverte des hommes que Télémaque fait tomber. De son dard il perça le cœur d'Iphiclès, le plus jeune des enfants d'Adraste; celui-ci osa se présenter contre lui au combat, pour sauver la vie de son père, qui pensa être surpris par Télémaque. Le fils d'Ulysse et Iphiclès étaient tous deux beaux, vigoureux, pleins d'adresse et de courage, de la même taille, de la même douceur, du même âge; tous deux chéris de leurs parents: mais Iphiclès était comme une fleur qui s'épanouit dans un champ, et qui doit être coupée par le tranchant de la faux du moissonneur. Ensuite Télémaque renverse Euphorion, le plus célèbre de tous les Lydiens venus en Étrurie. Enfin, son glaive perce Cléomènes, nouveau marié, qui avait promis à son épouse de lui porter les riches dépouilles des ennemis, et qui ne devait jamais la revoir.

Adraste frémit de rage, voyant la mort de son cher fils, celle de plusieurs capitaines, et la victoire qui échappe de ses mains. Phalante, presque abattu à ses pieds, est comme une victime égorgée qui se dérobe au couteau sacré, et qui s'enfuit loin de l'autel*. Il ne fallait plus à Adraste qu'un moment pour achever la perte du Lacédémonien. Phalante, noyé dans son sang et dans celui des soldats qui combattent avec lui, entend les cris de Télémaque qui s'avance pour le secourir. En ce moment la vie lui est rendue; un nuage qui couvrait déjà ses yeux se dissipe. Les Dauniens, sentant cette attaque imprévue, abandonnent Phalante pour aller repousser un plus dangereux ennemi. Adraste est tel qu'un tigre à qui des bergers assemblés arrachent sa proie qu'il était prêt à dévorer. Télémaque le cherche dans la mêlée, et veut finir tout à coup la guerre, en délivrant les alliés de leur implacable ennemi.

Mais Jupiter ne voulait pas donner au fils d'Ulysse une

victoire si prompte et si facile : Minerve même voulait qu'il eût à souffrir des maux plus longs, pour mieux apprendre à gouverner les hommes. L'impie Adraste fut donc conservé par le père des dieux, afin que Télémaque eût le temps d'acquérir plus de gloire et plus de vertu. Un nuage que Jupiter assembla dans les airs sauva les Dauniens ; un tonnerre effroyable déclara la volonté des dieux : on aurait cru que les voûtes éternelles du haut Olympe allaient s'écrouler sur les têtes des faibles mortels ; les éclairs fendaient la nue de l'un à l'autre pôle ; et dans l'instant où ils éblouissaient les yeux par leurs feux perçants, on retombait dans les affreuses ténèbres de la nuit. Une pluie abondante qui tomba dans l'instant servit encore à séparer les deux armées.

Adraste profita du secours des dieux, sans être touché de leur pouvoir, et mérita, par cette ingratitude, d'être réservé à une plus cruelle vengeance. Il se hâta de faire passer ses troupes entre le camp à demi brûlé et un marais qui s'étendait jusqu'à la rivière : il le fit avec tant d'industrie et de promptitude, que cette retraite montra combien il avait de ressource et de présence d'esprit. Les alliés, animés par Télémaque, voulaient le poursuivre ; mais, à la faveur de cet orage, il leur échappa, comme un oiseau d'une aile légère échappe aux filets des chasseurs.

Les alliés ne songèrent plus qu'à rentrer dans leur camp, et qu'à réparer leurs pertes. En rentrant dans le camp, ils virent ce que la guerre a de plus lamentable : les malades et les blessés, n'ayant pu se traîner hors des tentes, n'avaient pu se garantir du feu ; ils paraissaient à demi brûlés, poussant vers le ciel, d'une voix plaintive et mourante, des cris douloureux. Le cœur de Télémaque en fut percé : il ne put retenir ses larmes ; il détourna plusieurs fois ses yeux, étant saisi d'horreur et de compassion ; il ne pouvait voir sans frémir ces corps encore vivants, et dévoués à une longue et cruelle mort ; ils paraissaient semblables à la chair des victimes qu'on a brûlées sur les autels, et dont l'odeur se répand de tous côtés.

Hélas ! s'écriait Télémaque, voilà donc les maux que la guerre entraîne après elle ! Quelle fureur aveugle pousse les malheureux mortels ! ils ont si peu de jours à vivre sur la terre ! ces jours sont si misérables ! pourquoi précipiter une mort déjà si prochaine ? pourquoi ajouter tant de désolations affreuses à l'amertume dont les dieux ont rempli cette vie si courte ? Les hommes sont tous frères, et ils s'entre-déchirent : les bêtes farouches sont moins cruelles qu'eux. Les lions ne font point la guerre aux lions, ni les tigres aux tigres ; ils n'attaquent que les animaux d'espèce différente* : l'homme seul, malgré sa raison, fait ce que les animaux sans raison ne firent jamais. Mais encore, pourquoi ces guerres ? N'y a-t-il pas assez de terres dans l'univers pour en donner à tous les hommes plus qu'ils n'en peuvent cultiver ? Combien y a-t-il de terres désertes ! le genre humain ne saurait les remplir. Quoi donc ! une fausse gloire, un vain titre de conquérant qu'un prince veut acquérir, allume la guerre dans des pays immenses ! Ainsi un seul homme, donné au monde par la colère des dieux, sacrifie brutalement tant d'autres hommes à sa vanité : il faut que tout périsse, que tout nage dans le sang, que tout soit dévoré par les flammes, que ce qui échappe au fer et au feu ne puisse échapper à la faim, encore plus cruelle, afin qu'un seul homme, qui se joue de la nature humaine entière, trouve dans cette destruction générale son plaisir et sa gloire ! Quelle gloire monstrueuse ! Peut-on trop abhorrer et trop mépriser des hommes qui ont tellement oublié l'humanité ? Non, non : bien loin d'être des demi-dieux, ce ne sont pas même des hommes ; et ils doivent être en exécration à tous les siècles dont ils ont cru être admirés. O que les rois doivent prendre garde aux guerres qu'ils entreprennent ! Elles doivent être justes : ce n'est pas assez ; il faut qu'elles soient nécessaires pour le bien public. Le sang d'un peuple ne doit être versé que pour sauver ce peuple dans les besoins extrêmes. Mais les conseils flatteurs, les fausses idées de gloire, les vaines jalousies, l'injuste avidité qui se couvre de beaux prétextes ; enfin les engagements insensibles entraînent presque toujours les rois dans des guerres où ils se rendent malheureux, où ils hasardent tout sans nécessité, et où ils font autant de mal à leurs sujets qu'à leurs ennemis. Ainsi raisonnait Télémaque.

Mais il ne se contentait pas de déplorer les maux de la

guerre; il tâchait de les adoucir. On le voyait aller dans les tentes secourir lui-même les malades et les mourants; il leur donnait de l'argent et des remèdes : il les consolait et les encourageait par des discours pleins d'amitié; il envoyait visiter ceux qu'il ne pouvait visiter lui-même.

Parmi les Crétois qui étaient avec lui, il y avait deux vieillards, dont l'un se nommait Traumaphile et l'autre Nosophuge. Traumaphile avait été au siège de Troie avec Idoménée, et avait appris des enfants d'Esculape l'art divin de guérir les plaies. Il répandait dans les blessures les plus profondes et les plus envenimées une liqueur odoriférante, qui consumait les chairs mortes et corrompues, sans avoir besoin de faire aucune incision, et qui formait promptement de nouvelles chairs plus saines et plus belles que les premières.

Pour Nosophuge, il n'avait jamais vu les enfants d'Esculape; mais il avait eu, par le moyen de Mérione, un livre sacré et mystérieux qu'Esculape avait donné à ses enfants. D'ailleurs Nosophuge était ami des dieux; il avait composé des hymnes en l'honneur des enfants de Latone; il offrait tous les jours le sacrifice d'une brebis blanche et sans tache à Apollon, par lequel il était souvent inspiré. A peine avait-il vu un malade, qu'il connaissait à ses yeux, à la couleur de son teint, à la conformation de son corps, et à sa respiration, la cause de sa maladie. Tantôt il donnait des remèdes qui faisaient suer, et il montrait, par le succès des sueurs, combien la transpiration, facilitée ou diminuée, déconcerte ou rétablit toute la machine du corps; tantôt il donnait, pour les maux de langueur, certains breuvages qui fortifiaient peu à peu les parties nobles, et qui rajeunissaient les hommes en adoucissant leur sang. Mais il assurait que c'était faute de vertu et de courage que les hommes avaient si souvent besoin de la médecine. C'est une honte, disait-il, pour les hommes, qu'ils aient tant de maladies; car les bonnes mœurs produisent la santé. Leur intempérance, disait-il encore, change en poisons mortels les aliments destinés à conserver la vie. Les plaisirs, pris sans modération, abrègent plus les jours des hommes que les remèdes ne peuvent les prolonger. Les pauvres sont moins souvent malades faute de nourriture que les riches ne le deviennent pour en prendre trop. Les aliments qui flattent trop le goût, et qui font manger au delà du besoin, empoisonnent au lieu de nourrir. Les remèdes sont eux-mêmes de véritables maux qui usent la nature, et dont il ne faut se servir que dans les pressants besoins. Le grand remède, qui est toujours innocent, et toujours d'un usage utile, c'est la sobriété, c'est la tempérance dans tous les plaisirs, c'est la tranquillité de l'esprit, c'est l'exercice du corps. Par là on fait un sang doux et tempéré, et on dissipe toutes les humeurs superflues. Ainsi le sage Nosophuge était moins admirable par ses remèdes que par le régime qu'il conseillait pour prévenir les maux et pour rendre les remèdes inutiles.

Ces deux hommes étaient envoyés par Télémaque visiter tous les malades de l'armée. Ils en guérirent beaucoup par leurs remèdes, mais ils en guérirent bien davantage par le soin qu'ils prirent pour les faire servir à propos; car ils s'appliquaient à les tenir proprement, à empêcher le mauvais air par cette propreté, et à leur faire garder un régime de sobriété exacte dans leur convalescence. Tous les soldats, touchés de ces secours, rendaient grâces aux dieux d'avoir envoyé Télémaque dans l'armée des alliés.

Ce n'est pas un homme, disaient-ils, c'est sans doute quelque divinité bienfaisante sous une figure humaine. Du moins, si c'est un homme, il ressemble moins au reste des hommes qu'aux dieux; il n'est sur la terre que pour faire du bien; il est encore plus aimable par sa douceur et par sa bonté que par sa valeur. Oh! si nous pouvions l'avoir pour roi! Mais les dieux le réservent pour quelque peuple plus heureux qu'ils chérissent, et chez lequel ils veulent renouveler l'âge d'or.

Télémaque, pendant qu'il allait la nuit visiter les quartiers du camp, par précaution contre les ruses d'Adraste, entendait ces louanges, qui n'étaient point suspectes de flatterie, comme celles que les flatteurs donnent souvent en face aux princes, en supposant qu'ils n'ont ni modestie ni délicatesse, et qu'il n'y a qu'à les louer sans mesure pour s'emparer de leur faveur. Le fils d'Ulysse ne pouvait goûter que ce qui était vrai; il ne pouvait souffrir d'autres louanges que celles qu'on lui donnait en secret loin de lui, et qu'il avait véritablement méritées. Son cœur n'était pas insensible à celles-là : il sentait ce plaisir si doux et si pur que les dieux ont attaché à la seule vertu, et que les méchants, faute de l'avoir éprouvé, ne peuvent ni concevoir ni croire ; mais il ne s'abandonnait point à ce plaisir : aussitôt revenaient en foule dans son esprit toutes les fautes qu'il avait faites ; il n'oubliait point sa hauteur naturelle, et son indifférence pour les hommes ; il avait une honte secrète d'être né si dur, et de paraître si humain. Il renvoyait à la sage Minerve toute la gloire qu'on lui donnait, et qu'il ne croyait pas mériter.

C'est vous, disait-il, ô grande déesse, qui m'avez donné Mentor pour m'instruire et pour corriger mon mauvais naturel ; c'est vous qui me donnez la sagesse de profiter de mes fautes pour me défier de moi-même ; c'est vous qui retenez mes passions impétueuses ; c'est vous qui me faites sentir le plaisir de soulager les malheureux : sans vous je serais haï, et digne de l'être ; sans vous je ferais des fautes irréparables ; je serais comme un enfant qui, ne sentant pas sa faiblesse, quitte sa mère et tombe dès le premier pas.

Nestor et Philoctète étaient étonnés de voir Télémaque devenu si doux, si attentif à obliger les hommes, si officieux, si secourable, si ingénieux pour prévenir tous les besoins : ils ne savaient que croire ; ils ne reconnaissaient plus en lui le même homme. Ce qui les surprit davantage fut le soin qu'il prit des funérailles d'Hippias ; il alla lui-même retirer son corps sanglant et défiguré de l'endroit où il était caché sous un monceau de corps morts ; il versa sur lui des larmes pieuses ; il dit : O grande ombre, tu le sais maintenant combien j'ai estimé ta valeur ! il est vrai que ta fierté m'avait irrité ; mais tes défauts venaient d'une jeunesse ardente ; je sais combien cet âge a besoin qu'on lui pardonne. Nous eussions dans la suite été sincèrement unis ; j'avais tort de mon côté. O dieux, pourquoi me le ravir avant que j'aie pu le forcer de m'aimer ?

Ensuite Télémaque fit laver le corps dans des liqueurs odoriférantes ; puis on prépara par son ordre un bûcher. Les grands pins, gémissant sous les coups de haches, tombent en roulant du haut des montagnes. Les chênes, ces vieux enfants de la terre, qui semblaient menacer le ciel ; les hauts peupliers, les ormeaux, dont les têtes sont si vertes et si ornées d'un épais feuillage ; les hêtres, qui sont l'honneur des forêts, viennent tomber * sur le bord du fleuve Galèse [1]. Là s'élève avec ordre un bûcher qui ressemble à un bâtiment régulier ; la flamme commence à paraître : un tourbillon de fumée monte jusqu'au ciel.

Les Lacédémoniens s'avancent d'un pas lent et lugubre, tenant leurs piques renversées, et leurs yeux baissés ; la douleur amère est peinte sur ces visages si farouches, et les larmes coulent abondamment. Puis on voyait venir Phérécide, vieillard moins abattu par le nombre des années que par la douleur de survivre à Hippias qu'il avait élevé depuis son enfance. Il levait vers le ciel ses mains et ses yeux noyés de larmes. Depuis la mort d'Hippias, il refusait toute nourriture ; le doux sommeil n'avait pu appesantir ses paupières, ni suspendre un moment sa cuisante peine : il marchait d'un pas tremblant, suivant la foule, et ne sachant où il allait. Nulle parole ne sortait de sa bouche, car son cœur était trop serré ; c'était un silence de désespoir et d'abattement ; mais, quand il vit le bûcher allumé, il parut tout à coup furieux, et il s'écria : O Hippias, Hippias, je ne te verrai plus ! Hippias n'est plus, et je vis encore ! O mon cher Hippias, c'est moi qui t'ai donné la mort ; c'est moi qui t'ai appris à la mépriser ! Je croyais que tes mains fermeraient mes yeux, et que tu recueillerais mon dernier soupir. O dieux cruels, vous prolongez ma vie pour me faire voir la mort d'Hippias ! O cher enfant que j'ai nourri, et qui m'as coûté tant de soins, je ne te verrai plus ; mais je verrai ta mère, qui mourra de tristesse en me reprochant ta mort ; je verrai ta jeune épouse frappant sa poitrine, arrachant ses cheveux, et j'en serai cause ! O chère ombre ! appelle-moi sur les rives du Styx ; la lumière m'est odieuse : c'est toi seul, mon cher Hippias, que je veux revoir. Hippias ! Hippias ! ô mon cher Hippias ! je ne vis encore que pour rendre à tes cendres le dernier devoir.

Cependant on voyait le corps du jeune Hippias étendu, qu'on portait dans un cercueil orné de pourpre, d'or et d'argent. La mort, qui avait éteint ses yeux, n'avait pu effacer toute sa beauté, et les grâces étaient encore à demi peintes sur son visage pâle. On voyait flotter autour de son cou, plus blanc que la neige, mais penché sur l'épaule, ses longs cheveux noirs, plus beaux que ceux d'Atys ou de Ganymède, qui allaient être réduits en cendres. On remarquait dans le côté la blessure profonde, par où tout son sang s'était écoulé, et qui l'avait fait descendre dans le royaume sombre de Pluton.

Télémaque, triste et abattu, suivait de près le corps, et lui jetait des fleurs. Quand on fut arrivé au bûcher, le jeune fils d'Ulysse ne put voir la flamme pénétrer les étoffes qui enveloppaient le corps sans répandre de nouvelles larmes. Adieu, dit-il, ô magnanime Hippias! car je n'ose te nommer mon ami : apaise-toi, ô ombre qui as mérité tant de gloire! Si je ne t'aimais, j'envierais ton bonheur; tu es délivré des misères où nous sommes encore, et tu en es sorti par le chemin le plus glorieux. Hélas! que je serais heureux de finir de même! Que le Styx n'arrête point ton ombre; que les champs Élysées lui soient ouverts; que la renommée conserve ton nom dans tous les siècles, et que tes cendres reposent en paix!

A peine eut-il dit ces paroles entremêlées de soupirs, que toute l'armée poussa un cri : on s'attendrissait sur Hippias, dont on racontait les grandes actions; et la douleur de sa mort, rappelant toutes ses bonnes qualités, faisait oublier les défauts qu'une jeunesse impétueuse et une mauvaise éducation lui avaient donnés. Mais on était encore plus touché des sentiments tendres de Télémaque. Est-ce donc là, disait-on, ce jeune Grec si fier, si hautain, si dédaigneux, si intraitable? Le voilà devenu doux, humain, tendre. Sans doute Minerve, qui a tant aimé son père, l'aime aussi; sans doute elle lui a fait le plus précieux don que les dieux puissent faire aux hommes, en lui donnant, avec sa sagesse, un cœur sensible à l'amitié.

Le corps était déjà consumé par les flammes. Télémaque lui-même arrosa de liqueurs parfumées les cendres encore fumantes *; puis il les mit dans une urne d'or qu'il couronna de fleurs *, et il porta cette urne à Phalante. Celui-ci était étendu, percé de diverses blessures ; et, dans son extrême faiblesse, il entrevoyait près de lui les portes sombres des enfers.

Déjà Traumaphile et Nosophuge, envoyés par le fils d'Ulysse, lui avaient donné tous les secours de leur art : ils rappelaient peu à peu son âme prête à s'envoler ; de nouveaux esprits le ranimaient insensiblement ; une force douce et pénétrante, un baume de vie s'insinuait de veine en veine jusqu'au fond de son cœur ; une chaleur agréable le dérobait aux mains glacées de la mort. En ce moment, la défaillance cessant, la douleur succéda ; il commença à sentir la perte de son frère, qu'il n'avait point été jusqu'alors en état de sentir. Hélas ! disait-il, pourquoi prend-on de si grands soins de me faire vivre ! ne me vaudrait-il pas mieux mourir, et suivre mon cher Hippias ? Je l'ai vu périr tout auprès de moi ! O Hippias, la douceur de ma vie, mon frère, mon cher frère, tu n'es plus ! je ne pourrai donc plus ni te voir, ni t'entendre, ni t'embrasser, ni te dire mes peines, ni te consoler dans les tiennes ! O dieux ennemis des hommes ! il n'y a plus d'Hippias pour moi ! est-il possible ? Mais n'est-ce point un songe ! Non, il n'est que trop vrai. O Hippias, je t'ai perdu ; je t'ai vu mourir, et il faut que je vive encore autant qu'il sera nécessaire pour te venger ; je veux immoler à tes mânes le cruel Adraste teint de ton sang.

Pendant que Phalante parlait ainsi, les deux hommes divins tâchaient d'apaiser sa douleur, de peur qu'elle n'augmentât ses maux, et n'empêchât l'effet des remèdes. Tout à coup il aperçoit Télémaque qui se présente à lui. D'abord son cœur fut combattu par deux passions contraires. Il conservait un ressentiment de tout ce qui s'était passé entre Télémaque et Hippias : la douleur de la perte d'Hippias rendait ce ressentiment encore plus vif ; d'un autre côté, il ne pouvait ignorer qu'il devait la conservation de sa vie à Télémaque, qui l'avait tiré sanglant et à demi mort des mains d'Adraste. Mais quand il vit l'urne d'or où étaient renfermées les cendres si chères de son frère Hippias, il versa un torrent de larmes ; il embrassa d'abord Télémaque sans pouvoir lui parler, et lui dit enfin d'une voix languissante et entrecoupée de sanglots :

Digne fils d'Ulysse, votre vertu me force à vous aimer; je vous dois ce reste de vie qui va s'éteindre : mais je vous dois quelque chose qui m'est bien plus cher. Sans vous, le corps de mon frère aurait été la proie des vautours; sans vous, son ombre, privée de la sépulture, serait malheureusement errante sur les rives du Styx, et toujours repoussée par l'impitoyable Charon. Faut-il que je doive tant à un homme que j'ai tant haï! O dieux, récompensez-le, et délivrez-moi d'une vie si malheureuse! Pour vous, ô Télémaque, rendez-moi les derniers devoirs que vous avez rendus à mon frère, afin que rien ne manque à votre gloire.

A ces paroles, Phalante demeura épuisé et abattu d'un excès de douleur. Télémaque se tint auprès de lui sans oser lui parler, et attendant qu'il reprît ses forces. Bientôt Phalante, revenant de cette défaillance, prit l'urne des mains de Télémaque, la baisa plusieurs fois, l'arrosa de ses larmes, et dit : O chères, ô précieuses cendres, quand est-ce que les miennes seront renfermées avec vous dans cette même urne? O ombre d'Hippias, je te suis dans les enfers : Télémaque nous vengera tous deux.

Cependant le mal de Phalante diminua de jour en jour par les soins des deux hommes qui avaient la science d'Esculape. Télémaque était sans cesse avec eux auprès du malade, pour les rendre plus attentifs à avancer sa guérison; et toute l'armée admirait bien plus la bonté de cœur avec laquelle il secourait son plus grand ennemi, que la valeur et la sagesse qu'il avait montrées, en sauvant, dans la bataille, l'armée des alliés.

En même temps, Télémaque se montrait infatigable dans les plus durs travaux de la guerre : il dormait peu, et son sommeil était souvent interrompu, ou par les avis qu'il recevait à toutes les heures de la nuit comme du jour, ou par la visite de tous les quartiers du camp, qu'il ne faisait jamais deux fois de suite aux mêmes heures, pour mieux surprendre ceux qui n'étaient pas assez vigilants. Il revenait souvent dans sa tente couvert de sueur et de poussière : sa nourriture était simple; il vivait comme les soldats, pour leur donner l'exemple de la sobriété et de la patience. L'armée ayant peu de vivres dans ce campement, il jugea nécessaire

d'arrêter les murmures des soldats, en souffrant lui-
même volontairement les mêmes incommodités qu'eux.
Son corps, loin de s'affaiblir dans une vie si pénible,
se fortifiait et s'endurcissait chaque jour : il commençait
à n'avoir plus ces grâces si tendres qui sont comme la
fleur de la première jeunesse ; son teint devenait plus
brun et moins délicat, ses membres moins mous et plus
nerveux.

LIVRE QUATORZIÈME.

SOMMAIRE.

Télémaque, persuadé que son père Ulysse n'est plus sur la terre, se résout
à l'aller chercher dans les enfers. — Il cache son dessein à toute l'armée,
se dérobe au camp, et, suivi seulement de deux Crétois, il se rend à la
fameuse caverne d'Achérontia. — Il s'y enfonce courageusement et arrive
bientôt au bord du Styx, où Charon le reçoit dans sa barque. — Il se
présente devant Pluton qui lui permet de chercher son père parmi les
ombres. — Télémaque traverse d'abord le Tartare. — Il voit les tourments
que souffrent les parjures, les ingrats, les impies, les hypocrites et surtout les mauvais rois. — Il entre ensuite dans les champs Élysées. —
Il est reconnu par Arcésius, son bisaïeul, qui l'assure qu'Ulysse est vivant,
qu'il le reverra à Ithaque et qu'il régnera après lui. — Arcésius lui dépeint
la félicité dont jouissent les hommes justes et surtout les bons rois. —
Arcésius donne ensuite à Télémaque les plus sages instructions sur l'art
de régner. — Après cet entretien, Télémaque sort de l'empire de Pluton,
et retourne promptement au camp des alliés.

Cependant Adraste, dont les troupes avaient été con-
sidérablement affaiblies dans le combat, s'était retiré derrière la montagne d'Aulon[1], pour attendre divers secours, et pour tâcher de surprendre encore une fois
ses ennemis : semblable à un lion affamé, qui, ayant été
repoussé d'une bergerie, s'en retourne dans les sombres
forêts, et rentre dans sa caverne, où il aiguise ses dents
et ses griffes, attendant le moment favorable pour égorger
tous les troupeaux[*].

Télémaque, ayant pris soin de mettre une exacte discipline dans tout le camp, ne songea plus qu'à exécuter

un dessein qu'il avait conçu, et qu'il cacha à tous les chefs de l'armée. Il y avait déjà longtemps qu'il était agité, pendant toutes les nuits, par des songes qui lui représentaient son père Ulysse. Cette chère image revenait toujours sur la fin de la nuit, avant que l'aurore vînt chasser du ciel, par ses feux naissants, les inconstantes étoiles, et de dessus la terre, le doux sommeil, suivi des songes voltigeants*. Tantôt il croyait voir Ulysse nu, dans une île fortunée, sur la rive d'un fleuve, dans une prairie ornée de fleurs, et environné de nymphes qui lui jetaient des habits pour se couvrir; tantôt il croyait l'entendre parler dans un palais tout éclatant d'or et d'ivoire, où des hommes couronnés de fleurs l'écoutaient avec plaisir et admiration. Souvent Ulysse lui apparaissait tout à coup dans des festins, où la joie éclatait parmi les délices, et où l'on entendait les tendres accords d'une voix avec une lyre plus douce que la lyre d'Apollon, et que les voix de toutes les Muses.

Télémaque, en s'éveillant, s'attristait de ces songes si agréables. O mon père, ô mon cher père Ulysse, s'écriait-il, les songes les plus affreux me seraient plus doux! Ces images de félicité me font comprendre que vous êtes déjà descendu dans le séjour des âmes bienheureuses, que les dieux récompensent de leur vertu par une éternelle tranquillité. Je crois voir les champs Élysées. O qu'il est cruel de n'espérer plus! Quoi donc! ô mon cher père, je ne vous verrai jamais! jamais je n'embrasserai celui qui m'aimait tant, et que je cherche avec tant de peine! jamais je n'entendrai parler cette bouche d'où sortait la sagesse! jamais je ne baiserai ces mains, ces chères mains, ces mains victorieuses qui ont abattu tant d'ennemis! elles ne puniront point les insensés amants de Pénélope, et Ithaque ne se relèvera jamais de sa ruine! O dieux ennemis de mon père! vous m'envoyez ces songes funestes pour arracher toute espérance de mon cœur; c'est m'arracher la vie. Non, je ne puis plus vivre dans cette incertitude. Que dis-je? hélas! je ne suis que trop certain que mon père n'est plus. Je vais chercher son ombre jusque dans les enfers. Thésée y est bien descendu: Thésée, cet impie qui voulait outrager les divinités infernales ; et moi, j'y vais conduit par la piété. Hercule y descendit ; je ne suis pas Hercule ; mais il est beau d'oser l'imiter. Orphée a bien touché, par le récit de ses malheurs, le cœur de ce dieu qu'on dépeint comme inexorable : il obtint de lui qu'Eurydice retournât parmi les vivants*. Je suis plus digne de compassion qu'Orphée ; car ma perte est plus grande. Qui pourrait comparer une jeune fille, semblable à cent autres, avec le sage Ulysse, admiré de toute la Grèce. Allons ! mourons s'il le faut. Pourquoi craindre la mort quand on souffre tant dans la vie*! O Pluton, ô Proserpine, j'éprouverai bientôt si vous êtes aussi impitoyables qu'on le dit ! O mon père ! après avoir parcouru en vain les terres et les mers pour vous trouver, je vais enfin voir si vous n'êtes point dans la sombre demeure des morts. Si les dieux me refusent de vous posséder sur la terre et à la lumière du soleil, peut-être ne me refuseront-ils pas de voir au moins votre ombre dans le royaume de la nuit.

En disant ces paroles, Télémaque arrosait son lit de ses larmes : aussitôt il se levait, et cherchait, par la lumière, à soulager la douleur cuisante que ces songes lui avaient causée ; mais c'était une flèche qui avait percé son cœur, et qu'il portait partout avec lui. Dans cette peine, il entreprit de descendre aux enfers par un lieu célèbre qui n'était pas éloigné du camp. On l'appelait Achérontia¹, à cause qu'il y avait en ce lieu une caverne affreuse, de laquelle on descendait sur les rives de l'Achéron, par lequel les dieux mêmes craignent de jurer*. La ville était sur un rocher, posée comme un nid sur le haut d'un arbre : au pied de ce rocher on trouvait la caverne, de laquelle les timides mortels n'osaient approcher ; les bergers avaient soin d'en détourner leurs troupeaux. La vapeur soufrée du marais Stygien, qui s'exhalait sans cesse par cette ouverture, empestait l'air. Tout autour il ne croissait ni herbe ni fleurs ; on n'y sentait jamais les doux zéphyrs, ni les grâces naissantes du printemps, ni les riches dons de l'automne : la terre aride y languissait ; on y voyait seulement quelques arbustes dépouillés et quelques cyprès funestes. Au loin même, tout à l'entour, Cérès refusait aux laboureurs ses moissons dorées; Bacchus semblait en vain y promettre ses doux fruits; les grappes de raisin se desséchaient au lieu de mûrir. Les Naïades tristes ne faisaient point couler une onde pure; leurs flots étaient toujours amers et troublés. Les oiseaux ne chantaient jamais dans cette terre hérissée de ronces et d'épines, et n'y trouvaient aucun bocage pour se retirer*; ils allaient chanter leurs amours sous un ciel plus doux. Là, on n'entendait que le croassement des corbeaux et la voix lugubre des hiboux : l'herbe même y était amère, et les troupeaux qui la paissaient ne sentaient point la douce joie qui les fait bondir. Le taureau fuyait la génisse; et le berger, tout abattu, oubliait sa musette et sa flûte*.

De cette caverne sortait, de temps en temps, une fumée noire et épaisse, qui faisait une espèce de nuit au milieu du jour. Les peuples voisins redoublaient alors leurs sacrifices pour apaiser les divinités infernales; mais souvent les hommes, à la fleur de leur âge et dès leur plus tendre jeunesse, étaient les seules victimes que ces divinités cruelles prenaient plaisir à immoler par une funeste contagion.

C'est là que Télémaque résolut de chercher le chemin de la sombre demeure de Pluton. Minerve, qui veillait sans cesse sur lui, et qui le couvrait de son égide, lui avait rendu Pluton favorable. Jupiter même, à la prière de Minerve, avait ordonné à Mercure, qui descend chaque jour aux enfers pour livrer à Charon un certain nombre de morts, de dire au roi des ombres qu'il laissât entrer le fils d'Ulysse dans son empire.

Télémaque se dérobe du camp pendant la nuit; il marche à la clarté de la lune, et il invoque cette puissante divinité, qui, étant dans le ciel le brillant astre de la nuit, et sur la terre la chaste Diane, est aux enfers la redoutable Hécate*. Cette divinité écouta favorablement ses vœux, parce que son cœur était pur, et qu'il était conduit par l'amour pieux qu'un fils doit à son père. A peine fut-il auprès de l'entrée de la caverne, qu'il entendit l'empire souterrain mugir. La terre tremblait sous ses pas*; le ciel s'arma d'éclairs et de feux qui semblaient tomber sur la terre. Le jeune fils d'Ulysse sentit son cœur ému, et tout son corps était couvert d'une sueur glacée; mais son courage se soutint: il leva les yeux et les mains au ciel. Grands dieux, s'écria-t-il, j'accepte ces présages que je crois heureux; achevez votre ouvrage! Il dit, et, redoublant ses pas, il se présente hardiment.

Aussitôt la fumée épaisse qui rendait l'entrée de la caverne funeste à tous les animaux, dès qu'ils en approchaient, se dissipa; l'odeur empoisonnée cessa pour un peu de temps. Télémaque entre seul; car quel autre mortel eût osé le suivre! Deux Crétois, qui l'avaient accompagné jusqu'à une certaine distance de la caverne, et auxquels il avait confié son dessein, demeurèrent tremblants et à demi morts assez loin de là, dans un temple, faisant des vœux, et n'espérant plus de revoir Télémaque.

Cependant le fils d'Ulysse, l'épée à la main, s'enfonce dans les ténèbres horribles. Bientôt il aperçoit une faible et sombre lueur, telle qu'on la voit pendant la nuit sur la terre* : il remarque les ombres légères qui voltigent autour de lui; et il les écarte avec son épée*; ensuite il voit les tristes bords du fleuve marécageux dont les eaux bourbeuses et dormantes ne font que tournoyer. Il découvre sur ce rivage une foule innombrable de morts privés de la sépulture*, qui se présentent en vain à l'impitoyable Charon. Ce dieu, dont la vieillesse éternelle est toujours triste et chagrine, mais pleine de vigueur, les menace, les repousse, et admet d'abord dans la barque le jeune Grec. En entrant, Télémaque entend les gémissements d'une ombre qui ne pouvait se consoler.

Quel est donc, lui dit-il, votre malheur? qui étiez-vous sur la terre? J'étais, lui répondit cette ombre, Nabopharsan, roi de la superbe Babylone. Tous les peuples de l'Orient tremblaient au seul bruit de mon nom; je me faisais adorer par les Babyloniens, dans un temple de marbre, où j'étais représenté par une statue d'or, devant laquelle on brûlait nuit et jour les plus précieux parfums de l'Éthiopie. Jamais personne n'osa me contredire sans être aussitôt puni: on inventait chaque jour de nouveaux plaisirs pour me rendre la vie plus délicieuse. J'étais encore jeune et robuste; hélas! que de prospérités ne me restait-il pas encore à goûter sur le trône? Mais une femme que j'aimais, et qui ne m'aimait pas, m'a bien fait sentir que je n'étais pas dieu; elle m'a empoisonné: je ne suis plus rien. On mit hier, avec pompe, mes cendres dans une urne d'or; on pleura; on s'arracha les cheveux; on fit semblant de vouloir se jeter dans les flammes de mon bûcher, pour mourir avec moi; on va encore gémir au pied du superbe tombeau où l'on a mis mes cendres : mais personne ne me regrette; ma mémoire est en horreur même dans ma famille; et, ici-bas, je souffre déjà d'horribles traitements.

Télémaque, touché de ce spectacle, lui dit : Étiez-vous véritablement heureux pendant votre règne? sentiez-vous cette douce paix sans laquelle le cœur demeure toujours serré et flétri au milieu des délices? Non, répondit le Babylonien; je ne sais même ce que vous voulez dire. Les sages vantent cette paix comme l'unique bien : pour moi, je ne l'ai jamais sentie; mon cœur était sans cesse agité de désirs nouveaux, de crainte et d'espérance. Je tâchais de m'étourdir moi-même par l'ébranlement de mes passions; j'avais soin d'entretenir cette ivresse pour la rendre continuelle : le moindre intervalle de raison tranquille m'eût été trop amer. Voilà la paix dont j'ai joui; toute autre me paraît une fable et un songe : voilà les biens que je regrette.

En parlant ainsi, le Babylonien pleurait comme un homme lâche qui a été amolli par les prospérités, et qui n'est point accoutumé à supporter constamment un malheur. Il avait auprès de lui quelques esclaves qu'on avait fait mourir pour honorer ses funérailles : Mercure les avait livrés à Charon avec leur roi, et leur avait donné une puissance absolue sur ce roi qu'ils avaient servi sur la terre. Ces ombres d'esclaves ne craignaient plus l'ombre de Nabopharsan; elles la tenaient enchaînée, et lui faisaient les plus cruelles indignités. L'un lui disait : N'étions-nous pas hommes aussi bien que toi? comment étais-tu assez insensé pour te croire un dieu? et ne fallait-il pas te souvenir que tu étais de la race des autres hommes? Un autre, pour lui insulter, disait : Tu avais raison de ne vouloir pas qu'on te prît pour un homme; car tu étais un monstre sans humanité. Un autre lui disait : Eh bien, où sont maintenant tes flatteurs? Tu n'as plus rien à donner, malheureux! tu ne peux plus faire aucun mal; te voilà devenu esclave de tes esclaves mêmes : les dieux ont été lents à faire justice; mais enfin ils la font.

A ces dures paroles, Nabopharsan se jetait le visage contre terre, arrachant ses cheveux dans un excès de rage et de désespoir. Mais Charon disait aux esclaves : Tirez-le par sa chaîne ; relevez-le malgré lui : il n'aura pas même la consolation de cacher sa honte ; il faut que toutes les ombres du Styx en soient témoins, pour justifier les dieux, qui ont souffert si longtemps que cet impie régnât sur la terre. Ce n'est encore là, ô Babylonien, que le commencement de tes douleurs ; prépare-toi à être jugé par l'inflexible Minos, juge des enfers.

Pendant ce discours du terrible Charon, la barque touchait déjà le rivage de l'empire de Pluton : toutes les ombres accouraient pour considérer cet homme vivant qui paraissait au milieu de ces morts dans la barque ; mais, dans le moment où Télémaque mit pied à terre, elles s'enfuirent, semblables aux ombres de la nuit que la moindre clarté du jour dissipe. Charon, montrant au jeune Grec un front moins ridé et des yeux moins farouches qu'à l'ordinaire, lui dit : Mortel chéri des dieux, puisqu'il t'est donné d'entrer dans ce royaume de la nuit, inaccessible aux autres vivants, hâte-toi d'aller où les destins t'appellent ; va, par ce chemin sombre, au palais de Pluton, que tu trouveras sur son trône ; il te permettra d'entrer dans les lieux dont il m'est défendu de te découvrir le secret.

Aussitôt Télémaque s'avance à grands pas : il voit de tous côtés voltiger des ombres, plus nombreuses que les grains de sable qui couvrent les rivages de la mer ; et, dans l'agitation de cette multitude infinie, il est saisi d'une horreur divine, observant le profond silence de ces vastes lieux. Ses cheveux se dressent sur sa tête quand il aborde le noir séjour de l'impitoyable Pluton ; il sent ses genoux chancelants ; la voix lui manque ; et c'est avec peine qu'il peut prononcer au dieu ces paroles : Vous voyez, ô terrible divinité, le fils du malheureux Ulysse ; je viens vous demander si mon père est descendu dans votre empire, ou s'il est encore errant sur la terre.

Pluton était sur un trône d'ébène : son visage était pâle et sévère ; ses yeux, creux et étincelants ; son front, ridé et menaçant : la vue d'un homme vivant lui était odieuse, comme la lumière offense les yeux des animaux qui sont accoutumés de ne sortir de leurs retraites que pendant la nuit. A son côté paraissait Proserpine, qui attirait seule ses regards, et qui semblait un peu adoucir son cœur : elle jouissait d'une beauté toujours nouvelle; mais elle paraissait avoir joint à ces grâces divines je ne sais quoi de dur et de cruel de son époux.

Aux pieds du trône était la Mort, pâle et dévorante, avec sa faux tranchante qu'elle aiguisait sans cesse. Autour d'elle volaient les noirs soucis, les cruelles défiances; les vengeances, toutes dégouttantes de sang et couvertes de plaies; les haines injustes; l'avarice, qui se ronge elle-même; le désespoir, qui se déchire de ses propres mains; l'ambition forcenée, qui renverse tout; la trahison, qui veut se repaître de sang, et qui ne peut jouir des maux qu'elle a faits; l'envie, qui verse son venin mortel autour d'elle, et qui se tourne en rage, dans l'impuissance où elle est de nuire; l'impiété, qui se creuse elle-même un abîme sans fond, où elle se précipite sans espérance; les spectres hideux; les fantômes, qui représentent les morts pour épouvanter les vivants; les songes affreux; les insomnies, aussi cruelles que les tristes songes. Toutes ces images funestes environnaient le fier Pluton, et remplissaient le palais où il habite*. Il répondit à Télémaque d'une voix basse qui fit gémir le fond de l'Érèbe :

Jeune mortel, les destins t'ont fait violer cet asile sacré des ombres; suis ta haute destinée : je ne te dirai point où est ton père; il suffit que tu sois libre de le chercher. Puisqu'il a été roi sur la terre, tu n'as qu'à parcourir, d'un côté, l'endroit du noir Tartare où les mauvais rois sont punis; de l'autre, les champs Élysées, où les bons rois sont récompensés. Mais tu ne peux aller d'ici dans les champs Élysées, qu'après avoir passé par le Tartare; hâte-toi d'y aller et de sortir de mon empire.

A l'instant Télémaque semble voler dans ces espaces vides et immenses, tant il lui tarde de savoir s'il verra son père, et de s'éloigner de la présence horrible du tyran qui tient en crainte les vivants et les morts. Il aperçoit bientôt assez près de lui le noir Tartare : il en sortait une fumée noire et épaisse, dont l'odeur empestée donnerait la mort, si elle se répandait dans la demeure des vivants. Cette fumée couvrait un fleuve de feu et des tourbillons de flammes, dont le bruit, semblable à celui des torrents les plus impétueux quand ils s'élancent des plus hauts rochers dans le fond des abîmes, faisait qu'on ne pouvait rien entendre distinctement dans ces tristes lieux.

Télémaque, secrètement animé par Minerve, entre sans crainte dans ce gouffre. D'abord il aperçut un grand nombre d'hommes qui avaient vécu dans les plus basses conditions, et qui étaient punis pour avoir cherché les richesses par des fraudes, des trahisons et des cruautés. Il y remarqua beaucoup d'impies hypocrites, qui, faisant semblant d'aimer la religion, s'en étaient servis comme d'un beau prétexte pour contenter leur ambition, et pour se jouer des hommes crédules : ces hommes, qui avaient abusé de la vertu même, quoiqu'elle soit le plus grand don des dieux, étaient punis comme les plus scélérats de tous les hommes. Les enfants qui avaient égorgé leurs pères et leurs mères, les épouses qui avaient trempé leurs mains dans le sang de leurs époux, les traîtres qui avaient livré leur patrie après avoir violé tous les serments, souffraient des peines moins cruelles que ces hypocrites. Les trois juges des enfers l'avaient ainsi voulu ; et voici leur raison : c'est que les hypocrites ne se contentent pas d'être méchants comme le reste des impies ; ils veulent encore passer pour bons, et font, par leur fausse vertu, que les hommes n'osent plus se fier à la véritable. Les dieux, dont ils se sont joués, et qu'ils ont rendus méprisables aux hommes, prennent plaisir à employer toute leur puissance pour se venger de leurs insultes.

Auprès de ceux-ci paraissaient d'autres hommes que le vulgaire ne croit guère coupables, et que la vengeance divine poursuit impitoyablement : ce sont les ingrats, les menteurs, les flatteurs qui ont loué le vice ; les critiques malins qui ont tâché de flétrir la plus pure vertu ; enfin, ceux qui ont jugé témérairement des choses sans les connaître à fond, et qui, par là, ont nui à la réputation des innocents. Mais, parmi toutes les ingratitudes, celle qui était punie comme la plus noire, c'est celle où l'on tombe contre les dieux. Quoi donc ! disait Minos, on passe pour un monstre quand on manque de reconnaissance pour son père, ou pour son ami de qui on a reçu quelque secours ; et on fait gloire d'être ingrat envers les dieux, de qui on tient la vie et tous les biens qu'elle renferme ! Ne leur doit-on pas sa naissance plus qu'au père même de qui on est né ? Plus tous ces crimes sont impunis et excusés sur la terre, plus ils sont dans les enfers l'objet d'une vengeance implacable à qui rien n'échappe.

Télémaque, voyant les trois juges qui étaient assis et qui condamnaient un homme, osa leur demander quels étaient ses crimes. Aussitôt le condamné, prenant la parole, s'écria : Je n'ai jamais fait aucun mal ; j'ai mis tout mon plaisir à faire du bien ; j'ai été magnifique, libéral, juste, compatissant : que peut-on donc me reprocher ? Alors Minos lui dit : On ne te reproche rien à l'égard des hommes ; mais ne devais-tu pas moins aux hommes qu'aux dieux ? Quelle est donc cette justice dont tu te vantes ? Tu n'as manqué à aucun devoir envers les hommes, qui ne sont rien ; tu as été vertueux : mais tu as rapporté toute ta vertu à toi-même, et non aux dieux qui te l'avaient donnée ; car tu voulais jouir du fruit de ta propre vertu, et te renfermer en toi-même : tu as été ta divinité. Mais les dieux, qui ont tout fait, et qui n'ont rien fait que pour eux-mêmes, ne peuvent renoncer à leurs droits : tu les as oubliés, ils t'oublieront ; ils te livreront à toi-même, puisque tu as voulu être à toi, et non pas à eux. Cherche donc maintenant, si tu le peux, ta consolation dans ton propre cœur. Te voilà à jamais séparé des hommes, auxquels tu as voulu plaire ; te voilà seul avec toi-même, qui étais ton idole : apprends qu'il n'y a point de véritable vertu sans le respect et l'amour des dieux, à qui tout est dû. Ta fausse vertu, qui a longtemps ébloui les hommes faciles à tromper, va être confondue. Les hommes, ne jugeant des vices et des vertus que par ce qui les choque ou les incommode, sont aveugles et sur le bien et sur le mal : ici, une lumière divine renverse tous leurs jugements superficiels ; elle condamne souvent ce qu'ils admirent, et justifie ce qu'ils condamnent.

A ces mots, ce philosophe, comme frappé d'un coup de foudre, ne pouvait se supporter soi-même. La complaisance qu'il avait eue autrefois à contempler sa modération, son courage, et ses inclinations généreuses, se change en désespoir. La vue de son propre cœur, ennemi des dieux, devient son supplice : il se voit, et ne peut cesser de se voir; il voit la vanité des jugements des hommes, auxquels il a voulu plaire dans toutes ses actions : il se fait une révolution universelle de tout ce qui est au dedans de lui, comme si on bouleversait toutes ses entrailles : il ne se trouve plus le même : tout appui lui manque dans son cœur; sa conscience, dont le témoignage lui avait été si doux, s'élève contre lui, et lui reproche amèrement l'égarement et l'illusion de toutes ses vertus, qui n'ont point eu le culte de la divinité pour principe et pour fin : il est troublé, consterné, plein de honte, de remords, et de désespoir. Les Furies ne le tourmentent point, parce qu'il leur suffit de l'avoir livré à lui-même, et que son propre cœur venge assez les dieux méprisés. Il cherche les lieux les plus sombres pour se cacher aux autres morts, ne pouvant se cacher à lui-même; il cherche les ténèbres, et ne peut les trouver : une lumière importune le poursuit partout; partout les rayons perçants de la vérité vont venger la vérité qu'il a négligé de suivre. Tout ce qu'il a aimé lui devient odieux, comme étant la source de ses maux, qui ne peuvent jamais finir. Il dit en lui-même : insensé! je n'ai donc connu ni les dieux, ni les hommes, ni moi-même! Non, je n'ai rien connu, puisque je n'ai jamais aimé l'unique et véritable bien : tous mes pas ont été des égarements; ma sagesse n'était que folie; ma vertu n'était qu'un orgueil impie et aveugle : j'étais moi-même mon idole.

Enfin, Télémaque aperçut les rois qui étaient condamnés pour avoir abusé de leur puissance. D'un côté, une Furie vengeresse leur présentait un miroir, qui leur montrait toute la difformité de leurs vices : là, ils voyaient et ne pouvaient s'empêcher de voir leur vanité grossière, et avide des plus ridicules louanges, leur dureté pour les hommes, dont ils auraient dû faire la félicité; leur insensibilité pour la vertu; leur crainte d'entendre la vérité; leur inclination pour les hommes lâches et flatteurs; leur inapplication, leur mollesse, leur indolence, leur défiance déplacée, leur faste, et leur excessive magnificence fondée sur la ruine des peuples; leur ambition pour acheter un peu de vaine gloire par le sang de leurs concitoyens; enfin, leur cruauté qui cherche chaque jour de nouvelles délices parmi les larmes et le désespoir de tant de malheureux. Ils se voyaient sans cesse dans ce miroir : ils se trouvaient plus horribles et plus monstrueux que ni la Chimère vaincue par Bellérophon, ni l'hydre de Lerne abattue par Hercule, ni Cerbère même, quoiqu'il vomisse, de ses trois gueules béantes, un sang noir et venimeux, qui est capable d'empester toute la race des mortels vivants sur la terre.

En même temps, d'un autre côté, une autre Furie leur répétait avec insulte toutes les louanges que leurs flatteurs leur avaient données pendant leur vie, et leur présentait un autre miroir, où ils se voyaient tels que la flatterie les avait dépeints : l'opposition de ces deux peintures, si contraires, était le supplice de leur vanité. On remarquait que les plus méchants d'entre ces rois étaient ceux à qui on avait donné les plus magnifiques louanges pendant leur vie, parce que les méchants sont plus craints que les bons, et qu'ils exigent sans pudeur les lâches flatteries des poëtes et des orateurs de leur temps.

On les entend gémir dans ces profondes ténèbres, où ils ne peuvent voir que les insultes et les dérisions qu'ils ont à souffrir : ils n'ont rien autour d'eux qui ne les repousse, qui ne les contredise, qui ne les confonde. Au lieu que, sur la terre, ils se jouaient de la vie des hommes, et prétendaient que tout était fait pour les servir; dans le Tartare, ils sont livrés à tous les caprices de certains esclaves qui leur font sentir à leur tour une cruelle servitude : ils servent avec douleur, et il ne leur reste aucune espérance de pouvoir jamais adoucir leur captivité; ils sont sous les coups de ces esclaves, devenus leurs tyrans impitoyables, comme une enclume est sous les coups des marteaux des Cyclopes, quand Vulcain les presse de travailler dans les fournaises ardentes du mont Etna.

Là, Télémaque aperçut des visages pâles, hideux et consternés. C'est une tristesse noire qui ronge ces criminels; ils ont horreur d'eux-mêmes, et ils ne peuvent non plus se délivrer de cette horreur, que de leur propre nature. Ils n'ont point besoin d'autre châtiment de leurs fautes, que leurs fautes mêmes; ils les voient sans cesse dans toute leur énormité : elles se présentent à eux comme des spectres horribles; elles les poursuivent. Pour s'en garantir, ils cherchent une mort plus puissante que celle qui les a séparés de leur corps. Dans le désespoir où ils sont, ils appellent à leur secours une mort qui puisse éteindre tout sentiment et toute connaissance en eux; ils demandent aux abîmes de les engloutir, pour se dérober aux rayons vengeurs de la vérité qui les persécute : mais ils sont réservés à la vengeance qui distille sur eux goutte à goutte, et qui ne tarira jamais. La vérité qu'ils ont craint de voir fait leur supplice; ils la voient, et n'ont des yeux que pour la voir s'élever contre eux; sa vue les perce, les déchire, les arrache à eux-mêmes : elle est comme la foudre; sans rien détruire au dehors, elle pénètre jusqu'au fond des entrailles. Semblable à un métal dans une fournaise ardente, l'âme est comme fondue par ce feu vengeur: il ne laisse aucune consistance, et il ne consume rien : il dissout jusqu'aux premiers principes de la vie, et on ne peut mourir. On est arraché à soi; on n'y peut plus trouver ni appui ni repos pour un seul instant : on ne vit plus que par la rage qu'on a contre soi-même, et par une perte de toute espérance qui rend forcené.

Parmi ces objets, qui faisaient dresser les cheveux de Télémaque sur sa tête, il vit plusieurs des anciens rois de Lydie, qui étaient punis pour avoir préféré les délices d'une vie molle au travail, qui doit être inséparable de la royauté pour le soulagement des peuples.

Ces rois se reprochaient les uns aux autres leur aveuglement. L'un disait à l'autre, qui avait été son fils : Ne vous avais-je pas recommandé souvent, pendant ma vieillesse et avant ma mort, de réparer les maux que j'avais faits par ma négligence? Le fils répondait : O malheureux père! c'est vous qui m'avez perdu! c'est votre exemple qui m'a accoutumé au faste, à l'orgueil, à la volupté, à la dureté pour les hommes? En vous voyant régner avec tant de mollesse, avec tant de lâches flatteurs autour de vous, je me suis accoutumé à aimer la flatterie et les plaisirs. J'ai cru que le reste des hommes était, à l'égard des rois, ce que les chevaux et les autres bêtes de charge sont à l'égard des hommes, c'est-à-dire des animaux dont on ne fait cas qu'autant qu'ils rendent de services, et qu'ils donnent de commodités. Je l'ai cru; c'est vous qui me l'avez fait croire; et maintenant je souffre tant de maux pour vous avoir imité. A ces reproches, ils ajoutaient les plus affreuses malédictions, et paraissaient animés de rage pour s'entre-déchirer.

Autour de ces rois voltigeaient encore, comme des hiboux dans la nuit, les cruels soupçons, les vaines alarmes, les défiances, qui vengent les peuples de la dureté de leurs rois, la faim insatiable des richesses, la fausse gloire toujours tyrannique, et la mollesse lâche qui redouble tous les maux qu'on souffre sans pouvoir jamais donner de solides plaisirs.

On voyait plusieurs de ces rois sévèrement punis, non pour les maux qu'ils avaient faits, mais pour les biens qu'ils auraient dû faire. Tous les crimes des peuples, qui viennent de la négligence avec laquelle on fait observer les lois, étaient imputés aux rois, qui ne doivent régner qu'afin que les lois règnent par leur ministère. On leur imputait aussi tous les désordres qui viennent du faste, du luxe, et de tous les autres excès qui jettent les hommes dans un état violent, et dans la tentation de mépriser les lois pour acquérir du bien. Surtout on traitait rigoureusement les rois qui, au lieu d'être de bons et vigilants pasteurs des peuples, n'avaient songé qu'à ravager le troupeau comme des loups dévorants.

Mais ce qui consterna davantage Télémaque, ce fut de voir, dans cet abîme de ténèbres et de maux, un grand nombre de rois qui avaient passé sur la terre pour des rois assez bons. Ils avaient été condamnés aux peines du Tartare, pour s'être laissé gouverner par des hommes méchants et artificieux. Ils étaient punis pour les maux qu'ils avaient laissé faire par leur autorité. De plus, la plupart de ces rois n'avaient été ni bons ni méchants, tant leur faiblesse avait été grande; ils n'avaient jamais craint de ne connaître point la vérité; ils n'avaient point eu le goût de la vertu, et n'avaient pas mis leur plaisir à faire du bien.

Lorsque Télémaque sortit de ces lieux, il se sentit soulagé, comme si on avait ôté une montagne de dessus sa poitrine : il comprit, par ce soulagement, le malheur de ceux qui y étaient renfermés sans espérance d'en sortir jamais. Il était effrayé de voir combien les rois étaient plus rigoureusement tourmentés que les autres coupables. Quoi! disait-il, tant de devoirs, tant de périls, tant de piéges, tant de difficulté de connaître la vérité pour se défendre contre les autres et contre soi-même; enfin, tant de tourments horribles dans les enfers, après avoir été si agité, si envié, si traversé dans une vie courte! O insensé celui qui cherche à régner! Heureux celui qui se borne à une condition privée et paisible, où la vertu lui est moins difficile!

En faisant ces réflexions, il se troublait au dedans de lui-même : il frémit, et tomba dans une consternation qui lui fit sentir quelque chose du désespoir de ces malheureux qu'il venait de considérer. Mais, à mesure qu'il s'éloigna de ce triste séjour des ténèbres, de l'horreur et du désespoir, son courage commença peu à peu à renaître : il respirait, et entrevoyait déjà de loin la douce et pure lumière du séjour des héros.

C'est dans ce lieu qu'habitaient tous les bons rois qui avaient jusqu'alors gouverné sagement les hommes : ils étaient séparés du reste des justes. Comme les méchants princes souffraient, dans le Tartare, des supplices infiniment plus rigoureux que les autres coupables d'une condition privée, aussi les bons rois jouissaient, dans les champs Élysées, d'un bonheur infiniment plus grand que celui du reste des hommes qui avaient aimé la vertu sur la terre.

Télémaque s'avança vers ces rois, qui étaient dans des bocages odoriférants, sur des gazons toujours renaissants et fleuris*; mille petits ruisseaux d'une onde pure arrosaient ces beaux lieux, et y faisaient sentir une délicieuse fraîcheur; un nombre infini d'oiseaux faisaient résonner ces bocages de leur doux chant. On voyait tout ensemble les fleurs du printemps qui naissaient sous les pas, avec les plus riches fruits de l'automne qui pendaient des arbres. Là, jamais on ne ressentit les ardeurs de la furieuse Canicule; là, jamais les noirs aquilons n'osèrent souffler, ni faire sentir les rigueurs de l'hiver. Ni la guerre altérée de sang, ni la cruelle envie qui mord d'une dent venimeuse, et qui porte des vipères entortillées dans son sein et autour de ses bras, ni les jalousies, ni les défiances, ni la crainte, ni les vains désirs n'approchent jamais de cet heureux séjour de la paix. Le jour n'y finit point, et la nuit, avec ses sombres voiles, y est inconnue: une lumière pure et douce se répand autour des corps de ces hommes justes, et les environne de ses rayons comme d'un vêtement. Cette lumière n'est point semblable à la lumière sombre qui éclaire les yeux des misérables mortels, et qui n'est que ténèbres; c'est plutôt une gloire céleste qu'une lumière: elle pénètre plus subitement les corps les plus épais, que les rayons du soleil ne pénètrent le plus pur cristal: elle n'éblouit jamais; au contraire, elle fortifie les yeux, et porte dans le fond de l'âme je ne sais quelle sérénité: c'est d'elle seule que ces hommes bienheureux sont nourris; elle sort d'eux, et elle y entre; elle les pénètre et s'incorpore à eux comme les aliments s'incorporent à nous. Ils la voient, ils la sentent, ils la respirent; elle fait naître en eux une source intarissable de paix et de joie: ils sont plongés dans cet abîme de joie, comme les poissons dans la mer. Ils ne veulent plus rien; ils ont tout sans rien avoir, car ce goût de lumière pure apaise la faim de leur cœur; tous leurs désirs sont rassasiés, et leur plénitude les élève au-dessus de tout ce que les hommes vides et affamés cherchent sur la terre: toutes les délices qui les environnent ne leur sont rien, parce que le comble de leur félicité, qui vient du dedans, ne leur laisse aucun sentiment pour tout ce qu'ils voient de délicieux au dehors. Ils sont tels que les dieux, qui, rassasiés de nectar et d'ambroisie, ne daigneraient pas se nourrir des viandes grossières qu'on leur présenterait à la table la plus exquise des hommes mortels. Tous les maux s'enfuient loin de ces lieux tranquilles: la mort, la maladie, la pauvreté, la douleur, les regrets, les remords, les craintes, les espérances mêmes, qui coûtent souvent autant de peines que les craintes; les divisions, les dégoûts, les dépits, ne peuvent y avoir aucune entrée.

Les hautes montagnes de Thrace, qui, de leur front couvert de neige et de glace depuis l'origine du monde, fendent les nues, seraient renversées de leurs fondements posés au centre de la terre, que les cœurs de ces hommes justes ne pourraient pas même être émus*. Seulement ils ont pitié des misères qui accablent les hommes vivants dans le monde; mais c'est une pitié douce et paisible qui n'altère en rien leur immuable félicité. Une jeunesse éternelle, une félicité sans fin, une gloire toute divine est peinte sur leurs visages : mais leur joie n'a rien de folâtre ni d'indécent ; c'est une joie douce, noble, pleine de majesté ; c'est un goût sublime de la vérité et de la vertu qui les transporte. Ils sont, sans interruption, à chaque moment, dans le même saisissement de cœur où est une mère qui revoit son cher fils qu'elle avait cru mort ; et cette joie, qui échappe bientôt à la mère, ne s'enfuit jamais du cœur de ces hommes ; jamais elle ne languit un instant ; elle est toujours nouvelle pour eux : ils ont le transport de l'ivresse, sans en avoir le trouble et l'aveuglement.

Ils s'entretiennent ensemble de ce qu'ils voient et de ce qu'ils goûtent : ils foulent à leurs pieds les molles délices et les vaines grandeurs de leur ancienne condition qu'ils déplorent ; ils repassent avec plaisir ces tristes mais courtes années où ils ont eu besoin de combattre contre eux-mêmes et contre le torrent des hommes corrompus, pour devenir bons ; ils admirent le secours des dieux qui les ont conduits, comme par la main, à la vertu, au travers de tant de périls. Je ne sais quoi de divin coule sans cesse au travers de leurs cœurs, comme un torrent de la divinité même qui s'unit à eux ; ils voient, ils goûtent ; ils sont heureux, et sentent qu'ils le seront toujours. Ils chantent tous ensemble les louanges des dieux, et ils ne font tous ensemble qu'une seule voix, une seule pensée, un seul cœur : une même félicité fait comme un flux et reflux dans ces âmes unies.

Dans ce ravissement divin, les siècles coulent plus rapidement que les heures parmi les mortels ; et cependant mille et mille siècles écoulés n'ôtent rien à leur félicité toujours nouvelle et toujours entière. Ils règnent tous ensemble, non sur des trônes que la main des hommes peut renverser, mais en eux-mêmes, avec une puissance immuable ; car ils n'ont plus besoin d'être redoutables par une puissance empruntée d'un peuple vil et misérable. Ils ne portent plus ces vains diadèmes dont l'éclat cache tant de craintes et de noirs soucis : les dieux mêmes les ont couronnés de leurs propres mains, avec des couronnes que rien ne peut flétrir.

Télémaque, qui cherchait son père et qui avait craint de le trouver dans ces beaux lieux, fut si saisi de ce goût de paix et de félicité, qu'il eût voulu y trouver Ulysse, et qu'il s'affligeait d'être contraint lui-même de retourner ensuite dans la société des mortels. C'est ici, disait-il, que la véritable vie se trouve, et la nôtre n'est qu'une mort. Mais ce qui l'étonnait était d'avoir vu tant de rois punis dans le Tartare, et d'en voir si peu dans les champs Élysées. Il comprit qu'il y a peu de rois assez fermes et assez courageux pour résister à leur propre puissance, et pour rejeter la flatterie de tant de gens qui excitent toutes leurs passions. Ainsi, les bons rois sont très-rares ; et la plupart sont si méchants, que les dieux ne seraient pas justes, si, après avoir souffert qu'ils aient abusé de leur puissance pendant la vie, ils ne les punissaient après leur mort.

Télémaque, ne voyant point son père Ulysse parmi tous ces rois, chercha du moins des yeux le divin Laërte, son grand-père. Pendant qu'il le cherchait inutilement, un vieillard vénérable et plein de majesté s'avança vers lui. Sa vieillesse ne ressemblait point à celle des hommes que le poids des années accable sur la terre ; on voyait seulement qu'il avait été vieux avant sa mort : c'était un mélange de tout ce que la vieillesse a de grave, avec toutes les grâces de la jeunesse ; car ces grâces renaissent même dans les vieillards les plus caducs, au moment où ils sont introduits dans les champs Élysées. Cet homme s'avançait avec empressement, et regardait Télémaque avec complaisance, comme une personne qui lui était fort chère. Télémaque, qui ne le reconnaissait point, était en suspens.

Je te pardonne, ô mon cher fils, lui dit le vieillard, de ne me point reconnaître ; je suis Arcésius, père de Laërte. J'avais fini mes jours un peu avant qu'Ulysse, mon petit-fils, partît pour aller au siége de Troie ; alors tu étais encore un petit enfant entre les bras de ta nourrice : dès lors j'avais conçu de toi de grandes espérances ; elles n'ont point été trompeuses, puisque je te vois descendu dans le royaume de Pluton pour chercher ton père, et que les dieux te soutiennent dans cette entreprise*. O heureux enfant, les dieux t'aiment, et te préparent une gloire égale à celle de ton père! O heureux moi-même de te revoir! Cesse de chercher Ulysse en ces lieux; il vit encore, et il est réservé pour relever notre maison dans l'île d'Ithaque. Laërte même, quoique le poids des années l'ait abattu, jouit encore de la lumière, et attend que son fils revienne lui fermer les yeux. Ainsi, les hommes passent comme les fleurs qui s'épanouissent le matin, et qui, le soir, sont flétries et foulées aux pieds. Les générations des hommes s'écoulent comme les ondes d'un fleuve rapide; rien ne peut arrêter le temps, qui entraîne après lui tout ce qui paraît le plus immobile. Toi-même, ô mon fils! mon cher fils! toi-même, qui jouis maintenant d'une jeunesse si vive et si féconde en plaisirs, souviens-toi que ce bel âge n'est qu'une fleur qui sera presque aussitôt séchée qu'éclose. Tu te verras changer insensiblement: les grâces riantes, les doux plaisirs, la force, la santé, la joie, s'évanouiront comme un beau songe; il ne t'en restera qu'un triste souvenir: la vieillesse languissante et ennemie des plaisirs viendra rider ton visage, courber ton corps, affaiblir tes membres, faire tarir dans ton cœur la source de la joie, te dégoûter du présent, te faire craindre l'avenir, te rendre insensible à tout, excepté à la douleur. Ce temps te paraît éloigné: hélas! tu te trompes, mon fils; il se hâte, le voilà qui arrive: ce qui vient avec tant de rapidité n'est pas loin de toi; et le présent qui s'enfuit est déjà bien loin, puisqu'il s'anéantit dans le moment que nous parlons*, et ne peut plus se rapprocher. Ne compte donc jamais, mon fils, sur le présent; mais soutiens-toi dans le sentier rude et âpre de la vertu, par la vue de l'avenir. Prépare-toi, par des mœurs pures et par l'amour de la justice, une place dans cet heureux séjour de la paix.

Tu verras enfin ton père reprendre l'autorité dans Ithaque. Tu es né pour régner après lui; mais, hélas! ô mon fils, que la royauté est trompeuse! Quand on la regarde de loin, on ne voit que grandeur, éclat et délices; mais de près, tout est épineux. Un particulier peut, sans déshonneur, mener une vie douce et obscure. Un roi ne peut, sans se déshonorer, préférer une vie douce et oisive aux fonctions pénibles du gouvernement: il se doit à tous les hommes qu'il gouverne; il ne lui est jamais permis d'être à lui-même : ses moindres fautes sont d'une conséquence infinie, parce qu'elles causent le malheur des peuples, et quelquefois pendant plusieurs siècles : il doit réprimer l'audace des méchants, soutenir l'innocence, dissiper la calomnie. Ce n'est pas assez pour lui de ne faire aucun mal ; il faut qu'il fasse tous les biens possibles dont l'État a besoin. Ce n'est pas assez de faire le bien par soi-même ; il faut encore empêcher tous les maux que d'autres feraient, s'ils n'étaient retenus. Crains donc, mon fils, crains une condition si périlleuse : arme-toi de courage contre toi-même, contre tes passions, et contre les flatteurs.

En disant ces paroles, Arcésius paraissait animé d'un feu divin, et montrait à Télémaque un visage plein de compassion pour les maux qui accompagnent la royauté. Quand elle est prise, disait-il, pour se contenter soi-même, c'est une monstrueuse tyrannie ; quand elle est prise pour remplir ses devoirs, et pour conduire un peuple innombrable comme un père conduit ses enfants, c'est une servitude accablante qui demande un courage et une patience héroïque. Aussi est-il certain que ceux qui ont régné avec une sincère vertu possèdent ici tout ce que la puissance des dieux peut donner pour rendre une félicité complète !

Pendant qu'Arcésius parlait de la sorte, ces paroles entraient jusqu'au fond du cœur de Télémaque : elles s'y gravaient, comme un habile ouvrier, avec son burin, grave sur l'airain les figures ineffaçables qu'il veut montrer aux yeux de la plus reculée postérité. Ces sages paroles étaient comme une flamme subtile qui pénétrait dans les entrailles du jeune Télémaque ; il se sentait ému et embrasé ; je ne sais quoi de divin semblait fondre son cœur au dedans de lui. Ce qu'il portait dans la partie la plus intime de lui-même le consumait secrètement ; il ne pouvait ni le contenir, ni le supporter, ni résister à une si violente impression : c'était un sentiment vif et délicieux, qui était mêlé d'un tourment capable d'arracher la vie.

Ensuite Télémaque commença à respirer plus librement. Il reconnut dans le visage d'Arcésius une grande ressemblance avec Laërte ; il croyait même se ressouvenir confusément d'avoir vu en Ulysse, son père, des traits de cette même ressemblance, lorsque Ulysse partit pour le siége de Troie. Ce ressouvenir attendrit son cœur; des larmes douces et mêlées de joie coulèrent de ses yeux : il voulut embrasser une personne si chère; plusieurs fois il l'essaya inutilement : cette ombre vaine échappa à ses embrassements, comme un songe trompeur se dérobe à l'homme qui croit en jouir*. Tantôt la bouche altérée de cet homme dormant poursuit une eau fugitive; tantôt ses lèvres s'agitent pour former des paroles que sa langue engourdie ne peut proférer; ses mains s'étendent avec effort, et ne prennent rien : ainsi Télémaque ne peut contenter sa tendresse; il voit Arcésius, il l'entend, il lui parle, il ne peut le toucher. Enfin il lui demande qui sont ces hommes qu'il voit autour de lui.

Tu vois, mon fils, lui répondit le sage vieillard, les hommes qui ont été l'ornement de leurs siècles, la gloire et le bonheur du genre humain. Tu vois le petit nombre de rois qui ont été dignes de l'être, et qui ont fait avec fidélité la fonction des dieux sur la terre. Ces autres, que tu vois assez près d'eux, mais séparés par ce petit nuage, ont une gloire beaucoup moindre : ce sont des héros à la vérité; mais la récompense de leur valeur et de leurs expéditions militaires ne peut être comparée avec celle des rois sages, justes et bienfaisants.

Parmi ces héros, tu vois Thésée, qui a le visage un peu triste : il a ressenti le malheur d'être trop crédule pour une femme artificieuse, et il est encore affligé d'avoir si injustement demandé à Neptune la mort cruelle de son fils Hippolyte : heureux s'il n'eût point été si prompt, et si facile à irriter! Tu vois aussi Achille appuyé sur sa lance, à cause de cette blessure qu'il reçut au talon, de la main du lâche Pâris, et qui finit sa vie. S'il eût été aussi sage, juste et modéré, qu'il était intrépide, les dieux lui auraient accordé un long règne; mais ils ont eu pitié des Phthiotes[1] et des Dolopes, sur lesquels il devait naturellement régner après Pélée : ils n'ont pas voulu livrer tant de peuples à la merci d'un homme fougueux, et plus facile à irriter que la mer la plus orageuse. Les Parques ont accourci le fil de ses jours; il a été comme une fleur à peine éclose que le tranchant de la charrue coupe, et qui tombe avant la fin du jour où on l'avait vue naître.

Les dieux n'ont voulu s'en servir que comme des torrents et des tempêtes, pour punir les hommes de leurs crimes; ils ont fait servir Achille à abattre les murs de Troie, pour venger le parjure de Laomédon et les injustes amours de Pâris. Après avoir employé ainsi cet instrument de leurs vengeances, ils se sont apaisés, et ils ont refusé aux larmes de Thétis de laisser plus longtemps sur la terre ce jeune héros, qui n'y était propre qu'à troubler les hommes, qu'à renverser les villes et les royaumes.

Mais vois-tu cet autre avec ce visage farouche? c'est Ajax, fils de Télamon et cousin d'Achille : tu n'ignores pas sans doute quelle fut sa gloire dans les combats? Après la mort d'Achille, il prétendit qu'on ne pouvait donner ses armes à nul autre qu'à lui; ton père ne crut pas les lui devoir céder : les Grecs jugèrent en faveur d'Ulysse. Ajax se tua de désespoir; l'indignation et la fureur sont encore peintes sur son visage. N'approche pas de lui, mon fils; car il croirait que tu voudrais lui insulter dans son malheur, et il est juste de le plaindre : ne remarques-tu pas qu'il nous regarde avec peine, et qu'il entre brusquement dans ce sombre bocage, parce que nous lui sommes odieux? Tu vois, de cet autre côté, Hector, qui eût été invincible, si le fils de Thétis n'eût point été au monde dans le même temps. Mais voilà Agamemnon qui passe, et qui porte encore sur lui les marques de la perfidie de Clytemnestre. O mon fils! je frémis en pensant aux malheurs de cette famille de l'impie Tantale. La division des deux frères Atrée et Thyeste a rempli cette maison d'horreur et de sang. Hélas! combien un crime en attire-t-il d'autres? Agamemnon revenant, à la tête des Grecs, du siége de Troie, n'a pas eu le temps de jouir en paix de la gloire qu'il avait acquise. Telle est la destinée de presque tous les conquérants. Tous ces hommes que tu vois ont été redoutables dans la guerre; mais ils n'ont point été aimables et vertueux : aussi ne sont-ils que dans la seconde demeure des champs Élysées.

Pour ceux-ci, ils ont régné avec justice, et ont aimé leurs peuples : ils sont les amis des dieux; pendant qu'Achille et Agamemnon, pleins de leurs querelles et de leurs combats, conservent encore ici leurs peines et leurs défauts naturels ; pendant qu'ils regrettent en vain la vie qu'ils ont perdue, et qu'ils s'affligent de n'être plus que des ombres impuissantes et vaines, ces rois justes, étant purifiés par la lumière divine dont ils sont nourris, n'ont plus rien à désirer pour leur bonheur. Ils regardent avec compassion les inquiétudes des mortels ; et les plus grandes affaires qui agitent les hommes ambitieux leur paraissent comme des jeux d'enfants : leurs cœurs sont rassasiés de la vérité et de la vertu, qu'ils puisent dans la source. Ils n'ont plus rien à souffrir ni d'autrui ni d'eux-mêmes ; plus de désirs, plus de besoins, plus de craintes : tout est fini pour eux, excepté leur joie, qui ne peut finir.

Considère, mon fils, cet ancien roi Inachus, qui fonda le royaume d'Argos. Tu le vois avec cette vieillesse si douce et si majestueuse : les fleurs naissent sous ses pas ; sa démarche légère ressemble au vol d'un oiseau ; il tient dans sa main une lyre d'ivoire, et, dans un transport éternel, il chante les merveilles des dieux. Il sort de son cœur et de sa bouche un parfum exquis ; l'harmonie de sa lyre et de sa voix ravirait les hommes et les dieux. Il est ainsi récompensé pour avoir aimé le peuple qu'il assembla dans l'enceinte de ses nouveaux murs, et auquel il donna des lois.

De l'autre côté, tu peux voir, entre ces myrtes, Cécrops, Égyptien, qui le premier régna dans Athènes, ville consacrée à la sage déesse dont elle porte le nom. Cécrops, apportant des lois utiles de l'Égypte, qui a été pour la Grèce la source des lettres et des bonnes mœurs, adoucit les naturels farouches des bourgs de l'Attique, et les unit par les liens de la société. Il fut juste, humain, compatissant ; il laissa les peuples dans l'abondance, et sa famille dans la médiocrité ; ne voulant point que ses enfants eussent l'autorité après lui, parce qu'il jugeait que d'autres en étaient plus dignes.

Il faut que je te montre aussi, dans cette petite vallée, Érichthon, qui inventa l'usage de l'argent pour la monnaie : il le fit en vue de faciliter le commerce entre les îles de la Grèce ; mais il prévit l'inconvénient attaché à cette invention. Appliquez-vous, disait-il à tous les peuples, à multiplier chez vous les richesses naturelles, qui sont les véritables : cultivez la terre pour avoir une grande abondance de blé, de vin, d'huile et de fruits; ayez des troupeaux innombrables qui vous nourrissent de leur lait, et qui vous couvrent de leur laine : par là vous vous mettrez en état de ne craindre jamais la pauvreté. Plus vous aurez d'enfants, plus vous serez riches, pourvu que vous les rendiez laborieux; car la terre est inépuisable, et elle augmente sa fécondité à proportion du nombre de ses habitants qui ont soin de la cultiver : elle les paye tous libéralement de leurs peines; au lieu qu'elle se rend avare et ingrate pour ceux qui la cultivent négligemment. Attachez-vous donc principalement aux véritables richesses qui satisfont aux vrais besoins de l'homme. Pour l'argent monnayé, il ne faut en faire aucun cas, qu'autant qu'il est nécessaire, ou pour les guerres inévitables qu'on a à soutenir au dehors, ou pour le commerce des marchandises nécessaires qui manquent dans votre pays : encore serait-il à souhaiter qu'on laissât tomber le commerce à l'égard de toutes les choses qui ne servent qu'à entretenir le luxe, la vanité et la mollesse.

Ce sage Érichthon disait souvent : Je crains bien, mes enfants, de vous avoir fait un présent funeste en vous donnant l'invention de la monnaie. Je prévois qu'elle excitera l'avarice, l'ambition, le faste; qu'elle entretiendra une infinité d'arts pernicieux, qui ne vont qu'à amollir et à corrompre les mœurs; qu'elle vous dégoûtera de l'heureuse simplicité, qui fait tout le repos et toute la sûreté de la vie; qu'enfin elle vous fera mépriser l'agriculture, qui est le fondement de la vie humaine et la source de tous les vrais biens : mais les dieux sont témoins que j'ai eu le cœur pur en vous donnant cette invention utile en elle-même. Enfin, quand Érichthon aperçut que l'argent corrompait les peuples, comme il l'avait prévu, il se retira de douleur sur une montagne sauvage, où il vécut pauvre et éloigné des hommes, jusqu'à une extrême vieillesse, sans vouloir se mêler du gouvernement des villes.

Peu de temps après lui, on vit paraître dans la Grèce le fameux Triptolème, à qui Cérès avait enseigné l'art de cultiver les terres, et de les couvrir tous les ans d'une moisson dorée. Ce n'est pas que les hommes ne connussent déjà le blé, et la manière de le multiplier en le semant : mais ils ignoraient la perfection du labourage ; et Triptolème, envoyé par Cérès, vint, la charrue en main, offrir les dons de la déesse à tous les peuples qui auraient assez de courage pour vaincre leur paresse naturelle, et pour s'adonner à un travail assidu. Bientôt Triptolème apprit aux Grecs à fendre la terre, et à la fertiliser en déchirant son sein : bientôt les moissonneurs ardents et infatigables firent tomber, sous leurs faucilles tranchantes, les jaunes épis qui couvraient les campagnes : les peuples même sauvages et farouches, qui couraient épars çà et là dans les forêts d'Épire et d'Étolie pour se nourrir de gland, adoucirent leurs mœurs, et se soumirent à des lois, quand ils eurent appris à faire croître des moissons et à se nourrir de pain. Triptolème fit sentir aux Grecs le plaisir qu'il y a à ne devoir ses richesses qu'à son travail, et à trouver dans son champ tout ce qu'il faut pour rendre la vie commode et heureuse. Cette abondance si simple et si innocente, qui est attachée à l'agriculture, les fit souvenir des sages conseils d'Érichthon. Ils méprisèrent l'argent et toutes les richesses artificielles, qui ne sont richesses qu'en imagination, qui tentent les hommes de chercher des plaisirs dangereux, et qui les détournent du travail, où ils trouveraient tous les biens réels, avec des mœurs pures, dans une pleine liberté. On comprit donc qu'un champ fertile et bien cultivé est le vrai trésor d'une famille assez sage pour vouloir vivre frugalement comme ses pères ont vécu. Heureux les Grecs, s'ils étaient demeurés fermes dans ces maximes, si propres à les rendre puissants, libres, heureux, et dignes de l'être par une solide vertu ! Mais, hélas ! ils commencent à admirer les fausses richesses, ils négligent peu à peu les vraies, et ils dégénèrent de cette merveilleuse simplicité.

Ô mon fils, tu régneras un jour ; alors souviens-toi de ramener les hommes à l'agriculture, d'honorer cet art, de soulager ceux qui s'y appliquent, et de ne souffrir point que les hommes vivent ni oisifs, ni occupés à des arts qui entretiennent le luxe et la mollesse. Ces deux hommes, qui ont été si sages sur la terre, sont ici chéris des dieux. Remarque, mon fils, que leur gloire surpasse autant celle d'Achille et des autres héros qui n'ont excellé que dans les combats, qu'un doux printemps est au-dessus de l'hiver glacé, et que la lumière du soleil est plus éclatante que celle de la lune.

Pendant qu'Arcésius parlait de la sorte, il aperçut que Télémaque avait toujours les yeux arrêtés du côté d'un petit bois de lauriers, et d'un ruisseau bordé de violettes, de roses, de lis, et de plusieurs autres fleurs odoriférantes, dont les vives couleurs ressemblaient à celles d'Iris, quand elle descend du ciel sur la terre pour annoncer à quelque mortel les ordres des dieux. C'était le grand roi Sésostris, que Télémaque reconnut dans ce beau lieu; il était mille fois plus majestueux qu'il ne l'avait jamais été sur son trône d'Égypte. Des rayons d'une lumière douce sortaient de ses yeux, et ceux de Télémaque en étaient éblouis. A le voir, on eût cru qu'il était enivré de nectar, tant l'esprit divin l'avait mis dans un transport au-dessus de la raison humaine, pour récompenser ses vertus.

Télémaque dit à Arcésius : Je reconnais, ô mon père, Sésostris, ce roi d'Égypte, que j'y ai vu, il n'y a pas longtemps. Le voilà, répondit Arcésius; et tu vois, par son exemple, combien les dieux sont magnifiques à récompenser les bons rois. Mais il faut que tu saches que toute cette félicité n'est rien en comparaison de celle qui lui était destinée, si une trop grande prospérité ne lui eût fait oublier les règles de la modération et de la justice. La passion de rabaisser l'orgueil et l'insolence des Tyriens l'engagea à prendre leur ville. Cette conquête lui donna le désir d'en faire d'autres : il se laissa séduire par la vaine gloire des conquérants; il subjugua, ou, pour mieux dire, il ravagea toute l'Asie. A son retour en Égypte, il trouva que son frère s'était emparé de la royauté, et avait altéré, par un gouvernement injuste, les meilleures lois du pays. Ainsi ses grandes conquêtes ne servirent qu'à troubler son royaume. Mais ce qui le rendit plus inexcusable, c'est qu'il fut enivré de sa propre gloire : il fit atteler à un char les plus superbes d'entre les rois qu'il avait vaincus. Dans la suite, il reconnut sa faute, et eut honte d'avoir été si inhumain. Tel fut le fruit de ses victoires. Voilà ce que les conquérants font contre leurs États et contre eux-mêmes, en voulant usurper ceux de leurs voisins. Voilà ce qui fit déchoir un roi d'ailleurs si juste et si bienfaisant; et c'est ce qui diminue la gloire que les dieux lui avaient préparée.

Ne vois-tu pas cet autre, mon fils, dont la blessure paraît si éclatante? C'est un roi de Carie, nommé Dioclidès qui se dévoua pour son peuple dans une bataille, parce que l'oracle avait dit que, dans la guerre des Cariens et des Lyciens, la nation dont le roi périrait serait victorieuse.

Considère cet autre; c'est un sage législateur, qui, ayant donné à sa nation des lois propres à les rendre bons et heureux, leur fit jurer qu'ils ne violeraient aucune de ces lois pendant son absence; après quoi, il partit, s'exila lui-même de sa patrie, et mourut pauvre dans une terre étrangère, pour obliger son peuple, par ce serment, à garder à jamais des lois si utiles.

Cet autre, que tu vois, est Eunésyme, roi des Pyliens, et un des ancêtres du sage Nestor. Dans une peste qui ravageait la terre, et qui couvrait de nouvelles ombres les bords de l'Achéron, il demanda aux dieux d'apaiser leur colère, en payant, par sa mort, pour tant de milliers d'hommes innocents. Les dieux l'exaucèrent, et lui firent trouver ici la vraie royauté, dont toutes celles de la terre ne sont que de vaines ombres.

Ce vieillard, que tu vois couronné de fleurs, est le fameux Bélus: il régna en Égypte, et il épousa Anchinoé, fille du dieu Nilus, qui cache la source de ses eaux, et qui enrichit les terres qu'il arrose par ses inondations. Il eut deux fils: Danaüs, dont tu sais l'histoire; et Égyptus, qui donna son nom à ce beau royaume. Bélus se croyait plus riche par l'abondance où il mettait son peuple, et par l'amour de ses sujets pour lui, que par tous les tributs qu'il aurait pu leur imposer. Ces hommes, que tu crois morts, vivent, mon fils; et c'est la vie qu'on traîne misérablement sur la terre qui n'est qu'une mort: les noms seulement sont changés. Plaise aux dieux de te rendre assez bon pour mériter cette vie heureuse, que rien ne peut plus finir ni troubler! Hâte-toi, il en est temps, d'aller chercher ton père. Avant que de le trouver, hélas! que tu verras répandre de sang! Mais quelle gloire t'attend dans les campagnes de l'Hespérie! Souviens-toi des conseils du sage Mentor; pourvu que tu les suives, ton nom sera grand parmi tous les peuples et parmi tous les siècles.

Il dit; et aussitôt il conduisit Télémaque vers la porte d'ivoire, par où l'on peut sortir du ténébreux empire de Pluton*. Télémaque, les larmes aux yeux, le quitta sans pouvoir l'embrasser; et, sortant de ces sombres lieux, il retourna en diligence vers le camp des alliés, après avoir rejoint, sur le chemin, les deux jeunes Crétois qui l'avaient accompagné jusques auprès de la caverne, et qui n'espéraient plus le revoir.

LIVRE QUINZIÈME.

SOMMAIRE.

Télémaque, dans une assemblée des chefs de l'armée, combat la politique qui leur inspirait le dessein de surprendre Vénuse, que les deux partis étaient convenus de laisser en dépôt entre les mains des Lucaniens. — Il fait voir sa sagesse et sa prudence à l'occasion de deux transfuges. — L'un des deux, Acante était chargé par Adraste de l'empoisonner; l'autre, Dioscore, offrait aux alliés la tête d'Adraste. — Dans le combat qui s'engage ensuite, Télémaque excite l'admiration universelle par sa valeur. — En cherchant Adraste dans la mêlée, il porte partout la mort sur son passage. — Adraste, de son côté, entouré de l'élite de ses troupes, cherche Télémaque et fait un horrible carnage des alliés. — Ils se joignent enfin. — Télémaque terrasse Adraste et le réduit à lui demander la vie. — Télémaque la lui accorde généreusement; mais Adraste, à peine relevé, veut surprendre son vainqueur par un coup imprévu. — Télémaque le saisit de nouveau et le perce de son glaive. — Alors les Dauniens tendent la main aux alliés en signe de réconciliation, et demandent, pour unique condition de paix, qu'on leur permette de choisir un roi de leur nation pour effacer l'opprobre dont Adraste avait couvert la royauté.

CEPENDANT les chefs de l'armée s'assemblèrent pour délibérer s'il fallait s'emparer de Venuse[1]. C'était une ville forte, qu'Adraste avait autrefois usurpée sur ses voisins, les Apuliens-Peucètes. Ceux-ci étaient entrés contre lui dans la ligue, pour redemander justice sur cette invasion. Adraste, pour les apaiser, avait mis cette ville en dépôt entre les mains des Lucaniens : mais il avait corrompu par argent et la garnison lucanienne, et celui qui la commandait : de façon que la nation des Lucaniens avait moins d'autorité effective que lui dans Venuse ; et les Apuliens, qui avaient consenti que la garnison lucanienne gardât Venuse, avaient été trompés dans cette négociation.

Un citoyen de Venuse, nommé Démophante, avait offert secrètement aux alliés de leur livrer, la nuit, une des portes de la ville. Cet avantage était d'autant plus grand, qu'Adraste avait mis toutes ses provisions de guerre et de bouche dans un château voisin de Venuse, qui ne pouvait se défendre si Venuse était prise. Philoctète et Nestor avaient déjà opiné qu'il fallait profiter d'une si heureuse occasion. Tous les chefs, entraînés par leur autorité, et éblouis par l'utilité d'une facile entreprise, applaudissaient à ce sentiment ; mais Télémaque, à son retour, fit les derniers efforts pour les en détourner.

Je n'ignore pas, leur dit-il, que si jamais un homme a mérité d'être surpris et trompé, c'est Adraste, lui qui a si souvent trompé tout le monde. Je vois bien qu'en surprenant Venuse, vous ne feriez que vous mettre en possession d'une ville qui vous appartient, puisqu'elle est aux Apuliens, qui sont un des peuples de votre ligue. J'avoue que vous le pourriez faire avec d'autant plus d'apparence de raison, qu'Adraste, qui a mis cette ville en dépôt, a corrompu le commandant et la garnison, pour y entrer quand il le jugera à propos. Enfin, je comprends, comme vous, que, si vous preniez Venuse, vous seriez maîtres, dès le lendemain, du château où sont tous les préparatifs de guerre qu'Adraste y a assemblés, et qu'ainsi vous finiriez en deux jours cette guerre si formidable. Mais ne vaut-il pas mieux périr, que vaincre par de tels moyens ? Faut-il repousser la fraude par la fraude ? Sera-t-il dit que tant de rois, ligués pour punir l'impie Adraste de ses tromperies, seront trompeurs comme lui ? S'il nous est permis de faire comme Adraste, il n'est point coupable, et nous avons tort de vouloir le punir. Quoi ! l'Hespérie entière, soutenue de tant de colonies grecques et de héros revenus du siège de Troie, n'a-t-elle point d'autres armes contre la perfidie et les parjures d'Adraste, que la perfidie et le parjure ? vous avez juré par des choses les plus sacrées, que vous laisseriez Venuse en dépôt dans les mains des Lucaniens. La garnison lucanienne, dites-vous, est corrompue par l'argent d'Adraste. Je le crois comme vous : mais cette garnison est toujours à la solde des Lucaniens ; elle n'a point refusé de leur obéir ; elle a gardé, du moins en apparence, la neutralité. Adraste ni les siens ne sont jamais entrés dans Venuse : le traité subsiste ; votre serment n'est point oublié des dieux. Ne gardera-t-on les paroles données, que quand on manquera de prétextes plausibles pour les violer ? Ne sera-t-on fidèle et religieux pour les serments, que quand on n'aura rien à gagner en violant sa foi ? Si l'amour de la vertu et la crainte des dieux ne vous touchent plus, au moins soyez touchés de votre réputation et de votre intérêt. Si vous montrez au monde cet exemple pernicieux, de manquer de parole, et de violer votre serment pour terminer une guerre, quelles guerres n'exciterez-vous point par cette conduite impie ! Quel voisin ne sera pas contraint de craindre tout de vous, et de vous détester ? Qui pourra désormais, dans les nécessités les plus pressantes, se fier à vous ? Quelle sûreté pourrez-vous donner quand vous voudrez être sincères, et qu'il vous importera de persuader à vos voisins votre sincérité ? Sera-ce un traité solennel ? vous en aurez foulé un aux pieds. Sera-ce un serment ? hé ! ne saura-t-on pas que vous comptez les dieux pour rien, quand vous espérez tirer du parjure quelque avantage ? La paix n'aura donc pas plus de sûreté que la guerre à votre égard. Tout ce qui viendra de vous sera reçu comme une guerre, ou feinte, ou déclarée : vous serez les ennemis perpétuels de tous ceux qui auront le malheur d'être vos voisins ; toutes les affaires qui demandent de la réputation de probité, et de la confiance, vous deviendront impossibles : vous n'aurez plus de ressource pour faire croire ce que vous promettrez. Voici, ajouta Télémaque, un intérêt encore plus pressant qui doit vous frapper, s'il vous reste quelque sentiment de probité et quelque prévoyance sur vos intérêts : c'est qu'une conduite si trompeuse attaque par le dedans toute votre ligue, et va la ruiner ; votre parjure va faire triompher Adraste.

A ces paroles, toute l'assemblée émue lui demandait

comment il osait dire qu'une action qui donnerait une victoire certaine à la ligue pouvait la ruiner. Comment, leur répondit-il, pourrez-vous vous confier les uns aux autres, si une fois vous rompez l'unique lien de la société et de la confiance, qui est la bonne foi? Après que vous aurez posé pour maxime, qu'on peut violer les règles de la probité et de la fidélité pour un grand intérêt, qui d'entre vous pourra se fier à un autre, quand cet autre pourra trouver un grand avantage à lui manquer de parole et à le tromper? Où en serez-vous? Quel est celui d'entre vous qui ne voudra point prévenir les artifices de son voisin par les siens? Que devient une ligue de tant de peuples, lorsqu'ils sont convenus entre eux, par une délibération commune, qu'il est permis de surprendre son voisin, et de violer la foi donnée? Quelle sera votre défiance mutuelle, votre division, votre ardeur à vous détruire les uns les autres! Adraste n'aura plus besoin de vous attaquer; vous vous déchirerez assez vous-mêmes; vous justifierez ses perfidies.

O rois sages et magnanimes, ô vous qui commandez avec tant d'expérience sur des peuples innombrables, ne dédaignez pas d'écouter les conseils d'un jeune homme! Si vous tombiez dans les plus affreuses extrémités où la guerre précipite quelquefois les hommes, il faudrait vous relever par votre vigilance et par les efforts de votre vertu; car le vrai courage ne se laisse jamais abattre. Mais si vous aviez une fois rompu la barrière de l'honneur et de la bonne foi, cette perte est irréparable; vous ne pourriez plus rétablir ni la confiance nécessaire aux succès de toutes les affaires importantes, ni ramener les hommes aux principes de la vertu, après que vous leur auriez appris à les mépriser. Que craignez-vous? N'avez-vous pas assez de courage pour vaincre sans tromper? Votre vertu, jointe aux forces de tant de peuples, ne vous suffit-elle pas? Combattons, mourons s'il le faut, plutôt que de vaincre si indignement. Adraste, l'impie Adraste est dans nos mains, pourvu que nous ayons horreur d'imiter sa lâcheté et sa mauvaise foi.

Lorsque Télémaque acheva ce discours, il sentit que la douce persuasion avait coulé de ses lèvres, et avait passé jusqu'au fond des cœurs. Il remarqua un profond silence dans l'assemblée ; chacun pensait, non à lui ni aux grâces de ses paroles, mais à la force de la vérité qui se faisait sentir dans la suite de son raisonnement : l'étonnement était peint sur les visages. Enfin, on entendit un murmure sourd qui se répandait peu à peu dans l'assemblée : les uns regardaient les autres, et n'osaient parler les premiers ; on attendait que les chefs de l'armée se déclarassent ; et chacun avait de la peine à retenir ses sentiments. Enfin, le grave Nestor prononça ces paroles :

Digne fils d'Ulysse, les dieux vous ont fait parler ; et Minerve, qui a tant de fois inspiré votre père, a mis dans votre cœur le conseil sage et généreux que vous avez donné. Je ne regarde point votre jeunesse ; je ne considère que Minerve dans tout ce que vous venez de dire. Vous avez parlé pour la vertu ; sans elle les plus grands avantages sont de vraies pertes ; sans elle on s'attire bientôt la vengeance de ses ennemis, la défiance de ses alliés, l'horreur de tous les gens de bien, et la juste colère des dieux. Laissons donc Venuse entre les mains des Lucaniens, et ne songeons plus qu'à vaincre Adraste par notre courage.

Il dit, et toute l'assemblée applaudit à ces sages paroles ; mais, en applaudissant, chacun étonné tournait les yeux vers le fils d'Ulysse, et on croyait voir reluire en lui la sagesse de Minerve, qui l'inspirait.

Il s'éleva bientôt une autre question dans le conseil des rois, où il n'acquit pas moins de gloire. Adraste, toujours cruel et perfide, envoya dans le camp un transfuge nommé Acante, qui devait empoisonner les plus illustres chefs de l'armée : surtout il avait ordre de ne rien épargner pour faire mourir le jeune Télémaque, qui était déjà la terreur des Dauniens. Télémaque, qui avait trop de courage et de candeur pour être enclin à la défiance, reçut sans peine avec amitié ce malheureux qui avait vu Ulysse en Sicile, et qui lui racontait les aventures de ce héros. Il le nourrissait, et tâchait de le consoler dans son malheur ; car Acante se plaignait d'avoir été trompé et traité indignement par Adraste. Mais c'était nourrir et réchauffer dans son sein une vipère venimeuse toute prête à faire une blessure mortelle.

On surprit un autre transfuge, nommé Arion, qu'Acante

envoyait vers Adraste pour lui apprendre l'état du camp des alliés, et pour lui assurer qu'il empoisonnerait, le lendemain, les principaux rois avec Télémaque, dans un festin que celui-ci leur devait donner. Arion pris avoua sa trahison. On soupçonna qu'il était d'intelligence avec Acante, parce qu'ils étaient bons amis; mais Acante, profondément dissimulé et intrépide, se défendait avec tant d'art, qu'on ne pouvait le convaincre, ni découvrir le fond de la conjuration.

Plusieurs des rois furent d'avis qu'il fallait, dans le doute, sacrifier Acante à la sûreté publique. Il faut, disaient-ils, le faire mourir; la vie d'un seul homme n'est rien, quand il s'agit d'assurer celles de tant de rois. Qu'importe qu'un innocent périsse, quand il s'agit de conserver ceux qui représentent les dieux au milieu des hommes?

Quelle maxime inhumaine! quelle politique barbare! répondait Télémaque. Quoi! vous êtes si prodigues du sang humain, ô vous qui êtes établis les pasteurs des hommes, et qui ne commandez sur eux que pour les conserver, comme un pasteur conserve son troupeau! Vous êtes donc les loups cruels, et non pas les pasteurs; du moins vous n'êtes pasteurs que pour tondre et pour écorcher le troupeau, au lieu de le conduire dans les pâturages. Selon vous, on est coupable dès que l'on est accusé; un soupçon mérite la mort; les innocents sont à la merci des envieux et des calomniateurs : à mesure que la défiance tyrannique croîtra dans vos cœurs, il faudra aussi vous égorger plus de victimes.

Télémaque disait ces paroles avec une autorité et une véhémence qui entraînait les cœurs, et qui couvrait de honte les auteurs d'un si lâche conseil. Ensuite, se radoucissant, il leur dit : Pour moi, je n'aime pas assez la vie pour vouloir vivre à ce prix; j'aime mieux qu'Acante soit méchant que si je l'étais; et qu'il m'arrache la vie par une trahison, que si je le faisais périr injustement, dans le doute. Mais écoutez, ô vous qui, étant établis rois, c'est-à-dire juges des peuples, devez savoir juger les hommes avec justice, prudence et modération, laissez-moi interroger Acante en votre présence.

Aussitôt il interroge cet homme sur son commerce

avec Arion; il le presse sur une infinité de circonstances; il fait semblant plusieurs fois de le renvoyer à Adraste comme un transfuge digne d'être puni, pour observer s'il aurait peur d'être ainsi renvoyé, ou non; mais le visage et la voix d'Acante demeurèrent tranquilles : et Télémaque en conclut qu'Acante pouvait n'être pas innocent. Enfin, ne pouvant tirer la vérité du fond de son cœur, il lui dit : Donnez-moi votre anneau, je veux l'envoyer à Adraste. A cette demande de son anneau, Acante pâlit, et fut embarrassé. Télémaque, dont les yeux étaient toujours attachés sur lui, l'aperçut; il prit cet anneau. Je m'en vais, lui dit-il, l'envoyer à Adraste par les mains d'un Lucanien nommé Polytrope, que vous connaissez, et qui paraîtra y aller secrètement de votre part. Si nous pouvons découvrir par cette voie votre intelligence avec Adraste, on vous fera périr impitoyablement par les tourments les plus cruels : si, au contraire, vous avouez dès à présent votre faute, on vous la pardonnera, et on se contentera de vous envoyer dans une île de la mer, où vous ne manquerez de rien. Alors Acante avoua tout; et Télémaque obtint des rois qu'on lui donnerait la vie, parce qu'il la lui avait promise. On l'envoya dans une des îles Échinades[1], où il vécut en paix.

Peu de temps après, un Daunien d'une naissance obscure, mais d'un esprit violent et hardi, nommé Dioscore, vint la nuit dans le camp des alliés leur offrir d'égorger dans sa tente le roi Adraste. Il le pouvait, car on est maître de la vie des autres quand on ne compte plus pour rien la sienne. Cet homme ne respirait que la vengeance, parce que Adraste lui avait enlevé sa femme, qu'il aimait éperdument, et qui était égale en beauté à Vénus même. Il était résolu, ou de faire périr Adraste et de reprendre sa femme, ou de périr lui-même. Il avait des intelligences secrètes pour entrer la nuit dans la tente du roi, et pour être favorisé dans son entreprise par plusieurs capitaines dauniens; mais il croyait avoir besoin que les rois alliés attaquassent en même temps le camp d'Adraste, afin que, dans ce trouble, il pût plus facilement se sauver, et enlever sa femme. Il était content de périr, s'il ne pouvait l'enlever après avoir tué le roi.

Aussitôt que Dioscore eut expliqué aux rois son dessein, tout le monde se tourna vers Télémaque, comme pour lui demander une décision. Les dieux, répondit-il, qui nous ont préservés des traîtres, nous défendent de nous en servir. Quand même nous n'aurions pas assez de vertu pour détester la trahison, notre seul intérêt suffirait pour la rejeter : dès que nous l'aurons autorisée par notre exemple, nous mériterons qu'elle se tourne contre nous : dès ce moment, qui d'entre nous sera en sûreté? Adraste pourra bien éviter le coup qui le menace, et le faire retomber sur les rois alliés. La guerre ne sera plus une guerre ; la sagesse et la vertu ne seront plus d'aucun usage : on ne verra plus que perfidie, trahison et assassinats. Nous en ressentirons nous-mêmes les funestes suites, et nous le mériterons, puisque nous aurons autorisé le plus grand des maux. Je conclus donc qu'il faut renvoyer le traître à Adraste. J'avoue que ce roi ne le mérite pas ; mais toute l'Hespérie et toute la Grèce, qui ont les yeux sur nous, méritent que nous tenions cette conduite pour en être estimés. Nous nous devons à nous-mêmes, et plus encore aux justes dieux, cette horreur de la perfidie.

Aussitôt on envoya Dioscore à Adraste, qui frémit du péril où il avait été, et qui ne pouvait assez s'étonner de la générosité de ses ennemis ; car les méchants ne peuvent comprendre la pure vertu. Adraste admirait, malgré lui, ce qu'il venait de voir, et n'osait le louer. Cette action noble des alliés rappelait un honteux souvenir de toutes ses tromperies et de toutes ses cruautés. Il cherchait à rabaisser la générosité de ses ennemis, et était honteux de paraître ingrat, pendant qu'il leur devait la vie : mais les hommes corrompus s'endurcissent bientôt contre tout ce qui pourrait les toucher. Adraste, qui vit que la réputation des alliés augmentait tous les jours, crut qu'il était pressé de faire contre eux quelque action éclatante : comme il n'en pouvait faire aucune de vertu, il voulut du moins tâcher de remporter quelque grand avantage sur eux par les armes, et il se hâta de combattre.

Le jour du combat étant venu, à peine l'Aurore ouvrait au soleil les portes de l'Orient, dans un chemin semé de roses, que le jeune Télémaque, prévenant par ses soins la vigilance des plus vieux capitaines, s'arracha d'entre les bras du doux sommeil, et mit en mouvement tous les officiers. Son casque, couvert de crins flottants, brillait déjà sur sa tête, et sa cuirasse sur son dos éblouissait les yeux de toute l'armée : l'ouvrage de Vulcain avait, outre sa beauté naturelle, l'éclat de l'égide qui y était cachée. Il tenait sa lance d'une main ; de l'autre, il montrait les divers postes qu'il fallait occuper. Minerve avait mis dans ses yeux un feu divin, et sur son visage une majesté fière qui promettait déjà la victoire*. Il marchait ; et tous les rois, oubliant leur âge et leur dignité, se sentaient entraînés par une force supérieure qui leur faisait suivre ses pas. La faible jalousie ne peut plus entrer dans les cœurs ; tout cède à celui que Minerve conduit invisiblement par la main. Son action n'avait rien d'impétueux ni de précipité ; il était doux, tranquille, patient, toujours prêt à écouter les autres et à profiter de leurs conseils ; mais actif, prévoyant, attentif aux besoins les plus éloignés, arrangeant toutes choses à propos, ne s'embarrassant de rien, et n'embarrassant point les autres : excusant les fautes, réparant les mécomptes, prévenant les difficultés, ne demandant jamais rien de trop à personne, inspirant partout la liberté et la confiance. Donnait-il un ordre, c'était dans les termes les plus simples et les plus clairs. Il le répétait pour mieux instruire celui qui devait l'exécuter : il voyait dans ses yeux s'il l'avait bien compris : il lui faisait ensuite expliquer familièrement comment il avait compris ses paroles, et le principal but de son entreprise. Quand il avait ainsi éprouvé le bon sens de celui qu'il envoyait, et qu'il l'avait fait entrer dans ses vues, il ne le faisait partir qu'après lui avoir donné quelque marque d'estime et de confiance pour l'encourager. Ainsi, tous ceux qu'il envoyait étaient pleins d'ardeur pour lui plaire et pour réussir : mais ils n'étaient point gênés par la crainte qu'il leur imputerait les mauvais succès ; car il excusait toutes les fautes qui ne venaient point de mauvaise volonté.

L'horizon paraissait rouge et enflammé par les premiers rayons du soleil ; la mer était pleine des feux du jour naissant. Toute la côte était couverte d'hommes d'armes, de chevaux, et de chariots en mouvement : c'était un bruit confus, semblable à celui des flots en courroux, quand Neptune excite, au fond de ses abîmes, les noires tempêtes. Ainsi Mars commençait, par le bruit des armes et par l'appareil frémissant de la guerre, à semer la rage dans tous les cœurs. La campagne était pleine de piques hérissées, semblables aux épis qui couvrent les sillons fertiles dans le temps des moissons. Déjà s'élevait un nuage de poussière qui dérobait peu à peu aux yeux des hommes la terre et le ciel. La confusion, l'horreur, le carnage, l'impitoyable mort, s'avançaient.

À peine les premiers traits étaient jetés, que Télémaque, levant les yeux et les mains vers le ciel, prononça ces paroles : Ô Jupiter, père des dieux et des hommes, vous voyez de notre côté la justice et la paix, que nous n'avons point eu honte de chercher. C'est à regret que nous combattons ; nous voudrions épargner le sang des hommes ; nous ne haïssons point cet ennemi même, quoiqu'il soit cruel, perfide et sacrilège. Voyez et décidez entre lui et nous : s'il faut mourir, nos vies sont dans vos mains : s'il faut délivrer l'Hespérie et abattre le tyran, ce sera votre puissance et la sagesse de Minerve, votre fille, qui nous donnera la victoire ; la gloire vous en sera due. C'est vous qui, la balance en main, réglez le sort des combats : nous combattons pour vous ; et, puisque vous êtes juste, Adraste est plus votre ennemi que le nôtre. Si votre cause est victorieuse, avant la fin du jour le sang d'une hécatombe entière ruissellera sur vos autels.

Il dit, et à l'instant il poussa ses coursiers fougueux et écumants dans les rangs les plus pressés des ennemis. Il rencontra d'abord Périandre, Locrien, couvert de la peau d'un lion qu'il avait tué dans la Cilicie, pendant qu'il y avait voyagé : il était armé, comme Hercule, d'une massue énorme ; sa taille et sa force le rendaient semblable aux géants. Dès qu'il vit Télémaque, il méprisa sa jeunesse et la beauté de son visage. C'est bien à toi, dit-il, jeune efféminé, à nous disputer la gloire des combats ! va, enfant, va parmi les ombres chercher ton père. En disant ces paroles, il lève sa massue noueuse, pesante, armée de pointes de fer ; elle paraît comme un mât de navire : chacun craint le coup de sa chute. Elle menace la tête du fils d'Ulysse ; mais il se détourne du coup, et s'élance sur Périandre avec la rapidité d'un aigle qui fend les airs. La massue, en tombant, brise une roue d'un char auprès de celui de Télémaque. Cependant le jeune Grec perce d'un trait Périandre à la gorge ; le sang qui coule à gros bouillons de sa large plaie étouffe sa voix : ses chevaux fougueux, ne sentant plus sa main défaillante, et les rênes flottant sur leur cou, s'emportent çà et là : il tombe de dessus son char, les yeux déjà fermés à la lumière, et la pâle mort étant déjà peinte sur son visage défiguré. Télémaque eut pitié de lui ; il donna aussitôt son corps à ses domestiques, et garda, comme une marque de sa victoire, la peau du lion avec la massue.

Ensuite il cherche Adraste dans la mêlée ; mais, en le cherchant, il précipite dans les enfers une foule de combattants : Hilée, qui avait attelé à son char deux coursiers semblables à ceux du Soleil, et nourris dans les vastes prairies qu'arrose l'Aufide[1] ; Démoléon, qui, dans la Sicile, avait presque égalé Érix dans les combats du ceste ; Crantor, qui avait été hôte et ami d'Hercule, lorsque ce fils de Jupiter, passant dans l'Hespérie, y ôta la vie à l'infâme Cacus ; Ménécrate, qui ressemblait, disait-on, à Pollux dans la lutte ; Hippocoon, Salapien, qui imitait l'adresse et la bonne grâce de Castor pour mener un cheval ; le fameux chasseur Eurymède, toujours teint du sang des ours et des sangliers qu'il tuait dans les sommets couverts de neige du froid Apennin, et qui avait été, disait-on, si cher à Diane, qu'elle lui avait appris elle-même à tirer des flèches ; Nicostrate, vainqueur d'un géant qui vomissait le feu dans les rochers du mont Gargan[2] ; Cléanthe, qui devait épouser la jeune Pholoé, fille du fleuve Liris[3]. Elle avait été promise par son père à celui qui la délivrerait d'un serpent ailé qui était né sur les bords du fleuve, et qui devait la dévorer dans peu de jours, suivant la prédiction d'un oracle. Ce jeune homme, par un excès d'amour, se dévoua pour tuer le monstre ; il réussit : mais il ne put goûter le fruit de sa victoire ; et pendant que Pholoé, se préparant à un doux hyménée, attendait impatiemment Cléanthe, elle apprit qu'il avait suivi Adraste dans les combats, et que la Parque avait tranché cruellement ses jours. Elle remplit de ses gémissements les bois et les montagnes qui sont auprès du fleuve; elle noya ses yeux de larmes, arracha ses beaux cheveux blonds, oublia les guirlandes de fleurs qu'elle avait accoutumé de cueillir, et accusa le ciel d'injustice. Comme elle ne cessait de pleurer nuit et jour, les dieux, touchés de ses regrets, et pressés par les prières du fleuve, mirent fin à sa douleur. A force de verser des larmes, elle fut tout à coup changée en fontaine, qui, coulant dans le sein du fleuve, va joindre ses eaux à celles du dieu son père : mais l'eau de cette fontaine est encore amère; l'herbe du rivage ne fleurit jamais; et on ne trouve d'autre ombrage que celui des cyprès sur ces tristes bords.

Cependant Adraste, qui apprit que Télémaque répandait de tous côtés la terreur, le cherchait avec empressement. Il espérait de vaincre facilement le fils d'Ulysse dans un âge encore si tendre, et il menait autour de lui trente Dauniens d'une force, d'une adresse et d'une audace extraordinaire, auxquels il avait promis de grandes récompenses, s'ils pouvaient, dans le combat, faire périr Télémaque, de quelque manière que ce pût être. S'il l'eût rencontré dans ce commencement du combat, sans doute ces trente hommes, environnant le char de Télémaque, pendant qu'Adraste l'aurait attaqué de front, n'auraient eu aucune peine à le tuer : mais Minerve les fit égarer.

Adraste crut voir et entendre Télémaque dans un endroit de la plaine enfoncé au pied d'une colline, où il y avait une foule de combattants; il court, il vole, il veut se rassasier de sang : mais, au lieu de Télémaque, il aperçoit le vieux Nestor, qui, d'une main tremblante, jetait au hasard quelques traits inutiles*. Adraste, dans sa fureur, veut le percer; mais une troupe de Pyliens se jeta autour de Nestor. Alors une nuée de traits obscurcit l'air et couvrit tous les combattants; on n'entendait que les cris plaintifs des mourants, et le bruit des armes de ceux qui tombaient dans la mêlée; la terre gémissait sous un monceau de morts; des ruisseaux de sang coulaient de toutes parts. Bellone et Mars, avec les Furies infernales, vêtues de robes toutes dégouttantes de sang, repaissaient leurs yeux cruels de ce spectacle, et renouvelaient sans cesse la rage dans les cœurs. Ces divinités ennemies des hommes repoussaient loin des deux partis la Pitié généreuse, la Valeur modérée, la douce Humanité. Ce n'était plus, dans cet amas confus d'hommes acharnés les uns sur les autres, que massacre, vengeance, désespoir, et fureur brutale; la sage et invincible Pallas elle-même l'ayant vu, frémit, et recula d'horreur.

Cependant Philoctète, marchant à pas lents, et tenant dans ses mains les flèches d'Hercule, se hâtait d'aller au secours de Nestor. Adraste, n'ayant pu atteindre le divin vieillard, avait lancé ses traits sur plusieurs Pyliens auxquels il avait fait mordre la poudre. Déjà il avait abattu Ctésilas, si léger à la course, qu'à peine il imprimait la trace de ses pas dans le sable*, et qu'il devançait en son pays les plus rapides flots de l'Eurotas[1] et de l'Alphée[2]. A ses pieds étaient tombés Eutyphron, plus beau qu'Hylas, aussi ardent chasseur qu'Hippolyte; Ptérélas, qui avait suivi Nestor au siége de Troie, et qu'Achille même avait aimé à cause de son courage et de sa force; Aristogiton, qui, s'étant baigné, disait-on, dans les ondes du fleuve Achéloüs, avait reçu secrètement de ce dieu la vertu de prendre toutes sortes de formes. En effet, il était si souple et si prompt dans tous ses mouvements, qu'il échappait aux mains les plus fortes : mais Adraste, d'un coup de lance, le rendit immobile; et son âme s'enfuit d'abord avec son sang.

Nestor, qui voyait tomber ses plus vaillants capitaines sous la main du cruel Adraste, comme les épis dorés, pendant la moisson, tombent sous la faux tranchante d'un infatigable moissonneur, oubliait le danger où il exposait inutilement sa vieillesse. Sa sagesse l'avait quitté; il ne songeait plus qu'à suivre des yeux Pisistrate son fils, qui, de son côté, soutenait avec ardeur le combat pour éloigner le péril de son père. Mais le moment fatal était venu où Pisistrate devait faire sentir à Nestor combien on est souvent malheureux d'avoir trop vécu.

Pisistrate porta un coup de lance si violent contre Adraste, que le Daunien devait succomber : mais il l'évita; et pendant que Pisistrate, ébranlé du faux coup qu'il avait donné, ramenait sa lance, Adraste le perça d'un javelot au milieu du ventre. Ses entrailles commencèrent d'abord à sortir avec un ruisseau de sang ; son teint se flétrit comme une fleur que la main d'une nymphe a cueillie dans les prés* ; ses yeux étaient déjà presque éteints, et sa voix défaillante. Alcée, son gouverneur, qui était auprès de lui, le soutint comme il allait tomber, et n'eut le temps que de le mener entre les bras de son père. Là, il voulut parler, et donner les dernières marques de sa tendresse ; mais, en ouvrant la bouche, il expira.

Pendant que Philoctète répandait autour de lui le carnage et l'horreur pour repousser les efforts d'Adraste, Nestor tenait serré entre ses bras le corps de son fils : il remplissait l'air de ses cris, et ne pouvait souffrir la lumière. Malheureux, disait-il, d'avoir été père, et d'avoir vécu si longtemps* ! Hélas ! cruelles destinées, pourquoi n'avez-vous pas fini ma vie, ou à la chasse du sanglier de Calydon, ou au voyage de Colchos, ou au premier siège de Troie ? Je serais mort avec gloire et sans amertume. Maintenant, je traîne une vieillesse douloureuse, méprisée et impuissante* ; je ne vis plus que pour les maux ; je n'ai plus de sentiment que pour la tristesse. O mon fils ! ô mon fils ! ô cher Pisistrate ! quand je perdis ton frère Antiloque, je t'avais pour me consoler : je ne t'ai plus ; je n'ai plus rien, et rien ne me consolera ; tout est fini pour moi. L'espérance, seul adoucissement des peines des hommes, n'est plus un bien qui me regarde. Antiloque, Pisistrate, ô chers enfants, je crois que c'est aujourd'hui que je vous perds tous deux ; la mort de l'un rouvre la plaie que l'autre avait faite au fond de mon cœur. Je ne vous verrai plus ! qui fermera mes yeux ? qui recueillera mes cendres ? O Pisistrate ! tu es mort, comme ton frère, en homme courageux ; il n'y a que moi qui ne puis mourir.

En disant ces paroles, il voulut se percer lui-même d'un dard qu'il tenait ; mais on arrêta sa main : on lui arracha le corps de son fils ; et comme cet infortuné vieillard tombait en défaillance, on le porta dans sa tente, où, ayant un peu repris ses forces, il voulut retourner au combat ; mais on le retint malgré lui.

Cependant Adraste et Philoctète se cherchaient ; leurs yeux étaient étincelants comme ceux d'un lion et d'un léopard qui cherchent à se déchirer l'un l'autre dans les campagnes qu'arrose le Caïstre. Les menaces, la fureur guerrière, et la cruelle vengeance, éclatent dans leurs yeux farouches; ils portent une mort certaine partout où ils lancent leurs traits; tous les combattants les regardent avec effroi. Déjà ils se voient l'un l'autre, et Philoctète tient en main une de ces flèches terribles qui n'ont jamais manqué leur coup dans ses mains, et dont les blessures sont irrémédiables : mais Mars, qui favorisait le cruel et intrépide Adraste, ne put souffrir qu'il pérît si tôt; il voulait, par lui, prolonger les horreurs de la guerre, et multiplier les carnages. Adraste était encore dû à la justice des dieux pour punir les hommes et pour verser leur sang.

Dans le moment où Philoctète veut l'attaquer, il est blessé lui-même par un coup de lance que lui donne Amphimaque, jeune Lucanien, plus beau que le fameux Nirée, dont la beauté ne cédait qu'à celle d'Achille, parmi tous les Grecs qui combattirent au siège de Troie *. A peine Philoctète eut reçu le coup, qu'il tira sa flèche contre Amphimaque; elle lui perça le cœur. Aussitôt ses beaux yeux noirs s'éteignirent, et furent couverts des ténèbres de la mort : sa bouche, plus vermeille que les roses dont l'Aurore naissante sème l'horizon, se flétrit; une pâleur affreuse ternit ses joues; ce visage si tendre et si gracieux se défigura tout à coup. Philoctète lui-même en eut pitié. Tous les combattants gémirent, en voyant ce jeune homme tomber dans son sang, où il se roulait, et ses cheveux, aussi beaux que ceux d'Apollon, traînés dans la poussière.

Philoctète, ayant vaincu Amphimaque, fut contraint de se retirer du combat; il perdait son sang et ses forces; son ancienne blessure même, dans l'effort du combat, semblait prête à se rouvrir, et à renouveler ses douleurs : car les enfants d'Esculape, avec leur science divine, n'avaient pu le guérir entièrement. Le voilà prêt à tomber dans un monceau de corps sanglants qui l'environnent. Archidame, le plus fier et le plus adroit de tous les Œbaliens qu'il avait menés avec lui pour fonder Pétilie, l'enlève du combat dans le moment où Adraste l'aurait abattu sans peine à ses pieds. Adraste ne trouve plus rien qui ose lui résister, ni retarder sa victoire. Tout tombe, tout s'enfuit ; c'est un torrent, qui, ayant surmonté ses bords, entraîne, par ses vagues furieuses, les moissons, les troupeaux, les bergers et les villages *.

Télémaque entendit de loin les cris des vainqueurs, et il vit le désordre des siens, qui fuyaient devant Adraste, comme une troupe de cerfs timides traverse les vastes campagnes, les bois, les montagnes, les fleuves même les plus rapides, quand ils sont poursuivis par des chasseurs. Télémaque gémit ; l'indignation paraît dans ses yeux : il quitte les lieux où il a combattu longtemps avec tant de danger et de gloire. Il court pour soutenir les siens ; il s'avance tout couvert du sang d'une multitude d'ennemis qu'il a étendus sur la poussière. De loin, il pousse un cri qui se fait entendre aux deux armées.

Minerve avait mis je ne sais quoi de terrible dans sa voix, dont les montagnes voisines retentirent *. Jamais Mars, dans la Thrace, n'a fait entendre plus fortement sa cruelle voix, quand il appelle les Furies infernales, la Guerre, et la Mort. Ce cri de Télémaque porte le courage et l'audace dans le cœur des siens ; il glace d'épouvante les ennemis : Adraste même a honte de se sentir troublé. Je ne sais combien de funestes présages le font frémir ; et ce qui l'anime est plutôt un désespoir qu'une valeur tranquille. Trois fois ses genoux tremblants commencèrent à se dérober sous lui ; trois fois il recula sans songer à ce qu'il faisait. Une pâleur de défaillance et une sueur froide se répandit dans tous ses membres ; sa voix enrouée et hésitante ne pouvait achever aucune parole ; ses yeux, pleins d'un feu sombre et étincelant, paraissaient sortir de sa tête ; on le voyait, comme Oreste, agité par les Furies ; tous ses mouvements étaient convulsifs. Alors il commença à croire qu'il y a des dieux ; il s'imaginait les voir irrités, et entendre une voix sourde qui sortait du fond de l'abîme pour l'appeler dans le noir Tartare : tout lui faisait sentir une main céleste et invisible, suspendue sur sa tête, qui allait s'appesantir pour le frapper. L'espérance était éteinte au fond de son cœur ; son audace se dissipait, comme la lumière du jour disparaît quand le soleil se couche dans le sein des ondes, et que la terre s'enveloppe des ombres de la nuit.

L'impie Adraste, trop longtemps souffert sur la terre, trop longtemps, si les hommes n'eussent eu besoin d'un tel châtiment; l'impie Adraste touchait enfin à sa dernière heure. Il court forcené au-devant de son inévitable destin; l'horreur, les cuisants remords, la consternation, la fureur, la rage, le désespoir, marchent avec lui. A peine voit-il Télémaque, qu'il croit voir l'Averne qui s'ouvre, et les tourbillons de flammes qui sortent du noir Phlégéton prêtes à le dévorer. Il s'écrie, et sa bouche demeure ouverte sans qu'il puisse prononcer aucune parole : tel qu'un homme dormant, qui, dans un songe affreux, ouvre la bouche, et fait des efforts pour parler; mais la parole lui manque toujours, et il la cherche en vain. D'une main tremblante et précipitée, Adraste lance son dard contre Télémaque. Celui-ci, intrépide comme l'ami des dieux, se couvre de son bouclier; il semble que la Victoire, le couvrant de ses ailes, tient déjà une couronne suspendue au-dessus de sa tête : le courage doux et paisible reluit dans ses yeux; on le prendrait pour Minerve même, tant il paraît sage et mesuré au milieu des plus grands périls. Le dard lancé par Adraste est repoussé par le bouclier*. Alors Adraste se hâte de tirer son épée, pour ôter au fils d'Ulysse l'avantage de lancer son dard à son tour. Télémaque, voyant Adraste l'épée à la main, se hâte de la mettre aussi, et laisse son dard inutile.

Quand on les vit ainsi tous deux combattre de près, tous les autres combattants, en silence, mirent bas les armes pour les regarder attentivement*, et on attendit de leur combat la décision de toute la guerre. Les deux glaives, brillants comme les éclairs d'où partent des foudres, se croisent plusieurs fois, et portent des coups inutiles sur les armes polies, qui en retentissent. Les deux combattants s'allongent, se replient, s'abaissent, se relèvent tout à coup, et enfin se saisissent. Le lierre, en naissant au pied d'un ormeau, n'enserre pas plus étroitement le tronc dur et noueux par ses rameaux entrelacés jusqu'aux plus hautes branches de l'arbre*, que ces deux combattants se serrent l'un l'autre. Adraste n'avait encore rien perdu de sa force : Télémaque n'avait pas encore toute la sienne. Adraste fait plusieurs efforts pour surprendre son ennemi et pour l'ébranler. Il tâche de saisir l'épée du jeune Grec, mais en vain : dans le moment où il la cherche, Télémaque l'enlève de terre, et le renverse sur le sable. Alors cet impie, qui avait toujours méprisé les dieux, montre une lâche crainte de la mort; il a honte de demander la vie, et il ne peut s'empêcher de témoigner qu'il la désire : il tâche d'émouvoir la compassion de Télémaque. Fils d'Ulysse, dit-il, enfin c'est maintenant que je connais les justes dieux; ils me punissent comme je l'ai mérité : il n'y a que le malheur qui ouvre les yeux des hommes pour voir la vérité; je la vois, elle me condamne. Mais qu'un roi malheureux vous fasse souvenir de votre père qui est loin d'Ithaque, et touche votre cœur *.

Télémaque, qui, le tenant sous ses genoux, avait le glaive déjà levé pour lui percer la gorge, répondit aussitôt : Je n'ai voulu que la victoire et la paix des nations que je suis venu secourir; je n'aime point à répandre le sang. Vivez donc, ô Adraste; mais vivez pour réparer vos fautes : rendez tout ce que vous avez usurpé; rétablissez le calme et la justice sur la côte de la grande Hespérie, que vous avez souillée par tant de massacres et de trahisons : vivez, et devenez un autre homme. Apprenez, par votre chute, que les dieux sont justes; que les méchants sont malheureux; qu'ils se trompent en cherchant la félicité dans la violence, dans l'inhumanité et dans le mensonge; et qu'enfin rien n'est si doux ni si heureux, que la simple et constante vertu. Donnez-nous pour otage votre fils Métrodore, avec douze des principaux de votre nation.

A ces paroles, Télémaque laisse relever Adraste, et lui tend la main, sans se défier de sa mauvaise foi; mais aussitôt Adraste lui lance un second dard fort court, qu'il tenait caché. Le dard était si aigu, et lancé avec tant d'adresse, qu'il eût percé les armes de Télémaque, si elles n'eussent été divines. En même temps Adraste se jette derrière un arbre pour éviter la poursuite du jeune Grec. Alors celui-ci s'écrie : Dauniens, vous le voyez, la victoire est à nous; l'impie ne se sauve que par la trahison. Celui qui ne craint point les dieux, craint la mort; au contraire, celui qui les craint, ne craint qu'eux.

En disant ces paroles, il s'avance vers les Dauniens, et fait signe aux siens, qui étaient de l'autre côté de l'arbre, de couper le chemin au perfide Adraste. Adraste craint d'être surpris, fait semblant de retourner sur ses pas, et veut renverser les Crétois qui se présentent à son passage ; mais tout à coup Télémaque, prompt comme la foudre que la main du père des dieux lance du haut de l'Olympe sur les têtes coupables, vient fondre sur son ennemi ; il le saisit d'une main victorieuse ; il le renverse comme le cruel aquilon abat les tendres moissons qui dorent la campagne. Il ne l'écoute plus, quoique l'impie ose encore une fois essayer d'abuser de la bonté de son cœur : il enfonce son glaive, et le précipite dans les flammes du noir Tartare, digne châtiment de ses crimes.

A peine Adraste fut mort, que tous les Dauniens, loin de déplorer leur défaite et la perte de leur chef, se réjouirent de leur délivrance ; ils tendirent les mains aux alliés en signe de paix et de réconciliation. Métrodore, fils d'Adraste, que son père avait nourri dans des maximes de dissimulation, d'injustice et d'inhumanité, s'enfuit lâchement. Mais un esclave, complice de ses infamies et de ses cruautés, qu'il avait affranchi et comblé de biens, et auquel seul il se confia dans sa fuite, ne songea qu'à le trahir pour son propre intérêt : il le tua par derrière pendant qu'il fuyait, lui coupa la tête, et la porta dans le camp des alliés, espérant une grande récompense d'un crime qui finissait la guerre. Mais on eut horreur de ce scélérat, et on le fit mourir. Télémaque, ayant vu la tête de Métrodore, qui était un jeune homme d'une merveilleuse beauté et d'un naturel excellent, que les plaisirs et les mauvais exemples avaient corrompu, ne put retenir ses larmes. Hélas ! s'écria-t-il, voilà ce que fait le poison de la prospérité d'un jeune prince : plus il a d'élévation et de vivacité, plus il s'égare et s'éloigne de tout sentiment de vertu. Et maintenant je serais peut-être de même, si les malheurs où je suis né, grâces aux dieux, et les instructions de Mentor, ne m'avaient appris à me modérer.

Les Dauniens assemblés demandèrent, comme l'unique condition de paix, qu'on leur permît de faire un roi de leur nation, qui pût effacer, par ses vertus, l'opprobre dont l'impie Adraste avait couvert le royaume. Ils remerciaient les dieux d'avoir frappé le tyran ; ils venaient en foule baiser la main de Télémaque, qui avait été trempée dans le sang de ce monstre ; et leur défaite était pour eux comme un triomphe. Ainsi tomba en un moment, sans aucune ressource, cette puissance qui menaçait toutes les autres dans l'Hespérie, et qui faisait trembler tant de peuples. Semblables à ces terrains qui paraissent fermes et immobiles, mais que l'on sape peu à peu par-dessous : longtemps on se moque du faible travail qui en attaque les fondements ; rien ne paraît affaibli, tout est uni, rien ne s'ébranle ; cependant tous les soutiens souterrains sont détruits peu à peu, jusqu'au moment où tout à coup le terrain s'affaisse, et ouvre un abîme. Ainsi une puissance injuste et trompeuse, quelque prospérité qu'elle se procure par ses violences, creuse elle-même un précipice sous ses pieds. La fraude et l'inhumanité sapent peu à peu tous les plus solides fondements de l'autorité illégitime : on l'admire, on la craint, on tremble devant elle, jusqu'au moment où elle n'est déjà plus ; elle tombe de son propre poids, et rien ne peut la relever, parce qu'elle a détruit de ses propres mains les vrais soutiens de la bonne foi et de la justice, qui attirent l'amour et la confiance.

LIVRE SEIZIÈME.

SOMMAIRE.

Les chefs de l'armée s'assemblent pour délibérer sur la demande des Dauniens. — La plupart sont d'avis de partager entre eux le pays des Dauniens, et ils offrent à Télémaque pour sa part la fertile contrée d'Arpine. — Télémaque refuse cette offre et fait voir que l'intérêt commun des alliés est de laisser aux Dauniens leurs terres et de leur donner pour roi Polydamas, fameux capitaine de leur nation, et non moins estimé pour sa sagesse que pour sa valeur. — Cette proposition est acceptée par les chefs et elle comble de joie les Dauniens. — Télémaque persuade ensuite à ceux-ci de donner la contrée d'Arpine à Diomède, roi d'Étolie, qui, au siége de Troie, ayant blessé Vénus, était depuis ce temps poursuivi avec ses compagnons par la colère de cette déesse. — Les troubles étant ainsi terminés, tous les princes se séparent pour s'en retourner chacun dans son pays.

Les chefs de l'armée s'assemblèrent, dès le lendemain, pour accorder un roi aux Dauniens. On prenait plaisir à voir les deux camps confondus par une amitié si inespérée, et les deux armées qui n'en faisaient plus qu'une. Le sage Nestor ne put se trouver dans ce conseil, parce que la douleur, jointe à la vieillesse, avait flétri son cœur, comme la pluie abat et fait languir, le soir, une fleur qui était, le matin, pendant la naissance de l'aurore, la gloire et l'ornement des vertes campagnes*. Ses yeux étaient devenus deux fontaines de larmes qui ne pouvaient tarir : loin d'eux s'enfuyait le doux sommeil, qui charme les plus cuisantes peines. L'espérance, qui est la vie du cœur de l'homme, était éteinte en lui. Toute nourriture était amère à cet infortuné vieillard; la lumière même lui était odieuse : son âme ne demandait plus qu'à quitter son corps, et qu'à se plonger dans l'éternelle nuit de l'empire de Pluton. Tous ses amis lui parlaient en vain : son cœur, en défaillance, était dégoûté de toute amitié, comme un malade est dégoûté des meilleurs aliments. A tout ce qu'on pouvait lui dire de plus touchant, il ne répondait que par des gémissements et des sanglots. De temps en temps on l'entendait dire : O Pisistrate, Pisistrate ! Pisistrate, mon fils, tu m'appelles ! Je te suis : Pisistrate, tu me rendras la mort douce. O mon cher fils ! je ne désire plus pour tout bien, que de te revoir sur les rives du Styx. Il passait des heures entières sans prononcer aucune parole, mais gémissant, et levant les mains et les yeux noyés de larmes vers le ciel.

Cependant les princes assemblés attendaient Télémaque, qui était auprès du corps de Pisistrate : il répandait sur son corps des fleurs à pleines mains; il y ajoutait des parfums exquis, et versait des larmes amères. O mon cher compagnon, disait-il, je n'oublierai jamais de t'avoir vu à Pylos, de t'avoir suivi à Sparte, de t'avoir retrouvé sur les bords de la grande Hespérie; je te dois mille soins : je t'aimais, tu m'aimais aussi. J'ai connu ta valeur; elle aurait surpassé celle de plusieurs Grecs fameux. Hélas ! elle t'a fait périr avec gloire, mais elle a dérobé au monde une vertu naissante qui eût égalé celle de ton père : oui, ta sagesse et ton éloquence, dans un âge mûr, auraient été semblables à celles de ce vieillard, admiré de toute la Grèce. Tu avais déjà cette douce insinuation à laquelle on ne peut résister quand il parle, ces manières naïves de raconter, cette sage modération, qui est un charme pour apaiser les esprits irrités, cette autorité qui vient de la prudence et de la force des bons conseils. Quand tu parlais, tous prêtaient l'oreille, tous étaient prévenus, tous avaient envie de trouver que tu avais raison : ta parole, simple et sans faste, coulait doucement dans les cœurs, comme la rosée sur l'herbe naissante. Hélas ! tant de biens que nous possédions, il y a quelques heures, nous sont enlevés à jamais. Pisistrate, que j'ai embrassé ce matin, n'est plus ; il ne nous en reste qu'un douloureux souvenir. Au moins si tu avais fermé les yeux de Nestor avant que nous eussions fermé les tiens, il ne verrait pas ce qu'il voit, il ne serait pas le plus malheureux de tous les pères.

Après ces paroles, Télémaque fit laver la plaie sanglante qui était dans le côté de Pisistrate : il le fit étendre dans un lit de pourpre, où sa tête penchée, avec la pâleur de la mort, ressemblait à un jeune arbre, qui, ayant couvert la terre de son ombre, et poussé vers le ciel des rameaux fleuris, a été entamé par le tranchant de la cognée d'un bûcheron : il ne tient plus à sa racine ni à la terre, mère féconde qui nourrit les tiges dans son sein ; il languit, sa verdure s'efface ; il ne peut plus se soutenir, il tombe : ses rameaux, qui cachaient le ciel, traînent sur la poussière, flétris et desséchés ; il n'est plus qu'un tronc abattu et dépouillé de toutes ses grâces*. Ainsi Pisistrate, en proie à la mort, était déjà emporté par ceux qui devaient le mettre dans le bûcher fatal. Déjà la flamme montait vers le ciel. Une troupe de Pyliens, les yeux baissés et pleins de larmes, leurs armes renversées, le conduisaient lentement. Le corps est bientôt brûlé : les cendres sont mises dans une urne d'or ; et Télémaque, qui prend soin de tout, confie cette urne, comme un grand trésor, à Callimaque, qui avait été le gouverneur de Pisistrate. Gardez, lui dit-il, ces cendres, tristes mais précieux restes de celui que vous avez aimé ; gardez-les pour son père ; mais attendez à les lui donner, quand il aura assez de force pour les demander ; ce qui irrite la douleur en un temps, l'adoucit en un autre.

Ensuite Télémaque entra dans l'assemblée des rois ligués, où chacun garda le silence pour l'écouter dès qu'on l'aperçut ; il en rougit, et on ne pouvait le faire parler.

Les louanges qu'on lui donna, par des acclamations publiques, sur tout ce qu'il venait de faire, augmentèrent sa honte; il aurait voulu se pouvoir cacher; ce fut le première fois qu'il parut embarrassé et incertain. Enfin, il demanda comme une grâce qu'on ne lui donnât plus aucune louange. Ce n'est pas, dit-il, que je ne les aime, surtout quand elles sont données par de si bons juges de a vertu; mais c'est que je crains de les aimer trop : elles corrompent les hommes; elles les remplissent d'eux-mêmes; elles les rendent vains et présomptueux. Il faut les mériter et les fuir : les meilleures louanges ressemblent aux fausses. Les plus méchants de tous les *hommes*, qui sont les tyrans, sont ceux qui se sont fait le plus louer par des flatteurs. Quel plaisir y a-t-il à être loué comme eux? Les bonnes louanges sont celles que vous me donnerez en mon absence, si je suis assez heureux pour en mériter. Si vous me croyez véritablement bon, vous devez croire aussi que je veux être modeste et craindre la vanité : épargnez-moi donc, si vous m'estimez, et ne me louez pas comme un homme amoureux des louanges.

Après avoir parlé ainsi, Télémaque ne répondit plus rien à ceux qui continuaient de l'élever jusques au ciel; et, par un air d'indifférence, il arrêta bientôt les éloges qu'on lui donnait. On commença à craindre de le fâcher en le louant : ainsi les louanges finirent; mais l'admiration augmenta. Tout le monde sut la tendresse qu'il avait témoignée à Pisistrate, et les soins qu'il avait pris de lui rendre les derniers devoirs. Toute l'armée fut plus touchée de ces marques de la bonté de son cœur, que de tous les prodiges de sagesse et de valeur qui venaient d'éclater en lui. Il est sage, il est vaillant, se disaient-ils en secret les uns aux autres; il est l'ami des dieux, et le vrai héros de notre âge; il est au-dessus de l'humanité : mais tout cela n'est que merveilleux, tout cela ne fait que nous étonner. Il est humain, il est bon, il est ami fidèle et tendre; il est compatissant, libéral, bienfaisant, et tout entier à ceux qu'il doit aimer : il est les délices de ceux qui vivent avec lui; il s'est défait de sa hauteur, de son indifférence et de sa fierté : voilà ce qui est d'usage, voilà ce qui touche les cœurs, voilà ce qui nous attendrit pour lui, et qui nous rend sensibles à toutes ses vertus; voilà ce qui fait que nous donnerions tous nos vies pour lui.

A peine ces discours furent-ils finis, qu'on se hâta de parler de la nécessité de donner un roi aux Dauniens. La plupart des princes qui étaient dans le conseil opinaient qu'il fallait partager entre eux ce pays, comme une terre conquise. On offrit à Télémaque, pour sa part, la fertile contrée d'Arpine[1], qui porte deux fois l'an les riches dons de Cérès, les doux présents de Bacchus, et les fruits toujours verts de l'olivier consacré à Minerve. Cette terre, lui disait-on, doit vous faire oublier la pauvre Ithaque avec ses cabanes, et les rochers affreux de Dulichie[2], et les bois sauvages de Zacinthe[3]. Ne cherchez plus ni votre père, qui doit être péri dans les flots au promontoire de Caphárée, par la vengeance de Nauplius et par la colère de Neptune; ni votre mère, que ses amants possèdent depuis votre départ; ni votre patrie, dont la terre n'est point favorisée du ciel comme celle que nous vous offrons.

Il écoutait patiemment ces discours; mais les rochers de Thrace et de Thessalie ne sont pas plus sourds et plus insensibles aux plaintes des amants désespérés, que Télémaque l'était à ces offres. Pour moi, répondait-il, je ne suis touché ni des richesses, ni des délices : qu'importe de posséder une plus grande étendue de terre, et de commander à un plus grand nombre d'hommes? on n'en a que plus d'embarras, et moins de liberté : la vie est assez pleine de malheurs pour les hommes les plus sages et les plus modérés, sans y ajouter encore la peine de gouverner les autres hommes, indociles, inquiets, injustes, trompeurs et ingrats. Quand on veut être le maître des hommes pour l'amour de soi-même, n'y regardant que sa propre autorité, ses plaisirs et sa gloire, on est impie, on est tyran, on est le fléau du genre humain. Quand, au contraire, on ne peut gouverner les hommes que selon les vraies règles, pour leur propre bien, on est moins leur maître que leur tuteur; on n'en a que la peine, qui est infinie, et on est bien éloigné de vouloir étendre plus loin son autorité. Le berger qui ne mange point le troupeau, qui le défend des loups en exposant sa vie, qui veille nuit et jour pour le conduire dans les bons pâturages, n'a point d'envie d'augmenter le nombre de ses moutons, et d'enlever ceux du voisin : ce serait augmenter sa peine. Quoique je n'aie jamais gouverné, ajoutait Télémaque, j'ai appris par les lois, et par les hommes sages qui les ont faites, combien il est pénible de conduire les villes et les royaumes. Je suis donc content de ma pauvre Ithaque : quoiqu'elle soit petite et pauvre, j'aurai assez de gloire, pourvu que j'y règne avec justice, piété et courage; encore même n'y régnerai-je que trop tôt. Plaise aux dieux que mon père, échappé à la fureur des vagues, y puisse régner jusqu'à la plus extrême vieillesse, et que je puisse apprendre longtemps sous lui comment il faut vaincre ses passions pour savoir modérer celles de tout un peuple !

Ensuite Télémaque dit : Écoutez, princes assemblés ici, ce que je crois vous devoir dire pour votre intérêt. Si vous donnez aux Dauniens un roi juste, il les conduira avec justice, il leur apprendra combien il est utile de conserver la bonne foi, et de n'usurper jamais le bien de ses voisins : c'est ce qu'ils n'ont jamais pu comprendre sous l'impie Adraste. Tandis qu'ils seront conduits par un roi sage et modéré, vous n'aurez rien à craindre d'eux : ils vous devront ce bon roi que vous leur aurez donné; ils vous devront la paix et la prospérité dont ils jouiront : ces peuples, loin de vous attaquer, vous béniront sans cesse; et le roi et le peuple, tout sera l'ouvrage de vos mains. Si, au contraire, vous voulez partager leur pays entre vous, voici les malheurs que je vous prédis : ce peuple, poussé au désespoir, recommencera la guerre; il combattra justement pour sa liberté, et les dieux ennemis de la tyrannie combattront avec lui. Si les dieux s'en mêlent, tôt ou tard, vous serez confondus, et vos prospérités se dissiperont comme la fumée; le conseil et la sagesse seront ôtés à vos chefs, le courage à vos armées, l'abondance à vos terres. Vous vous flatterez; vous serez téméraires dans vos entreprises; vous ferez taire les gens de bien qui voudront dire la vérité : vous tomberez tout à coup, et on dira de vous : Est-ce donc là ces peuples florissants qui devaient faire la loi à toute la terre? et maintenant ils fuient devant leurs ennemis; ils sont le jouet des nations qui les foulent aux pieds : voilà ce que les dieux ont fait ; voilà ce que méritent les peuples injustes, superbes et inhumains. De plus, considérez que, si vous entreprenez de partager entre vous cette conquête, vous réunissez contre vous tous les peuples voisins : votre ligue, formée pour défendre la liberté commune de l'Hespérie contre l'usurpateur Adraste, deviendra odieuse ; et c'est vous-mêmes que tous les peuples accuseront, avec raison, de vouloir usurper la tyrannie universelle.

Mais je suppose que vous soyez victorieux et des Dauniens, et de tous les autres peuples, cette victoire vous détruira ; voici comment. Considérez que cette entreprise vous désunira tous : comme elle n'est point fondée sur la justice, vous n'aurez point de règle pour borner entre vous les prétentions de chacun ; chacun voudra que sa part de la conquête soit proportionnée à sa puissance ; nul d'entre vous n'aura assez d'autorité parmi les autres pour faire paisiblement ce partage : voilà la source d'une guerre dont vos petits-enfants ne verront pas la fin. Ne vaut-il pas bien mieux être juste et modéré, que de suivre son ambition avec tant de périls, et au travers de tant de malheurs inévitables ? La paix profonde, les plaisirs doux et innocents qui l'accompagnent, l'heureuse abondance, l'amitié de ses voisins, la gloire qui est inséparable de la justice, l'autorité qu'on acquiert en se rendant par sa bonne foi l'arbitre de tous les peuples étrangers, ne sont-ce pas des biens plus désirables que la folle vanité d'une conquête injuste ? O princes ! ô rois ! vous voyez que je vous parle sans intérêt : écoutez donc celui qui vous aime assez pour vous contredire, et pour vous déplaire en vous représentant la vérité.

Pendant que Télémaque parlait ainsi, avec une autorité qu'on n'avait jamais vue en nul autre, et que tous les princes, étonnés et en suspens, admiraient la sagesse de ses conseils, on entendit un bruit confus qui se répandit dans tout le camp, et qui vint jusqu'au lieu où se tenait l'assemblée. Un étranger, dit-on, est venu aborder sur ces côtes avec une troupe d'hommes armés : cet inconnu est d'une haute mine ; tout paraît héroïque en lui ; on voit aisément qu'il a longtemps souffert, et que son grand courage l'a mis au-dessus de toutes ses souffrances.

D'abord les peuples du pays, qui gardent la côte, ont voulu le repousser comme un ennemi qui vient faire une irruption ; mais, après avoir tiré son épée avec un air intrépide, il a déclaré qu'il saurait se défendre, si on l'attaquait, mais qu'il ne demandait que la paix et l'hospitalité. Aussitôt il a présenté un rameau d'olivier, comme suppliant. On l'a écouté ; il a demandé à être conduit vers ceux qui gouvernent dans cette côte de l'Hespérie, et on l'amène ici pour le faire parler aux rois assemblés.

A peine ce discours fut-il achevé, qu'on vit entrer cet inconnu avec une majesté qui surprit toute l'assemblée. On aurait cru facilement que c'était le dieu Mars, quand il assemble sur les montagnes de la Thrace ses troupes sanguinaires. Il commença à parler ainsi :

O vous, pasteurs des peuples, qui êtes sans doute assemblés ici pour défendre la patrie contre ses ennemis, ou pour faire fleurir les plus justes lois, écoutez un homme que la fortune a persécuté. Fassent les dieux que vous n'éprouviez jamais de semblables malheurs! Je suis Diomède, roi d'Étolie, qui blessai Vénus au siége de Troie*. La vengeance de cette déesse me poursuit dans tout l'univers. Neptune, qui ne peut rien refuser à la divine fille de la mer, m'a livré à la rage des vents et des flots, qui ont brisé plusieurs fois mes vaisseaux contre les écueils. L'inexorable Vénus m'a ôté toute espérance de revoir mon royaume, ma famille, et cette douce lumière d'un pays où je commençai à voir le jour en naissant. Non, je ne reverrai jamais tout ce qui m'a été le plus cher au monde. Je viens, après tant de naufrages, chercher sur ces rives inconnues un peu de repos, et une retraite assurée. Si vous craignez les dieux, et surtout Jupiter, qui a soin des étrangers ; si vous êtes sensibles à la compassion, ne me refusez pas, dans ces vastes pays, quelque coin de terre infertile, quelques déserts, quelques sables, ou quelques rochers escarpés, pour y fonder, avec mes compagnons, une ville qui soit du moins une triste image de notre patrie perdue. Nous ne demandons qu'un peu d'espace qui vous soit inutile. Nous vivrons en paix avec vous dans une étroite alliance ; vos ennemis seront les nôtres ; nous entrerons dans tous vos intérêts ; nous ne demandons que la liberté de vivre selon nos lois.

Pendant que Diomède parlait ainsi, Télémaque, ayant les yeux attachés sur lui, montra sur son visage toutes les différentes passions. Quand Diomède commença à parler de ses longs malheurs, il espéra que cet homme si majestueux serait son père. Aussitôt qu'il eut déclaré qu'il était Diomède, le visage de Télémaque se flétrit comme une belle fleur que les noirs aquilons viennent de ternir de leur souffle cruel. Ensuite les paroles de Diomède, qui se plaignait de la longue colère d'une divinité, l'attendrirent par le souvenir des mêmes disgrâces souffertes par son père et par lui; des larmes mêlées de douleur et de joie coulèrent sur ses joues, et il se jeta tout à coup sur Diomède pour l'embrasser.

Je suis, dit-il, le fils d'Ulysse que vous avez connu, et qui ne vous fut pas inutile quand vous prîtes les chevaux fameux de Rhésus. Les dieux l'ont traité sans pitié comme vous. Si les oracles de l'Érèbe ne sont pas trompeurs, il vit encore : mais, hélas! il ne vit point pour moi. J'ai abandonné Ithaque pour le chercher ; je ne puis revoir maintenant ni Ithaque, ni lui; jugez par mes malheurs de la compassion que j'ai pour les vôtres. C'est l'avantage qu'il y a à être malheureux, qu'on sait compatir aux peines d'autrui. Quoique je ne sois ici qu'étranger, je puis, grand Diomède (car, malgré les misères qui ont accablé ma patrie dans mon enfance, je n'ai pas été assez mal élevé pour ignorer quelle est votre gloire dans les combats), je puis, ô le plus invincible de tous les Grecs après Achille, vous procurer quelque secours. Ces princes que vous voyez sont humains ; ils savent qu'il n'y a ni vertu, ni vrai courage, ni gloire solide, sans l'humanité. Le malheur ajoute un nouveau lustre à la gloire des hommes; il leur manque quelque chose quand ils n'ont jamais été malheureux ; il manque dans leur vie des exemples de patience et de fermeté; la vertu souffrante attendrit tous les cœurs qui ont quelque goût pour la vertu. Laissez-nous donc le soin de vous consoler : puisque les dieux vous mènent à nous, c'est un présent qu'ils nous font, et nous devons nous croire heureux de pouvoir adoucir vos peines.

Pendant qu'il parlait, Diomède étonné le regardait fixement, et sentait son cœur tout ému. Ils s'embrassaient comme s'ils avaient été longtemps liés d'une amitié étroite. O digne fils du sage Ulysse! disait Diomède, je reconnais en vous la douceur de son visage, la grâce de ses discours, la force de son éloquence, la noblesse de ses sentiments, la sagesse de ses pensées.

Cependant Philoctète embrasse aussi le grand fils de Tydée; ils se racontent leurs tristes aventures. Ensuite Philoctète lui dit: Sans doute vous serez bien aise de revoir le sage Nestor; il vient de perdre Pisistrate, le dernier de ses enfants; il ne lui reste plus dans la vie qu'un chemin de larmes qui le mène vers le tombeau. Venez le consoler : un ami malheureux est plus propre qu'un autre à soulager son cœur. Ils allèrent aussitôt dans la tente de Nestor, qui reconnut à peine Diomède, tant la tristesse abattait son esprit et ses sens. D'abord Diomède pleura avec lui, et leur entrevue fut pour le vieillard un redoublement de douleur; mais peu à peu la présence de cet ami apaisa son cœur. On reconnut aisément que ses maux étaient un peu suspendus par le plaisir de raconter ce qu'il avait souffert, et d'entendre à son tour ce qui était arrivé à Diomède.

Pendant qu'ils s'entretenaient, les rois assemblés avec Télémaque examinaient ce qu'ils devaient faire. Télémaque leur conseillait de donner à Diomède le pays d'Arpine, et de choisir, pour roi des Dauniens, Polydamas, qui était de leur nation. Ce Polydamas était un fameux capitaine, qu'Adraste, par jalousie, n'avait jamais voulu employer, de peur qu'on n'attribuât à cet homme habile les succès dont il espérait d'avoir seul toute la gloire. Polydamas l'avait souvent averti, en particulier, qu'il exposait trop sa vie et le salut de son État dans cette guerre contre tant de nations conjurées ; il l'avait voulu engager à tenir une conduite plus droite et plus modérée avec ses voisins. Mais les hommes qui haïssent la vérité, haïssent aussi les gens qui ont la hardiesse de la dire : ils ne sont touchés ni de leur sincérité, ni de leur zèle, ni de leur désintéressement. Une prospérité trompeuse endurcissait le cœur d'Adraste contre les plus salutaires conseils ; en ne les suivant pas, il triomphait tous les jours de ses ennemis : la hauteur, la mauvaise foi, la violence, mettaient toujours la victoire dans son parti; tous les malheurs dont

Polydamas l'avait si longtemps menacé n'arrivaient point. Adraste se moquait d'une sagesse timide qui prévoyait toujours des inconvénients; Polydamas lui était insupportable : il l'éloigna de toutes les charges; il le laissa languir dans la solitude et dans la pauvreté.

D'abord Polydamas fut accablé de cette disgrâce; mais elle lui donna ce qui lui manquait, en lui ouvrant les yeux sur la vanité des grandes fortunes : il devint sage à ses dépens; il se réjouit d'avoir été malheureux; il apprit peu à peu à se taire, à vivre de peu, à se nourrir tranquillement de la vérité, à cultiver en lui les vertus secrètes, qui sont encore plus estimables que les éclatantes; enfin à se passer des hommes. Il demeura au pied du mont Gargan, dans un désert, où un rocher en demi-voûte lui servait de toit. Un ruisseau qui tombait de la montagne apaisait sa soif; quelques arbres lui donnaient leurs fruits : il avait deux esclaves qui cultivaient un petit champ; il travaillait lui-même avec eux de ses propres mains : la terre le payait de ses peines avec usure, et ne le laissait manquer de rien. Il avait non-seulement des fruits et des légumes en abondance, mais encore toutes sortes de fleurs odoriférantes. Là, il déplorait le malheur des peuples que l'ambition insensée d'un roi entraîne à leur perte; là, il attendait chaque jour que les dieux justes, quoique patients, fissent tomber Adraste. Plus sa prospérité croissait, plus il croyait voir de près sa chute irrémédiable; car l'imprudence heureuse dans ses fautes, et la puissance montée jusqu'au dernier excès d'autorité absolue, sont les avant-coureurs du renversement des rois et des royaumes. Quand il apprit la défaite et la mort d'Adraste, il ne témoigna aucune joie ni de l'avoir prévue, ni d'être délivré de ce tyran; il gémit seulement, par la crainte de voir les Dauniens dans la servitude.

Voilà l'homme que Télémaque proposa pour le faire régner. Il y avait déjà quelque temps qu'il connaissait son courage et sa vertu; car Télémaque, selon les conseils de Mentor, ne cessait de s'informer partout des qualités bonnes et mauvaises de toutes les personnes qui étaient dans quelque emploi considérable, non-seulement parmi les nations alliées qu'il servait en cette guerre, mais encore chez les ennemis. Son principal soin était de découvrir et d'examiner partout les hommes qui avaient quelque talent, ou une vertu particulière.

Les princes alliés eurent d'abord quelque répugnance à mettre Polydamas dans la royauté. Nous avons éprouvé, disaient-ils, combien un roi des Dauniens, quand il aime la guerre, et qu'il la sait faire, est redoutable à ses voisins. Polydamas est un grand capitaine, et il peut nous jeter dans de grands périls. Mais Télémaque leur répondait : Polydamas, il est vrai, sait la guerre, mais il aime la paix ; et voilà les deux choses qu'il faut souhaiter. Un homme qui connaît les malheurs, les dangers et les difficultés de la guerre, est bien plus capable de l'éviter, qu'un autre qui n'en a aucune expérience. Il a appris à goûter le bonheur d'une vie tranquille ; il a condamné les entreprises d'Adraste ; il en a prévu les suites funestes. Un prince faible, ignorant, et sans expérience, est plus à craindre pour vous, qu'un homme qui connaîtra et qui décidera tout par lui-même. Le prince faible et ignorant ne verra que par les yeux d'un favori passionné, ou d'un ministre flatteur, inquiet et ambitieux : ainsi ce prince aveugle s'engagera à la guerre sans la vouloir faire. Vous ne pourrez jamais vous assurer de lui, car il ne pourra être sûr de lui-même ; il vous manquera de parole ; il vous réduira bientôt à cette extrémité, qu'il faudra ou que vous le fassiez périr, ou qu'il vous accable. N'est-il pas plus utile, plus sûr, et en même temps plus juste et plus noble, de répondre plus fidèlement à la confiance des Dauniens, et de leur donner un roi digne de commander ?

Toute l'assemblée fut persuadée par ce discours. On alla proposer Polydamas aux Dauniens, qui attendaient une réponse avec impatience. Quand ils entendirent le nom de Polydamas, ils répondirent : Nous reconnaissons bien maintenant que les princes alliés veulent agir de bonne foi avec nous, et faire une paix éternelle, puisqu'ils nous veulent donner pour roi un homme si vertueux, et si capable de nous gouverner. Si on nous eût proposé un homme lâche, efféminé et mal instruit, nous aurions cru qu'on ne cherchait qu'à nous abattre et qu'à corrompre la forme de notre gouvernement ; nous aurions conservé en secret un vif ressentiment d'une conduite si dure et si artificieuse : mais le choix de Polydamas nous montre une véritable candeur. Les alliés, sans doute, n'attendent rien de nous que de juste et de noble, puisqu'ils nous accordent un roi qui est incapable de faire rien contre la liberté et contre la gloire de notre nation : aussi pouvons-nous protester, à la face des justes dieux, que les fleuves remonteront vers leur source, avant que nous cessions d'aimer des peuples si bienfaisants. Puissent nos derniers neveux se souvenir du bienfait que nous recevons aujourd'hui, et renouveler, de génération en génération, la paix de l'âge d'or dans toute la côte de l'Hespérie !

Télémaque leur proposa ensuite de donner à Diomède les campagnes d'Arpine, pour y fonder une colonie. Ce nouveau peuple, leur disait-il, vous devra son établissement dans un pays que vous n'occupez point. Souvenez-vous que tous les hommes doivent s'entr'aimer ; que la terre est trop vaste pour eux ; qu'il faut bien avoir des voisins, et qu'il vaut mieux en avoir qui vous soient obligés de leur établissement. Soyez touchés des malheurs d'un roi qui ne peut retourner dans son pays. Polydamas et lui, étant unis ensemble par les liens de la justice et de la vertu, qui sont les seuls durables, vous entretiendront dans une paix profonde, et vous rendront redoutables à tous les peuples voisins qui penseraient à s'agrandir. Vous voyez, ô Dauniens, que nous avons donné à votre terre et à votre nation un roi capable d'en élever la gloire jusqu'au ciel : donnez aussi, puisque nous vous le demandons, une terre qui vous est inutile, à un roi qui est digne de toute sorte de secours.

Les Dauniens répondirent qu'ils ne pouvaient rien refuser à Télémaque, puisque c'était lui qui leur avait procuré Polydamas pour roi. Aussitôt ils partirent pour l'aller chercher dans son désert, et pour le faire régner sur eux. Avant que de partir, ils donnèrent les fertiles plaines d'Arpine à Diomède, pour y fonder un nouveau royaume. Les alliés en furent ravis, parce que cette colonie des Grecs pourrait secourir puissamment le parti des alliés, si jamais les Dauniens voulaient renouveler les usurpations dont Adraste avait donné le mauvais exemple. Tous les princes ne songèrent plus qu'à se séparer. Télémaque, les larmes aux yeux, partit avec sa troupe, après avoir embrassé tendrement le vaillant Diomède, le sage et inconsolable Nestor, et le fameux Philoctète, digne héritier des flèches d'Hercule.

LIVRE DIX-SEPTIÈME.

SOMMAIRE.

Télémaque, de retour à Salente, est surpris de voir la campagne si bien cultivée et de trouver si peu de magnificence dans la ville qui était si brillante à son départ. — Mentor lui donne les raisons de ce changement. — Il lui montre en quoi consistent les véritables richesses d'un État, et lui propose pour modèle la conduite et l'administration d'Idoménée. — Télémaque ouvre son cœur à Mentor sur son inclination pour Antiope, fille d'Idoménée, et sur son désir de l'épouser. — Mentor approuve ce choix; il loue les rares qualités de cette princesse et l'assure que les dieux la lui destinent pour épouse; mais il ne veut pas que Télémaque s'occupe, en ce moment, d'autre chose que de son départ pour Ithaque. — Idoménée, voulant retenir ses hôtes, leur dit qu'il ne peut se passer encore de leur secours, et il expose à Mentor sa situation embarrassante. — Mentor lui trace la conduite qu'il doit suivre et persiste à vouloir partir. — Idoménée, que ce départ contrarie toujours, cherche à exciter la passion de Télémaque pour Antiope, afin de le garder plus longtemps. Il les engage dans une chasse. — Antiope y est sur le point d'être déchirée par un sanglier; l'adresse et le courage de Télémaque lui sauvent la vie. — Mentor et Télémaque obtiennent enfin d'Idoménée la permission de partir. — On se quitte avec les plus vives protestations d'estime et d'amitié.

Le jeune fils d'Ulysse brûlait d'impatience de retrouver Mentor à Salente, et de s'embarquer avec lui pour revoir Ithaque, où il espérait que son père serait arrivé. Quand il s'approcha de Salente, il fut bien étonné de voir toute la campagne des environs, qu'il avait laissée presque inculte et déserte, cultivée comme un jardin, et pleine d'ouvriers diligents : il reconnut l'ouvrage de la sagesse de Mentor. Ensuite, entrant dans la ville, il remarqua qu'il y avait beaucoup moins d'artisans pour les délices de la vie, et beaucoup moins de magnificence. Il en fut choqué; car il aimait naturellement toutes les choses qui ont de l'éclat et de la politesse. Mais d'autres pensées occupèrent aussitôt son cœur; il vit de loin venir à lui Idoménée avec Mentor : aussitôt son cœur fut ému de joie et de tendresse. Malgré tous les succès qu'il avait eus dans la guerre contre Adraste, il craignait que Mentor ne fût pas content de lui ; et, à mesure qu'il s'avançait, il cherchait dans les yeux de Mentor pour voir s'il n'avait rien à se reprocher.

D'abord Idoménée embrassa Télémaque comme son propre fils ; ensuite Télémaque se jeta au cou de Mentor, et l'arrosa de ses larmes. Mentor lui dit : Je suis content de vous : vous avez fait de grandes fautes ; mais elles vous ont servi à vous connaître, et à vous défier de vous-même. Souvent on tire plus de fruit de ses fautes, que de ses belles actions. Les grandes actions enflent le cœur, et inspirent une présomption dangereuse ; les fautes font rentrer l'homme en lui-même, et lui rendent la sagesse qu'il avait perdue dans les bons succès. Ce qui vous reste à faire, c'est de louer les dieux et de ne vouloir pas que les hommes vous louent. Vous avez fait de grandes choses ; mais, avouez la vérité, ce n'est guère vous par qui elles ont été faites : n'est-il pas vrai qu'elles vous sont venues comme quelque chose d'étranger qui était mis en vous ? n'étiez-vous pas capable de les gâter par votre promptitude et par votre imprudence ? Ne sentez-vous pas que Minerve vous a comme transformé en un autre homme au-dessus de vous-même, pour faire par vous ce que vous avez fait ? elle a tenu tous vos défauts en suspens, comme Neptune, quand il apaise les tempêtes, suspend les flots irrités.

Pendant qu'Idoménée interrogeait avec curiosité les Crétois qui étaient revenus de la guerre, Télémaque écoutait ainsi les sages conseils de Mentor. Ensuite il regardait de tous côtés avec étonnement, et disait à Mentor : Voici un changement dont je ne comprends pas bien la raison. Est-il arrivé quelque calamité à Salente pendant mon absence ? d'où vient qu'on n'y remarque plus cette magnificence qui éclatait partout avant mon départ ? Je ne vois plus ni or, ni argent, ni pierres précieuses ; les habits sont simples ; les bâtiments qu'on fait sont moins vastes et moins ornés ; les arts languissent ; la ville est devenue une solitude.

Mentor lui répondit en souriant : Avez-vous remarqué l'état de la campagne autour de la ville ? Oui, reprit Télémaque; j'ai vu partout le labourage en honneur, et les champs défrichés. Lequel vaut mieux, ajouta Mentor, ou une ville superbe en marbre, en or et en argent, avec une campagne négligée et stérile; ou une campagne cultivée et fertile, avec une ville médiocre et modeste dans ses mœurs? Une grande ville fort peuplée d'artisans occupés à amollir les mœurs par les délices de la vie, quand elle est entourée d'un royaume pauvre et mal cultivé, ressemble à un monstre dont la tête est d'une grosseur énorme, et dont tout le corps, exténué et privé de nourriture, n'a aucune proportion avec cette tête. C'est le nombre du peuple et l'abondance des aliments qui font la vraie force et la vraie richesse d'un royaume. Idoménée a maintenant un peuple innombrable, et infatigable dans le travail, qui remplit toute l'étendue de son pays. Tout son pays n'est plus qu'une seule ville; Salente n'en est que le centre. Nous avons transporté de la ville dans la campagne les hommes qui manquaient à la campagne, et qui étaient superflus dans la ville. De plus, nous avons attiré dans ce pays beaucoup de peuples étrangers. Plus ces peuples se multiplient, plus ils multiplient les fruits de la terre par leur travail; cette multiplication si douce et si paisible augmente plus un royaume qu'une conquête. On n'a rejeté de cette ville que les arts superflus, qui détournent les pauvres de la culture de la terre pour les vrais besoins, et qui corrompent les riches en les jetant dans le faste et dans la mollesse: mais nous n'avons fait aucun tort aux beaux-arts, ni aux hommes qui ont un vrai génie pour les cultiver. Ainsi Idoménée est beaucoup plus puissant qu'il ne l'était quand vous admiriez sa magnificence. Cet éclat éblouissant cachait une faiblesse et une misère qui eussent bientôt renversé son empire: maintenant il a un plus grand nombre d'hommes, et il les nourrit plus facilement. Ces hommes, accoutumés au travail, à la peine et au mépris de la vie, par l'amour des bonnes lois, sont tous prêts à combattre pour défendre ces terres cultivées de leurs propres mains. Bientôt cet État, que vous croyez déchu sera la merveille de l'Hespérie.

Souvenez-vous, ô Télémaque, qu'il y a deux choses pernicieuses, dans le gouvernement des peuples, auxquelles on n'apporte presque jamais aucun remède : la première est une autorité injuste et trop violente dans les rois ; la seconde est le luxe, qui corrompt les mœurs.

Quand les rois s'accoutument à ne connaître plus d'autres lois que leurs volontés absolues, et qu'ils ne mettent plus de frein à leurs passions, ils peuvent tout : mais à force de tout pouvoir, ils sapent les fondements de leur puissance ; ils n'ont plus de règles certaines, ni de maximes de gouvernement ; chacun à l'envi les flatte ; ils n'ont plus de peuple, il ne leur reste que des esclaves, dont le nombre diminue chaque jour. Qui leur dira la vérité? qui donnera des bornes à ce torrent? Tout cède; les sages s'enfuient, se cachent, et gémissent. Il n'y a qu'une révolution soudaine et violente qui puisse ramener dans son cours naturel cette puissance débordée : souvent même le coup qui pourrait la modérer l'abat sans ressource. Rien ne menace tant d'une chute funeste qu'une autorité qu'on pousse trop loin : elle est semblable à un arc trop tendu, qui se rompt enfin tout à coup, si on ne le relâche : mais qui est-ce qui osera le relâcher? Idoménée était gâté jusqu'au fond du cœur par cette autorité si flatteuse : il avait été renversé de son trône; mais il n'avait pas été détrompé. Il a fallu que les dieux nous aient envoyés ici pour le désabuser de cette puissance aveugle et outrée qui ne convient point à des hommes ; encore a-t-il fallu des espèces de miracles pour lui ouvrir les yeux.

L'autre mal, presque incurable, est le luxe. Comme la trop grande autorité empoisonne les rois, le luxe empoisonne toute une nation. On dit que ce luxe sert à nourrir les pauvres aux dépens des riches ; comme si les pauvres ne pouvaient pas gagner leur vie plus utilement, en multipliant les fruits de la terre, sans amollir les riches par des raffinements de volupté. Toute une nation s'accoutume à regarder comme les nécessités de la vie les choses les plus superflues : ce sont tous les jours de nouvelles nécessités qu'on invente, et on ne peut plus se passer des choses qu'on ne connaissait point trente ans auparavant. Ce luxe s'appelle bon goût, perfection des arts, et politesse de la nation. Ce vice, qui en attire tant d'autres, est loué comme une vertu; il répand sa contagion depuis le roi jusqu'aux derniers de la lie du peuple. Les proches parents du roi veulent imiter sa magnificence; les grands, celle des parents du roi ; les gens médiocres veulent égaler les grands ; car qui est-ce qui se fait justice ? les petits veulent passer pour médiocres : tout le monde fait plus qu'il ne peut ; les uns par faste, et pour se prévaloir de leurs richesses ; les autres par mauvaise honte, et pour cacher leur pauvreté. Ceux mêmes qui sont assez sages pour condamner un si grand désordre, ne le sont pas assez pour oser lever la tête les premiers, et pour donner des exemples contraires. Toute une nation se ruine, toutes les conditions se confondent. La passion d'acquérir du bien pour soutenir une vaine dépense corrompt les âmes les plus pures : il n'est plus question que d'être riche ; la pauvreté est une infamie. Soyez savant, habile, vertueux ; instruisez les hommes ; gagnez des batailles ; sauvez la patrie ; sacrifiez tous vos intérêts ; vous êtes méprisé, si vos talents ne sont relevés par le faste. Ceux mêmes qui n'ont pas de bien veulent paraître en avoir ; ils en dépensent comme s'ils en avaient : on emprunte, on trompe, on use de mille artifices indignes pour parvenir. Mais qui remédiera à ces maux? Il faut changer le goût et les habitudes de toute une nation ; il faut lui donner de nouvelles lois. Qui le pourra entreprendre, si ce n'est un roi philosophe, qui sache, par l'exemple de sa propre modération, faire honte à tous ceux qui aiment une dépense fastueuse, et encourager les sages, qui seront bien aises d'être autorisés dans une honnête frugalité?

Télémaque, écoutant ce discours, était comme un homme qui revient d'un profond sommeil : il sentait la vérité de ces paroles ; et elles se gravaient dans son cœur, comme un savant sculpteur imprime les traits qu'il veut sur le marbre ; en sorte qu'il lui donne de la tendresse, de la vie et du mouvement. Télémaque ne répondait rien ; mais, repassant tout ce qu'il venait d'entendre, il parcourait des yeux les choses qu'on avait changées dans la ville. Ensuite il disait à Mentor :

Vous avez fait d'Idoménée le plus sage de tous les rois ; je ne le connais plus, ni lui ni son peuple. J'avoue même que ce que vous avez fait ici est infiniment plus grand que les victoires que nous venons de remporter. Le hasard et la force ont beaucoup de part aux succès de la guerre ; il faut que nous partagions la gloire des combats avec nos soldats : mais tout votre ouvrage vient d'une seule tête ; il a fallu que vous ayez travaillé seul contre un roi, et contre tout son peuple, pour les corriger. Les succès de la guerre sont toujours funestes et odieux : ici, tout est l'ouvrage d'une sagesse céleste ; tout est doux, tout est pur, tout est aimable ; tout marque une autorité qui est au-dessus de l'homme. Quand les hommes veulent de la gloire, que ne la cherchent-ils dans cette application à faire du bien ? Oh ! qu'ils s'entendent mal en gloire, d'en espérer une solide en ravageant la terre, et en répandant le sang humain !

Mentor montra sur son visage une joie sensible de voir Télémaque si désabusé des victoires et des conquêtes, dans un âge où il était si naturel qu'il fût enivré de la gloire qu'il avait acquise.

Ensuite Mentor ajouta : Il est vrai que tout ce que vous voyez ici est bon et louable. mais sachez qu'on pourrait faire des choses encore meilleures. Idoménée modère ses passions, et s'applique à gouverner son peuple avec justice ; mais il ne laisse pas de faire encore bien des fautes, qui sont des suites malheureuses de ses fautes anciennes. Quand les hommes veulent quitter le mal, le mal semble encore les poursuivre longtemps : il leur reste de mauvaises habitudes, un naturel affaibli, des erreurs invétérées, et des préventions presque incurables. Heureux ceux qui ne se sont jamais égarés ! ils peuvent faire le bien plus parfaitement. Les dieux, ô Télémaque, vous demanderont plus qu'à Idoménée, parce que vous avez connu la vérité dès votre jeunesse, et que vous n'avez jamais été livré aux séductions d'une trop grande prospérité.

Idoménée, continuait Mentor, est sage et éclairé ; mais il s'applique trop au détail, et ne médite pas assez le gros de ses affaires pour former des plans. L'habileté d'un roi, qui est au-dessus des autres hommes, ne consiste pas à faire tout par lui-même : c'est une vanité grossière que d'espérer d'en venir à bout, ou de vouloir persuader au monde qu'on en est capable. Un roi doit gouverner en choisissant et en conduisant ceux qui gouvernent sous lui ; il ne faut pas qu'il fasse le détail, car c'est faire la fonction de ceux qui ont à travailler sous lui ; il doit seulement s'en faire rendre compte, et en savoir assez pour entrer dans ce compte avec discernement. C'est merveilleusement gouverner que de choisir, et d'appliquer selon leurs talents les gens qui gouvernent. Le suprême et le parfait gouvernement consiste à gouverner ceux qui gouvernent : il faut les observer, les éprouver, les modérer, les corriger, les animer, les élever, les rabaisser, les changer de places, et les tenir toujours dans sa main.

Vouloir examiner tout par soi-même, c'est défiance, c'est petitesse, c'est se livrer à une jalousie pour les détails qui consume le temps et la liberté d'esprit nécessaires pour les grandes choses. Pour former de grands desseins, il faut avoir l'esprit libre et reposé ; il faut penser à son aise, dans un entier dégagement de toutes les expéditions d'affaires épineuses. Un esprit épuisé par le détail est comme la lie du vin, qui n'a plus ni force ni délicatesse. Ceux qui gouvernent par le détail sont toujours déterminés par le présent, sans étendre leurs vues sur un avenir éloigné : ils sont toujours entraînés par l'affaire du jour où ils sont ; et cette affaire étant seule à les occuper, elle les frappe trop, elle rétrécit leur esprit ; car on ne juge sainement des affaires, que quand on les compare toutes ensemble, et qu'on les place toutes dans un certain ordre, afin qu'elles aient de la suite et de la proportion. Manquer à suivre cette règle dans le gouvernement, c'est ressembler à un musicien qui se contenterait de trouver des sons harmonieux, et qui ne se mettrait point en peine de les unir et de les accorder pour en composer une musique douce et touchante. C'est ressembler aussi à un architecte qui croit avoir tout fait, pourvu qu'il assemble de grandes colonnes, et beaucoup de pierres bien taillées, sans penser à l'ordre et à la proportion des ornements de son édifice. Dans le temps qu'il fait un salon, il ne prévoit pas qu'il faudra faire un escalier convenable : quand il travaille au corps du bâtiment, il ne songe ni à la cour, ni au portail. Son ouvrage n'est qu'un assemblage confus de parties magnifiques, qui ne sont point faites les unes pour les autres ; cet ouvrage, loin de lui faire honneur, est un monument qui éternisera sa honte ; car l'ouvrage fait voir que l'ouvrier n'a pas su penser avec assez d'étendue pour concevoir à la fois le dessein général de tout son ouvrage : c'est un caractère d'esprit court et subalterne. Quand on est né avec ce génie borné au détail, on n'est propre qu'à exécuter sous autrui. N'en doutez pas, ô mon cher Télémaque, le gouvernement d'un royaume demande une certaine harmonie comme la musique, et de justes proportions comme l'architecture.

Si vous voulez que je me serve encore de la comparaison de ces arts, je vous ferai entendre combien les hommes qui gouvernent par le détail sont médiocres. Celui qui, dans un concert, ne chante que certaines choses, quoiqu'il les chante parfaitement, n'est qu'un chanteur; celui qui conduit tout le concert, et qui en règle à la fois toutes les parties, est le seul maître de musique. Tout de même celui qui taille des colonnes, ou qui élève un côté d'un bâtiment, n'est qu'un maçon; mais celui qui a pensé tout l'édifice, et qui en a toutes les proportions dans sa tête, est le seul architecte. Ainsi ceux qui travaillent, qui expédient, qui font le plus d'affaires, sont ceux qui gouvernent le moins; ils ne sont que les ouvriers subalternes. Le vrai génie qui conduit l'État, est celui qui ne faisant rien fait tout faire, qui pense, qui invente, qui pénètre dans l'avenir, qui retourne dans le passé; qui arrange, qui proportionne, qui prépare de loin; qui se roidit sans cesse pour lutter contre la fortune, comme un nageur contre le torrent de l'eau; qui est attentif nuit et jour pour ne laisser rien au hasard. Croyez-vous, Télémaque, qu'un grand peintre travaille assidûment depuis le matin jusqu'au soir, pour expédier plus promptement ses ouvrages? Non; cette gêne et ce travail servile éteindraient tout le feu de son imagination : il ne travaillerait plus de génie : il faut que tout se fasse irrégulièrement et par saillies, suivant que son génie le mène, et que son esprit l'excite. Croyez-vous qu'il passe son temps à broyer des couleurs et à préparer des pinceaux? Non, c'est l'occupation de ses élèves. Il se réserve le soin de penser; il ne songe qu'à faire des traits hardis qui donnent de la noblesse, de la vie et de la passion à ses figures. Il a dans la tête les pensées et les sentiments des héros qu'il veut représenter; il se transporte dans leurs siècles, et dans toutes les circonstances où ils ont été. A cette espèce d'enthousiasme il faut qu'il joigne une sagesse qui le retienne, que tout soit vrai, correct, et proportionné l'un à l'autre.

Croyez-vous, Télémaque, qu'il faille moins d'élévation de génie et d'effort de pensée pour faire un grand roi, que pour faire un bon peintre? Concluez donc que l'occupation d'un roi doit être de penser, de former de grands projets, et de choisir les hommes propres à les exécuter sous lui.

Télémaque lui répondit : Il me semble que je comprends tout ce que vous dites; mais, si les choses allaient ainsi, un roi serait souvent trompé, n'entrant point par lui-même dans le détail. C'est vous-même qui vous trompez, repartit Mentor : ce qui empêche qu'on ne soit trompé, c'est la connaissance générale du gouvernement. Les gens qui n'ont point de principes dans les affaires, et qui n'ont point le vrai discernement des esprits, vont toujours comme à tâtons; c'est un hasard quand ils ne se trompent pas; ils ne savent pas même précisément ce qu'ils cherchent, ni à quoi ils doivent tendre; ils ne savent que se défier, et se défient plutôt des honnêtes gens qui les contredisent, que des trompeurs qui les flattent. Au contraire, ceux qui ont des principes pour le gouvernement, et qui se connaissent en hommes, savent ce qu'ils doivent chercher en eux, et les moyens d'y parvenir; ils reconnaissent assez, du moins en gros, si les gens dont ils se servent sont des instruments propres à leurs desseins, et s'ils entrent dans leurs vues pour tendre au but qu'ils se proposent. D'ailleurs, comme ils ne se jettent point dans des détails accablants, ils ont l'esprit plus libre pour envisager d'une seule vue le gros de l'ouvrage, et pour observer s'il s'avance vers la fin principale. S'ils sont trompés, du moins ils ne le sont guère dans l'essentiel. D'ailleurs, ils sont au-dessus des petites jalousies qui marquent un esprit borné et une âme basse : ils comprennent qu'on ne peut éviter d'être trompé dans les grandes affaires, puisqu'il faut s'y servir des hommes, qui sont si souvent trompeurs. On perd plus dans l'irrésolution où jette la défiance, qu'on ne perdrait à se laisser un peu tromper. On est trop heureux, quand on n'est trompé que dans des choses médiocres; les grandes ne laissent pas de s'acheminer, et c'est la seule chose dont un grand homme doit être en peine. Il faut réprimer sévèrement la tromperie, quand on la découvre; mais il faut compter sur quelque tromperie, si l'on ne veut point être véritablement trompé. Un artisan, dans sa boutique, voit tout de ses propres yeux, et fait tout de ses propres mains; mais un roi, dans un grand État, ne peut tout faire ni tout voir. Il ne doit faire que les choses que nul autre ne peut faire sous lui; il ne doit voir que ce qui entre dans la décision des choses importantes.

Enfin Mentor dit à Télémaque : Les dieux vous aiment, et vous préparent un règne plein de sagesse. Tout ce que vous voyez ici est fait moins pour la gloire d'Idoménée, que pour votre instruction. Tous ces sages établissements que vous admirez dans Salente ne sont que l'ombre de ce que vous ferez un jour à Ithaque, si vous répondez par vos vertus à votre haute destinée. Il est temps que nous songions à partir d'ici; Idoménée tient un vaisseau prêt pour notre retour.

Aussitôt Télémaque ouvrit son cœur à son ami, mais avec quelque peine, sur un attachement qui lui faisait regretter Salente. Vous me blâmerez peut-être, lui dit-il, de prendre trop facilement des inclinations dans les lieux où je passe; mais mon cœur me ferait de continuels reproches, si je vous cachais que j'aime Antiope, fille d'Idoménée. Non, mon cher Mentor, ce n'est point une passion aveugle comme celle dont vous m'avez guéri dans l'île de Calypso : j'ai bien reconnu la profondeur de la plaie que l'amour m'avait faite auprès d'Eucharis; je ne puis encore prononcer son nom sans être troublé; le temps et l'absence n'ont pu l'effacer. Cette expérience funeste m'apprend à me défier de moi-même. Mais, pour Antiope, ce que je sens n'a rien de semblable : ce n'est point amour passionné; c'est goût, c'est estime, c'est persuasion que je serais heureux, si je passais ma vie avec elle. Si jamais les dieux me rendent mon père, et qu'il me permette de choisir une femme, Antiope sera mon épouse. Ce qui me touche en elle, c'est son silence, sa modestie, sa retraite, son travail assidu, son industrie pour les ouvrages de laine et de broderie, son application à conduire toute la maison de son père, depuis que sa mère est morte, son mépris des vaines parures, l'oubli et l'ignorance même qui paraît en elle de sa beauté. Quand Idoménée lui ordonne de mener les danses des jeunes Crétoises au son des flûtes, on la prendrait pour la riante Vénus, qui est accompagnée des Grâces*. Quand il la mène avec lui à la chasse dans les forêts, elle paraît majestueuse et adroite à tirer de l'arc, comme Diane au milieu de ses nymphes*: elle seule ne le sait pas, et tout le monde l'admire. Quand elle entre dans le temple des dieux, et qu'elle porte sur sa tête les choses sacrées dans des corbeilles, on croirait qu'elle est elle-même la divinité qui habite dans les temples. Avec quelle crainte et quelle religion l'avons-nous vue offrir des sacrifices, et fléchir la colère des dieux, quand il a fallu expier quelque faute ou détourner quelque funeste présage! Enfin, quand on la voit avec une troupe de femmes, tenant en sa main une aiguille d'or, on croit que c'est Minerve même qui a pris sur la terre une forme humaine*, et qui inspire aux hommes les beaux-arts; elle anime les autres à travailler; elle leur adoucit le travail et l'ennui par les charmes de sa voix, lorsqu'elle chante toutes les merveilleuses histoires des dieux; et elle surpasse la plus exquise peinture par la délicatesse de ses broderies. Heureux l'homme qu'un doux hymen unira avec elle!* Il n'aura à craindre que de la perdre et de lui survivre.

Je prends ici, mon cher Mentor, les dieux à témoin que je suis tout prêt à partir; j'aimerai Antiope tant que je vivrai; mais elle ne retardera pas d'un moment mon retour à Ithaque. Si un autre la devait posséder, je passerais le reste de mes jours avec tristesse et amertume; mais enfin je la quitterais. Quoique je sache que l'absence peut me la faire perdre, je ne veux ni lui parler, ni parler à son père de mon amour; car je ne dois en parler qu'à vous seul, jusqu'à ce qu'Ulysse, remonté sur son trône, m'ait déclaré qu'il y consent. Vous pouvez reconnaître par là, mon cher Mentor, combien cet attachement est différent de la passion dont vous m'avez vu aveuglé pour Eucharis.

Mentor répondit à Télémaque: Je conviens de cette différence. Antiope est douce, simple et sage; ses mains ne méprisent point le travail; elle prévoit de loin; elle pourvoit à tout; elle sait se taire, et agir de suite sans empressement; elle est à toute heure occupée, et ne s'embarrasse jamais, parce qu'elle fait chaque chose à propos : le bon ordre de la maison de son père est sa gloire ; elle en est plus ornée que de sa beauté. Quoiqu'elle ait soin de tout, et qu'elle soit chargée de corriger, de refuser, d'épargner (choses qui font haïr presque toutes les femmes), elle s'est rendue aimable à toute la maison : c'est qu'on ne trouve en elle ni passion, ni entêtement, ni légèreté, ni humeur, comme dans les autres femmes. D'un seul regard elle se fait entendre, et on craint de lui déplaire ; elle donne des ordres précis ; elle n'ordonne que ce qu'on peut exécuter ; elle reprend avec bonté, et en reprenant elle encourage. Le cœur de son père se repose sur elle, comme un voyageur abattu par les ardeurs du soleil se repose à l'ombre sur l'herbe tendre. Vous avez raison, Télémaque ; Antiope est un trésor digne d'être cherché dans les terres les plus éloignées. Son esprit, non plus que son corps, ne se pare jamais de vains ornements ; son imagination, quoique vive, est retenue par sa discrétion : elle ne parle que pour la nécessité ; et, si elle ouvre la bouche, la douce persuasion et les grâces naïves coulent de ses lèvres. Dès qu'elle parle, tout le monde se tait, et elle en rougit : peu s'en faut qu'elle ne supprime ce qu'elle a voulu dire, quand elle aperçoit qu'on l'écoute si attentivement. A peine l'avons-nous entendue parler.

Vous souvenez-vous, ô Télémaque, d'un jour que son père la fit venir ? Elle parut, les yeux baissés, couverte d'un grand voile ; elle ne parla que pour modérer la colère d'Idoménée, qui voulait faire punir rigoureusement un de ses esclaves : d'abord elle entra dans sa peine ; puis elle le calma ; enfin elle lui fit entendre ce qui pouvait excuser ce malheureux ; et, sans faire sentir au roi qu'il s'était trop emporté, elle lui inspira des sentiments de justice et de compassion. Thétis, quand elle flatte le vieux Nérée, n'apaise pas avec plus de douceur les flots irrités. Ainsi Antiope, sans prendre aucune autorité, et sans se prévaloir de ses charmes, maniera un jour le cœur de son époux, comme elle touche maintenant sa lyre, quand elle en veut tirer les plus tendres accords. Encore une fois, Télémaque, votre amour pour elle est juste ; les dieux vous la destinent : vous l'aimez d'un amour raisonnable ; il faut attendre qu'Ulysse vous la donne. Je vous loue de n'avoir point voulu lui découvrir vos sentiments : mais sachez que, si vous eussiez pris quelque détour pour lui apprendre vos desseins, elle les aurait rejetés, et aurait cessé de vous estimer. Elle ne se promettra jamais à personne ; elle se laissera donner par son père ; elle ne prendra jamais pour époux qu'un homme qui craigne les dieux, et qui remplisse toutes les bienséances. Avez-vous observé, comme moi, qu'elle se montre encore moins, et qu'elle baisse plus les yeux depuis votre retour ? Elle sait tout ce qui vous est arrivé d'heureux dans la guerre ; elle n'ignore ni votre naissance, ni vos aventures, ni tout ce que les dieux ont mis en vous : c'est ce qui la rend si modeste et si réservée. Allons, Télémaque, allons vers Ithaque ; il ne me reste plus qu'à vous faire trouver votre père, et qu'à vous mettre en état d'obtenir une femme digne de l'âge d'or : fût-elle bergère dans la froide Algide, au lieu qu'elle est fille du roi de Salente, vous seriez trop heureux de la posséder.

Idoménée, qui craignait le départ de Télémaque et de Mentor, ne songeait qu'à le retarder ; il représenta à Mentor qu'il ne pouvait régler sans lui un différend qui s'était élevé entre Diophanes, prêtre de Jupiter Conservateur, et Héliodore, prêtre d'Apollon, sur les présages qu'on tire du vol des oiseaux et des entrailles des victimes.

Pourquoi, lui répondit Mentor, vous mêleriez-vous des choses sacrées ? laissez-en la décision aux Étruriens, qui ont la tradition des plus anciens oracles, et qui sont inspirés pour être les interprètes des dieux : employez seulement votre autorité à étouffer ces disputes dès leur naissance. Ne montrez ni partialité ni prévention ; contentez-vous d'appuyer la décision quand elle sera faite ; souvenez-vous qu'un roi doit être soumis à la religion, et qu'il ne doit jamais entreprendre de la régler. La religion vient des dieux, elle est au-dessus des rois. Si les rois se mêlent de la religion, au lieu de la protéger, ils la mettront en servitude. Les rois sont si puissants, et les autres hommes sont si faibles, que tout sera en péril d'être altéré au gré des rois, si on les fait entrer dans les questions qui regardent les choses sacrées. Laissez donc en pleine liberté la décision aux amis des dieux, et bornez-vous à réprimer ceux qui n'obéiraient pas a leur jugement quand il aura été prononcé.

Ensuite Idoménée se plaignit de l'embarras où il était sur un grand nombre de procès entre divers particuliers, qu'on le pressait de juger. Décidez, lui répondait Mentor, toutes les questions nouvelles qui vont à établir des maximes générales de jurisprudence, et à interpréter les lois; mais ne vous chargez jamais de juger les causes particulières. Elles viendraient toutes en foule vous assiéger : vous seriez l'unique juge de tout votre peuple; tous les autres juges, qui sont sous vous, deviendraient inutiles; vous seriez accablé, et les petites affaires vous déroberaient aux grandes, sans que vous pussiez suffire à régler le détail des petites. Gardez-vous donc bien de vous jeter dans cet embarras; renvoyez les affaires des particuliers aux juges ordinaires : ne faites que ce que nul autre ne peut faire pour vous soulager; vous ferez alors les véritables fonctions de roi.

On me presse encore, disait Idoménée, de faire certains mariages. Les personnes d'une naissance distinguée qui m'ont suivi dans toutes les guerres, et qui ont perdu de très-grands biens en me servant, voudraient trouver une espèce de récompense en épousant certaines filles riches : je n'ai qu'un mot à dire pour leur procurer ces établissements. Il est vrai, répondait Mentor, qu'il ne vous en coûterait qu'un mot; mais ce mot lui-même vous coûterait trop cher. Voudriez-vous ôter aux pères et aux mères la liberté et la consolation de choisir leurs gendres, et par conséquent leurs héritiers? Ce serait mettre toutes les familles dans le plus rigoureux esclavage : vous vous rendriez responsable de tous les malheurs domestiques de vos citoyens. Les mariages ont assez d'épines, sans leur donner encore cette amertume. Si vous avez des serviteurs fidèles à récompenser, donnez-leur des terres incultes; ajoutez-y des rangs et des honneurs proportionnés à leur condition et à leurs services; ajoutez-y, s'il le faut, quelque argent pris par vos épargnes sur les fonds destinés à votre dépense; mais ne payez jamais vos dettes en sacrifiant les filles riches malgré leurs parents.

Idoménée passa bientôt de cette question à une autre. Les Sybarites[1], disait-il, se plaignent de ce que nous avons usurpé des terres qui leur appartiennent, et de ce que nous les avons données, comme des champs à défricher, aux étrangers que nous avons attirés depuis peu ici. Céderai-je à ces peuples? Si je le fais, chacun croira qu'il n'a qu'à former des prétentions sur nous. Il n'est pas juste, répondit Mentor, de croire les Sybarites dans leur propre cause; mais il n'est pas juste aussi de vous croire dans la vôtre. Qui croirons-nous donc? repartit Idoménée. Il ne faut croire, poursuivit Mentor, aucune des deux parties; mais il faut prendre pour arbitre un peuple voisin qui ne soit suspect d'aucun côté : tels sont les Sipontins[1]; ils n'ont aucun intérêt contraire aux vôtres.

Mais suis-je obligé, répondait Idoménée, à croire quelque arbitre? ne suis-je pas roi? Un souverain est-il obligé à se soumettre à des étrangers sur l'étendue de sa domination? Mentor reprit ainsi le discours : Puisque vous voulez tenir ferme, il faut que vous jugiez que votre droit est bon; d'un autre côté, les Sybarites ne relâchent rien; ils soutiennent que leur droit est certain. Dans cette opposition de sentiment, il faut qu'un arbitre, choisi par les parties, vous accommode, ou que le sort des armes décide; il n'y a point de milieu. Si vous entriez dans une république où il n'y eût ni magistrats ni juges, et où chaque famille se crût en devoir de se faire justice à elle-même, par violence, sur toutes ses prétentions contre ses voisins, vous déploreriez le malheur d'une telle nation, et vous auriez horreur de cet affreux désordre, où toutes les familles s'armeraient les unes contre les autres. Croyez-vous que les dieux regardent avec moins d'horreur le monde entier, qui est la république universelle, si chaque peuple, qui n'y est que comme une grande famille, se croit en plein droit de se faire, par violence, justice à soi-même, sur toutes ses prétentions contre les autres peuples voisins? Un particulier qui possède un champ, comme l'héritage de ses ancêtres, ne peut s'y maintenir que par l'autorité des lois, et par le jugement du magistrat; il serait très-sévèrement puni comme un séditieux, s'il voulait conserver par la force ce que la justice lui a donné. Croyez-vous que les rois puissent employer d'abord la violence pour soutenir leurs prétentions, sans avoir tenté toutes les voies de douceur et d'humanité? La justice n'est-elle pas encore plus sacrée et plus inviolable pour les rois par rapport à des pays entiers, que pour les familles, par rapport à quelques champs labourés? Sera-t-on injuste et ravisseur, quand on ne prend que quelques arpents de terre? Sera-t-on juste, sera-t-on héros, quand on prend des provinces? Si on se prévient, si on se flatte, si on s'aveugle dans les petits intérêts de particuliers, ne doit-on pas encore plus craindre de se flatter et de s'aveugler sur les grands intérêts d'État? Se croira-t-on soi-même dans une matière où l'on a tant de raisons de se défier de soi? Ne craindra-t-on point de se tromper, dans des cas où l'erreur d'un seul homme a des conséquences affreuses? L'erreur d'un roi qui se flatte sur ses prétentions cause souvent des ravages, des famines, des massacres, des pestes, des dépravations de mœurs, dont les effets funestes s'étendent jusque dans les siècles les plus reculés. Un roi, qui assemble toujours tant de flatteurs autour de lui, ne craindra-t-il point d'être flatté en ces occasions? S'il convient de quelque arbitre pour terminer le différend, il montre son équité, sa bonne foi, sa modération. Il publie les solides raisons sur lesquelles sa cause est fondée. L'arbitre choisi est un médiateur amiable, et non un juge de rigueur. On ne se soumet pas aveuglément à ses décisions; mais on a pour lui une grande déférence; il ne prononce pas une sentence en juge souverain; mais il fait des propositions, et on sacrifie quelque chose par ses conseils, pour conserver la paix. Si la guerre vient, malgré tous les soins qu'un roi prend pour conserver la paix, il a du moins alors pour lui le témoignage de sa conscience, l'estime de ses voisins, et la juste protection des dieux. Idoménée, touché de ce discours, consentit que les Sipontins fussent médiateurs entre lui et les Sybarites.

Alors le roi, voyant que tous les moyens de retenir les deux étrangers lui échappaient, essaya de les arrêter par un lien plus fort. Il avait remarqué que Télémaque aimait Antiope et il espéra de le prendre par cette passion. Dans cette vue, il la fit chanter plusieurs fois pendant des festins. Elle le fit pour ne désobéir pas à son père, mais avec tant de modestie et de tristesse, qu'on voyait bien la peine qu'elle souffrait en obéissant. Idoménée alla jusqu'à vouloir qu'elle chantât la victoire remportée sur les Dauniens et sur Adraste : mais elle ne put se résoudre à chanter les louanges de Télémaque ; elle s'en défendit avec respect, et son père n'osa la contraindre. Sa voix douce et touchante pénétrait le cœur du jeune fils d'Ulysse ; il était tout ému. Idoménée, qui avait les yeux attachés sur lui, jouissait du plaisir de remarquer son trouble. Mais Télémaque ne faisait pas semblant d'apercevoir les desseins du roi ; il ne pouvait s'empêcher, en ces occasions, d'être fort touché, mais la raison était en lui au-dessus du sentiment ; et ce n'était plus ce même Télémaque qu'une passion tyrannique avait autrefois captivé dans l'île de Calypso. Pendant qu'Antiope chantait, il gardait un profond silence ; dès qu'elle avait fini, il se hâtait de tourner la conversation sur quelque autre matière.

Le roi, ne pouvant par cette voie réussir dans son dessein, prit enfin la résolution de faire une grande chasse, dont il voulut, contre la coutume, donner le plaisir à sa fille. Antiope pleura, ne voulant point y aller ; mais il fallut exécuter l'ordre absolu de son père. Elle monte un cheval écumant, fougueux, et semblable à ceux que Castor domptait pour les combats : elle le conduit sans peine : une troupe de jeunes filles la suit avec ardeur ; elle paraît au milieu d'elles comme Diane dans les forêts. Le roi la voit, et il ne peut se lasser de la voir ; en la voyant, il oublie tous ses malheurs passés. Télémaque la voit aussi, et il est encore plus touché de la modestie d'Antiope que de son adresse et de toutes ses grâces.

Les chiens poursuivaient un sanglier d'une grandeur énorme, et furieux comme celui de Calydon : ses longues soies étaient dures et hérissées comme des dards ; ses yeux étincelants étaient pleins de sang et de feu ; son souffle se faisait entendre de loin, comme le bruit sourd des vents séditieux, quand Éole les rappelle dans son antre pour apaiser les tempêtes ; ses défenses, longues et crochues comme la faux tranchante des moissonneurs, coupaient le tronc des arbres*. Tous les chiens qui osaient en approcher étaient déchirés ; les plus hardis chasseurs, en le poursuivant, craignaient de l'atteindre.

Antiope, légère à la course comme les vents, ne craignit point de l'attaquer de près; elle lui lance un trait qui le perce au-dessus de l'épaule. Le sang de l'animal farouche ruisselle, et le rend plus furieux; il se tourne vers celle qui l'a blessé. Aussitôt le cheval d'Antiope, malgré sa fierté, frémit et recule; le sanglier monstrueux s'élance contre lui, semblable aux pesantes machines qui ébranlent les murailles des plus fortes villes. Le coursier chancelle, et est abattu : Antiope se voit par terre, hors d'état d'éviter le coup fatal de la défense du sanglier animé contre elle. Mais Télémaque, attentif au danger d'Antiope, était déjà descendu de cheval. Plus prompt que les éclairs, il se jette entre le cheval abattu et le sanglier qui revient pour venger son sang; il tient dans ses mains un long dard et l'enfonce presque tout entier dans le flanc de l'horrible animal, qui tombe plein de rage.

A l'instant Télémaque en coupe la hure, qui fait encore peur quand on la voit de près, et qui étonne tous les chasseurs. Il la présente à Antiope : elle en rougit; elle consulte des yeux son père, qui, après avoir été saisi de frayeur, est transporté de joie de la voir hors du péril, et lui fait signe qu'elle doit accepter ce don. En le prenant, elle dit à Télémaque : Je reçois de vous avec reconnaissance un autre don plus grand, car je vous dois la vie. A peine eut-elle parlé, qu'elle craignit d'avoir trop dit; elle baissa les yeux; et Télémaque, qui vit son embarras, n'osa lui dire que ces paroles : Heureux le fils d'Ulysse d'avoir conservé une vie si précieuse ! mais plus heureux encore s'il pouvait passer la sienne auprès de vous ! Antiope, sans lui répondre, rentra brusquement dans la troupe de ses jeunes compagnes, où elle remonta à cheval.

Idoménée aurait, dès ce moment, promis sa fille à Télémaque; mais il espéra d'enflammer davantage sa passion en le laissant dans l'incertitude, et crut même le retenir encore à Salente par le désir d'assurer son mariage. Idoménée raisonnait ainsi en lui-même; mais les dieux se jouent de la sagesse des hommes. Ce qui devait retenir Télémaque fut précisément ce qui le pressa de partir : ce qu'il commençait à sentir le mit dans une juste défiance de lui-même. Mentor redoubla ses soins pour lui inspirer un désir impatient de retourner à Ithaque, et il pressa en même temps Idoménée de le laisser partir : le vaisseau était déjà prêt. Car Mentor, qui réglait tous les moments de la vie de Télémaque, pour l'élever à la plus haute gloire, ne l'arrêtait en chaque lieu qu'autant qu'il le fallait pour exercer sa vertu, et pour lui faire acquérir de l'expérience. Mentor avait eu soin de faire préparer le vaisseau dès l'arrivée de Télémaque.

Mais Idoménée, qui avait eu beaucoup de répugnance à le voir préparer, tomba dans une tristesse mortelle, et dans une désolation à faire pitié, lorsqu'il vit que ses deux hôtes, dont il avait tiré tant de secours, allaient l'abandonner. Il se renfermait dans les lieux les plus secrets de sa maison : là il soulageait son cœur en poussant des gémissements et en versant des larmes ; il oubliait le besoin de se nourrir ; le sommeil n'adoucissait plus ses cuisantes peines ; il se desséchait, il se consumait par ses inquiétudes. Semblable à un grand arbre qui couvre la terre de l'ombre de ses rameaux épais, et dont un ver commence à ronger la tige dans les canaux déliés où la sève coule pour sa nourriture ; cet arbre, que les vents n'ont jamais ébranlé, que la terre féconde se plaît à nourrir dans son sein, et que la hache du laboureur a toujours respecté, ne laisse pas de languir sans qu'on puisse découvrir la cause de son mal ; il se flétrit, il se dépouille de ses feuilles qui sont sa gloire ; il ne montre plus qu'un tronc couvert d'une écorce entr'ouverte, et des branches sèches : tel parut Idoménée dans sa douleur.

Télémaque attendri n'osait lui parler : il craignait le jour du départ, il cherchait des prétextes pour le retarder ; et il serait demeuré longtemps dans cette incertitude, si Mentor ne lui eût dit : Je suis bien aise de vous voir si changé. Vous étiez né dur et hautain ; votre cœur ne se laissait toucher que de vos commodités et de vos intérêts ; mais vous êtes enfin devenu homme, et vous commencez, par l'expérience de vos maux, à compatir à ceux des autres. Sans cette compassion, on n'a ni bonté, ni vertu, ni capacité pour gouverner les hommes : mais il ne faut pas la pousser trop loin, ni tomber dans une amitié faible. Je parlerais volontiers à Idoménée pour le faire consentir à notre départ, et je vous épargnerais l'embarras d'une conversation si fâcheuse; mais je ne veux point que la mauvaise honte et la timidité dominent votre cœur. Il faut que vous vous accoutumiez à mêler le courage et la fermeté avec une amitié tendre et sensible. Il faut craindre d'affliger les hommes sans nécessité; il faut entrer dans leur peine, quand on ne peut éviter de leur en faire, et adoucir le plus qu'on peut le coup qu'il est impossible de leur épargner entièrement. C'est pour chercher cet adoucissement, répondit Télémaque, que j'aimerais mieux qu'Idoménée apprît notre départ par vous que par moi.

Mentor lui dit aussitôt: Vous vous trompez, mon cher Télémaque; vous êtes né comme les enfants des rois nourris dans la pourpre, qui veulent que tout se fasse à leur mode, et que toute la nature obéisse à leurs volontés, mais qui n'ont la force de résister à personne en face. Ce n'est pas qu'ils se soucient des hommes, ni qu'ils craignent par bonté de les affliger; mais c'est que, pour leur propre commodité, ils ne veulent point voir autour d'eux des visages tristes et mécontents. Les peines et les misères des hommes ne les touchent point, pourvu qu'elles ne soient pas sous leurs yeux; s'ils en entendent parler, ce discours les importune et les attriste. Pour leur plaire, il faut toujours dire que tout va bien: et pendant qu'ils sont dans leurs plaisirs, ils ne veulent rien voir ni entendre qui puisse interrompre leurs joies. Faut-il reprendre, corriger, détromper quelqu'un, résister aux prétentions et aux passions injustes d'un homme importun, ils en donneront toujours la commission à quelque autre personne: plutôt que de parler eux-mêmes avec une douce fermeté dans ces occasions, ils se laisseraient plutôt arracher les grâces les plus injustes; ils gâteraient leurs affaires les plus importantes, faute de savoir décider contre le sentiment de ceux auxquels ils ont affaire tous les jours. Cette faiblesse qu'on sent en eux fait que chacun ne songe qu'à s'en prévaloir: on les presse, on les importune, on les accable, et on réussit en les accablant. D'abord on les flatte et on les encense pour s'insinuer, mais dès qu'on est dans leur confiance, et qu'on est auprès d'eux dans des emplois de quelque autorité, on les mène loin, on leur impose le joug : ils en gémissent, ils veulent souvent le secouer ; mais ils le portent toute leur vie. Ils sont jaloux de ne paraître point gouvernés, et ils le sont toujours : ils ne peuvent se passer de l'être ; car ils sont semblables à ces faibles tiges de vigne qui, n'ayant par elles-mêmes aucun soutien, rampent toujours autour du tronc de quelque grand arbre. Je ne souffrirai point, ô Télémaque ! que vous tombiez dans ce défaut, qui rend un homme imbécile pour le gouvernement. Vous qui êtes tendre jusqu'à n'oser parler à Idoménée, vous ne serez plus touché de ses peines dès que vous serez sorti de Salente ; ce n'est point sa douleur qui vous attendrit, c'est sa présence qui vous embarrasse. Allez parler vous-même à Idoménée ; apprenez en cette occasion à être tendre et ferme tout ensemble : montrez-lui votre douleur de le quitter, mais montrez-lui aussi d'un ton décisif la nécessité de notre départ.

Télémaque n'osait ni résister à Mentor, ni aller trouver Idoménée ; il était honteux de sa crainte, et n'avait pas le courage de la surmonter : il hésitait ; il faisait deux pas, et revenait incontinent pour alléguer à Mentor quelque nouvelle raison de différer. Mais le seul regard de Mentor lui ôtait la parole, et faisait disparaître tous ces beaux prétextes. Est-ce donc là, disait Mentor en souriant, ce vainqueur des Dauniens, ce libérateur de la grande Hespérie, ce fils du sage Ulysse, qui doit être après lui l'oracle de la Grèce ! Il n'ose dire à Idoménée qu'il ne peut plus retarder son retour dans sa patrie, pour revoir son père ! O peuples d'Ithaque, combien serez-vous malheureux un jour, si vous avez un roi que la mauvaise honte domine, et qui sacrifie les plus grands intérêts à ses faiblesses sur les plus petites choses ! Voyez, Télémaque, quelle différence il y a entre la valeur dans les combats et le courage dans les affaires : vous n'avez point craint les armes d'Adraste, et vous craignez la tristesse d'Idoménée. Voilà ce qui déshonore les princes qui ont fait les plus grandes actions : après avoir paru des héros dans la guerre, ils se montrent les derniers des hommes dans les occasions communes, où d'autres se soutiennent avec vigueur.

Télémaque, sentant la vérité de ces paroles et piqué de ce reproche, partit brusquement sans s'écouter lui-même. Mais à peine commença-t-il à paraître dans le lieu où Idoménée était assis, les yeux baissés, languissant et abattu de tristesse, qu'ils se craignirent l'un l'autre ; ils n'osaient se regarder ; ils s'entendaient sans se rien dire, et chacun craignait que l'autre ne rompît le silence : ils se mirent tous deux à pleurer. Enfin Idoménée, pressé d'un excès de douleur, s'écria : A quoi sert de rechercher la vertu, si elle récompense si mal ceux qui l'aiment ? Après m'avoir montré ma faiblesse, on m'abandonne ! hé bien ! je vais retomber dans tous mes malheurs : qu'on ne me parle plus de bien gouverner ; non, je ne puis le faire ; je suis las des hommes ! Où voulez-vous aller, Télémaque ? Votre père n'est plus ; vous le cherchez inutilement. Ithaque est en proie à vos ennemis ; ils vous feront périr, si vous y retournez. Demeurez ici ; vous serez mon gendre et mon héritier ; vous régnerez après moi. Pendant ma vie même, vous aurez ici un pouvoir absolu : ma confiance en vous sera sans bornes. Que si vous êtes insensible à tous ces avantages, du moins laissez-moi Mentor, qui est toute ma ressource. Parlez ; répondez-moi : n'endurcissez pas votre cœur ; ayez pitié du plus malheureux de tous les hommes. Quoi ! vous ne dites rien ! Ah ! je comprends combien les dieux me sont cruels ; je le sens encore plus rigoureusement qu'en Crète, lorsque je perçai mon propre fils.

Enfin Télémaque lui répondit d'une voix troublée et timide : Je ne suis point à moi ; les destinées me rappellent dans ma patrie. Mentor, qui a la sagesse des dieux, m'ordonne en leur nom de partir. Que voulez-vous que je fasse ? Renoncerai-je à mon père, à ma mère, à ma patrie, qui me doit être encore plus chère qu'eux ? Étant né pour être roi, je ne suis pas destiné à une vie douce et tranquille, ni à suivre mes inclinations. Votre royaume est plus riche et plus puissant que celui de mon père ; mais je dois préférer ce que les dieux me destinent à ce que vous avez la bonté de m'offrir. Je me croirais heureux, si j'avais Antiope pour épouse, sans espérance de votre royaume ; mais, pour m'en rendre digne, il faut que j'aille où mes devoirs m'appellent, et que ce soit mon père qui vous la demande pour moi. Ne m'avez-vous pas promis de me renvoyer à Ithaque ? N'est-ce pas sur cette promesse que j'ai combattu pour vous contre Adraste avec les alliés ? Il est temps que je songe à réparer mes malheurs domestiques. Les dieux, qui m'ont donné à Mentor, ont aussi donné Mentor au fils d'Ulysse pour lui faire remplir ses destinées. Voulez-vous que je perde Mentor, après avoir perdu tout le reste ? Je n'ai plus ni biens, ni retraite, ni père, ni mère, ni patrie assurée ; il ne me reste qu'un homme sage et vertueux, qui est le plus précieux don de Jupiter : jugez vous-même si je puis y renoncer, et consentir qu'il m'abandonne. Non, je mourrais plutôt. Arrachez-moi la vie ; la vie n'est rien : mais ne m'arrachez pas Mentor.

A mesure que Télémaque parlait, sa voix devenait plus forte, et sa timidité disparaissait. Idoménée ne savait que répondre, et ne pouvait demeurer d'accord de ce que le fils d'Ulysse lui disait. Lorsqu'il ne pouvait plus parler, du moins il tâchait, par ses regards et par ses gestes, de faire pitié. Dans ce moment, il vit paraître Mentor, qui lui dit ces graves paroles :

Ne vous affligez point : nous vous quittons ; mais la sagesse qui préside aux conseils des dieux demeurera sur vous : croyez seulement que vous êtes trop heureux que Jupiter nous ait envoyés ici pour sauver votre royaume, et pour vous ramener de vos égarements. Philoclès, que nous vous avons rendu, vous servira fidèlement : la crainte des dieux, le goût de la vertu, l'amour des peuples, la compassion pour les misérables, seront toujours dans son cœur. Écoutez-le, servez-vous de lui avec confiance et sans jalousie. Le plus grand service que vous puissiez en tirer est de l'obliger à vous dire tous vos défauts sans adoucissement. Voilà en quoi consiste le plus grand courage d'un bon roi, que de chercher de vrais amis qui lui fassent remarquer ses fautes. Pourvu que vous ayez ce courage, notre absence ne vous nuira point, et vous vivrez heureux : mais si la flatterie, qui se glisse comme un serpent, retrouve un chemin jusqu'à votre cœur, pour vous mettre en défiance contre les conseils désintéressés, vous êtes perdu. Ne vous laissez point abattre mollement à la douleur, mais efforcez-vous de suivre la vertu. J'ai dit à Philoclès tout ce qu'il doit faire pour vous soulager et pour n'abuser jamais de votre confiance ; je puis vous répondre de lui : les dieux vous l'ont donné comme ils m'ont donné à Télémaque. Chacun doit suivre courageusement sa destinée ; il est inutile de s'affliger. Si jamais vous aviez besoin de mon secours, après que j'aurai rendu Télémaque à son père et à son pays, je reviendrais vous voir. Que pourrais-je faire qui me donnât un plaisir plus sensible? Je ne cherche ni biens ni autorité sur la terre; je ne veux qu'aider ceux qui cherchent la justice et la vertu. Pourrais-je oublier jamais la confiance et l'amitié que vous m'avez témoignées?

A ces mots, Idoménée fut tout à coup changé; il sentit son cœur apaisé, comme Neptune de son trident apaise les flots en courroux et les plus noires tempêtes : il restait seulement en lui une douleur douce et paisible ; c'était plutôt une tristesse et un sentiment tendre qu'une vive douleur. Le courage, la confiance, la vertu, l'espérance du secours des dieux, commencèrent à renaître au dedans de lui.

Eh bien! dit-il, mon cher Mentor, il faut donc tout perdre, et ne se point décourager! Du moins souvenez-vous d'Idoménée quand vous serez arrivés à Ithaque, où votre sagesse vous comblera de prospérités. N'oubliez pas que Salente fut votre ouvrage, et que vous y avez laissé un roi malheureux qui n'espère qu'en vous. Allez, digne fils d'Ulysse, je ne vous retiens plus ; je n'ai garde de résister aux dieux, qui m'avaient prêté un si grand trésor. Allez aussi, Mentor, le plus grand et le plus sage de tous les hommes (si toutefois l'humanité peut faire ce que j'ai vu en vous, et si vous n'êtes point une divinité sous une forme empruntée pour instruire les hommes faibles et ignorants), allez conduire le fils d'Ulysse, plus heureux de vous avoir que d'être le vainqueur d'Adraste. Allez tous deux : je n'ose plus parler, pardonnez mes soupirs. Allez, vivez, soyez heureux ensemble; il ne me reste plus rien au monde, que le souvenir de vous avoir possédés ici. O beaux jours! trop heureux jours! jours dont je n'ai pas assez connu le prix! jours trop rapidement écoulés! vous ne reviendrez jamais! jamais mes yeux ne reverront ce qu'ils voient!

Mentor prit ce moment pour le départ; il embrassa Philoclès, qui l'arrosa de ses larmes sans pouvoir parler. Télémaque voulut prendre Mentor par la main pour le tirer de celle d'Idoménée; mais Idoménée, prenant le chemin du port, se mit entre Mentor et Télémaque : il les regardait; il gémissait; il commençait des paroles entrecoupées, et n'en pouvait achever aucune.

Cependant on entend des cris confus sur le rivage couvert de matelots : on tend les cordages ; le vent favorable se lève. Télémaque et Mentor, les larmes aux yeux, prennent congé du roi, qui les tient longtemps serrés entre ses bras, et qui les suit des yeux aussi loin qu'il le peut*.

LIVRE DIX-HUITIÈME.

SOMMAIRE.

Pendant la navigation, Télémaque discourt avec Mentor sur les principes d'un sage gouvernement et, en particulier, sur les moyens de connaître les hommes, sur le meilleur emploi à faire de leurs talents, afin d'en retirer le plus de profit possible et pour l'Etat et pour eux-mêmes. — Le calme de la mer les force de relâcher dans une île où Ulysse venait d'aborder. — Télémaque le rencontre et lui parle sans le reconnaître. — Après l'avoir vu s'embarquer, il ressent un trouble dont il ne peut se rendre compte. — Mentor lui apprend alors que c'est à Ulysse lui-même qu'il a parlé ; il le console et l'assure qu'il rejoindra bientôt son père ; puis il éprouve encore sa patience en retardant son départ pour faire un sacrifice à Minerve. — Enfin, la déesse elle-même, cachée sous la figure de Mentor, reprend sa forme divine et se fait connaître. — Elle donne à Télémaque ses dernières instructions et disparait. — Télémaque se hâte alors de partir et arrive à Ithaque, où il retrouve son père chez le fidèle Eumée.

Déjà les voiles s'enflent, on lève les ancres; la terre semble s'enfuir. Le pilote expérimenté aperçoit de loin la montagne de Leucate[1], dont la tête se cache dans un tourbillon de frimas glacés, et les monts Acrocérauniens[2], qui montrent encore un front orgueilleux au ciel, après avoir été si souvent écrasés par la foudre.

Pendant cette navigation, Télémaque disait à Mentor :

Je crois maintenant concevoir les maximes de gouvernement que vous m'avez expliquées. D'abord elles me paraissent comme un songe; mais peu à peu elles se démêlent dans mon esprit, et s'y présentent clairement : comme tous les objets paraissent sombres et en confusion, le matin, aux premières lueurs de l'aurore; mais ensuite ils semblent sortir comme d'un chaos, quand la lumière, qui croît insensiblement, leur rend, pour ainsi dire, leurs figures et leurs couleurs naturelles. Je suis très-persuadé que le point essentiel du gouvernement est de bien discerner les différents caractères d'esprits, pour les choisir et pour les appliquer selon leurs talents : mais il me reste à savoir comment on peut se connaître en hommes.

Alors Mentor lui répondit : Il faut étudier les hommes pour les connaître; et pour les connaître, il en faut voir souvent, et traiter avec eux. Les rois doivent converser avec leurs sujets, les faire parler, les consulter, les éprouver par de petits emplois dont ils leur fassent rendre compte, pour voir s'ils sont capables de plus hautes fonctions. Comment est-ce, mon cher Télémaque, que vous avez appris, à Ithaque, à vous connaître en chevaux? c'est à force d'en voir et de remarquer leurs défauts et leurs perfections avec des gens expérimentés. Tout de même, parlez souvent des bonnes et des mauvaises qualités des hommes, avec d'autres hommes sages et vertueux, qui aient longtemps étudié leurs caractères; vous apprendrez insensiblement comment ils sont faits, et ce qu'il est permis d'en attendre. Qu'est-ce qui vous a appris à connaître les bons et les mauvais poëtes? c'est la fréquente lecture, et la réflexion avec des gens qui avaient le goût de la poésie. Qu'est-ce qui vous a acquis du discernement sur la musique? c'est la même application à observer les divers musiciens. Comment peut-on espérer de bien gouverner les hommes, si on ne les connaît pas? et comment les connaîtra-t-on, si on ne vit jamais avec eux? Ce n'est pas vivre avec eux que de les voir tous en public, où l'on ne dit de part et d'autre que des choses indifférentes et préparées avec art : il est question de les voir en particulier, de tirer du fond de leurs cœurs toutes les ressources secrètes qui y sont, de les tâter de tous côtés, de les sonder pour découvrir leurs maximes. Mais, pour bien juger les hommes, il faut commencer par savoir ce qu'ils doivent être; il faut savoir ce que c'est que le vrai et solide mérite, pour discerner ceux qui en ont d'avec ceux qui n'en ont pas.

On ne cesse de parler de vertu et de mérite, sans savoir ce que c'est précisément que le mérite et la vertu. Ce ne sont que de beaux noms, que des termes vagues, pour la plupart des hommes, qui se font honneur d'en parler à toute heure. Il faut avoir des principes certains de justice, de raison, de vertu, pour connaître ceux qui sont raisonnables et vertueux. Il faut savoir les maximes d'un bon et sage gouvernement, pour connaître les hommes qui ont ces maximes, et ceux qui s'en éloignent par une fausse subtilité. En un mot, pour mesurer plusieurs corps, il faut avoir une mesure fixe; pour juger, il faut tout de même avoir des principes constants auxquels tous nos jugements se réduisent. Il faut savoir précisément quel est le but de la vie humaine, et quelle fin on doit se proposer en gouvernant les hommes. Ce but unique et essentiel est de ne vouloir jamais l'autorité et la grandeur pour soi; car cette recherche ambitieuse n'irait qu'à satisfaire un orgueil tyrannique : mais on doit se sacrifier, dans les peines infinies du gouvernement, pour rendre les hommes bons et heureux. Autrement on marche à tâtons et au hasard pendant toute la vie : on va comme un navire en pleine mer, qui n'a point de pilote, qui ne consulte point les astres, et à qui toutes les côtes voisines sont inconnues ; il ne peut faire que naufrage.

Souvent les princes, faute de savoir en quoi consiste la vraie vertu, ne savent point ce qu'ils doivent chercher dans les hommes. La vraie vertu a pour eux quelque chose d'âpre; elle leur paraît trop austère et indépendante; elle les effraye et les aigrit : ils se tournent vers la flatterie. Dès lors ils ne peuvent plus trouver ni de sincérité ni de vertu; dès lors ils courent après un vain fantôme de fausse gloire, qui les rend indignes de la véritable. Ils s'accoutument bientôt à croire qu'il n'y a point de vraie vertu sur la terre; car les bons connaissent bien les méchants, mais les méchants ne connaissent point les bons, et ne peuvent pas croire qu'il y en ait. De tels princes ne savent que se défier de tout le monde également : ils se cachent, ils se renferment, ils sont jaloux sur les moindres choses, ils craignent les hommes, et se font craindre d'eux. Ils fuient la lumière, ils n'osent paraître dans leur naturel. Quoiqu'ils ne veuillent point être connus, ils ne laissent pas de l'être, car la curiosité maligne de leurs sujets pénètre et devine tout. Mais ils ne connaissent personne : les gens intéressés qui les obsèdent sont ravis de les voir inaccessibles. Un roi inaccessible aux hommes l'est aussi à la vérité : on noircit par d'infâmes rapports, et on écarte de lui, tout ce qui pourrait lui ouvrir les yeux. Ces sortes de rois passent leur vie dans une grandeur sauvage et farouche; ou, craignant sans cesse d'être trompés, ils le sont toujours inévitablement, et méritent de l'être. Dès qu'on ne parle qu'à un petit nombre de gens, on s'engage à recevoir toutes leurs passions et tous leurs préjugés : les bons mêmes ont leurs défauts et leurs préventions. De plus, on est à la merci des rapporteurs, nation basse et maligne, qui se nourrit de venin, qui empoisonne les choses innocentes, qui grossit les petites, qui invente le mal plutôt que de cesser de nuire; qui se joue, pour son intérêt, de la défiance et de l'indigne curiosité d'un prince faible et ombrageux

Connaissez donc, ô mon cher Télémaque ! connaissez les hommes; examinez-les, faites-les parler les uns sur les autres; éprouvez-les peu à peu, ne vous livrez à aucun. Profitez de vos expériences, lorsque vous aurez été trompé dans vos jugements : car vous serez trompé quelquefois; et les méchants sont trop profonds pour ne surprendre pas les bons par leurs déguisements. Apprenez par là à ne juger promptement de personne ni en bien ni en mal; l'un et l'autre sont très-dangereux : ainsi vos erreurs passées vous instruiront très-utilement. Quand vous aurez trouvé des talents et de la vertu dans un homme, servez-vous-en avec confiance : car les honnêtes gens veulent qu'on sente leur droiture; ils aiment mieux de l'estime et de la confiance que des trésors. Mais ne les gâtez pas en leur donnant un pouvoir sans bornes; tel eût été toujours vertueux, qui ne l'est plus, parce que son maître lui a donné trop d'autorité et trop de richesses. Quiconque est assez aimé des dieux pour trouver dans tout un royaume deux ou trois vrais amis, d'une sagesse et d'une bonté constante, trouve bientôt par eux d'autres personnes qui leur ressemblent, pour remplir les places inférieures. Par les bons auxquels on se confie, on apprend ce qu'on ne peut pas discerner par soi-même sur les autres sujets.

Mais faut-il, disait Télémaque, se servir des méchants quand ils sont habiles, comme je l'ai ouï dire souvent? On est souvent, répondait Mentor, dans la nécessité de s'en servir. Dans une maison agitée et en désordre, on trouve souvent des gens injustes et artificieux qui sont déjà en autorité; ils ont des emplois importants qu'on ne peut leur ôter; ils ont acquis la confiance de certaines personnes puissantes qu'on a besoin de ménager : il faut les ménager eux-mêmes, ces hommes scélérats, parce qu'on les craint, et qu'ils peuvent tout bouleverser. Il faut bien s'en servir pour un temps, mais il faut aussi avoir en vue de les rendre peu à peu inutiles. Pour la vraie et intime confiance, gardez-vous bien de la leur donner jamais; car ils peuvent en abuser, et vous tenir ensuite malgré vous par votre secret; chaîne plus difficile à rompre que toutes les chaînes de fer. Servez-vous d'eux pour des négociations passagères; traitez-les bien; engagez-les par leurs passions mêmes à vous être fidèles; car vous ne les tiendrez que par là : mais ne les mettez point dans vos délibérations les plus secrètes. Ayez toujours un ressort prêt pour les remuer à votre gré; mais ne leur donnez jamais la clef de votre cœur ni de vos affaires. Quand votre État devient paisible, réglé, conduit par des hommes sages et droits dont vous êtes sûr, peu à peu les méchants, dont vous étiez contraint de vous servir, deviennent inutiles. Alors il ne faut pas cesser de les bien traiter; car il n'est jamais permis d'être ingrat, même pour les méchants : mais, en les traitant bien, il faut tâcher de les rendre bons; il est nécessaire de tolérer en eux certains défauts qu'on pardonne à l'humanité : il faut néanmoins peu à peu relever l'autorité, et réprimer les maux qu'ils feraient ouvertement, si on les laissait faire. Après tout, c'est un mal que le bien se fasse par les méchants, et, quoique ce mal soit souvent inévitable, il faut tendre néanmoins peu à peu à le faire cesser. Un prince sage, qui ne veut que le bon ordre et la justice, parviendra, avec le temps, à se passer des hommes corrompus et trompeurs; il en trouvera assez de bons qui auront une habileté suffisante.

Mais ce n'est pas assez de trouver de bons sujets dans une nation, il est nécessaire d'en former de nouveaux. Ce doit être, répondit Télémaque, un grand embarras. Point du tout, reprit Mentor : l'application que vous avez à chercher les hommes habiles et vertueux, pour les élever, excite et anime tous ceux qui ont du talent et du courage; chacun fait des efforts. Combien y a-t-il d'hommes qui languissent dans une oisiveté obscure, et qui deviendraient de grands hommes, si l'émulation et l'espérance du succès les animaient au travail! Combien y a-t-il d'hommes que la misère et l'impuissance de s'élever par la vertu tentent de s'élever par le crime! Si donc vous attachez les récompenses et les honneurs au génie et à la vertu, combien de sujets se formeront d'eux-mêmes! Mais combien en formerez-vous en les faisant monter de degré en degré, depuis les derniers emplois jusques aux premiers! Vous exercerez les talents; vous éprouverez l'étendue de l'esprit et la sincérité de la vertu. Les hommes qui parviendront aux plus hautes places auront été nourris sous vos yeux dans les inférieures. Vous les aurez suivis toute leur vie, de degré en degré; vous jugerez d'eux; non par leurs paroles, mais par toute la suite de leurs actions.

Pendant que Mentor raisonnait ainsi avec Télémaque, ils aperçurent un vaisseau phéacien qui avait relâché dans une petite île déserte et sauvage bordée de rochers affreux. En même temps les vents se turent; les plus doux zéphyrs même semblèrent retenir leurs haleines; toute la mer devint unie comme une glace; les voiles abattues ne pouvaient plus animer le vaisseau; l'effort des rameurs, déjà fatigués, était inutile : il fallut aborder en cette île, qui était plutôt un écueil qu'une terre propre à être habitée par des hommes. En un autre temps moins calme, on n'aurait pu y aborder sans un grand péril.

Les Phéaciens, qui attendaient le vent, ne paraissaient pas moins impatients que les Salentins de continuer leur navigation. Télémaque s'avance vers eux sur ces rivages escarpés. Aussitôt il demande au premier homme qu'il rencontre s'il n'a point vu Ulysse, roi d'Ithaque, dans la maison du roi Alcinoüs.

Celui auquel il s'était adressé par hasard n'était pas Phéacien : c'était un étranger inconnu, qui avait un air majestueux, mais triste et abattu; il paraissait rêveur et à peine écouta-t-il d'abord la question de Télémaque, mais enfin il lui répondit : Ulysse, vous ne vous trompez pas, a été reçu chez le roi Alcinoüs, comme en un lieu où l'on craint Jupiter, et où l'on exerce l'hospitalité; mais il n'y est plus, et vous l'y chercheriez inutilement; il est parti pour revoir Ithaque, si les dieux apaisés souffrent enfin qu'il puisse jamais saluer ses dieux pénates.

A peine cet étranger eut prononcé tristement ces paroles, qu'il se jeta dans un petit bois épais sur le haut d'un rocher, d'où il regardait tristement la mer, fuyant les hommes qu'il voyait, et paraissant affligé de ne pouvoir partir*. Télémaque le regardait fixement; plus il le regardait, plus il était ému et étonné. Cet inconnu, disait-il à Mentor, m'a répondu comme un homme qui écoute à peine ce qu'on lui dit, et qui est plein d'amertume. Je plains les malheureux depuis que je le suis; et je sens que mon cœur s'intéresse pour cet homme, sans savoir pourquoi. Il m'a assez mal reçu; à peine a-t-il daigné m'écouter et me répondre : je ne puis cesser néanmoins de souhaiter la fin de ses maux.

Mentor, souriant, répondit : Voilà à quoi servent les malheurs de la vie; ils rendent les princes modérés et sensibles aux peines des autres. Quand ils n'ont jamais goûté que le doux poison des prospérités, ils se croient des dieux; ils veulent que les montagnes s'aplanissent pour les contenter; ils comptent pour rien les hommes; ils veulent se jouer de la nature entière. Quand ils entendent parler de souffrance, ils ne savent ce que c'est; c'est un songe pour eux; ils n'ont jamais vu la distance du bien et du mal. L'infortune seule peut leur donner de l'humanité, et changer leur cœur de rocher en un cœur humain : alors ils sentent qu'ils sont hommes, et qu'ils doivent ménager les autres hommes qui leur ressemblent. Si un inconnu vous fait tant de pitié, parce qu'il est, comme vous, errant sur ce rivage, combien devrez-vous avoir plus de compassion pour le peuple d'Ithaque, lorsque vous le verrez un jour souffrir, ce peuple que les dieux vous auront confié comme on confie un troupeau à un berger; et que ce peuple sera peut-être malheureux par votre ambition, ou par votre faste, ou par votre imprudence! car les peuples ne souffrent que par les fautes des rois, qui devraient veiller pour les empêcher de souffrir.

Pendant que Mentor parlait ainsi, Télémaque était plongé dans la tristesse et dans le chagrin. Il lui répondit enfin avec un peu d'émotion : Si toutes ces choses sont vraies, l'état d'un roi est bien malheureux. Il est l'esclave de tous ceux auxquels il paraît commander : il est fait pour eux ; il se doit tout entier à eux ; il est chargé de tous leurs besoins; il est l'homme de tout le peuple, et de chacun en particulier. Il faut qu'il s'accommode à leurs faiblesses, qu'il les corrige en père, qu'il les rende sages et heureux. L'autorité qu'il paraît avoir n'est point la sienne; il ne peut rien faire ni pour sa gloire ni pour son plaisir : son autorité est celle des lois; il faut qu'il leur obéisse pour en donner l'exemple à ses sujets. A proprement parler, il n'est que le défenseur des lois pour les faire régner; il faut qu'il veille et qu'il travaille pour les maintenir : il est l'homme le moins libre et le moins tranquille de son royaume; c'est un esclave qui sacrifie son repos et sa liberté pour la liberté et la félicité publiques.

Il est vrai, répondait Mentor, que le roi n'est roi que pour avoir soin de son peuple, comme un berger de son troupeau, ou comme un père de sa famille; mais trouvez-vous, mon cher Télémaque, qu'il soit malheureux d'avoir du bien à faire à tant de gens? Il corrige les méchants par des punitions; il encourage les bons par des récompenses; il représente les dieux en conduisant ainsi à la vertu tout le genre humain. N'a-t-il pas assez de gloire à faire garder les lois? Celle de se mettre au-dessus des lois est une gloire fausse qui ne mérite que de l'horreur et du mépris. S'il est méchant, il ne peut être que malheureux, car il ne saurait trouver aucune paix dans ses passions et dans sa vanité : s'il est bon, il doit goûter le plus pur et le plus solide de tous les plaisirs à travailler pour la vertu, et à attendre des dieux une éternelle récompense.

Télémaque, agité au dedans par une peine secrète, semblait n'avoir jamais compris ces maximes, quoiqu'il en fût rempli, et qu'il les eût lui-même enseignées aux autres. Une humeur noire lui donnait, contre ses véritables sentiments, un esprit de contradiction et de subtilité pour rejeter les vérités que Mentor lui expliquait. Télémaque opposait à ces raisons l'ingratitude des hommes. Quoi! disait-il, prendre tant de peine pour se faire aimer des hommes qui ne vous aimeront peut-être jamais, et pour faire du bien à des méchants qui se serviront de vos bienfaits pour vous nuire!

Mentor lui répondait patiemment : Il faut compter sur l'ingratitude des hommes, et ne laisser pas de leur faire du bien ; il faut les servir moins pour l'amour d'eux que pour l'amour des dieux, qui l'ordonnent. Le bien qu'on fait n'est jamais perdu : si les hommes l'oublient, les dieux s'en souviennent et le récompensent. De plus, si la multitude est ingrate, il y a toujours des hommes vertueux qui sont touchés de votre vertu. La multitude même, quoique changeante et capricieuse, ne laisse pas de faire tôt ou tard une espèce de justice à la véritable vertu.

Mais voulez-vous empêcher l'ingratitude des hommes? ne travaillez point uniquement à les rendre puissants, riches, redoutables par les armes, heureux par les plaisirs : cette gloire, cette abondance et ces délices les corrompront ; ils n'en seront que plus méchants, et par conséquent plus ingrats : c'est leur faire un présent funeste ; c'est leur offrir un poison délicieux Mais appliquez-vous à redresser leurs mœurs, à leur inspirer la justice, la sincérité, la crainte des dieux, l'humanité, la fidélité, la modération, le désintéressement : en les rendant bons, vous les empêcherez d'être ingrats ; vous leur donnerez le véritable bien, qui est la vertu ; et la vertu, si elle est solide, les attachera toujours à celui qui la leur aura inspirée. Ainsi, en leur donnant les véritables biens, vous vous ferez du bien à vous-même, et vous n'aurez pas à craindre leur ingratitude. Faut-il s'étonner que les hommes soient ingrats pour des princes qui ne les ont jamais exercés qu'à l'injustice, qu'à l'ambition sans bornes, qu'à la jalousie contre leurs voisins, qu'à l'inhumanité, qu'à la hauteur, qu'à la mauvaise foi ? Le prince ne doit attendre d'eux que ce qu'il leur a appris à faire. Si au contraire il travaillait, par ses exemples et par son autorité, à les rendre bons, il trouverait le fruit de son travail dans leur vertu, ou du moins il trouverait dans la sienne et dans l'amitié des dieux de quoi se consoler de tous les mécomptes.

A peine ce discours fut-il achevé, que Télémaque s'avança avec empressement vers les Phéaciens du vaisseau qui était arrêté sur le rivage. Il s'adressa à un vieillard d'entre eux, pour lui demander d'où ils venaient, où ils allaient, et s'ils n'avaient point vu Ulysse. Le vieillard répondit : Nous venons de notre île, qui est celle des Phéaciens; nous allons chercher des marchandises vers l'Épire. Ulysse, comme on vous l'a déjà dit a passé dans notre patrie; mais il en est parti. Quel est, ajouta aussitôt Télémaque, cet homme si triste qui cherche les lieux les plus déserts en attendant que votre vaisseau parte ? C'est, répondit le vieillard, un étranger qui nous est inconnu : mais on dit qu'il se nomme Cléomènes; qu'il est né en Phrygie; qu'un oracle avait prédit à sa mère, avant sa naissance, qu'il serait roi, pourvu qu'il ne demeurât point dans sa patrie, et que, s'il y demeurait, la colère des dieux se ferait sentir aux Phrygiens par une cruelle peste. Dès qu'il fut né, ses parents le donnèrent à des matelots, qui le portèrent dans l'île de Lesbos. Il y fut nourri en secret aux dépens de sa patrie, qui avait un si grand intérêt de le tenir éloigné. Bientôt il devint grand, robuste, agréable, et adroit à tous les exercices du corps; il s'appliqua même, avec beaucoup de goût et de génie, aux sciences et aux beaux-arts. Mais on ne put le souffrir dans aucun pays : la prédiction faite sur lui devint célèbre; on le reconnut bientôt partout où il alla; partout les rois craignaient qu'il ne leur enlevât leurs diadèmes. Ainsi il est errant depuis sa jeunesse, et il ne peut trouver aucun lieu du monde où il lui soit libre de s'arrêter. Il a souvent passé chez des peuples fort éloignés du sien, mais à peine est-il arrivé dans une ville, qu'on y découvre sa naissance, et l'oracle qui le regarde. Il a beau se cacher, et choisir en chaque lieu quelque genre de vie obscure;

ses talents éclatent, dit-on, toujours malgré lui, et pour la guerre, et pour les lettres, et pour les affaires les plus importantes : il se présente toujours en chaque pays quelque occasion imprévue qui l'entraîne, et qui le fait connaître au public.

C'est son mérite qui fait son malheur ; il le fait craindre et l'exclut de tous les pays où il veut habiter. Sa destinée est d'être estimé, aimé, admiré partout, mais rejeté de toutes les terres connues. Il n'est plus jeune, et cependant il n'a pu encore trouver aucune côte, ni de l'Asie, ni de la Grèce, où l'on ait voulu le laisser vivre en quelque repos. Il paraît sans ambition, et il ne cherche aucune fortune ; il se trouverait trop heureux que l'oracle ne lui eût jamais promis la royauté. Il ne lui reste aucune espérance de revoir jamais sa patrie ; car il sait qu'il ne pourrait porter que le deuil et les larmes dans toutes les familles. La royauté même, pour laquelle il souffre, ne lui paraît point désirable ; il court malgré lui après elle, par une triste fatalité, de royaume en royaume ; et elle semble fuir devant lui, pour se jouer de ce malheureux jusqu'à sa vieillesse. Funeste présent des dieux, qui trouble tous ses plus beaux jours, et qui ne lui causera que des peines dans l'âge où l'homme infirme n'a plus besoin que de repos ! Il s'en va, dit-il, chercher vers la Thrace quelque peuple sauvage et sans lois, qu'il puisse assembler, policer et gouverner pendant quelques années ; après quoi, l'oracle étant accompli, on n'aura plus rien à craindre de lui dans les royaumes les plus florissants : il compte de se retirer alors en liberté dans un village de Carie, où il s'adonnera à l'agriculture, qu'il aime passionnément. C'est un homme sage et modéré, qui craint les dieux, qui connaît bien les hommes, et qui sait vivre en paix avec eux, sans les estimer. Voilà ce qu'on raconte de cet étranger dont vous me demandez des nouvelles.

Pendant cette conversation, Télémaque retournait souvent ses yeux vers la mer, qui commençait à être agitée. Le vent soulevait les flots qui venaient battre les rochers, les blanchissant de leur écume. Dans ce moment le vieillard dit à Télémaque : Il faut que je parte ; mes compagnons ne peuvent m'attendre. En disant ces mots, il court au rivage : on s'embarque ; on n'entend que cris confus sur ce rivage, par l'ardeur des mariniers impatients de partir.

Cet inconnu, qu'on nommait Cléomènes, avait erré quelque temps dans le milieu de l'île, montant sur le sommet de tous les rochers, et considérant de là les espaces immenses des mers avec une tristesse profonde. Télémaque ne l'avait point perdu de vue, et il ne cessait d'observer ses pas. Son cœur était attendri pour un homme vertueux, errant, malheureux, destiné aux plus grandes choses, et servant de jouet à une rigoureuse fortune, loin de sa patrie. Au moins, disait-il, en lui-même, peut-être reverrai-je Ithaque; mais ce Cléomènes ne peut jamais revoir la Phrygie. L'exemple d'un homme encore plus malheureux que lui adoucissait la peine de Télémaque. Enfin cet homme, voyant son vaisseau prêt, était descendu de ces rochers escarpés avec autant de vitesse et d'agilité, qu'Apollon dans les forêts de Lycie, ayant noué ses cheveux blonds, passe au travers des précipices pour aller percer de ses flèches les cerfs et les sangliers. Déjà cet inconnu est dans le vaisseau, qui fend l'onde amère, et qui s'éloigne de la terre. Alors une impression secrète de douleur saisit le cœur de Télémaque; il s'afflige sans savoir pourquoi; les larmes coulent de ses yeux, et rien ne lui est si doux que de pleurer.

En même temps, il aperçoit sur le rivage tous les mariniers de Salente, couchés sur l'herbe et profondément endormis. Ils étaient las et abattus : le doux sommeil s'était insinué dans leurs membres, et tous les humides pavots de la nuit avaient été répandus sur eux en plein jour par la puissance de Minerve. Télémaque est étonné de voir cet assoupissement universel des Salentins, pendant que les Phéaciens avaient été si attentifs et si diligents pour profiter du vent favorable. Mais il est encore plus occupé à regarder le vaisseau phéacien prêt à disparaître au milieu des flots, qu'à marcher vers les Salentins pour les éveiller; un étonnement et un trouble secret tiennent ses yeux attachés vers ce vaisseau déjà parti, dont il ne voit plus que les voiles qui blanchissent un peu dans l'onde azurée. Il n'écoute pas même Mentor qui lui parle; et il est tout hors de lui-même, dans un transport semblable à celui des Ménades, lorsqu'elles tiennent le thyrse en main, et qu'elles font retentir de leurs cris insensés les rives de l'Hèbre, avec les monts Rhodope et Ismare.

Enfin, il revient un peu de cette espèce d'enchantement; et les larmes recommencent à couler de ses yeux. Alors Mentor lui dit : Je ne m'étonne point, mon cher Télémaque, de vous voir pleurer; la cause de votre douleur, qui vous est inconnue, ne l'est pas à Mentor : c'est la nature qui parle et qui se fait sentir; c'est elle qui attendrit votre cœur. L'inconnu qui vous a donné une si vive émotion est le grand Ulysse : ce qu'un vieillard phéacien vous a raconté de lui, sous le nom de Cléomènes, n'est qu'une fiction faite pour cacher plus sûrement le retour de votre père dans son royaume. Il s'en va tout droit à Ithaque; déjà il est bien près du port, et il revoit enfin ces lieux si longtemps désirés. Vos yeux l'ont vu, comme on vous l'avait prédit autrefois, mais sans le connaître : bientôt vous le verrez, et vous le connaîtrez, et il vous connaîtra : mais maintenant les dieux ne pouvaient permettre votre reconnaissance hors d'Ithaque. Son cœur n'a pas été moins ému que le vôtre; il est trop sage pour se découvrir à un mortel dans un lieu où il pourrait être exposé à des trahisons et aux insultes des cruels amants de Pénélope. Ulysse, votre père, est le plus sage de tous les hommes; son cœur est comme un puits profond; on ne saurait y puiser son secret. Il aime la vérité, et ne dit jamais rien qui la blesse : mais il ne la dit que pour le besoin; et la sagesse, comme un sceau, tient toujours ses lèvres fermées à toute parole inutile. Combien a-t-il été ému en vous parlant! combien s'est-il fait de violence pour ne se point découvrir! que n'a-t-il pas souffert en vous voyant! Voilà ce qui le rendait triste et abattu.

Pendant ce discours, Télémaque, attendri et troublé, ne pouvait retenir un torrent de larmes; les sanglots l'empêchèrent même longtemps de répondre; enfin il s'écria : Hélas! mon cher Mentor, je sentais bien dans cet inconnu je ne sais quoi qui m'attirait à lui et qui remuait toutes mes entrailles. Mais pourquoi ne m'avez-vous pas dit, avant son départ, que c'était Ulysse, puisque vous le connaissiez? Pourquoi l'avez-vous laissé partir sans lui parler, et sans faire semblant de le connaître? Quel est donc ce mystère? Serai-je toujours malheureux? Les dieux irrités me veulent-ils tenir comme Tantale altéré, qu'une onde trompeuse amuse, s'enfuyant de ses lèvres*? Ulysse, Ulysse, m'avez-vous échappé pour jamais? Peut-être ne le verrai-je plus! Peut-être que les amants de Pénélope le feront tomber dans les embûches qu'ils me préparaient! Au moins, si je le suivais, je mourrais avec lui! O Ulysse, ô Ulysse! si la tempête ne vous rejette point encore contre quelque écueil (car j'ai tout à craindre de la fortune ennemie), je tremble de peur que vous n'arriviez à Ithaque avec un sort aussi funeste qu'Agamemnon à Mycènes. Mais pourquoi, cher Mentor, m'avez-vous envié mon bonheur? Maintenant je l'embrasserais; je serais déjà avec lui dans le port d'Ithaque; nous combattrions pour vaincre tous nos ennemis.

Mentor lui répondit en souriant : Voyez, mon cher Télémaque, comment les hommes sont faits : vous voilà tout désolé, parce que vous avez vu votre père sans le reconnaître. Que n'eussiez-vous pas donné hier pour être assuré qu'il n'était pas mort? Aujourd'hui, vous en êtes assuré par vos propres yeux; et cette assurance, qui devrait vous combler de joie, vous laisse dans l'amertume! Ainsi le cœur malade des mortels compte toujours pour rien ce qu'il a le plus désiré, dès qu'il le possède, et est ingénieux pour se tourmenter sur ce qu'il ne possède pas encore. C'est pour exercer votre patience que les dieux vous tiennent ainsi en suspens. Vous regardez ce temps comme perdu; sachez que c'est le plus utile de votre vie, car ces peines servent à vous exercer dans la plus nécessaire de toutes les vertus pour ceux qui doivent commander. Il faut être patient pour devenir maître de soi et des autres hommes : l'impatience, qui paraît une force et une vigueur de l'âme, n'est qu'une faiblesse et une impuissance de souffrir la peine. Celui qui ne sait pas attendre et souffrir est comme celui qui ne sait pas se taire sur un secret; l'un et l'autre manquent de fermeté pour se retenir : comme un homme qui court dans un chariot, et qui n'a pas la main assez ferme pour arrêter, quand il le faut, ses coursiers fougueux; ils n'obéissent plus au frein, ils se précipitent; et l'homme faible, auquel ils échappent, est brisé dans sa chute. Ainsi l'homme impatient est entraîné, par ses désirs indomptés et farouches, dans un abîme de malheurs : plus sa puissance est grande, plus son impatience lui est funeste; il n'attend rien, il ne se donne le temps de rien mesurer; il force toutes choses pour se contenter; il rompt les branches pour cueillir le fruit avant qu'il soit mûr; il brise les portes, plutôt que d'attendre qu'on les lui ouvre; il veut moissonner quand le sage laboureur sème : tout ce qu'il fait à la hâte et à contre-temps est mal fait, et ne peut avoir de durée, non plus que ses désirs volages. Tels sont les projets insensés d'un homme qui croit pouvoir tout, et qui se livre à ses désirs impatients pour abuser de sa puissance. C'est pour vous apprendre à être patient, mon cher Télémaque, que les dieux exercent tant votre patience, et semblent se jouer de vous dans la vie errante où ils vous tiennent toujours incertain. Les biens que vous espérez se montrent à vous et s'enfuient comme un songe léger que le réveil fait disparaître, pour vous apprendre que les choses mêmes qu'on croit tenir dans ses mains échappent dans l'instant. Les plus sages leçons d'Ulysse ne vous seront pas aussi utiles que sa longue absence, et que les peines que vous souffrez en le cherchant.

Ensuite Mentor voulut mettre la patience de Télémaque à une dernière épreuve encore plus forte. Dans le moment où le jeune homme allait avec ardeur presser les matelots pour hâter le départ, Mentor l'arrêta tout à coup, et l'engagea à faire sur le rivage un grand sacrifice à Minerve. Télémaque fait avec docilité ce que Mentor veut. On dresse deux autels de gazon. L'encens fume, le sang des victimes coule. Télémaque pousse des soupirs tendres vers le ciel; il reconnaît la puissante protection de la déesse.

A peine le sacrifice est-il achevé, qu'il suit Mentor dans les routes sombres d'un petit bois voisin. Là, il aperçoit tout à coup que le visage de son ami prend une nouvelle forme : les rides de son front s'effacent comme les ombres disparaissent, quand l'Aurore, de ses doigts de rose, ouvre les portes de l'Orient, et enflamme tout l'horizon; ses yeux creux et austères se changent en des yeux bleus d'une douceur céleste et pleins d'une flamme divine; sa barbe grise et négligée disparaît; des traits nobles et fiers, mêlés de douceur et de grâce, se montrent aux yeux de Télémaque ébloui. Il reconnaît un visage de femme, avec un teint plus uni qu'une fleur tendre : on y voit la blancheur des lis mêlés de roses naissantes : sur ce visage fleurit une éternelle jeunesse, avec une majesté simple et négligée. Une odeur d'ambroisie se répand de ses cheveux flottants*; ses habits éclatent comme les vives couleurs dont le soleil, en se levant, peint les sombres voûtes du ciel et les nuages qu'il vient dorer. Cette divinité ne touche pas du pied à terre; elle coule légèrement dans l'air comme un oiseau le fend de ses ailes : elle tient de sa puissante main une lance brillante, capable de faire trembler les villes et les nations les plus guerrières; Mars même en serait effrayé. Sa voix est douce et modérée, mais forte et insinuante; toutes ses paroles sont des traits de feu qui percent le cœur de Télémaque, et qui lui font ressentir je ne sais quelle douceur délicieuse. Sur son casque paraît l'oiseau triste d'Athènes, et sur sa poitrine brille la redoutable égide. A ces marques, Télémaque reconnaît Minerve.

O déesse, se dit-il, c'est donc vous-même qui avez daigné conduire le fils d'Ulysse pour l'amour de son père ! Il voulait en dire davantage, mais la voix lui manqua; ses lèvres s'efforçaient en vain d'exprimer les pensées qui sortaient avec impétuosité du fond de son cœur; la divinité présente l'accablait, et il était comme un homme qui, dans un songe, est oppressé jusqu'à perdre la respiration, et qui, par l'agitation pénible de ses lèvres, ne peut former aucune voix.

Enfin Minerve prononça ces paroles : Fils d'Ulysse, écoutez-moi pour la dernière fois. Je n'ai instruit aucun mortel avec autant de soin que vous; je vous ai mené par la main au travers des naufrages, des terres inconnues, des guerres sanglantes, et de tous les maux qui peuvent éprouver le cœur de l'homme. Je vous ai montré, par des expériences sensibles, les vraies et les fausses maximes par lesquelles on peut régner. Vos fautes ne vous ont pas été moins utiles que vos malheurs : car quel est l'homme qui peut gouverner sagement, s'il n'a jamais souffert, et s'il n'a jamais profité des souffrances où ses fautes l'ont précipité?

Vous avez rempli, comme votre père, les terres et les mers de vos tristes aventures. Allez, vous êtes maintenant digne de marcher sur ses pas. Il ne vous reste plus qu'un court et facile trajet jusques à Ithaque, où il arrive dans ce moment : combattez avec lui ; obéissez-lui comme le moindre de ses sujets ; donnez-en l'exemple aux autres. Il vous donnera pour épouse Antiope, et vous serez heureux avec elle, pour avoir moins cherché la beauté que la sagesse et la vertu.

Lorsque vous régnerez, mettez toute votre gloire à renouveler l'âge d'or : écoutez tout le monde ; croyez peu de gens ; gardez-vous bien de vous croire trop vous-même : craignez de vous tromper, mais ne craignez jamais de laisser voir aux autres que vous avez été trompé.

Aimez les peuples ; n'oubliez rien pour en être aimé. La crainte est nécessaire quand l'amour manque ; mais il la faut toujours employer à regret, comme les remèdes les plus violents et les plus dangereux.

Considérez toujours de loin toutes les suites de ce que vous voudrez entreprendre ; prévoyez les plus terribles inconvénients, et sachez que le vrai courage consiste à envisager tous les périls, et à les mépriser quand ils deviennent nécessaires. Celui qui ne veut pas les voir n'a pas assez de courage pour en supporter tranquillement la vue : celui qui les voit tous, qui évite tous ceux qu'on peut éviter, et qui tente les autres sans s'émouvoir, est le seul sage et magnanime.

Fuyez la mollesse, le faste, la profusion ; mettez votre gloire dans la simplicité ; que vos vertus et vos bonnes actions soient les ornements de votre personne et de votre palais ; qu'elles soient la garde qui vous environne, et que tout le monde apprenne de vous en quoi consiste le vrai bonheur. N'oubliez jamais que les rois ne règnent point pour leur propre gloire, mais pour le bien des peuples. Les biens qu'ils font s'étendent jusque dans les siècles les plus éloignés : les maux qu'ils font se multiplient de génération en génération, jusqu'à la postérité la plus reculée. Un mauvais règne fait quelquefois la calamité de plusieurs siècles.

Surtout soyez en garde contre votre humeur : c'est un ennemi que vous porterez partout avec vous jusques à la mort; il entrera dans vos conseils, et vous trahira, si vous l'écoutez. L'humeur fait perdre les occasions les plus importantes; elle donne des inclinations et des aversions d'enfant, au préjudice des plus grands intérêts; elle fait décider les plus grandes affaires par les plus petites raisons; elle obscurcit tous les talents, rabaisse le courage, rend un homme inégal, faible, vil et insupportable. Défiez-vous de cet ennemi.

Craignez les dieux, ô Télémaque; cette crainte est le plus grand trésor du cœur de l'homme : avec elle vous viendront la sagesse, la justice, la paix, la joie, les plaisirs purs, la vraie liberté, la douce abondance, la gloire sans tache.

Je vous quitte, ô fils d'Ulysse! mais ma sagesse ne vous quittera point, pourvu que vous sentiez toujours que vous ne pouvez rien sans elle. Il est temps que vous appreniez à marcher tout seul. Je ne me suis séparée de vous, en Phénicie et à Salente, que pour vous accoutumer à être privé de cette douceur, comme on sèvre les enfants lorsqu'il est temps de leur ôter le lait pour leur donner des aliments solides.

A peine la déesse eut achevé ce discours qu'elle s'éleva dans les airs et s'enveloppa d'un nuage d'or et d'azur, où elle disparut. Télémaque, soupirant, étonné et hors de lui-même, se prosterna à terre, levant les mains au ciel; puis il alla éveiller ses compagnons, se hâta de partir, arriva à Ithaque, et reconnut son père chez le fidèle Eumée.

FIN.

LES AVENTURES D'ARISTONOÜS

Sophronyme, ayant perdu les biens de ses ancêtres par des naufrages et par d'autres malheurs, s'en consolait par sa vertu dans l'île de Délos [1]. Là, il chantait sur une lyre d'or les merveilles du dieu qu'on y adore : il cultivait les Muses, dont il était aimé : il recherchait curieusement tous les secrets de la nature, le cours des astres et des cieux, l'ordre des éléments, la structure de l'univers, qu'il mesurait de son compas; la vertu des plantes, la conformation des animaux : mais surtout il s'étudiait lui-même, et s'appliquait à orner son âme par la vertu. Ainsi la fortune, en voulant l'abattre, l'avait élevé à la véritable gloire, qui est celle de la sagesse.

Pendant qu'il vivait heureux sans biens dans cette retraite, il aperçut un jour sur le rivage de la mer un vieillard vénérable qui lui était inconnu; c'était un étranger qui venait d'aborder dans l'île. Ce vieillard admirait les bords de la mer, dans laquelle il savait que cette île avait été autrefois flottante; il considérait cette côte, où s'élevaient, au-dessus des sables et des rochers, de petites collines toujours couvertes d'un gazon naissant et fleuri; il ne pouvait assez regarder les fontaines pures et les ruisseaux rapides qui arrosaient cette délicieuse campagne; il s'avançait vers les bocages sacrés qui environnaient le temple du dieu; il était étonné de voir cette verdure que les aquilons n'osent jamais ternir, et il considérait déjà le temple, d'un marbre de Paros plus blanc que la neige, environné de hautes colonnes de jaspe,

Sophronyme n'était pas moins attentif à considérer ce vieillard : sa barbe blanche tombait sur sa poitrine; son visage ridé n'avait rien de difforme; il était encore exempt des injures d'une vieillesse caduque; ses yeux montraient une douce vivacité; sa taille était haute et majestueuse, mais un peu courbée, et un bâton d'ivoire le soutenait. O étranger, lui dit Sophronyme, que cherchez-vous dans cette île, qui paraît vous être inconnue? Si c'est le temple du dieu, vous le voyez de loin, et je m'offre de vous y conduire; car je crains les dieux, et j'ai appris ce que Jupiter veut qu'on fasse pour secourir les étrangers.

J'accepte, répondit le vieillard, l'offre que vous me faites avec tant de marques de bonté; je prie les dieux de récompenser votre amour pour les étrangers. Allons vers le temple. Dans le chemin, il raconta à Sophronyme le sujet de son voyage : Je m'appelle, dit-il, Aristonoüs, natif de Clazomène[1], ville d'Ionie, située sur cette côte agréable qui s'avance dans la mer, et semble s'aller joindre à l'île de Chio, fortunée patrie d'Homère. Je naquis de parents pauvres, quoique nobles. Mon père, nommé Polystrate, qui était déjà chargé d'une nombreuse famillle, ne voulut point m'élever; il me fit exposer par un de ses amis de Téos[2]. Une vieille femme d'Erythre[3], qui avait du bien auprès du lieu où l'on m'exposa, me nourrit de lait de chèvre dans sa maison : mais comme elle avait à peine de quoi vivre, dès que je fus en âge de servir, elle me vendit à un marchand d'esclaves qui me mena dans la Lycie. Il me vendit à Patare[4], à un homme riche et vertueux, nommé Alcine; cet Alcine eut soin de moi dans ma jeunesse. Je lui parus docile, modéré, sincère, affectionné, et appliqué à toutes les choses honnêtes dont on voulut m'instruire; il me dévoua aux arts qu'Apollon favorise; il me fit apprendre la musique, les exercices du corps, et surtout l'art de guérir les plaies des hommes. J'acquis bientôt une assez grande réputation dans cet art, qui est si nécessaire; et Apollon qui m'inspira me découvrit des secrets merveilleux. Alcine, qui m'aimait de plus en plus, et qui était ravi de voir le succès de ses soins pour moi, m'affranchit et m'envoya à Polycrate, tyran de Samos, qui, dans son incroyable félicité, craignait toujours que la fortune, après l'avoir si longtemps flatté, ne le trahît cruellement. Il aimait la vie, qui était pour lui pleine de délices; il craignait de la perdre, et voulait prévenir les moindres apparences de maux : ainsi il était toujours environné des hommes les plus célèbres dans la médecine. Polycrate fut ravi que je voulusse passer ma vie auprès de lui : pour m'y attacher, il me donna de grandes richesses, et me combla d'honneurs. Je demeurai longtemps à Samos, où je ne pouvais assez m'étonner de voir que la fortune semblait prendre plaisir de le servir selon tous ses désirs : il suffisait qu'il entreprît une guerre, la victoire suivait de près : il n'avait qu'à vouloir les choses les plus difficiles, elles se faisaient d'abord comme d'elles-mêmes : ses richesses immenses se multipliaient tous les jours : tous ses ennemis étaient à ses pieds; sa santé, loin de diminuer, devenait chaque jour plus forte et plus égale : il y avait déjà quarante ans que ce tyran, tranquille et heureux, tenait la fortune comme enchaînée, sans qu'elle osât jamais le démentir en rien, ni lui causer le moindre mécompte dans tous ses desseins. Une prospérité si inouïe parmi les hommes me faisait peur pour lui : je l'aimais sincèrement, et je ne pus m'empêcher de lui découvrir ma crainte : elle fit impression dans son cœur; car, encore qu'il fût amolli par les délices et enorgueilli de sa puissance, il ne laissait pas d'avoir un peu d'humanité quand on le faisait ressouvenir des dieux et de l'inconstance des choses humaines. Il souffrit que je lui disse la vérité, et il fut si touché de ma crainte pour lui, qu'enfin il résolut d'arrêter le cours de ses prospérités par une perte qu'il voulait se préparer lui-même. Je vois bien, me dit-il, qu'il n'y a point d'homme qui ne doive en sa vie éprouver quelque disgrâce de la fortune; plus on a été épargné d'elle, plus on a à craindre quelque révolution affreuse : moi, qu'elle a comblé de biens pendant tant d'années, je dois attendre des maux extrêmes, si je ne détourne ce qui semble me menacer; je veux donc me hâter de prévenir les trahisons de cette fortune flatteuse. En disant ces paroles, il tira de son doigt son anneau, qui était d'un très-grand prix, et qu'il aimait fort; il le jeta en ma présence, du haut d'une tour, dans la mer, espérant par cette perte d'avoir satisfait à la nécessité de subir, du moins une fois en sa vie, les rigueurs de la fortune ; mais c'était un aveuglement causé par sa prospérité : les maux qu'on choisit et qu'on se fait soi-même ne sont plus des maux ; nous ne sommes affligés que par les peines forcées et imprévues dont les dieux nous frappent. Polycrate ne savait pas que le vrai moyen de prévenir la fortune, était de se détacher par sagesse et par modération de tous les biens fragiles qu'elle donne. La fortune, à laquelle il voulut sacrifier son anneau, n'accepta point ce sacrifice ; et Polycrate, malgré lui, parut plus heureux que jamais. Un poisson avait avalé l'anneau ; le poisson avait été pris, porté chez Polycrate, préparé pour être servi à sa table ; et l'anneau, trouvé par un cuisinier dans le ventre du poisson, fut rendu au tyran, qui pâlit à la vue d'une fortune si opiniâtre à le favoriser : mais le temps s'approchait où ses prospérités se devaient changer tout à coup en des adversités affreuses. Le grand roi de Perse, Darius, fils d'Hystaspe, entreprit la guerre contre les Grecs ; il subjugua bientôt toutes les colonies grecques de la côte d'Asie et les îles voisines qui sont dans la mer Égée ; Samos fut prise, le tyran fut vaincu, et Oronte, qui commandait pour le grand roi, ayant fait dresser une haute croix, y fit attacher le tyran. Ainsi cet homme qui avait joui d'une si prodigieuse prospérité, et qui n'avait pu même éprouver le malheur qu'il avait cherché, périt tout à coup par le plus cruel et le plus infâme de tous les supplices. Ainsi rien ne menace tant les hommes de quelque grand malheur, qu'une trop grande prospérité. Cette fortune qui se joue si cruellement des hommes les plus élevés, tire aussi de la poussière ceux qui étaient les plus malheureux : elle avait précipité Polycrate du haut de la roue, et elle m'avait fait sortir de la plus misérable de toutes les conditions, pour me donner de grands biens*. Les Perses ne me les ôtèrent point ; au contraire, ils firent grand cas de ma science pour guérir les hommes, et de la modération avec laquelle j'avais vécu pendant que j'étais en faveur auprès du tyran : ceux qui avaient abusé de sa confiance et de son autorité furent punis de divers supplices. Comme je n'avais jamais fait de mal à personne, et que j'avais au contraire fait tout le bien que j'avais pu faire, je demeurai le seul que les victorieux épargnèrent et qu'ils traitèrent honorablement : chacun s'en réjouit, car j'étais aimé, et j'avais joui de la prospérité sans envie, parce que je n'avais montré ni dureté, ni orgueil, ni avidité, ni injustice. Je passai encore à Samos quelques années assez tranquillement; mais je sentis enfin un violent désir de revoir la Lycie, où j'avais passé si doucement mon enfance. J'espérais y retrouver Alcine, qui m'avait nourri et qui était le premier auteur de toute ma fortune. En arrivant dans ce pays, j'appris qu'Alcine était mort après avoir perdu ses biens, et souffert avec beaucoup de constance les malheurs de sa vieillesse. J'allai répandre des fleurs et des larmes sur ses cendres; je mis une inscription honorable sur son tombeau, et je demandai ce qu'étaient devenus ses enfants. On me dit que le seul qui était resté, nommé Orciloque, ne pouvant se résoudre à paraître sans biens dans sa patrie, où son père avait eu tant d'éclat, s'était embarqué dans un vaisseau étranger, pour aller mener une vie obscure dans quelque île écartée de la mer. On m'ajouta que cet Orciloque avait fait naufrage peu de temps après vers l'île de Carpathie [1], et qu'ainsi il ne restait plus rien de la famille de mon bienfaiteur Alcine. Aussitôt je songeai à acheter la maison où il avait demeuré, avec les champs fertiles qu'il possédait autour. J'étais bien aise de revoir ces lieux, qui me rappelaient le doux souvenir d'un âge si agréable et d'un si bon maître : il me semblait que j'étais encore dans cette fleur de mes premières années où j'avais servi Alcine. A peine eus-je acheté de ses créanciers les biens de sa succession, que je fus obligé d'aller à Clazomène : mon père Polystrate et ma mère Phidile étaient morts. J'avais plusieurs frères qui vivaient mal ensemble : aussitôt que je fus arrivé à Clazomène, je me présentai à eux avec un habit simple, comme un homme dépourvu de biens, en leur montrant les marques avec lesquelles vous savez qu'on a soin d'exposer les enfants. Ils furent étonnés de voir ainsi augmenter le nombre des héritiers de Polystrate, qui devaient partager sa petite succession : ils voulurent même me contester ma naissance, et ils refusèrent devant les juges de me reconnaître. Alors, pour punir leur inhumanité, je déclarai que je consentais à être comme un étranger pour eux, et je demandai qu'ils fussent aussi exclus pour jamais d'être mes héritiers. Les juges l'ordonnèrent : et alors je montrai les richesses que j'avais apportées dans mon vaisseau; je leur découvris que j'étais cet Aristonoüs qui avait acquis tant de trésors auprès de Polycrate, tyran de Samos, et que je ne m'étais jamais marié.

Mes frères se repentirent de m'avoir traité si injustement; et, dans le désir de pouvoir être un jour mes héritiers, ils firent les derniers efforts, mais inutilement, pour s'insinuer dans mon amitié. Leur division fut cause que les biens de notre père furent vendus; je les achetai; et ils eurent la douleur de voir tout le bien de notre père passer dans les mains de celui à qui ils n'avaient pas voulu en donner la moindre partie : ainsi ils tombèrent tous dans une affreuse pauvreté. Mais, après qu'ils eurent assez senti leur faute, je voulus leur montrer mon bon naturel; je leur pardonnai; je les reçus dans ma maison; je leur donnai à chacun de quoi gagner du bien dans le commerce de la mer; je les réunis tous : eux et leurs enfants demeurèrent ensemble paisiblement chez moi : je devins le père commun de toutes ces différentes familles. Par leur union et par leur application au travail, ils amassèrent bientôt des richesses considérables. Cependant la vieillesse, comme vous le voyez, est venue frapper à ma porte : elle a blanchi mes cheveux et ridé mon visage; elle m'avertit que je ne jouirai pas longtemps d'une si parfaite prospérité. Avant que de mourir, j'ai voulu voir encore une dernière fois cette terre qui m'est si chère, et qui me touche plus que ma patrie même, cette Lycie où j'ai appris à être bon et sage sous la conduite du vertueux Alcine. En y repassant par mer, j'ai trouvé un marchand d'une des îles Cyclades¹ qui m'a assuré qu'il restait encore à Délos un fils d'Orciloque, qui imitait la sagesse et la vertu de son grand-père Alcine. Aussitôt j'ai quitté la route de Lycie, et je me suis hâté de venir chercher, sous les auspices d'Apollon, dans son île, ce précieux reste d'une famille à qui je dois tout. Il me reste peu de temps à vivre : la Parque, ennemie de ce doux repos que les dieux accordent si rarement aux mortels, se hâtera de trancher mes jours; mais je serai content de mourir, pourvu que mes yeux, avant que de se fermer à la lumière, aient vu le petit-fils de mon maître. Parlez maintenant, ô vous qui habitez avec lui dans cette île ! le connaissez-vous? pouvez-vous me dire où je le trouverai ? Si vous me le faites voir, puissent les dieux, en récompense, vous faire voir sur vos genoux les enfants de vos enfants jusqu'à la cinquième génération! puissent les dieux conserver toute votre maison dans la paix et dans l'abondance, pour fruit de votre vertu !

Pendant qu'Aristonoüs parlait ainsi, Sophronyme versait des larmes mêlées de joie et de douleur. Enfin il se jette sans pouvoir parler au cou du vieillard; il l'embrasse, il le serre, et il pousse avec peine ces paroles entrecoupées de soupirs : Je suis, ô mon père! celui que vous cherchez; vous voyez Sophronyme, petit-fils de votre ami Alcine : c'est moi, et je ne puis douter, en vous écoutant, que les dieux ne vous aient envoyé ici pour adoucir mes maux. La reconnaissance, qui semblait perdue sur la terre, se retrouve en vous seul. J'avais ouï dire, dans mon enfance, qu'un homme célèbre et riche, établi à Samos, avait été nourri chez mon grand-père; mais comme Orciloque mon père, qui est mort jeune, me laissa au berceau, je n'ai su ces choses que confusément. Je n'ai osé aller à Samos dans l'incertitude, et j'ai mieux aimé demeurer dans cette île, me consolant dans mes malheurs par le mépris des vaines richesses et par le doux emploi de cultiver les Muses dans la maison sacrée d'Apollon. La sagesse, qui accoutume les hommes à se contenter de peu et à être tranquilles, m'a tenu lieu jusqu'ici de tous les autres biens.

En achevant ces paroles, Sophronyme, se voyant arrivé au temple, proposa à Aristonoüs d'y faire sa prière et ses offrandes. Ils firent au dieu un sacrifice de deux brebis plus blanches que la neige, et d'un taureau qui avait un croissant sur le front entre les deux cornes; ensuite ils chantèrent des vers en l'honneur du dieu qui éclaire l'univers, qui règle les saisons, qui préside aux sciences, et qui anime le chœur des neuf Muses. Au sortir du temple, Sophronyme et Aristonoüs passèrent le reste du jour à se raconter leurs aventures. Sophronyme reçut chez lui le vieillard avec la tendresse et le respect qu'il aurait témoignés à Alcine même, s'il eût été encore vivant. Le lendemain, ils partirent ensemble et firent voile vers la Lycie. Aristonoüs mena Sophronyme dans une fertile campagne sur le bord du fleuve Xanthe [1], dans les ondes duquel Apollon, au retour de la chasse, couvert de poussière, a tant de fois plongé son corps et lavé ses beaux cheveux blonds. Ils trouvèrent, le long de ce fleuve, des peupliers et des saules, dont la verdure tendre et naissante cachait les nids d'un nombre infini d'oiseaux qui chantaient nuit et jour. Le fleuve, tombant d'un rocher avec beaucoup de bruit et d'écume [*], brisait ses flots dans un canal plein de petits cailloux; toute la plaine était couverte de moissons dorées; les collines, qui s'élevaient en amphithéâtre, étaient chargées de ceps de vignes et d'arbres fruitiers. Là, toute la nature était riante et gracieuse; le ciel était doux et serein, et la terre toujours prête à tirer de son sein de nouvelles richesses pour payer les peines du laboureur. En s'avançant le long du fleuve, Sophronyme aperçut une maison simple et médiocre, mais d'une architecture agréable, avec de justes proportions. Il n'y trouva ni marbre, ni or, ni argent, ni ivoire, ni meubles de pourpre : tout y était propre, et plein d'agrément et de commodité, sans magnificence. Une fontaine coulait au milieu de la cour, et formait un petit canal le long d'un tapis vert. Les jardins n'étaient point vastes; on y voyait des fruits et des plantes utiles pour nourrir les hommes ; aux deux côtés du jardin paraissaient deux bocages, dont les arbres étaient presque aussi anciens que la terre leur mère, et dont les rameaux épais faisaient une ombre impénétrable aux rayons du soleil. Ils entrèrent dans un salon, où ils firent un doux repas des mets que la nature fournissait dans les jardins, et on n'y voyait rien de ce que la délicatesse des hommes va chercher si loin et si chèrement dans les villes : c'était du lait aussi doux que celui qu'Apollon avait soin de traire pendant qu'il était berger chez le roi Admète; c'était du miel plus exquis que celui des abeilles d'Hybla en Sicile, ou du mont Hymette dans l'Attique; il y avait des légumes du jardin, et des fruits qu'on venait de cueillir. Un vin plus délicieux que le nectar coulait de grands vases dans les coupes ciselées. Pendant ce repas frugal, mais doux et tranquille, Aristonoüs ne voulut point se mettre à table. D'abord il fit ce qu'il put, sous divers prétextes, pour cacher sa modestie; mais enfin, comme Sophronyme voulut le presser, il déclara qu'il ne se résoudrait jamais à manger avec le petit-fils d'Alcine, qu'il avait si longtemps servi dans la même salle. Voilà, lui disait-il, où ce sage vieillard avait accoutumé de manger; voilà où il conversait avec ses amis; voilà où il jouait à divers jeux ; voici où il se promenait en lisant Hésiode et Homère; voici où il se reposait la nuit. En rappelant ces circonstances, son cœur s'attendrissait, et les larmes coulaient de ses yeux. Après le repas, il mena Sophronyme voir la belle prairie où erraient ses grands troupeaux mugissants sur le bord du fleuve : puis ils aperçurent les troupeaux de moutons qui revenaient des gras pâturages; les mères bêlantes et pleines de lait y étaient suivies de leurs petits agneaux bondissants. On voyait partout les ouvriers empressés, qui aimaient le travail pour l'intérêt de leur maître doux et humain, qui se faisait aimer d'eux, et leur adoucissait les peines de l'esclavage.

Aristonoüs, ayant montré à Sophronyme cette maison, ces esclaves, ces troupeaux, et ces terres devenues si fertiles par une soigneuse culture, lui dit ces paroles : Je suis ravi de vous voir dans l'ancien patrimoine de vos ancêtres; me voilà content, puisque je vous mets en possession du lieu où j'ai servi si longtemps Alcine. Jouissez en paix de ce qui était à lui, vivez heureux, et préparez-vous de loin par votre vigilance une fin plus douce que la sienne. En même temps il lui fait une donation de ce bien, avec toutes les solennités prescrites par les lois; et il déclare qu'il exclut de sa succession ses héritiers naturels, si jamais ils sont assez ingrats pour contester la donation qu'il a faite au petit-fils d'Alcine, son bienfaiteur. Mais ce n'est pas assez pour contenter le cœur d'Aristonoüs. Avant que de donner sa maison, il l'orne tout entière de meubles neufs, simples et modestes, à la vérité, mais propres et agréables ; il remplit les greniers des riches présents de Cérès, et les celliers d'un vin de Chio, digne d'être servi par la main d'Hébé ou de Ganymède à la table du grand Jupiter; il y met aussi du vin pramnien, avec une abondante provision de miel d'Hymette et d'Hybla, et d'huile d'Attique, presque aussi douce que le miel même. Enfin il y ajoute d'innombrables toisons d'une laine fine et blanche comme la neige, riche dépouille des tendres brebis qui paissaient sur les montagnes d'Arcadie et dans les gras pâturages de Sicile. C'est en cet état qu'il donne sa maison à Sophronyme ; il lui donne encore cinquante talents euboïques, et réserve à ses parents les biens qu'il possède dans la péninsule de Clazomène, aux environs de Smyrne[1], de Lébédée[2] et de Colophon[3], qui étaient d'un très-grand prix. La donation étant faite, Aristonoüs se rembarque dans son vaisseau, pour retourner dans l'Ionie. Sophronyme, étonné et attendri par des bienfaits si magnifiques, l'accompagne jusqu'au vaisseau les larmes aux yeux, le nommant toujours son père, et le serrant entre ses bras. Aristonoüs arriva bientôt chez lui par une heureuse navigation : aucun de ses parents n'osa se plaindre de ce qu'il venait de donner à Sophronyme. J'ai laissé, leur disait-il, pour dernière volonté dans mon testament, cet ordre, que tous mes biens seront vendus et distribués aux pauvres de l'Ionie, si jamais aucun de vous s'oppose au don que je viens de faire au petit-fils d'Alcine.

Le sage vieillard vivait en paix, et jouissait des biens que les dieux avaient accordés à sa vertu. Chaque année, malgré sa vieillesse, il faisait un voyage en Lycie pour revoir Sophronyme, et pour aller faire un sacrifice sur le tombeau d'Alcine, qu'il avait enrichi des plus beaux ornements de l'architecture et de la sculpture. Il avait ordonné que ses propres cendres, après sa mort, seraient portées dans le même tombeau, afin qu'elles reposassent avec celles de son cher maître. Chaque année, au printemps, Sophronyme, impatient de le revoir, avait sans cesse les yeux tournés vers le rivage de la mer, pour tâcher de découvrir le vaisseau d'Aristonoüs, qui arrivait dans cette saison. Chaque année, il avait le plaisir de voir venir de loin, au travers des ondes amères, ce vaisseau qui lui était si cher; et la venue de ce vaisseau lui était infiniment plus douce que toutes les grâces de la nature renaissante au printemps, après les rigueurs de l'affreux hiver.

Une année, il ne voyait point venir, comme les autres, ce vaisseau tant désiré; il soupirait amèrement; la tristesse et la crainte étaient peintes sur son visage; le doux sommeil fuyait loin de ses yeux; nul mets exquis ne lui semblait doux : il était inquiet, alarmé du moindre bruit; toujours tourné vers le port, il demandait à tous moments si on n'avait point vu quelque vaisseau venu d'Ionie. Il en vit un, mais, hélas! Aristonoüs n'y était pas; il ne portait que ses cendres dans une urne d'argent. Amphiclès, ancien ami du mort, et à peu près du même âge, fidèle exécuteur de ses dernières volontés, apportait tristement cette urne. Quand il aborda Sophronyme, leur parole leur manqua à tous deux, et ils ne s'exprimèrent que par leurs sanglots. Sophronyme ayant baisé l'urne, et l'ayant arrosée de ses larmes, parla ainsi : O vieillard! vous avez fait le bonheur de ma vie, et vous me causez maintenant la plus cruelle de toutes les douleurs : je ne vous verrai plus; la mort me serait douce pour vous voir et pour vous suivre dans les Champs-Élysées, où votre ombre jouit de la bienheureuse paix que les dieux justes réservent à la vertu. Vous avez ramené en nos jours la justice, la piété et la reconnaissance sur la terre; vous avez montré, dans un siècle de fer, la bonté et l'innocence de l'âge d'or. Les dieux, avant que de vous couronner dans le séjour des justes, vous ont accordé ici-bas une vieillesse heureuse, agréable et longue : mais, hélas! ce qui devrait toujours durer n'est jamais assez long. Je ne sens plus aucun plaisir à jouir de vos dons, puisque je suis réduit à en jouir sans vous. O chère ombre! quand est-ce que je vous suivrai! Précieuses cendres, si vous pouvez sentir encore quelque chose, vous ressentirez sans doute le plaisir d'être mêlées à celles d'Alcine. Les miennes s'y mêleront aussi un jour. En attendant, toute ma consolation sera de conserver ces restes de ce que j'ai le plus aimé. O Aristonoüs! ô Aristonoüs! non, vous ne mourrez point, et vous vivrez toujours dans le fond de mon cœur. Plutôt m'oublier moi-même que d'oublier jamais cet homme si aimable, qui m'a tant aimé, qui aimait tant la vertu, à qui je dois tout!

Après ces paroles entrecoupées de profonds soupirs, Sophronyme mit l'urne dans le tombeau d'Alcine; il immola plusieurs victimes, dont le sang inonda les autels de gazon qui environnaient le tombeau; il répandit des libations abondantes de vin et de lait, il brûla des parfums venus du fond de l'Orient, et il s'éleva un nuage odoriférant au milieu des airs. Sophronyme établit à jamais, pour toutes les années, et dans la même saison, des jeux funèbres en l'honneur d'Alcine et d'Aristonoüs. On y venait de la Carie [1], heureuse et fertile contrée; des bords enchantés du Méandre [2], qui se joue par tant de détours, et qui semble quitter à regret le pays qu'il arrose; des rives toujours vertes du Caïstre [3]; des bords du Pactole [4], qui roule sous ses flots un sable doré; de la Pamphylie [5], que Cérès, Pomone et Flore, ornent à l'envi; enfin des vastes plaines de la Cilicie [6], arrosées comme un jardin par les torrents qui tombent du mont Taurus [7] toujours couvert de neige. Pendant cette fête si solennelle, les jeunes garçons et les jeunes filles, vêtues de robes traînantes de lin plus blanches que les lis, chantaient des hymnes à la louange d'Alcine et d'Aristonoüs; car on ne pouvait louer l'un sans louer aussi l'autre, ni séparer deux hommes si étroitement unis même après leur mort.

Ce qu'il y eut de plus merveilleux, c'est que, dès le premier jour, pendant que Sophronyme faisait les libations de vin et de lait, un myrte d'une verdure et d'une odeur exquise naquit au milieu du tombeau, et éleva tout à coup sa tête touffue pour couvrir les deux urnes de ses rameaux et de son ombre : chacun s'écria qu'Aristonoüs, en récompense de sa vertu, avait été changé par les dieux en un arbre si beau. Sophronyme prit soin de l'arroser lui-même, et de l'honorer comme une divinité. Cet arbre, loin de vieillir, se renouvelle de dix ans en dix ans; et les dieux ont voulu faire voir, par cette merveille, que la vertu, qui jette un si doux parfum dans la mémoire des hommes, ne meurt jamais.

NOTES GÉOGRAPHIQUES.

LES AVENTURES DE TÉLÉMAQUE.

Page 1. — 1. *Ogygie*, île fabuleuse où régnait Calypso, et que l'on suppose placée dans la mer Ionienne, et près des côtes de l'Italie.

Page 6. — 1. *Ithaque*, aujourd'hui *Théaki*, une des sept îles Ioniennes, formait jadis, avec *Dulichium* (*Néochori*), le royaume d'Ulysse. Les sites d'Ithaque, décrits par Homère dans l'*Odyssée* l'ont été avec tant d'exactitude et de vérité, que le voyageur les reconnaît encore aujourd'hui.

— 2. Les *Lestrygons* habitaient la Sicile orientale, dans le voisinage de Catane. On attribue à ce peuple mythologique la fondation de *Formies*, dans la Campanie.

— 3. *Circei* ou *Circeium*, montagne et ville du Latium, aujourd'hui *Monte Circello*.

— 4. *Charybde* et *Scylla* sont deux roches dans le *Siculum fretum*, ou détroit de Messine. Les écueils et les gouffres qui environnent ces roches étaient jadis l'épouvante des navigateurs. Des commotions volcaniques ont, à ce qu'on suppose, changé les lieux, et ce passage n'est plus redoutable.

Page 7. — 1. *Ile des Phéaciens*. C'est Corcyre (*Corcyra*), aujourd'hui *Corfou*, qu'on nommait quelquefois *Phéacie*. L'île des Phéaciens était dans la mer Ionienne, près des côtes d'Epire.

— 2. *Pylos*, aujourd'hui *Zouchio* ou *Navarino*, dans la Morée.

Page 12. — 1. *Himériens*, les habitants d'*Himère*, ville de Sicile sur la côte septentrionale, qui fut détruite par les Carthaginois. *Thermæ Himerenses*, aujourd'hui *Termini*, a été bâti sur ses ruines.

Page 13 — 1. *Tyr*, aujourd'hui *Sur* ou *Sour*, était la capitale de la Phénicie, et l'une des plus riches et des plus puissantes villes de l'ancien monde. Sa marine l'avait fait nommer la *Reine des mers*. Tyr était d'abord une île : les travaux de siége qu'y fit Alexandre la joignirent au continent. *Tyrus quondam insula..., nunc vero Alexandri oppugnantis operibus continens.* Plin., *Hist nat.*, lib. V, 76.

Page 14. — 1. *Pharos*, petite île voisine du port d'Alexandrie.

— 2. C'est-à-dire, jusqu'à l'endroit où le Nil se bifurque pour former le Delta. C'est là que se voient aujourd'hui les ruines de Memphis. Ces ruines sont admirables. Memphis est le *Moph* des Hébreux.

Page 16. — 1. *Thèbes*, dite *la ville aux cent portes* (*Theba hecatompylos*), dans l'Égypte supérieure, fut longtemps la capitale de toute l'Égypte. Ses ruines couvrent encore une surface immense, et donnent la plus haute idée de sa splendeur d'autrefois.

Page 26. — 1. *Péluse*, aujourd'hui *Tinéh*, ville de l'Égypte inférieure, sur la bouche orientale du Nil, dite *Bras pélusiaque*. Il ne reste de Péluse que des ruines.

Page 31. — 1. Le mont *Abyla*, en Afrique, et le mont *Calpé*, en Espagne, forment ce qu'on appelait les *Colonnes d'Hercule*. Ces deux monts, placés en face l'un de l'autre, et à la distance seulement de quelques milles, sont séparés par le détroit de Gibraltar.

Page 32. — 1. *Carthage* fut, comme Tyr, comme Memphis, une des plus puissantes, des plus florissantes villes de l'antiquité. Elle avait conquis un vaste territoire dans les États actuels de Tunis et de Tripoli; elle possédait les îles Baléares, une grande partie de l'Espagne, de la Sardaigne, de la Sicile. Carthage fut détruite par Scipion Émilien. On voit encore quelques ruines de Carthage à 4 lieues de Tunis.

Page 36. — 1. *Gadès* (en langue punique *Gadir*), aujourd'hui *Cadix*, ville de l'Hispanie (Espagne) dans la Bétique, et à l'embouchure du Bétis. — Il y a au VIIe livre de *Télémaque* (pages 111-115) une ravissante peinture de ce beau pays.

Page 37. — 1. Ce portrait des Tyriens, surtout en ce qui regarde leur sincérité et leur fidélité à la parole donnée, ne ressemble guère à ce qu'en dit Virgile, qui les appelle *Tyrios bilingues*, ni à ce qu'en dit Lucain, qui les appelle *Tyrios instabiles*.

Page 49. — 1. *Chypre* ou *Cypre* (*Cyprus*), île de la Méditerranée entre l'Asie Mineure et la Syrie. Sol fertile, climat délicieux. C'est dans l'île de Chypre que se trouvaient Amathonte, Paphos,

Idalie, villes consacrées à Vénus, qui prenait de là le nom de *Cypris*.

Page 50. — 1. *Cythère* (*Cythera, orum*), aujourd'hui *Cerigo*, île située près de la côte sud de la Laconie, et non loin de l'île de Crète (Candie). La Fable dit que c'est auprès de Cythère que Vénus naquit de l'écume de la mer.

Page 58. — 1. *Crète*, aujourd'hui *Candie*, grande île de la mer Méditerranée. La Crète renfermait autrefois cent villes, dit-on, entre lesquelles Gnosse, Cydon, Gortyne, etc.

« Pour moi, je préfère la pauvre, la petite île d'Ithaque, aux cent villes de Crète. » (*Télém.*, liv. V.).

Le mont Ida, dont parle ici Fénelon, se nomme aujourd'hui *Psiloriti* ou *Monte Giove* (mont Jupiter); c'est là qu'habitaient les Dactyles, lesquels prenaient le nom d'*Idéens*. Il y avait aussi, dans la Troade, un autre mont *Ida*, au pied duquel Troie était bâtie. Celui-ci se nomme aujourd'hui *Kaz-Dagh*.

Page 64. — 1. Le pays des *Salentins*, dans l'Iapygie (la *Calabre*). Hydronte, aujourd'hui *Otrante*, et *Brundusium*, aujourd'hui *Brindisi*, en étaient les villes principales.

Page 68. — 1. *Lesbos*, aujourd'hui *Métélin*, île de la mer Égée. Métélin est la capitale de cette île et lui a donné son nom.

Page 78. — 1. *Péloponèse*, *Peloponnesus* (c'est-à-dire *île de Pélops*), aujourd'hui *Morée*, presqu'île qui termine la Grèce au sud, jointe au continent par l'isthme de Corinthe, et baignée par le golfe de Lépante, la mer de Grèce et l'Archipel.

Page 84. — 1. *Naxos*, une des Cyclades, aujourd'hui *Naxie*, île du royaume de Grèce, dans l'Archipel.

Page 99. — 1. L'*Épire*, aujourd'hui l'*Albanie* méridionale, dans la Grèce septentrionale. C'est là que se trouve le promontoire d'*Actium*, si célèbre par la victoire navale qu'Octave y remporta sur Antoine, et qui mit fin à la république romaine.

Page 122. — 1. *Hespérie* (*Hesperia*), c'est-à-dire, l'*occidentale*, nom donné par les Grecs à l'Italie, qui était pour eux à l'occident, et qu'ils donnèrent ensuite à l'Espagne et au Portugal. Dans ce passage le nom d'Hespérie s'applique à l'Italie.

Page 131. — 1. *Tarente* en italien *Tarento*, dans la terre d'Otrante, fut fondée par les Crétois, puis augmentée par Phalante, dont on parle ici.

Page 131. — 2. *Pétilie*, dans le Brutium, aujourd'hui *Stringa'i*.

— 3. *Métaponte*, aujourd'hui *Torre di Mare*, sur la côte orientale d'Italie, près des embouchures du Bradane et du Caluente.

Page 133. — 1. Peuples de l'Apulie, nommés *Manduriens*, du nom du lac *Andorio*, dont les eaux, suivant Pline, n'augmentent ni ne diminuent jamais.

Page 136. — 1. *Locriens*. Peuples de la Locride, dans la Grande-Grèce. Locres en était la capitale. On croit la retrouver dans *Motta di Bruzzano*.

— *Apuliens*, peuples de l'Apulie, aujourd'hui la *Pouille*.

— *Lucaniens*, peuples de la Lucanie, entre le Brutium et le Samnium, sur le golfe de Tarente.

— *Brutiens*, du Brutium, aujourd'hui la *Calabre*.

— *Crotone*, aujourd'hui *Cotrone*, dans le Brutium, sur la mer, près du promontoire *Lacinium* (*capo delle Colonni*).

— *Nérite* (*Neritum*), aujourd'hui *Nardo* (Terre d'Otrante).

— *Messapie*, contrée d'Italie sur l'Adriatique, voisine des lieux qu'on vient de nommer, et à laquelle répond aujourd'hui la Terre d'Otrante.

— *Brindes*, *Brundusium* ou *Brundisium* (Terre d'Otrante), aujourd'hui *Brindisi*, le meilleur port de l'Italie. Brindes était autrefois une ville très-importante; elle vit mourir Virgile.

Page 141. — 1. *Enna*, aujourd'hui *Castrogiovanni*, ville de la Sicile ancienne, placée au cœur de l'île. Proserpine y avait un temple.

Page 142. — 1. *Capharée*, aujourd'hui *Cabo Figera* ou *Cabo d'Oro*, dans l'île d'Eubée (Négrepont).

— 2. *Pyliens*, peuples de *Pylos*, où régnait Nestor. Pylos, aujourd'hui *Zouchio*, ou *Vieux-Navarin*, était dans la Messénie.

Page 143. — 1. *Phocide*, région de la Grèce ancienne, et qui forme avec la Locride une partie de l'Achaïe moderne.

Page 172. — 1. C'est une des îles *Lipari*, dans la mer Tyrrhénienne, au nord de la Sicile. Les îles Lipari, formées en groupe, portent toutes des traces de volcans, et c'est pour cela qu'elles ont été nommées *Vulcaniæ insulæ*.

Page 178. — 1. *Peucètes*, peuple d'Italie sur l'Adriatique, entre l'Apulie et l'Iapygie, sur le revers de la Messapie. C'est aujourd'hui la *Terre de Bari*.

Page 181. — 1. *Carpathie (Carpathos)*, aujourd'hui *Scarpento*, île de la mer Méditerranée, à l'entrée de l'Archipel, entre Rhodes et la Crète, faisait donner le nom de *mer Carpathienne* à la mer qui l'environnait.

Page 208. — 1. Le mont *Œta*, dans la Thessalie, entre le Parnasse et le Pinde, près du golfe Maliaque et des Thermopyles. C'est aujourd'hui le mont *Commaïta* ou *Katavothra*.

Page 214. — 1. *Scyros*, île de la Grèce dans la mer Égée, aujourd'hui *Skira* ou *Skiro*, dans l'Archipel, et à quelques lieues de Négrepont. Terre montueuse et sauvage : *La sauvage île de Scyros* (*Télém.*, liv. XII, page 210).

— 2. *Sigée* (*Sigeum promontorium*), dans la Troade, sur la mer Égée, aujourd'hui cap des *Janissaires*, dans l'Anatolie, à l'entrée du golfe de Gallipoli.

Page 215. — 1. *Sperchius*, aujourd'hui *Hellada*, fleuve de la Thessalie méridionale, se jetait dans le golfe Maliaque, près d'Anticyre, et dans le voisinage de *Trachine* (aujourd'hui *Trachin*), qu'on vient de nommer.

Page 231. — 1. *Galèse*, aujourd'hui *Galeso*, petite rivière dans la Terre d'Otrante, qui se jette dans le golfe de Tarente. C'est sur les bords du Galèse que Virgile a placé son vieillard cilicien, délicieux épisode du IV° livre des *Géorgiques* :

> Namque sub Œbaliæ memini me turribus arcis,
> Qua niger humectat flaventia culta Galæsus,
> Corycium vidisse senem, etc.
> *Georg.*, IV, 125.

Page 247. — 1. *Aulon*, *Caulon* ou *Caulonia*, montagne de la Calabre Ultérieure, au pied de laquelle est une ville du même nom, et qui s'appelle aussi *Castel Vetere*.

Page 249. — 1. *Achérontia*, dans le Brutium. Ce lieu est quelquefois appelé *Pandosie*. C'est dans ces environs qu'une rivière, du nom d'*Achéron*, se précipitait avec impétuosité dans une caverne qu'on supposait être une entrée des enfers. Il y avait en Épire un autre Achéron, baignant une autre Pandosie, et qui se jetait dans la mer Ionienne. L'Achéron italien se nomme aujourd'hui le *Crisaora*, et tombe dans le golfe Térinéen (golfe de Sainte-Euphémie).

Page 267. — 1. *Phthiotes*, peuples de la Phthiotide, petit État de la Thessalie comprenant la partie méridionale de cette région. Pharsale, si célèbre par la victoire que Jules César y remporta sur Pompée, était dans les environs. Achille était roi des Phthiotes.

Page 267. — 2. *Dolopes*, peuples de la Thessalie, au pied du mont Pinde, sur les confins de l'Étolie et de l'Épire. Leur pays était traversé par l'Achéloüs (*Aspropotamo*).

Page 274. — 1. *Venuse*, aujourd'hui *Vénusie*, et en italien *Venosa*, ville d'Apulie (dans la Basilicate).

Page 280. — 1. *Échinades*, aujourd'hui *Curzolari*, îles de l'Adriatique, sur la côte de l'Acarnanie, vis-à-vis de l'embouchure de l'Achéloüs.

Page 284. — 1. *Aufide*, aujourd'hui *Ofanto*, passe près de Cannes, et se jette dans l'Adriatique entre Barletta et le lac de Salpi.

— 2. *Gargan* (*Garganum promontorium*), aujourd'hui *Gargano*, pointe de terre dans la Capitanate qui s'avance dans l'Adriatique. Le mont Saint-Ange (*monte di Sant'Angelo*) domine cette saillie qui termine l'éperon de la botte figurée par la péninsule italique.

— 3. *Liris*, aujourd'hui le *Garigliano*, prend sa source dans l'Abruzze Ultérieure, au couchant du lac Celano, et se jette dans le golfe de Gaëte (*Caieta* des anciens).

Page 286. — 1. L'*Eurotas*, fleuve de Laconie, passait à Sparte et se jetait dans le golfe Laconique. Les Spartiates l'adoraient comme un dieu, et l'appelaient *Fleuve-Roi* (*Basileus potamos*). Les Grecs modernes le nomment encore *Vasilipotamo*, ou *Iri*.

— 2. *Alphée*, aujourd'hui *Roufia*, prenait sa source en Arcadie, arrosait la plaine d'Olympie et de Pise, et se jetait dans la mer Ionienne.

Page 297. — 1. Le pays dont *Arpi* était la capitale. C'était une région de l'Iapygie daunienne (la Pouille). On voit encore entre Lucera et Manfredonia, dans la Capitanate, les ruines d'Arpi ou Argilippe (*Argyripa* ou *Argos Hippium*), fondée par Daunus, en souvenir d'Argos, sa patrie :

> Ille urbem Argyripam patriæ cognomine gentis
> Victor Gargani condebat Iapygis arvis.
> Virg., Æn., XI, 246.

— 2. *Dulichie* (*Dulichium*), aujourd'hui *Néochori* ou *Cazaba*, formait une partie du royaume d'Ulysse. (Voyez la note 1, de la page 6.)

Page 297. — 3. *Zacinthe,* aujourd'hui *Zante,* dans le golfe de Patras.

Page 319. — 1. Peuples de l'ancienne *Sybaris,* ville de la Grande-Grèce, sur la frontière de la Lucanie et du Brutium, et sur les bords du Grathis (aujourd'hui le *Crati*), à son embouchure dans le golfe de Tarente. Sybaris, qui était la métropole de vingt-trois autres villes avec leurs dépendances, fut pendant quelque temps la principale ville de la Grande-Grèce. Elle se perdit par le luxe et la mollesse, et elle fut détruite par les Crotoniates. Les ruines de Sybaris sur le Crati, près de *Torre Brodognato,* occupent encore aujourd'hui une grande étendue.

Page 320. — 1. Les habitants de *Siponto* (*Sipuntum*), aujourd'hui *Siponto* ou *Manfredonia,* au pied du mont Gargan, dont il est parlé dans la note 2 de la page 284.

Page 330. — 1. *Leucate* ou *Leucade,* aujourd'hui Sainte-Maure, île dans la mer Ionienne. Elle a un promontoire dont le pied est hérissé de brisants. Sapho se précipita, dit-on, du haut de ce cap dans la mer. C'est ce qu'on appelait le *Saut de Leucade.* Le roc était, suivant Virgile, fort élevé :

. . . . Leucatæ nimbosa cacumina montis.
Æn., III, 274.

— 2. *Monts Acrocérauniens,* chaîne de montagnes dans l'Épire, près des côtes, nommées aujourd'hui *della Chimera* ou *Khimiaroli.* Ces monts étaient fort élevés, et entourés d'écueils redoutables. *Infames scopulos Acroceraunia,* dit Horace (*Carm.,* I, iii, 20).

LES AVENTURES D'ARISTONOÜS.

Page 349. — 1. *Délos* (aujourd'hui *Mikra Dilos*), une des Cyclades, dans l'Archipel grec. Délos était consacré à Apollon et à Diane.

Page 350. — 1. *Clazomène* (aujourd'hui *Vourla*), ville de Lydie (*Ionie*), dans une presqu'île dite *Ile de Clazomène.*

— 2. *Téos* ou *Théos,* dans la presqu'île de Clazomène. Téos est la patrie d'Anacréon.

— 3. *Érythre* ou *Érythres,* ville d'Ionie, sur la mer et dans le voisinage de Clazomène et de Chio.

— 4. *Patare,* ville de Lycie, sur la mer, dans le pachalik actuel d'Adana. Apollon y avait un temple.

Page 353. — *Carpathie (Carpathos)*. Voyez les notes géographiques de *Télémaque*, note 1 de la page 181.

Pages 354. — 1. *Cyclades*. Les anciens ont donné ce nom à un groupe d'îles de l'Archipel disposées en cercle. Elles sont voisines des côtes de la Grèce et non loin des Sporades, autre groupe d'îles. Les principales Cyclades étaient Naxos, Andros, Délos, Paros, Mélos et Astypalée.

Page 356. — 1. *Xanthe*, rivière de Lycie qui baignait une ville du même nom, laquelle fut prise et ruinée par Cyrus.

Page 358. — 1. *Smyrne* (en turc *Izmir*), ville de la Turquie d'Asie, en Anatolie.

— 2. *Lébédée*, ville d'Ionie, sur la mer Égée.

— 3. *Colophon*, ville de Lydie, sur l'Hélèse, près de la mer, dans le voisinage de Lébédée.

Pages 360. — 1. *Carie*, contrée de l'Asie Mineure, entre la mer Égée, la Méditerranée, la Lydie et la Lycie. Cos, Rhodes et plusieurs autres villes dépendaient de la Carie ; Halicarnasse, Milet, Cnide, Caune, en étaient les principales.

— 2. *Méander*. C'est aujourd'hui le *Buyuk-Meinder*, rivière de l'Asie Mineure. Il naissait en Phrygie, et baignait les villes d'Apamée, de Colosses, d'Antioche, de Milet. Il faisait de nombreux détours, et c'est sans doute de là qu'on dit les *méandres* d'un fleuve ou d'un ruisseau pour en exprimer les sinuosités.

— 3. *Caïstre* ou *Caystre* (*Cayster* ou *Caystrus*), aujourd'hui *Kilchek-Meinder*, c'est-à-dire *Petit-Méandre*, rivière de Lydie qui se jette dans la mer Égée, près d'Éphèse. Cette rivière est souvent citée chez les poëtes de l'antiquité ; on voyait un grand nombre de cygnes sur ses bords.

— 4. *Pactole* (aujourd'hui le *Sart*), rivière de Lydie. Il charriait de nombreuses paillettes d'or.

5. *Pamphylie*. C'est aujourd'hui une partie du pachalik d'Itchil et de l'Anatolie. Attalée, Side, Ptolémaïs, en étaient les villes principales.

— 6. *Cilicie*, partie de l'Asie Mineure entre la Cappadoce, la Méditerranée, la Pamphylie et la Syrie.

— 7. *Taurus*, chaîne de montagnes dans l'Asie Mineure. Le Taurus a des cimes très-élevées, et l'une de ces cimes, le Sogout-Dagh, dans le pachalik d'Hamid, a près de 5000 mètres

www.ingramcontent.com/pod-product-compliance
Lightning Source LLC
Chambersburg PA
CBHW060616170426
43201CB00009B/1040